आनन्द श्रीकृष्ण

जन्म : बेनीपुर गाँव, जिला सीतापुर (उत्तर प्रदेश)।

शिक्षा : चन्द्रशेखर आजाद कृषि विश्वविद्यालय, कानपुर से कृषि अर्थशास्त्र में स्नातकोत्तर। 1986 से भारतीय राजस्व सेवा में।

कबीरपंथ, आनंद मार्ग, स्वामी नारायण सम्प्रदाय, रेकी और सिद्ध समाधि योग आदि का गहन अध्ययन करने के पश्चात् आपने धम्म स्वीकार किया और भगवान बुद्ध के बताए धम्म और उनकी शिक्षा का प्रसार करने हेतु अपना जीवन समर्पित किया। भगवान बुद्ध की खोजी हुई और आचार्य गोयनका द्वारा सिखाई गई विपस्सना साधना के आप नियमित साधक हैं।

जापान, म्यांमार, भूटान और थाईलैंड समेत अनेक देशों की आपने यात्रा की है। **धम्म-सार** आपकी पहली पुस्तक थी जो पाठकों द्वारा भरपूर सराही गई। आपके द्वारा लिखित दूसरा ग्रंथ है **भगवान बुद्ध : धम्म-सार व धम्म-चर्या** जो देश-भर में विख्यात रहा। तीसरी कृति **द बुद्धा : दि इसेन्स ऑफ धम्मा एंड इट्स प्रैक्टिस** अंग्रेजी में प्रकाशित हुई जिसके गुजराती, मराठी, तमिल और तेलगू अनुवाद भी प्रकाशित हुए और काफी चर्चित रहे।

गौतम बुद्ध और उनके उपदेश आपकी चौथी पुस्तक है।

गौतम बुद्ध और उनके उपदेश

आनन्द श्रीकृष्ण

राजकमल पेपरबैक्स

पहला पुस्तकालय संस्करण
राजकमल प्रकाशन प्राइवेट लिमिटेड द्वारा
2006 में प्रकाशित

राजकमल पेपरबैक्स में
पहला संस्करण : 2006
दसवाँ संस्करण : 2024

राजकमल पेपरबैक्स : उत्कृष्ट साहित्य के जनसुलभ संस्करण

राजकमल प्रकाशन प्रा.लि.
1-बी, नेताजी सुभाष मार्ग, दरियागंज
नई दिल्ली-110 002
द्वारा प्रकाशित

शाखाएँ : अशोक राजपथ, साइंस कॉलेज के सामने, पटना-800 006
पहली मंजिल, दरबारी बिल्डिंग, महात्मा गांधी मार्ग, प्रयागराज-211 001
1, अनमोल सोराबजी संतुक लेन, धोबी तलाव, मरीन लाइंस, मुम्बई-400 002
वेबसाइट : www.rajkamalprakashan.com
ई-मेल : info@rajkamalprakashan.com

विकास कंप्यूटर एंड प्रिंटर्स
ट्रॉनिका सिटी-201 102
द्वारा मुद्रित

मूल्य : ₹299

GAUTAM BUDH AUR UNKE UPADESH
by Anand Shrikrishna

ISBN : 978-81-267-1423-0

सादर समर्पित
दिवंगत डॉ. कवलधारीजी को
जिन्होंने मुझे सर्वप्रथम
बुद्ध की शिक्षाओं से परिचित कराया

प्रस्तावना

'गौतम बुद्ध और उनके उपदेश' पाठकों के हाथों में देते हुए अपार प्रसन्नता हो रही है। इस पुस्तक का मूल उद्देश्य गौतम बुद्ध के जीवन और उनकी शिक्षाओं को सही परिप्रेक्ष्य में और संक्षेप में लोगों को उपलब्ध कराना है, जिससे वे शील-समाधि-प्रज्ञा के मार्ग पर चलकर सुख और शांतिपूर्वक जीवन जी सकें। बौद्ध वाङ्मय बहुत विशाल है। पंद्रह हजार पृष्ठों में पालिभाषा में संग्रहित मूल बुद्ध वाणी, फिर पैंतीस हजार पृष्ठों में अट्ठकथाएं और उन पर लिखी गई टीकाएं और अनुटीकाएं संग्रहित हैं। धम्म के एक सामान्य जिज्ञासु के लिए साहित्य के इस विशाल सागर में एकाएक उतरना कठिन हो जाता है। इसलिए गौतम बुद्ध के जीवन-इतिहास और उनके द्वारा उपदेशित धम्म को सारगर्भित रूप में इस पुस्तक में प्रस्तुत करने का प्रयास किया गया है।

पुस्तक को नौ अध्यायों में बांटा गया है। प्रथम अध्याय में सिद्धार्थ गौतम के जन्म, शिक्षा, विवाह, पारिवारिक जीवन, गृहत्याग का कारण और बुद्ध बनने तक की ऐतिहासिक यात्रा को प्रस्तुत किया गया है। दूसरे अध्याय में धम्मचक्र प्रवर्तन करने से लेकर उनके महापरिनिर्वाण प्राप्त करने तक के सफर को संक्षेप में प्रस्तुत किया गया है। तीसरे अध्याय में धम्म के सार को संक्षेप में दिया गया है। बुद्ध के उपदेशों में पटिच्चसमुप्पाद (परस्पर संवर्द्धन का नियम) अत्यन्त महत्त्वपूर्ण है। संपूर्ण विश्व में किसी भी अस्तित्व की अपनी निरपेक्ष स्वतंत्र सत्ता नहीं है। प्रत्येक वस्तु या घटना के पीछे कोई न कोई कारण है। हर कार्य का कारण और परिणाम होता है। इसलिए चतुर्थ अध्याय में पटिच्चसमुप्पाद दिया गया है।

शील, समाधि व प्रज्ञा धम्म-रूपी तिपाई के तीन आधार हैं। तीनों ही एक दूसरे के पूरक हैं, एक दूसरे को सहारा देते हैं और मजबूती प्रदान करते हैं। एक आधार कमजोर होगा तो दूसरे का कमजोर होना स्वाभाविक है, विपस्सना के बिना प्रज्ञा में प्रतिष्ठापित होना असंभव है। विपस्सना भगवान बुद्ध की अद्‌भुत खोज थी। यह सार्वजनिक, सार्वभौमिक,सार्वकालिक और पूर्णतया वैज्ञानिक ध्यान पद्धति है, जिसे कोई भी और कही भी आजमाकर देख सकता है। विपस्सना के माध्यम से साधक प्रत्यक्ष रूप से स्वयं अपने भीतर देख सकते हैं कि उनके शरीर करोड़ों परिवर्तनशील

अनुभूतियों से निरंतर भरे रहते हैं। ये अनुभूतियां मस्तिष्क में उत्पन्न होने वाले विचारों के अनुसार परिवर्तित होती रहती हैं। वस्तुतः, अधिकांश काायिक जीवन मानसिक जीवन का उत्पाद है। इसलिए विपस्सना की संक्षिप्त जानकारी उपलब्ध कराने की दृष्टि से एक अध्याय दिया गया है।

गौतम बुद्ध की उपदेश देने की पद्धति अत्यंत अद्‌भुत थी। भगवान बुद्ध लोगों के जीवन में घटित होने वाली दिन-प्रतिदिन की सामान्य घटनाओं को आधार बनाकर धम्मोपदेश दिया करते थे। इसलिए षष्ठम अध्याय में भगवान बुद्ध की उपदेश-पद्धति का विवेचन किया गया है, तो बुद्ध के उपदेशों की प्रासंगिकता का विवेचन सप्तम अध्याय में प्रस्तुत किया गया है।

भगवान बुद्ध ने धम्म उपदेश तत्कालीन लोकभाषा पालि में दिए थे। उनकी शिक्षाओं को पालिभाषा में लिपिबद्ध किया गया है। ऐसे लोग भी मिल जाते हैं जो बौद्ध वाङ्मय के बारे में अनभिज्ञता जाहिर करते हैं, जबकि बौद्ध वाङ्मय एक विशाल सागर है। इसलिए बौद्ध वाङ्मय की जानकारी देनेवाला एक अध्याय दिया गया है।

गौतम बुद्ध का ऐतिहासिक जीवन अस्सी वर्षों का था। उनका जन्मस्थल, उनके बुद्धत्व प्राप्ति का स्थल और वे सभी स्थल जहां उन्होंने धम्मचारिका की, सभी ऐतिहासिक हैं। ऐसे स्थानों पर धम्म तरंगों का होना स्वाभाविक है और बहुत से श्रद्धालुओं में इन स्थानों पर जाकर धम्म संवेग जागता है। ऐसे स्थानों की जानकारी देने के लिए बुद्ध से संबंधित तीर्थस्थल और पर्यटन स्थलों की जानकारी देते हुए एक अध्याय दिया गया है।

भारत वर्ष सदैव बुद्धों की पुण्यभूमि रहा है। यहां अनेकों बुद्धों का प्रादुर्भाव हुआ है जिनमें से अट्ठाइस बुद्धों के ऐतिहासिक प्रमाण मिलते हैं। उनके नामों की जानकारी प्रस्तुत पुस्तक में दी गई है। गौतम बुद्ध अट्ठाइसवें बुद्ध थे। प्रस्तुत पुस्तक में जहां-जहां बुद्ध या भगवान बुद्ध की बात की गई है वह गौतम बुद्ध से संबंधित है। कई लोग संभ्रमित रहते हैं और प्रश्न करते हैं कि गौतम बुद्ध को भगवान क्यों कहते हैं ? तो कई लोग भगवान बुद्ध के गृहत्याग की कहानी को गलत ढंग से प्रस्तुत कर संभ्रम पैदा करते हैं। प्रस्तुत पुस्तक में ऐसे संभ्रमों को दूर करने का प्रयास किया गया है।

पिछले दो हजार पांच सौ वर्षों में भगवान गौतम बुद्ध और उनकी शिक्षाओं के बारे में इतना कुछ लिखा जा चुका है और पश्चिमी देशों में तो वर्तमान समय में सबसे अधिक साहित्य बुद्ध और उनकी शिक्षाओं के बारे में लिखा जा रहा है, ऐसे में कुछ नया लिखने की संभावना बहुत क्षीण हो जाती है। लेकिन प्रस्तुत पुस्तक में यह कोशिश अवश्य की गई है कि अधिक से अधिक जानकारियों को एकसाथ एकत्र करके सरल से

सरल शब्दों में जो एक सामान्य जिज्ञासु समझ सके प्रस्तुत किया जाए और जिससे लोगों को धम्म मार्ग पर चलने में सहायता मिल सके, पुस्तक में दी गई जानकारियां बौद्ध ग्रंथों से ली गई हैं। विस्तृत जानकारी के लिए जिज्ञासु पाठक मूल ग्रंथों को अवश्य पढ़ें। पुस्तक को पढ़कर यदि कुछ लोगों में भी धम्म का संवेग जाग सके और वे धम्म के मार्ग पर चल कर अपने और औरों के जीवन में सुख-शांति ला सकें तो पुस्तक का उद्देश्य सफल होगा।

मानव समाज ने आदिमयुग से लेकर वर्तमान युग तक जीवन के हर क्षेत्र में बहुत उन्नति की है जिसके कारण अनेक मुश्किलें आसान हुई हैं और लोगों की भौतिक सुख-सुविधाओं में वृद्धि हुई है। परन्तु इस चहुंमुखी विकास के बावजूद हमारे मन के मौलिक स्वभाव में कोई विशेष परिवर्तन नहीं आया है। हमारे मन का मौलिक स्वभाव राग और द्वेष के प्रति प्रतिक्रिया करना है। कुछ अच्छा लगता है तो राग की प्रतिक्रिया और अच्छा नहीं लगता है तो द्वेष की प्रतिक्रिया, इसकी वजह से मानसिक तनाव होता है और फिर लोगों में टकराहट बढ़ती है। यह टकराहट हर जगह विद्यमान है—चाहे वह घर हो या कार्यालय, देश हो या संपूर्ण विश्व। इसी टकराहट की वजह से युद्ध होते हैं और यही टकराहट हिंसा और आतंकवाद को जन्म देती है। गौतम बुद्ध की शिक्षाओं का मुख्य उद्देश्य इसी राग और द्वेष की समस्या का निराकरण करके टकराहट को समाप्त करना है, जिससे लोग आपस में मिल-जुल कर परस्पर सहअस्तित्व के साथ रहकर सुख और शांति का जीवन व्यतीत कर सकें।

मैं प्रधान विपस्सनाचार्य परमपूज्य गुरूजी सत्यनारायण गोयनकाजी का हार्दिक आभारी हूं, जिन्होंने भारत से लुप्तप्राय हो गई विपस्सना साधना विधि को सन् 1969 में बर्मा से लाकर भारत में पुनः प्रतिष्ठित किया व सम्पूर्ण विश्व में फैलाया और उन्हीं के मार्गदर्शन में चलाए जा रहे विपस्सना शिविरों में शामिल होकर मुझे धम्म को वास्तविक अनुभूति के स्तर पर सीखने का सौभाग्य प्राप्त हुआ। गोयनकाजी ने अनुकम्पा करके, समय-समय पर मन में उठने वाले अनेक प्रश्नों का अत्यन्त करुणा और आत्मीयता के साथ उत्तर देकर धम्म मार्ग पर आरूढ़ होने में सहायता की है, उसके लिए मैं उनका कृतज्ञ हूं।

मैं, विपस्सना शिक्षक डॉ. आर.एम.चोखानी, डॉ. धनंजय और श्री डी.आर. परिहार का हार्दिक आभारी हूं, जिन्होंने समय-समय पर मन में उठने वाले अनेक सवालों के विस्तृत उत्तर दे कर धम्म की गहराई में उतरने में मदद की। पुस्तक लेखन के लिए प्रोत्साहित करने वाले श्री वी.के. बरनवाल तथा श्री एस.के. बिश्वास को धन्यवाद ज्ञापित करता हूं। श्री वी.के. पॉल, भंते विशुद्धानंद बोधि, श्री ओंकार गणवीर, श्री एच.एल. दुसाध, श्री रामसमुझ, श्री कपिल मोहन, श्री राजीव साहनी,

श्री चन्द्र भान प्रसाद और शांतिस्वरूप बौद्ध जी का आभारी हूं जिन्होंने अपने बहुमूल्य सुझाव देकर इस पुस्तक को और अधिक उपयोगी बनाने में मदद की।

मैं पूज्य भंते भदन्त राहुलबोधि का विशेष रूप से आभारी हूं जिन्होंने इस पुस्तक के लिए महत्त्वपूर्ण जानकारियां उपलब्ध कराईं। संपादन सहायता के लिए दिनेश राजभर और सुधीर हिलसायन को विशेषतः धन्यवाद देना चाहूंगा। आकर्षक और सार्थक आवरण पृष्ठ बनाने के लिए श्री तपस सरकार, आनंद वर्मा और श्री प्रमोद दीक्षित को भी धन्यवाद प्रेषित करता हूं। श्री अनिल कुमार, श्री अशोक कुमार व डॉ. रमेश कुमार का उनके अनन्य सहयोग के लिए धन्यवाद देता हूं। मैं अपनी माता श्रीमती मायादेवी पत्नी डॉ. मनीषा, पुत्री प्रज्ञा व पुत्र रचित को भी उनके अनन्य सहयोग के लिए धन्यवाद देता हूं। साथ ही *गौतम बुद्ध और उनके उपदेश* के प्रकाशन से जुड़े सभी लोगों को भी धन्यवाद।

11 मई, 2005 **–आनंद श्रीकृष्ण**

D-II/310, विनय मार्ग, चाणक्यपुरी
नई दिल्ली-110021
Ph. : 011-26881173

अनुक्रम

प्रथम अध्याय

सिद्धार्थ से बुद्ध

भारत के उत्तर-पूर्व भाग में, ईसा पूर्व छठी शताब्दी में, शाक्यवंशियों का एक गणराज्य था। तत्कालीन समय में वज्जी, मल्ल आदि लोगों के गणतंत्र राज्य विद्यमान थे। एक अथवा अनेक गांवों के सर्वाधिकारी जमींदार जिन्हें राजा कहते थे, एकत्र होकर अपने में से किसी एक को महाराज चुनते और उसके अनुरोध से अपना राज्य चलाते थे। विशेष अवसरों पर महाराज को सब राजाओं की अनुमति लेनी पड़ती थी। शाक्यों का राज्य भी इसी प्रकार का था। राज्य की शासन व्यवस्था जनतांत्रिक थी और शाक्य परिवार एक-दूसरे के बाद क्रमशः शासन करते थे। कपिलवस्तु उनकी राजधानी थी।

कपिलवस्तु में सिंह—हनु के शुद्धोदन, धौतोदन, शुक्लोदन, शाक्योदन तथा अमितोदन नाम के पांच पुत्र और अमिता व प्रतिमा—ये दो पुत्रियां थीं। अपनी बारी आने पर शुद्धोदन राजगद्दी पर बैठे। शुद्धोदन का विवाह देवदह के रहनेवाले कोलिय वंश के अंज्जन और सुलक्षणा की पुत्री महामाया से हुआ था।

महामाया प्रसव के लिए अपने मायके जा रही थीं, रास्ते में पड़ने वाले लुंबिनी वन पहुंचते-पहुंचते उन्हें प्रसव-पीड़ा होने लगी, वहीं प्रसूति की व्यवस्था की गई। इस तरह महामाया के गर्भ से ई.पू. 563 में वैशाख पूर्णिमा के दिन शाल वृक्षों से आच्छादित लुंबिनी वन में गौतम बुद्ध का जन्म हुआ। उनका बचपन का नाम सिद्धार्थ गौतम था। सिद्धार्थ का अर्थ है मनोकामना पूर्ण होना और गौतम उनका कुलनाम था।

सिद्धार्थ के जन्म के 7वें दिन उनकी माता महामाया का देहावसान हो गया। सिद्धार्थ का पालन-पोषण उनकी मौसी महाप्रजापति गौतमी ने किया था। महाप्रजापति गौतमी, महामाया की बड़ी बहन व राजा शुद्धोदन की दूसरी पत्नी थीं।

8 वर्ष की आयु होने पर सिद्धार्थ की शिक्षा आरंभ हुई। सिद्धार्थ बचपन से ही कुशाग्र बुद्धि के धनी थे और खूब मन लगाकर पढ़ाई करते थे। उनके शिक्षक उनकी सीखने की प्रवृत्ति से काफी प्रभावित रहते थे। सिद्धार्थ साहित्य, संगीत, धनुर्विद्या, उत्तम लेखन, खेल-कूद इत्यादि में प्रवीण थे।

सिद्धार्थ को शारीरिक श्रम से किसी तरह की अरुचि नहीं थी। वप्रमंगल उत्सव (धान बोने के प्रथम दिन मनाया जाने वाला उत्सव जिसमें हर शाक्य को अपने हाथ से हल जोतना पड़ता था) के समय वे स्वयं हल जोता करते थे। उनके पिता राजा शुद्धोदन के पास बहुत खेत थे। एक दिन अपने कुछ मित्रों सहित सिद्धार्थ अपने पिता

के खेत पर गए। वहां उन्होंने देखा कि मजदूर खेतों में काम कर रहे हैं। किंतु उनके तन पर पर्याप्त कपड़े भी नहीं हैं। वे तपती दोपहरी में सूरज की धूप से जल रहे हैं। इस दृश्य का सिद्धार्थ के कोमल मन पर गहरा प्रभाव पड़ा। उनके मन में यह प्रश्न कौंधा कि मजदूर मेहनत करें और मालिक उनकी मजदूरी पर गुलछर्रे उड़ायें, यह कैसे ठीक हो सकता है? एक आदमी दूसरे आदमी का शोषण करे, क्या इसे ठीक कहा जाएगा?

प्रथम ध्यान

9 वर्ष की उम्र में वे एक बार वप्रमंगल उत्सव में गए।[1] जब उत्सव चल रहा था, सिद्धार्थ एक खेत के पास लगे हुए जम्बू (जामुन)वृक्ष की छाया में आ गए और पालथी मारकर बैठ गए। पीठ और रीढ़ को सीधी रखकर, आंखें बन्द कर वे अपनी नाक से आते-जाते श्वांस को देखने लगे। सहज-स्वाभाविक श्वांस को देखते-देखते वे गहन ध्यानावस्था में चले गए। उत्सव समाप्त होने पर सिद्धार्थ को ध्यानावस्था में देख राजा शुद्धोधन चिन्तित हो उठे।

सिद्धार्थ स्वभाव से दयालु थे। एक इंसान का दूसरे इंसान द्वारा शोषण उन्हें अच्छा नहीं लगता था। हिंसा से उन्हें परहेज था। वे शिकार पर जाने से दो टूक शब्दों में मना कर देते थे। सिद्धार्थ का कहना था कि वे निर्दोष प्राणियों के वध के भागी नहीं होना चाहते। मां गौतमी के इस तर्क पर कि वे एक क्षत्रिय हैं और लड़ना उनका धर्म है, सिद्धार्थ अक्सर पूछ बैठते थे कि एक क्षत्रिय को क्यों लड़ना चाहिए? गौतमी जब उत्तर देतीं कि यह उसका धर्म है, तब सिद्धार्थ पूछते—मां, यह तो बताओ कि आदमी का आदमी को मारना एक आदमी का धर्म कैसे हो सकता है? सिद्धार्थ पूछते—मां, यदि सब क्षत्रिय परस्पर एक-दूसरे को प्रेम करें तो क्या बिना कटे-मरे वे राष्ट्र का संरक्षण नहीं कर सकते? उनके इन तार्किक सवालों का जवाब किसी के पास नहीं था।

एक बार एक घायल पक्षी उनकी गोद में आ गिरा। उन्होंने उसे उठाया और उसका उपचार किया। शीघ्र ही उनका ममेरा भाई देवदत्त वहां पहुंचा। उसने कहा कि शिकार के नियमों के अनुसार जो पक्षी को मारता है वह मालिक होता है, इसलिए वही उस पक्षी का मालिक है। सिद्धार्थ का कहना था कि देवदत्त का आधार ही सर्वथा गलत है। जो किसी की रक्षा करता है वही उसका मालिक हो सकता है। हत्यारा कैसे किसी का मालिक हो सकता है? मामला राज न्यायालय तक जा पहुंचा। न्यायालय ने सिद्धार्थ के तर्क को माना और निर्णय सिद्धार्थ के पक्ष में दिया।

राजसी जीवन का प्रलोभन

आयु के सोलहवें वर्ष में सिद्धार्थ का विवाह दण्डपाणि कोलिय की सोलह वर्षीया पुत्री यशोधरा से हुआ, जो अपने सौंदर्य व शील के लिए प्रसिद्ध थी।[2] विवाह के काफी

समय बाद यशोधरा ने एक पुत्र को जन्म दिया जिसका नाम राहुल रखा गया। यशोधरा को पांलि साहित्य में 'राहुलमाता' के नाम से भी जाना जाता है। सिद्धार्थ प्यार से उन्हें 'गोपा' कहकर पुकारते थे।

सुखी वैवाहिक और राजसी जीवन के बावजूद सिद्धार्थ चिन्तन-मनन करते रहते थे कि आखिर दुनिया में इतना दुःख क्यों है? क्यों ताकतवर लोग गरीबों का शोषण करते हैं? क्यों लोग आपस में लड़ते हैं?

चिंतनशील और विचारमग्न सिद्धार्थ को देख महाराज शुद्धोदन चिंतित हो जाते थे कि कहीं उनका बेटा सिद्धार्थ संन्यासी न बन जाए, इसलिए उन्होंने सिद्धार्थ को काम-भोगों के बंधन में बांधने की पूरी कोशिश की। उन्होंने भोगविलास के साधनों से सुसज्जित गर्मी, बरसात व सर्दियों के लिए तीन अलग-अलग महल बनवाए। उनमें एक नौ-मंजिला, दूसरा सात-मंजिला और तीसरा पांच-मंजिला था। चौवालिस हजार सुंदरियों से परिपूर्ण अंतःपुर बनवाया और अपने प्रधानमंत्री उदायी को कहा कि वह उन सुंदर तरुणियों से सिद्धार्थ का दिल जीतने को कहें। सभी सुंदरियों ने मिलकर अपनी कमसिन अदाओं से सिद्धार्थ को मोहित करने का पूरा प्रयास किया लेकिन वे सिद्धार्थ गौतम को काम-भोग के बंधन में बांधने में पूरी तरह असफल रहीं।

उदायी समझ गया कि तरुणियां असफल रही हैं और राजकुमार ने उनमें कोई दिलचस्पी नहीं ली। नीतिकुशल उदायी ने राजकुमार से स्वयं बात करने की सोची। राजकुमार से एकान्त में उदायी ने कहा—

"मैं एक मित्र की हैसियत से ही आपसे दो बातें करना चाहता हूं...। काम को ही सर्वप्रथम पुरुषार्थ मानकर, प्राचीनकाल में, इन्द्र तक ने गौतम ऋषि की पत्नी अहिल्या का आलिंगन किया। इसी प्रकार अगस्त्य ऋषि ने भी सोमभार्या रोहिणी के साथ रमण किया और श्रुति अनुसार लोपमुद्रा के साथ भी यही बीती। औतथ्य-पत्नी मरुत की पुत्री ममता के साथ ऋषि वृहस्पति ने संभोग किया और भारद्वाज को जन्म दिया। अर्घ्य अर्पण करती हुई वृहस्पति की पत्नी को चन्द्रमा ने ग्रहण किया और दिव्य बुध को जन्म दिया। इसी प्रकार पुरातन समय में रागातिरेक से पाराशर ऋषि ने यमुना तट पर वरुण-पुत्र की पुत्री काली के साथ सहवास किया। वशिष्ठ ऋषि ने अक्षमाला नाम की स्त्री से सहवास किया और कपिंजलाद नाम के पुत्र को जन्म दिया। और बड़ी आयु हो जाने पर भी राजर्षि ययाति ने चैत्ररथ वन में अप्सरा विश्वाची के साथ संभोग किया। यद्यपि वह जानता था कि पत्नी के साथ सहवास उसकी मृत्यु का कारण होगा तो भी कौरव-नरेश पाण्डु माद्री के रूप और गुणों पर मुग्ध हो, प्रेम के वशीभूत हो गया। इस प्रकार के महान पुरुषों तक ने जुगुप्सित काम-भोगों का सेवन किया है। तब प्रशंसनीय काम-भोगों के सेवन में दोष ही क्या है? यह सब होने पर भी, आश्चर्य है कि शक्ति, तारुण्य और सौन्दर्य से सम्पन्न आप उन काम-भोगों की उपेक्षा कर रहे हैं जिन पर न्यायतः आपका अधिकार है और जिनमें सारा जगत आसक्त है।"

राजकुमार ने उत्तर दिया—"मैं संसार के विषयों की अवज्ञा नहीं करता। मैं जानता हूं कि सारा जगत इन्हीं में आसक्त है। लेकिन क्योंकि मैं जानता हूं कि सारा संसार

अनित्य है, इसलिए मेरा मन उनमें रमण नहीं करता। यदि यह स्त्री-सौन्दर्य स्थायी भी रहे, तो भी यह किसी बुद्धिमान् आदमी के योग्य नहीं कि उसका मन विषयों में रमण करे। और जहां तक आप कहते हैं कि बड़े-बड़े महात्मा भी विषयों के वशीभूत हुए हैं तो वे इस विषय में प्रमाण नहीं हैं, क्योंकि अन्त में वे भी क्षय को प्राप्त हुए हैं। जहां क्षय है वहां वास्तविक महानता नहीं है, जहां विषयासक्ति है वहां वास्तविक महानता नहीं है, जहां असंयम है वहां वास्तविक महानता नहीं है। और यह जो आपका कहना है कि ऊपरी मन से ही स्त्रियों से स्नेह करना चाहिए तो चाहे यह दक्षता से भी हो तो भी मुझे यह रुचिकर नहीं है। यदि यह यथार्थ नहीं है तो मुझे स्त्रियों की इच्छा के अनुसार अनुवर्तन भी प्रिय नहीं। यदि आदमी का मन उसमें नहीं है तो ऐसे अनुवर्तन पर भी धिक्कार है। जहां राग का अतिशय है, जहां मिथ्यात्व में विश्वास है, जहां असीम आसक्ति है और जहां विषयों की सदोषता का यथार्थ दर्शन नहीं—ऐसी वंचना में भी क्या धरा है? और यदि राग के वशीभूत हुए प्राणी परस्पर एक-दूसरे को ठगते हैं तो क्या ऐसे पुरुष भी इस योग्य नहीं कि स्त्रियां उनकी ओर देखें तक नहीं और क्या स्त्रियां भी इस योग्य नहीं कि पुरुष उनकी ओर देखें तक नहीं? क्योंकि यह सब ऐसा ही है, इसलिए मुझे विश्वास है कि आप मुझे विषय-भोग के अशोभन कुपथ पर नहीं ले जाएंगे।''[3]

राजकुमार के सुनिश्चित दृढ़ संकल्प ने उदायी को निरुत्तर कर दिया। उसकी समझ में नहीं आ रहा था कि क्या करे? उसने सारा वृत्तान्त जाकर राजा को सुनाया। जब शुद्धोदन को यह मालूम हुआ कि उनके पुत्र का चित्त किस प्रकार विषयों से सर्वथा विमुख है तो उन्हें सारी रात नींद नहीं आई। राजा सोचता रहता कि किस तरकीब से सिद्धार्थ को राजसी भोग-विलास में व्यस्त रखा जाए।

सिद्धार्थ बारी-बारी से मौसम बदलने के अनुसार निर्धारित राजमहलों में रहते थे। वे पत्नी सहित जनता के बीच जाते थे और यथासंभव उनके दुःख, तकलीफों को दूर करने की कोशिश किया करते थे। समाजसेवा में उनका काफी नाम था। राजा शुद्धोदन को यह आस बंधने लगी थी कि उनका पुत्र सिद्धार्थ अब उस मार्ग पर चलने लगा है, जो वे चाहते थे। अपने पुत्र व पुत्रवधू के सतत् सुखद मनोरंजन का ख्याल रखते हुए उन्होंने सर्वोत्तम संगीतकारों व नर्तकियों का चयन किया था। लेकिन सिद्धार्थ ही नहीं यशोधरा भी इस धन-वैभव और विलासितापूर्ण माहौल से प्रभावित नहीं थे। दोनों ही वासनात्मक सुखों में डूबने को तैयार नहीं थे। वे एक-दूसरे के आंतरिक मनोभावों को समझकर चलते थे। आध्यात्मिक प्रश्नों के उत्तर पाना और समाज में नई व्यवस्था की स्थापना करना उन दोनों का उद्देश्य था।

एक बार गर्मी के मौसम में सिद्धार्थ ग्रीष्मकालीन राजमहल में गए। उन्होंने पत्नी यशोधरा को पूरा राज्य दिखाया। वे प्रत्येक स्थान पर कई-कई दिन ठहरे। कभी-कभी गांववालों के घरों में ही ठहरे। उनके साथ ही भोजन किया, उनकी चारपाइयों पर सोये। उन्होंने घूम-घूमकर प्रत्येक स्थान की जीवनचर्या और परंपराओं का अध्ययन किया। वे गरीब से गरीब परिवार से मिले। ऐसे परिवारों से, जहां नौ-नौ, दस-दस बच्चे थे,

माता-पिता उनका पालन-पोषण करने में समर्थ नहीं थे। हाल-बेहाल किसानों को देखा। लोग दरिद्रता के कारण भीख मांगकर जीवन यापन करते थे, लूले-लंगड़े देखे, बीमार देखे। यह सब देखकर उनका मन बहुत ही खिन्न हुआ। उनकी सारी खुशियां समाप्त हो गईं। उन्होंने देखा कि निर्धनता और रोगों के अलावा ब्राह्मण उनको और भी कष्ट दे रहे हैं। उन्होंने महसूस किया कि लोग विषम और कठिन परिस्थितियों में फंसे हुए हैं, जिनसे उन्हें कभी मुक्ति नहीं मिल सकती। एक तो राज्य की राजधानी वहां से दूर थी, दूसरे, अगर वे वहां पहुंच भी जाते तो उनकी वहां सुनेगा कौन? सिद्धार्थ ने महसूस किया कि राजा को भी इस स्थिति में परिवर्तन लाने का कोई खास अधिकार नहीं है। वे जानते थे कि राज्य के अधिकारी भी महास्वार्थी हैं। हर अधिकारी जरूरतमंदों की मदद करने की अपेक्षा अपनी सत्ता सुदृढ़ करने और अपनी कुर्सी को सुरक्षित करने में लगा हुआ है। अधिकारी भी भीतर ही भीतर एक-दूसरे से द्वेष रखते थे और एक-दूसरे के विरुद्ध किसी न किसी षड्यंत्र में शामिल रहते थे। उनका ज्यादातर समय इस कोशिश में बीतता था कि कैसे अपने साथी अधिकारी को नीचा दिखाया जाए और राजा का अधिक से अधिक भरोसा जीता जाए। इस कारण सिद्धार्थ का राजनीति से मोहभंग हो गया। उन्होंने महसूस किया कि एक राजा को भी कोई खास स्वतंत्रता नहीं है और वह अपनी स्थिति की कैद में फंसा हुआ है।

राजा शुद्धोदन सिद्धार्थ को राज-काज में व्यस्त करने की काफी कोशिश करते थे। सिद्धार्थ को अनेक राजसभाओं में आमंत्रित किया जाता था। सिद्धार्थ राजकीय मामलों पर पूरी गंभीरता से विचार करते थे। वे अच्छी तरह समझ गए थे कि राजनीतिज्ञों का अपना निजी स्वार्थ ही राजनीतिक, आर्थिक और सैनिक समस्याओं की जड़ है। भ्रष्ट अधिकारियों को नैतिकता और सदाचार पर भाषण देते देख सिद्धार्थ को बहुत क्रोध आता था लेकिन वे चुप रहते थे क्योंकि उनके पास कोई विकल्प नहीं था। एक दिन राजा शुद्धोधन ने उनसे पूछा कि वे राजदरबार में चुप क्यों रहते हैं, तो सिद्धार्थ ने उत्तर दिया :

"ऐंसी बात नहीं है कि मेरे मन में विचार नहीं होते, किंतु उन्हें व्यक्त करना व्यर्थ होगा। मेरे विचार केवल रोग की ओर ही संकेत कर सकेंगे। राजदरबार के मंत्रियों की स्वार्थपूर्ण महत्त्वाकांक्षाओं का मैं अभी कोई इलाज नहीं निकाल पाया हूं। उदाहरण के लिए विस्सामित्त को ही लीजिए। दरबार में वह अति शक्तिसंपन्न मंत्री है। आप जानते हैं कि वह महा-भ्रष्ट है। कई बार तो उसने आपके अधिकार-क्षेत्र में भी घुसने का प्रयास किया लेकिन आप अब भी उसकी सेवाओं पर निर्भर रहने के लिए बाध्य हैं, आखिर क्यों? क्योंकि आप जानते हैं कि यदि ऐसा नहीं करेंगे तो अराजकता फैल जाएगी।"[4]

राजा शुद्धोधन बड़ी देर तक अपने पुत्र को चुपचाप देखते रहने के बाद बोले, "सिद्धार्थ, तुम भली भांति जानते हो कि अपने परिवार और राज्य में शांति बनाए रखने के लिए व्यक्ति को कुछ चीजें सहन करनी पड़ती हैं। मेरी अपनी सत्ता भी सीमित है। लेकिन मुझे विश्वास है कि यदि तुम स्वयं को राजा बनने के लिए तैयार कर सको

तो तुम मुझसे अच्छा शासन कर सकते हो। तुम में इतनी प्रतिभा है कि भ्रष्टाचार को समाप्त कर सको और अपने देश में अराजकता भी न फैलने दो।''[5]

सिद्धार्थ ने दुःख भरे स्वर में कहा, ''पिताजी, मैं नहीं समझता कि इसमें किसी प्रकार की प्रतिभा की आवश्यकता है। मेरे विश्वास में मूल समस्या यह है कि व्यक्ति अपने चित्त और हृदय को मुक्त करे। मैं स्वयं भी क्रोध, ईर्ष्या, भय और इच्छाओं की भावनाओं से ग्रसित हूं।''[6] जब तक मैं अपने चित्त को विकारों से मुक्त नहीं कर लेता दूसरों को कैसे सुधार सकता हूं?

सिद्धार्थ की बातें सुनकर राजा शुद्धोधन चिंतित हो जाते थे। वे अच्छी तरह समझते थे कि सिद्धार्थ की सोच और विचारों में बहुत गहराई है, संसार को समझने की उनकी दृष्टि बहुत पैनी है और राजा की दृष्टि से काफी अलग है। फिर भी वे आशावान थे कि समय आने पर सिद्धार्थ राजा बनना स्वीकार कर लेंगे और कुशलता से राजकाज संभाल लेंगे। लेकिन सिद्धार्थ तो धम्म का मार्ग ढूंढ़ना चाहते थे। सिद्धार्थ ने पिता के समक्ष अपने विचार स्पष्ट कर दिए :

''पिताजी, सिंहासन पर एक दिन के लिए भी बैठना मेरे लिए दहकते अंगारों पर बैठने के समान है। यदि मेरा हृदय ही शांत नहीं होगा तो मैं आपके या जनता के विश्वास की रक्षा कैसे कर सकता हूं?''

इस तरह सिद्धार्थ के मन में राजनीति और संन्यास को लेकर विचार-मंथन चलता ही रहता था। अपनी जिम्मेदारियों को वे खूब अच्छी तरह समझते थे, इसीलिए समय आने पर उन्होंने शाक्य संघ की दीक्षा भी ली।

शाक्य संघ

शाक्यों की शासन प्रणाली लोकतंत्र पर आधारित थी। शाक्यों के लोकतंत्र में कई राजपरिवार थे और वे एक-दूसरे के बाद क्रमशः शासन करते थे। शाक्य राज्य भारत के उत्तर-पूर्व कोने में था। यह एक स्वतंत्र राज्य था लेकिन आगे चलकर कोसल नरेश ने इसे अपने शासन क्षेत्र में शामिल कर लिया था। इस अधिराजिक प्रभाव क्षेत्र में रहने का परिणाम यह था कि कोसल नरेश की स्वीकृति के बिना शाक्य राज्य स्वतंत्र रीति से अपने कुछ राजकीय अधिकारों का उपयोग नहीं कर सकता था।

शाक्यों को वैसे तो स्वायत्तता प्राप्त थी लेकिन कुछ मामले जैसे किसी को मृत्युदंड अथवा निर्वासित करने जैसे फैसलों में कोसल नरेश की अनुमति लेनी आवश्यक थी। शेष विषयों में शाक्यों को स्वयं निर्णय के अधिकार प्राप्त थे। कोसल और मगध साम्राज्यों की साम्राज्यवादी नीति से शाक्य जैसे छोटे-छोटे राज्यों को अपनी स्वायत्तता छिन जाने का डर बना रहता था, बावजूद इसके शाक्यों में अपने मूलनिवासी होने का बहुत आत्मविश्वास और राज्याभिमान रहता था। इस कारण पड़ोसी राज्यों से अक्सर झड़प भी हो जाती थी। शाक्य भारत के मूलनिवासी थे। मध्य एशिया से आये हुए आर्यों द्वारा शुरू की गई वर्ण व्यवस्था और जाति व्यवस्था शाक्यों में नहीं थी। शाक्यों का

अपना संघ था, जिसे शाक्य संघ कहते थे। राष्ट्रीय समस्याओं और राष्ट्र को प्रभावित करने वाले फैसले शाक्य संघ ही करता था और राजा को उसे मानना होता था। शाक्य संघ की नियमित रूप से बैठकें होती थीं और महत्त्वपूर्ण निर्णय विस्तृत चर्चा और बहस के बाद सर्वसम्मति से लिये जाते थे। 20 वर्ष की आयु होने पर प्रत्येक तरुण शाक्य को संघ में दीक्षित होना पड़ता था और संघ का सदस्य होना होता था। उसी अनुरूप सिद्धार्थ भी संघ में दीक्षित हुए।

शाक्य संघ के सदस्यों के लिए आठ नियम थे :

(1) अपने तन, मन और धन से शाक्यों के हितों की रक्षा करना,
(2) संघ की सभाओं में उपस्थित रहना,
(3) बिना किसी भय या पक्षपात के किसी भी शाक्य का दोष खुलकर कह देना,
(4) दोषारोपण होने पर क्रोधित न होना, दोष होने पर अपना दोष स्वीकार कर लेना, निर्दोष होने पर वैसा कहना,
(5) व्यभिचार न करना,
(6) किसी की हत्या न करना,
(7) चोरी न करना,
(8) झूठी गवाही न देना,

सिद्धार्थ शाक्य संघ के काम-काज में पूरी दिलचस्पी रखते थे और उसमें अपना योगदान देते थे।

सिद्धार्थ का शाक्य संघ से मतभेद

शाक्य संघ का सदस्य बनने के आठ वर्षों तक सिद्धार्थ सबके प्रिय सदस्य रहे। शाक्यों के राज्य से सटा हुआ कोलियों का राज्य था। रोहिणी नदी दोनों राज्यों के बीच विभाजक रेखा का काम करती थी। दोनों राज्य इस नदी से सिंचाई करते थे। रोहिणी के जल का पहले कौन और कितना उपयोग करेगा, इसे लेकर शाक्यों व कोलियों में अक्सर विवाद हो जाता था। यह विवाद कभी-कभी युद्ध की स्थिति पैदा कर देता था।

सिद्धार्थ की आयु 28 वर्ष हो चुकी थी, उस वर्ष भी रोहिणी का जल झगड़े का कारण बना और स्थिति युद्ध के कगार तक आ चुकी थी। संघ की सभा बुलाई गई। सिद्धार्थ और शाक्य सेनापति के बीच समस्या को हल करने के उपाय को लेकर मतभेद उत्पन्न हो गया। सेनापति युद्ध के लिए तत्पर था जबकि सिद्धार्थ युद्ध नहीं चाहते थे। सिद्धार्थ का मत था कि युद्ध कभी किसी समस्या का हल नहीं होता।[7] उनके मत में परस्पर एक-दूसरे का नाश करने में बुद्धिमानी नहीं है। सिद्धार्थ गौतम का मत था कि झगड़ा शाक्यों के आदमियों ने ही शुरू किया था इसलिए गलती शाक्यों की भी है। उन्होंने सुझाव दिया कि शाक्यों व कोलियों में से दो-दो आदमी चुने जाएं, वे चारों मिलकर एक पांचवें आदमी का चयन करें। वे पांचों पंच मिलकर झगड़े का निपटारा कर दें। जबकि, सेनापति का कहना था कि जब तक कोलियों को कड़ा दंड नहीं दिया

जाता तब तक यह मामला समाप्त नहीं होगा। सेनापति का तर्क था कि ब्राह्मणों का धर्म है यज्ञ करना, क्षत्रियों का धर्म है युद्ध करना, वैश्यों का धर्म है व्यापार करना और शूद्रों का धर्म है सेवा करना, हर किसी को अपना-अपना धर्म निभाने में ही पुण्य है। तब सिद्धार्थ ने कहा, "जहां तक मैं समझ सका हूं, धर्म तो इस बात को हृदयंगम करने में है कि वैर से वैर कभी शान्त नहीं होता। वह केवल अवैर से शांत होता है। आग से आग नहीं बुझ सकती, वह पानी से ही बुझ सकती है। झगड़ा, झगड़े से नहीं बल्कि आपसी बातचीत से ही सुलझ सकता है।"[8]

शाक्य संघ में बहुमत सेनापति के विचार को मानते हुए युद्ध के पक्ष में था। शाक्य संघ को सिद्धार्थ का मत मंजूर नहीं था और शाक्य संघ का फैसला सिद्धार्थ को मंजूर नहीं था। शाक्य संघ के नियमों के अनुसार यदि कोई सदस्य शाक्य संघ के खिलाफ जाता तो संघ उसके परिवार के सामाजिक बहिष्कार का निर्णय कर सकता था, उसके परिवार के खेतों को जब्त कर सकता था, उस व्यक्ति को दंडित कर सकता था और देश-निकाला दे सकता था। सिद्धार्थ गौतम ने सुझाव दिया कि उनके परिवार का सामाजिक बहिष्कार न किया जाए, न ही राजा शुद्धोदन की संपत्ति जब्त की जाए। वह स्वयं दंड भोगने को तैयार हैं। लेकिन शाक्य संघ के समक्ष समस्या यह थी कि कोसल नरेश को इस बात का पता लगने पर वे शाक्य संघ के खिलाफ कार्रवाई कर सकते थे और शाक्यों का राज्य हथिया सकते थे। इसलिए सिद्धार्थ गौतम ने स्वयं यह सुझाव दिया कि यदि वे परिव्राजक बन जाएं और देश के बाहर चले जाएं तो एक प्रकार से देश-निकाला भी हो जाएगा और शाक्य संघ को उसके लिए कोसल नरेश दंडित भीं नहीं करेंगे। आखिरकार सिद्धार्थ ने प्रव्रज्या (पालि भाषा में पबज्या) अभिनिष्क्रमण का निर्णय लिया।

महाभिनिष्क्रमण (गृहत्याग)

गलत बहुमत के आगे झुकने के बजाए सिद्धार्थ ने परिव्राजक का जीवन व्यतीत करने का निर्णय लिया।

कुछ विद्वानों का यह मत कि सिद्धार्थ गौतम ने एक बीमार आदमी को, एक बूढ़े आदमी को, एक मुर्दे को और एक संन्यासी को देखकर गृहत्याग का फैसला लिया, सर्वथा भ्रामक व तर्कहीन प्रतीत होता है। ऐसा लगता है कि जैसे अज्ञानवश या फिर निहित स्वार्थों की पूर्ति के लिए ऐसी कहानी गढ़ी गई।

यह बात सर्वमान्य है कि सिद्धार्थ गौतम ने 29 वर्ष की आयु में गृहत्याग किया था, यह भी सर्वमान्य सत्य है कि उनके जन्म के उपरांत ही उनकी माता महामाया का निधन हो गया था। धान बोने के ग्रामीण उत्सव में हल जोतने जब वे जाते थे तो हर उम्र के लोग दिखते ही होंगे। वे स्वयं भी बच्चे से नवयुवक हुए थे, 16 वर्ष की उम्र में पूरे उत्सव के साथ विवाह किया था। विवाह उत्सव में हर उम्र के लोग होते हैं। वैवाहिक जीवन के फलस्वरूप वे एक पुत्र के पिता बने थे। अपनी पत्नी में आ

रहे शारीरिक परिवर्तनों को देखा होगा। अपने पिता और मौसी तथा अन्य संबंधियों को बूढ़े होते देखा ही होगा। भले ही बूढ़े नौकर-नौकरानियों को राजकुमार सिद्धार्थ की सेवा में न रखा जाता रहा हो लेकिन जब राजकुमार सिद्धार्थ 29 वर्ष के थे तब उनकी मौसी महाप्रजापति गौतमी और पिता शुद्धोदन की उम्र भी 70 वर्ष के आस-पास हो गई थी। पिता के पके बाल, चेहरे की झुर्रियां उन्होंने अवश्य देखी होंगी। इतने बड़े राजपरिवार में जहां पारिवारिक सदस्यों के अलावा अनेक नौकर-चाकर थे, कोई न कोई बीमार भी अवश्य पड़ता ही होगा। धर्मवान राजघराना था, साधु-संतों को भोजनदान, उनका सम्मान, सत्कार चलता ही रहता था। उनकी वंदना करने और उनका आशीर्वाद लेने के लिए राजकुमार को भी उनके सामने लाया ही जाता रहा होगा अतः बूढ़े लोगों को, बीमार लोगों को, मृत लोगों और संन्यासियों को पहले भी देखा ही होगा। इसके लिए उन्हें 29 वर्ष तक इंतजार की जरूरत नहीं थी। सामान्य परिवारों में 5 साल का बच्चा भी पूछता है कि दादी-दादा क्यों बूढ़े हो गए? क्यों बीमार हैं? क्यों मर गए? लोग क्यों मरते हैं?...आदि...आदि...तो फिर सिद्धार्थ गौतम जो जन्म से ही 32 महापुरुषीय गुणों से युक्त थे, 29 साल तक यही न समझ पाए कि लोग बूढ़े होते हैं, बीमार होते हैं, और मरते हैं, यह असंभव है। अतः यह कहना कि बूढ़े, बीमार, मृत और संन्यासी को देखकर गौतम परिव्राजक बने सर्वथा भ्रांतियुक्त है। कहानियां गढ़ दी गई हैं कि सिद्धार्थ रात में जब परिवार के सभी सदस्य सोये थे उस समय चुपचाप, बिना किसी को बताए घर छोड़कर चले गए। राष्ट्रीय कवि के रूप में ख्यातिनाम लोगों ने तो कविता ही रच डाली, 'सखी, वो मुझसे कहकर जाते।' कुछ विद्वान अज्ञानवश गौतम बुद्ध की इसलिए आलोचना करते हैं कि वे अपनी सुंदर पत्नी, छोटे बच्चे और बूढ़े मां-बाप को छोड़कर चले गए। आलोचक यह भूल जाते हैं कि बुद्धत्व प्राप्त कर गौतम बुद्ध ने पत्नी, बेटे, मां-बाप और पूरे परिवार को निर्वाण का परम आनंद प्राप्त करने में मदद की। 'गृहस्थ जीवन जीकर वह जो सांसारिक सुख प्रदान कर सकते थे, उससे कहीं अधिक और अतुलनीय भवसंसार से मुक्त होने का परम सुख उन्हें प्रदान किया।'[9] कुछ आलोचक कहते हैं कि 'सिद्धार्थ गौतम सत्य की खोज में संसार छोड़कर निकल पड़े थे, इसलिए उनका घर छोड़ना युक्तिसंगत नहीं था।'[10] इसका मतलब है कि दूसरों के उपकार के लिए नहीं बल्कि अपनी जिज्ञासा पूरी करने के लिए उन्होंने घर छोड़ा। इस तरह की आलोचनाएं सत्य से सर्वथा परे हैं। आलोचक या तो सत्य को पूरी तरह जान नहीं पाए या फिर किसी पूर्वाग्रह से ग्रसित थे। वास्तविकता यह है कि सिद्धार्थ गौतम एक बोधिसत्व थे और सम्यक् सम्बुद्ध बनने के लिए अनेक जन्मों से दस पारिमिताएं पूरी करते चले आ रहे थे। उनके मन में सभी प्राणियों के प्रति करुणा थी। जब वे देखते थे कि लोग आपस में लड़ रहे हैं, एक-दूसरे का शोषण कर रहे हैं, जन्म लेने वाला हर प्राणी बीमारियों, बुढ़ापा और मृत्यु के दुःखों से गुजरता है तो मन में विचार आते थे कि आखिर इन दुःखों से मुक्त होने का कोई तो रास्ता होगा। उन्हें उसी रास्ते की खोज करनी थी। उनके मन में दृढ़ विश्वास था कि जहां इतने दुःख-क्लेश मौजूद हैं, वहां सुख-शांति का भी रास्ता मौजूद

होगा ही। उनको उसी रास्ते की खोज करनी थी जो दुःख-क्लेशों के भवसंसार से मुक्ति दिला सके, जिस पर वे अकेले ही नहीं बल्कि संसार के सभी लोग चलकर मुक्त हो सकें। दूसरों को मुक्ति का रास्ता वे तभी दिखा सकते थे जब उस रास्ते को खोजकर और उस पर चलकर पहले वह स्वयं मुक्त हो सकें। जो स्वयं गरीब हो, वह दूसरों की गरीबी कैसे दूर करेगा? जो स्वयं जंजीरों में जकड़ा हो वह अन्य को कैसे आजाद कराएगा? जो स्वयं दुःखी हो वह दूसरों को सुखी कैसे बना पाएगा?

हकीकत यह है कि सिद्धार्थ के गृह त्यागने का उनका उद्देश्य न तो परम सत्य जानने की जिज्ञासा पूरी करना था और न ही अपना स्वार्थ सिद्ध करना था बल्कि उस रास्ते की खोज करना था जो बहुजनों के सुख और शांति के लिए हो। कुछ स्वार्थी लोगों ने यह भी प्रचार किया कि परम सत्य की खोज करने के लिए घर छोड़ने की क्या जरूरत थी? परम सत्य तो घर बैठकर भी अपने भीतर झांककर देखने से ज्ञात हो सकता था। ऐसे लोग ये भूल जाते हैं कि सम्यक् संबोधि घर बैठे नहीं प्राप्त होती। जब कोई व्यक्ति सम्यक् संबोधि प्राप्त कर लेता है तो उसका हृदय अनंत करुणा, अनंत मैत्री और अनंत मुदिता से भर उठता है और वह बहुत से लोगों को मुक्त होने में, परम निर्वाण पद प्राप्त करने में सहायक बन जाता है। ऐसा प्रतीत होता है कि ये आलोचनाएं और मनगढ़ंत कहानियां इसलिए गढ़ी गईं जिससे भोले-भाले लोग स्वर्ग के लालच और नरक के डंर से पुरोहित-पुजारियों के चंगुल में फंसे रहें, जिससे धर्म और भगवान के नाम पर ठेकेदारी करनेवालों का गोरखधंधा चलता रहे। यदि लोग गौतम बुद्ध के बारे में सही बातें जान लेते कि प्रत्येक इंसान को अपने स्वयं की मेहनत से ही मुक्त होना है तो वे पुजारियों के चंगुल से आजाद हो जाते और पुजारियों की कमाई बंद हो गई होती।

महाभिनिष्क्रमण (गृहत्याग) का सच

सिद्धार्थ गौतम ने आम जनता को युद्ध के विनाश से बचाने के लिए और जीव जगत में जो दुःख मौजूद हैं, उन दुःखों के कारणों और उन दुःखों को दूर करने के उपायों को ढूंढ़ने के लिए समस्त शाक्यों, अपने राज्य की जनता, माता, पिता और पत्नी की जानकारी में परिव्राजक बनने का निर्णय लिया और गृहत्याग किया। पिता शुद्धोदन, मां गौतमी व पत्नी यशोधरा के साथ हुआ उनका मार्मिक वार्तालाप उल्लेखनीय है—

सिद्धार्थ—'मैं आशा करता हूं कि इतना तो आप समझते ही होंगे कि मैंने कैसे परिस्थिति को और अधिक बिगड़ने से बचा लिया। मैं सत्य और न्याय के पथ से विचलित नहीं हुआ और सत्य और न्याय का आग्रह करने का जो भी दण्ड था, मैंने उसे अपने ही सिर पर ले लिया।''

शुद्धोदन—'तुमने यह नहीं सोचा कि इससे हम पर क्या बीतेगी?'

सिद्धार्थ—'लेकिन इसी कारण तो मैंने प्रव्रज्या लेना स्वीकार किया है। जरा सोचिए तो सही यदि शाक्यों ने सारे खेत जब्त करने की आज्ञा दे दी होती तो क्या हुआ

होता?'

शुद्धोदन—'लेकिन, तुम्हारे बिना हम इन खेतों को रखकर क्या करेंगे? सारा परिवार ही शाक्य जनपद का परित्याग कर देश से बाहर क्यों न चल दे।'

रोती हुई प्रजापति गौतमी भी राजा शुद्धोदन से सहमत थी। बोली—'तुम हम सब को इस प्रकार छोड़कर अकेले कैसे जा सकते हो?'

सिद्धार्थ ने सान्त्वना दी—'मां! क्या तुमने हमेशा क्षत्राणी होने का दावा नहीं किया? इस प्रकार दुःखी होना तुम्हारे लिए अशोभनीय है। यदि मैं युद्धभूमि में गया होता और वहां जाकर मर गया होता तो तुम क्या करतीं? क्या तब भी तुम इसी प्रकार दुःखी हुई होतीं?'

गौतमी—'नहीं, यह तो एक क्षत्रिय के योग्य होता। लेकिन अब तुम लोगों से दूर जंगल में रहने जा रहे हो। हम यहां शांत कैसे रह सकते हैं? मैं यही कहती हूं कि तुम हमें भी साथ ले चलो।'

सिद्धार्थ ने प्रश्न किया—'मैं आप सबको कैसे साथ ले चल सकता हूं? नंद केवल एक बच्चा है। मेरे पुत्र राहुल का अभी जन्म ही हुआ है। क्या आप इन्हें छोड़कर मेरे साथ आ सकती हैं?'

गौतमी को संतोष न हुआ। उनका कहना था, 'हम सब शाक्यों का देश छोड़कर कोसल नरेश की अधीनता में रहने के लिए कोसल जनपद में जा सकते हैं।'

सिद्धार्थ ने आपत्ति की—'लेकिन मां! शाक्य क्या कहेंगे? क्या वे इसे देशद्रोह न समझेंगे? फिर मैंने वचन दिया है कि मैं वचन या कर्म से कोई ऐसी बात न कहूंगा, न करूंगा कि जिससे कोसल नरेश को शाक्यों के खिलाफ कुछ करने का मौका मिल सके!'

सिद्धार्थ ने अपनी मां से कहा—'यह सही है कि मुझे अकेले जंगल में रहना होगा। लेकिन कोलियों के विरुद्ध लड़ाई में हिस्सा लेने और जंगल में रहने, इन दोनों में से अधिक श्रेयस्कर क्या है?'

सिद्धार्थ का स्पष्ट मत था कि कोलियों के विरुद्ध लड़ाई करने से बेहतर परिव्राजक जीवन व्यतीत करना होगा।

शुद्धोदन ने कहा, 'लेकिन इतनी जल्दी किसलिए? शाक्य संघ ने अभी कुछ समय के लिए लड़ाई को स्थगित कर दिया है। हो सकता है कि युद्ध कभी छिड़े ही नहीं। तुम अपनी प्रव्रज्या भी क्यों स्थगित नहीं करते? हो सकता है कि शाक्य संघ तुम्हें यहां बने रहने की ही अनुमति दे दे।'

सिद्धार्थ—'यह भी संभव है कि मेरे प्रव्रज्या ग्रहण कर लेने पर शाक्य संघ अपनी युद्ध की घोषणा को वापस ले ले। किंतु यह सब कुछ मेरे पहले प्रव्रज्या ले लेने पर ही निर्भर करता है। मैंने वचन दिया है और मुझे उसे अवश्य पूरा करना चाहिए। वचन-भंग का बड़ा बुरा परिणाम हो सकता है, हमारे लिए भी और शांतिपक्ष के लिए भी...मां, अब मेरे मार्ग में बाधक न बनो। मुझे आज्ञा दो और अपना आशीर्वाद। जो कुछ हो रहा है, अच्छे के लिए ही हो रहा है।'

गौतमी और शुद्धोदन चुप थे। सिद्धार्थ यशोधरा के कमरे की ओर चल दिए।

सिद्धार्थ यशोधरा के कमरे में पहुंचे, सिद्धार्थ मौन थे, यशोधरा भी चुप। यशोधरा ने मौन भंग किया—'कपिलवस्तु में शाक्य संघ की सभा में जो कुछ हुआ वह सब मैं सुन चुकी हूं।'

सिद्धार्थ ने पूछा, 'यशोधरा ! मुझे बताओ कि तुम्हें मेरा प्रव्रजित होने का निर्णय कैसा लगा है?'

अपनी भावनाओं को अच्छी तरह अपने वश में रखकर यशोधरा ने उत्तर दिया—'यदि मैं भी तुम्हारी स्थिति में होती तो मैं भी वही करती, निश्चय ही मैं कोलियों के विरुद्ध छेड़े जाने वाले युद्ध में हिस्सा नहीं लेती।'

यशोधरा ने आगे कहा,'तुम्हारा निर्णय ठीक है। तुम्हें मेरी अनुमति और समर्थन है। मैं भी तुम्हारे साथ प्रव्रजित हो जाती। यदि मैं नहीं हो रही हूं तो इसका मात्र यही कारण है कि मुझे राहुल का पालन—पोषण करना है।

अच्छा होता यदि ऐसा न हुआ होता। लेकिन हमें वीरतापूर्वक स्थिति का मुकाबला करना चाहिए। अपने माता-पिता तथा पुत्र की चिंता न करना। मैं जब तक जीऊंगी, सबकी देखभाल करूंगी।

अब मैं इतना चाहती हूं कि अपने प्रिय संबंधियों को छोड़कर जो तुम प्रव्रजित होने जा रहे हो, तुम किसी ऐसे नये पथ की खोज कर सको, जो मानवता के लिए कल्याणकारी हो।[11]

सिद्धार्थ इससे बड़े प्रभावित हुए। इससे पहले उन्हें नहीं मालूम था कि यशोधरा इतनी दृढ़ थी, इतने वीर भाव से समन्वित थी और इतनी अधिक उदार थी। आज ही उन्हें पता लगा कि वह कितने भाग्यवान थे कि उन्हें यशोधरा जैसी पत्नी मिली थी। आज ही परिस्थितियों ने दोनों को पृथक-पृथक कर दिया था। सिद्धार्थ ने यशोधरा से राहुल को लाने को कहा। एक पिता की वात्सल्यपूर्ण दृष्टि डालकर वह वहां से विदा हो गये।

परिव्राजक का जीवन व्यतीत करने की पूरी तैयारी करके सिद्धार्थ गौतम अपने प्रिय घोड़े कंथक पर सवार होकर भारद्वाज ऋषि के आश्रम पहुंचे। उनके परिव्राजक बनने की खबर आग की तरह पूरे कपिलवस्तु में फैल चुकी थी, इसलिए आश्रम के द्वार पर लोगों की भारी भीड़ सिद्धार्थ से मिलने के लिए मौजूद थी। लोगों से मिलते हुए और भीड़ में से रास्ता बनाते हुए सिद्धार्थ आश्रम में पहुंचे। राजा शुद्धोधन और महारानी प्रजापति गौतमी वहां पहले ही पहुंच चुके थे। सिद्धार्थ के चचेरे भाई महानाम एक परिव्राजक की जरूरत के वस्त्र और भिक्षापात्र लेकर उपस्थित थे। सिद्धार्थ ने अपने सारथी छन्न को अपने राजकीय वस्त्र और आभूषण दे दिए और परिव्राजक के कपड़े पहन लिए। इस तरह परिव्राजक की पूरी तैयारी कर सिद्धार्थ भारद्वाज के पास गए। अपने शिष्यों की सहायता से भारद्वाज ऋषि ने आवश्यक संस्कार किए और सिद्धार्थ गौतम के परिव्राजक बनने की घोषणा कर दी। सिद्धार्थ गौतम ने प्रव्रज्या का संस्कार समाप्त होते ही प्रतिज्ञा के अनुसार अपनी यात्रा आरंभ कर दी। प्रव्रज्या के समय सिद्धार्थ

गौतम की आयु महज 29 वर्ष की थी।

कपिलवस्तु के लोगों की भारी भीड़ उनके पीछे-पीछे चल रही थी। सिद्धार्थ ने उन्हें रोका और कहा, ''बहनों और भाइयो! मेरे पीछे-पीछे चले आने से क्या लाभ है? मैं शाक्यों और कोलियों के बीच का झगड़ा न निपटा सका। लेकिन यदि तुम समझौते के पक्ष में जनमत तैयार कर लो, तो तुम सफल हो सकते हो। इसलिए कृपा करके वापस लौट जाओ।'' सिद्धार्थ की प्रार्थना सुनकर लोग पीछे लौटने लगे। राजा शुद्धोधन और गौतमी भी महल को लौट गए। उन्होंने सिद्धार्थ के त्यागे वस्त्रों और गहनों को एक कमल के तालाब में प्रवाहित कर दिया।

लोग उन्हें याद करते और यह कह-कहकर उनकी प्रशंसा करते थे कि उच्च कुलोत्पन्न है, यह श्रेष्ठ माता-पिता की संतान है, यह संपन्न है, यह तारुण्य के मध्य में है, यह सुंदर शरीर और बुद्धि से युक्त है, सुख-भोग में पला है और वही अपने संबंधियों से इसलिए लड़ा कि पृथ्वी पर शांति बनी रहे और जनता का भला हो।

यह एक शाक्य तरूण था जिसने बहुमत के आगे झुकने के बजाय स्वेच्छा से दण्ड स्वीकार किया, जिसका मतलब था ऐश्वर्य के स्थान पर दरिद्रता, सुख-समृद्धि के स्थान पर भिक्षाटन, गृह-निवास के स्थान पर गृह-त्याग। और यह जा रहा है जहां कोई इसकी चिंता करनेवाला नहीं, और यह जा रहा है बिना किसी भी ऐसी एक चीज को साथ लिए जिसे यह अपनी कह सके। इसका यह स्वेच्छा से किया हुआ त्याग महान है। यह बड़ी ही वीरता और साहस का कार्य है। संसार के इतिहास में इसकी तुलना नहीं। यह शाक्य-मुनि अथवा शाक्य-सिंह कहलाने का अधिकारी है। सिद्धार्थ गौतम के ही संबंध में कहा गया शाक्य-कुमारी कृषा गौतमी का कथन कितना सही था—''धन्य हैं वे माता-पिता जिन्होंने ऐसे पुत्र को जन्म दिया और धन्य है वह नारी जिसका ऐसा पति है।''

लोगों की भीड़ तो चली गई लेकिन सिद्धार्थ के सारथी छन्न ने जिद्द पकड़ ली की वह अनोमा नदी के किनारे तक उन्हें छोड़ने जाएगा। छन्न की जिद्द को देखते हुए सिद्धार्थ को उसकी बात माननी पड़ी। अनोमा नदी के तट पर पहुंचकर छन्न ने सिद्धार्थ को समझाने की कोशिश की कि वह वापस लौट चले। सिद्धार्थ ने उसे समझाते हुए कहा कि :

''तुम्हारा मेरे प्रति जो भाव है उससे मैं बहुत प्रसन्न हूं। खेद है कि मैं इस समय ऐसी स्थिति में हूं कि तुम्हारे लिए कुछ कर नहीं सकता। जिससे उपकार की आशा हो उसके प्रति कौन अनुरक्त नहीं होगा? लेकिन विपत्ति के समय आदमी के अपने सगे-संबंधी तक पराए बन जाते हैं। परिवार के लिए पुत्र का पालन-पोषण किया जाता है, अपने भावी-सुख के लिए पिता, पुत्र को मानता है, किसी न किसी आशा से ही संसार के लोग बंधे रहते हैं; बिना आशा का निःस्वार्थ भाव कहीं नहीं है। जब वियोग अनिवार्य ही है तो यह कैसे हो सकता है कि संबंधियों से वियोग न हो। आदमी के मरने पर उसकी संपत्ति के उत्तराधिकारी तो बहुत होते हैं किंतु उसके पुण्य का उत्तराधिकारी मिलना कठिन है, शायद होता ही नहीं। राजा—मेरे पिता—की देखभाल रखनी होगी। हो सकता है कि वह कहें कि मैंने अनुपयुक्त समय पर गृह-त्याग किया

है; किंतु धर्म करने के लिए कोई भी समय अनुपयुक्त समय है ही नहीं। छन्न! मेरे वियोग से उत्पन्न होने वाले दुःख का परित्याग करो। नाना जन्म ग्रहण करने वाले प्राणियों के लिए परस्पर वियोग अनिवार्य है। यदि मैं स्नेह के कारण आज अपने संबंधियों का परित्याग न भी करूं तो भी एक न एक दिन मृत्यु हमें एक-दूसरे से अनिवार्य तौर पर पृथक कर ही देगी। मेरी जिस मां ने मुझे इतना कष्ट सहन करके जन्म दिया था, अब वह कहां है? और मैं कहां हूं? जैसे पक्षी अपने विश्राम-वृक्ष पर इकट्ठे होते हैं, किंतु फिर नाना दिशाओं में उड़ जाते हैं, जैसे बादल एकत्र होकर फिर पृथक-पृथक नाना दिशाओं में चले जाते हैं, यही प्राणियों की दशा है। उनका भी वियोग अवश्यंभावी है। और चूंकि यह संसार इसी प्रकार परस्पर एक-दूसरे की वंचना करता हुआ गतिमान है, इसलिए किसी भी चीज को अपना समझ बैठना भयावह है। क्योंकि यह ऐसा ही है, इसलिए मित्र! शोक मत करो! वापस लौट जाओ। यदि मन नहीं माने तो जाकर फिर वापस चले आना। बिना मुझे कुछ और कहे, कपिलवस्तु के लोगों से जाकर कहना कि उनके लिए जो तुम्हारे स्नेही हैं, उसे छोड़ दें, क्योंकि उसका निश्चय दृढ़ है।''[12]

जब स्वामी और सेवक के बीच की यह बातचीत कंथक ने सुनी तो उस श्रेष्ठ अश्व ने स्वामी के चरण चाटे और उसकी आंखों से उष्ण आंसू गिरने लगे। सिद्धार्थ गौतम ने उसे अपने हाथ से थपथपाया और एक मित्र की तरह संबोधित कर कहा, ''कंथक! सहन कर! आंसू मत बहा। तेरा परिश्रम शीघ्र ही सफल होगा।''

जब छन्न ने देखा कि अब शीघ्र विदा होना ही होगा, तो उसने गौतम के उस परिव्राजक रूप को नमस्कार किया और गौतम से विदा ली। कंथक और छन्न के जाने के बाद गौतम भी अपने मार्ग पर चल दिये।

राजा बिम्बिसार का राजपाट संभालने का आग्रह

कपिलवस्तु से निकलकर सिद्धार्थ गौतम राजगृह की ओर चल दिए। राजगृह मगध राज्य की राजधानी थी, उस समय वहां राजा बिम्बिसार का राज था। पाण्डव-पहाड़ी पर लोध वृक्षों से भरे जंगल में, जहां मयूरों का स्वर गूंज रहा था, सिद्धार्थ पर्वतासन लगाकर बैठ गए। राजा बिम्बिसार को जब इस बात का पता चला तो वे स्वयं वहां पहुंचे। कुशलक्षेम के बाद राजा बिम्बिसार ने सिद्धार्थ गौतम से पुनः गृहस्थ जीवन में जाने व राजपाट संभालने का अनुरोध किया व कहा :

''यदि आप अपने पैतृक राज्य वापस नहीं ही जाना चाहते हो तो मैं आपको अपना आधा राज्य देता हूं, इसे ग्रहण करने की कृपा करें। यदि अपने कुलाभिमान से मेरा कहना अमान्य हो, तो अनंत सेना के साथ धनुष-बाण का उपयोग कर मेरी सहायता से अपने विरोधियों पर विजय प्राप्त कर लें।''

राजा बिम्बिसार ने आगे कहा :

''पहले अर्थ और काम की प्राप्ति की कामना करें और अंत में मोक्ष की इच्छा करें। धर्म, अर्थ, काम और मोक्ष की प्राप्ति में ही जीवन की सफलता है। आपकी बाहुओं

में पृथ्वी तो पृथ्वी, तीनों लोकों को जीत लेने की शक्ति है। अभी आप जवान हैं और यह समय काम-भोगों का आनंद लेने का है। बाद में बुढ़ापा आ जाएगा और सौंदर्य को मलिन कर देगा। इस संसार में जवानी का धन और धर्म से विरोध है क्योंकि काम-सुखों को कितना ही सुरक्षित रखा जाए वे सुरक्षित रखे ही नहीं जा सकते। इसलिए जब और जहां भी सुख-भोग प्राप्त हो, उनका आनंद लेना चाहिए। और अगर आपकी धर्म में ही विशेष रुचि है तो यज्ञ करके ऊंचे से ऊंचा स्वर्ग प्राप्त किया जा सकता है।''[13]

सिद्धार्थ गौतम ने राजा बिम्बिसार को उत्तर दिया—

''मैं संसार के कलहों से आहत हूं। मैं शांति की खोज में हूं। मैं इस दुःख का अंत करने के बदले में इस पृथ्वी का राज्य तो क्या दिव्य लोक का राज्य भी न चाहूंगा। यह जो आपने कहा है कि धर्म, अर्थ और काम ही मनुष्य के तीन पुरूषार्थ हैं, और आपका यह भी कहना है कि मैं दुःख के मार्ग पर हूं तो आपके तीनों पुरूषार्थ अनित्य हैं और असंतोषकारक हैं। और जहां आपका यह कहना है कि बुढ़ापा आने तक प्रतीक्षा करनी चाहिए, क्योंकि जवानी का कोई ठिकाना नहीं, तो आपका यह कथन ही सुनिश्चित नहीं क्योंकि जवानी में भी दृढ़ता हो सकती है और बुढ़ापे में भी नहीं हो सकती। चाहे तरुण हो, चाहे वृद्ध हो और चाहे जवान हो, हर किसी के लिए यही योग्य है कि वह करुणा के धार्मिक पथ पर अग्रसर हो। जहां आपका यह कहना है कि मैं यज्ञ करने में अप्रमादी बनूं, क्योंकि वे मेरे कुल के अनुकूल हैं और महान फलदायी हैं, तो ऐसे यज्ञों को नहीं करना चाहिए जिनमें निरीह प्राणियों का वध होता है। किसी भी भावी फल के लिए किसी भी निरीह प्राणी की हत्या करना किसी भी कारुणिक व शीलसंपन्न मनुष्य के योग्य नहीं, चाहे फिर वह यज्ञ का फल अनंतकालीन ही क्यों न हो। याज्ञिक होना ठीक नहीं है, क्योंकि ऊंचे से ऊंचा फल पशुओं की हत्या से ही मिलने की कल्पना यज्ञों से की जाती है। मैं अगले जन्म में मिलने वाले किसी फल की आशा से कोई कर्म करने के लिए प्रेरित नहीं हो सकता। हे राजन, मेरे मन को भावी जन्मों की कल्पना में सुख नहीं मिलता, क्योंकि ऐसे कर्मों की दिशा उसी तरह अनिश्चित और अस्थिर है जैसे बादलों से गिरी वर्षा से प्रताड़ित किसी पौधे की दिशा।''[14]

राजा बिंम्बिसार ने हाथ जोड़कर कहा, ''बिना किसी बाधा के आपका उद्देश्य सफल हो। जब भी कभी आपको बोधि प्राप्त हो जाए तब फिर यहां पधारकर मुझे भी दीक्षा देने की कृपा कीजिएगा।''

सुखद समाचार

सिद्धार्थ गौतम राजगृह में एक कुटी बनाकर ठहरे हुए थे। उसी समय दूसरे पांच परिव्राजक—कौंडन्न, वप्प, भद्दिय, महानाम और अस्साजी, वहां आए और उनके पास ही एक कुटिया बनाकर रहने लगे। इन पांच परिव्राजकों से सिद्धार्थ गौतम को पता

चला कि उनके चले जाने के बाद कोलियों से युद्ध करने के मुद्दे पर शाक्यों में बड़ा भारी आंदोलन छिड़ा। कोलिय और शाक्य भाई-भाई के नारे लगने लगे, युद्ध का विरोध होने लगा। मजबूरन शाक्य संघ को एक सभा बुलानी पड़ी। इसके बाद शाक्यों व कोलियों की तरफ से संधिवार्ता के लिए पांच-पांच दूत चुने गए और स्थायी पंचायत की नियुक्ति हुई। इस तरह युद्ध का खतरा समाप्त हो गया।

समस्या नए परिप्रेक्ष्य में

शाक्यों व कोलियों के बीच शांति स्थापित होने की खबर मिलने पर सिद्धार्थ गौतम ने अपने आपसे सवाल किया कि अब जब युद्ध की आशंका समाप्त हो गई है तो क्या उनकी समस्या भी समाप्त नहीं हो गई? गहराई से सोचने पर उन्होंने पाया कि समस्या तो अभी भी शेष है, क्योंकि युद्ध की समस्या तो मुख्य रूप से विरोध की समस्या है, एक बड़ी समस्या का अंश मात्र है। यह विरोध न केवल जातियों और राजाओं में ही विद्यमान है, बल्कि क्षत्रियों में, ब्राह्मणों में, गृहस्थों में, माता-पुत्र में, पुत्र-पिता में, भाई-भाई में, बहन-भाई में तथा साथी-साथी में, यह विरोध, यह संघर्ष विद्यमान है। जातियों में जो संघर्ष होता है वह तो कभी-कभी होता है लेकिन वर्गों के बीच में जो संघर्ष होता है वह स्थायी है और लगातार जारी है। संसार के कष्टों और दुःख के मूल में यह वर्ग-संघर्ष ही है। यह सत्य है कि ''मैंने युद्ध के कारण ही गृहत्याग किया था। लेकिन शाक्यों और कोलियों का युद्ध समाप्त हो जाने पर भी मैं घर वापस नहीं लौट सकता। मैं देखता हूं कि मेरी समस्या ने व्यापक रूप धारण कर लिया है। मुझे सामाजिक संघर्ष की समस्या का हल खोज निकालना है।''[15]

पुराने परंपरागत दर्शनों के पास इस सामाजिक संघर्ष की समस्या का हल है या नहीं और यदि है तो कहां तक? क्या हम इन सामाजिक दर्शनों में से किसी एक को भी सही मान सकते हैं?

सिद्धार्थ ने हर परंपरा और हर मत का स्वयं परीक्षण करने का निश्चय किया। और वे भृगु के आश्रम पहुंचे। उन्होंने स्वर्ग-कामी तपस्वियों की विचित्र-विचित्र तपस्याओं का निरीक्षण करते हुए आश्रम देखा। कुछ साधु ऐसे थे जो अन्न न खाकर फल और कंदमूल पर ही गुजारा करते थे। कुछ लोग ऐसे थे जो अपने शरीर को जल में या अग्नि में तपाते थे। इन साधुओं को विश्वास था कि शरीर को कष्ट देने से और कठोर तप करने से मरने के बाद उन्हें स्वर्ग मिल जाएगा। सिद्धार्थ ने पाया कि ये सभी तपस्वी स्वर्ग पाने के लिए लालायित हैं। सिद्धार्थ ने विचार किया कि ऐसी कठिन तपस्या से अगर स्वर्ग मिल भी गया तो इससे दुनिया के लोगों की समस्याएं तो नहीं हल हो सकतीं। लोगों की समस्याएं तो ज्यों की त्यों रहेंगी जबकि सिद्धार्थ का उद्देश्य ऐसे रास्ते की खोज करना था जिससे लोगों के दुःखों को दूर किया जा सके और उनके जीवन को सुखमय बनाया जा सके। सिद्धार्थ गौतम की इच्छा तो संसार के समस्त दुःखों का मूल कारण और उनका निवारण ढूंढ़ने की थी। इसलिए वे भृगु आश्रम छोड़कर दूसरे

आश्रम की खोज में निकल पड़े। एक आश्रम से दूसरे आश्रम, दूसरे से तीसरे आश्रम, इस प्रकार सिद्धार्थ गौतम ने तत्कालीन भारत के करीब-करीब सभी जाने-माने आश्रमों का भ्रमण किया। किसी आश्रम में तीन महीने तो किसी में छह महीने रहकर उन्होंने सही रास्ते की खोज जारी रखी। तरह-तरह की ध्यान साधना सीखने से उन्हें कुछ आध्यात्मिक लाभ तो हुआ लेकिन जन्म और मरण के भवसंसार से मुक्ति का मार्ग नहीं मिल पा रहा था। समय बड़ी तेजी से बीत रहा था। गृहत्याग किए हुए तीन वर्ष बीत चुके थे लेकिन खोज जारी थी। इसी तरह खोज करते करते वे मुनि आलार कालाम के आश्रम में पहुंचे।

आलार कालाम के आश्रम में उन्होंने सांख्य परंपरा का अध्ययन किया और सातों ध्यान सीखे। ध्यान करते समय सिद्धार्थ अपने मन में विचारों और अतीत के राग-द्वेषों तथा भविष्य संबंधी कामनाओं को नहीं आने देते थे। इससे उन्हें शांति तो बहुत मिलती थी लेकिन उन्हें यह भी मालूम था कि अंतर्मन की गहराइयों में दबे हुए राग और द्वेष ज्यों के त्यों बरकरार हैं। ध्यान करते-करते ऐसी भी अवस्था आई जब उन्हें महसूस हुआ कि चित्त से राग और द्वेष मिट गए हैं और आनंद अथवा पीड़ा की अनुभूतियां समाप्त हो गई हैं। धीरे-धीरे उन्होंने देखा कि इंद्रियों के क्षेत्र से भी वे बाहर निकल गए हैं और उनका चित्त शांत सरोवर के जल के समान स्थिर हो गया है। लेकिन उनके अंतर्मन की चिंताएं और दुःख अभी भी मौजूद थे। ध्यान में और प्रगति करने पर वे अपदार्थता की अवस्था जिसमें व्यक्ति की चेतना द्रष्टा की भांति हो जाती है, उस अवस्था को पहुंच गए। लेकिन उन्होंने महसूस किया कि उनके अंतर्मन में विकार अभी भी मौजूद थे। जब उन्होंने आलार कालाम को बताया कि वे अपदार्थता की अवस्था को प्राप्त कर चुके हैं लेकिन अंतर्मन के विकार अभी पूरी तरह खत्म नहीं हुए हैं, क्या इसके आगे भी उनके पास कुछ और ज्ञान है? आलार कालाम ने उनसे कहा कि जितनी शिक्षा देने की क्षमता उनमें थी उन्होंने सब दे दी, अब उनके पास सिद्धार्थ को सिखाने के लिए और अधिक कुछ नहीं है। आलार कालाम ने सिद्धार्थ से कहा कि वे दोनों मिलकर आश्रम चलाएंगे। लेकिन सिद्धार्थ गौतम ने देखा कि उनको अभी भी बोधि प्राप्त नहीं हुई है। अतः आलार कालाम को धन्यवाद देकर सिद्धार्थ आश्रम से निकल पड़े।

आलार कालाम के आश्रम से वे उद्दक रामपुत्त के आश्रम में गए। वहां उन्होंने आठवां ध्यान सीखा। इस ध्यान में साधक चेतना के उस स्तर तक पहुंच जाता है जहां भावबोध तथा भावबोध-हीनता दोनों ही अवस्थाएं समाप्त हो जाती हैं। यह विचार से निर्विचार की अवस्था होती है, जब साधक चेतना की सभी अवस्थाओं को पार कर जाता है। लेकिन सिद्धार्थ गौतम ने देखा कि उनके अंतर्मन की गहराइयों में राग-द्वेष के विकार अब भी मौजूद हैं और ध्यान की अवस्था से बाहर आते ही आनंद की अवस्था समाप्त हो जाती है। इस आठवें ध्यान से भी जीवन और मरण का तथा जीव-जगत में विद्यमान दुःखों के न तो कारणों का पता चला न ही उनके निवारण का रास्ता मिला। सिद्धार्थ गौतम ने उद्दक रामपुत्त को बताया कि वे विचार से निर्विचार की अवस्था को

प्राप्त कर चुके हैं। उन्होंने उद्दक रामपुत्त से पूछा कि अब आगे क्या? उद्दक रामपुत्त ने कहा कि वे जो कुछ भी जानते थे, वे सारा कुछ सिद्धार्थ को सिखा चुके हैं। इतना ही नहीं, उद्दक रामपुत्त ने सिद्धार्थ से कहा कि वे उनके आश्रम के प्रमुख बन जाएं। लेकिन यहां भी सिद्धार्थ को अपने उद्देश्य की पूर्ति होती नहीं दिखी इसलिए यहां भी वे नहीं रुके और उद्दक रामपुत्त को धन्यवाद देकर वे उनके आश्रम से निकल पड़े।

तत्कालीन भारत के ध्यान-साधना जगत के दो सर्वोत्तम व सर्वमान्य आचार्यों से शिक्षा पाकर सिद्धार्थ ने अध्यात्म के क्षेत्र में बहुत कुछ प्राप्त कर लिया था फिर भी इंसान को दुःखों से पूर्णतः मुक्ति दिलाने के मूलभूत प्रश्न का उत्तर अब भी पता नहीं चला था। उन्होंने अनुभव किया कि पूरे भारत में कोई भी साधु-संन्यासी या आचार्य शायद इससे अधिक शिक्षा नहीं दे सकता, इसलिए बोधि प्राप्ति के लिए उन्हें स्वयं ही साधना करनी होगी। इस इरादे के साथ चलते-चलते सिद्धार्थ गया के पास निरंजरा नदी के तट पर पहुंचे। उस नदी को भी पार करके तब तक चलते रहे, जब तक वह डुंगेश्वरी पर्वत तक नहीं पहुंच गए। उस पर्वत से उरुवेला ग्राम तक आधे दिन में पैदल चलकर पहुंचा जा सकता था। सिद्धार्थ ने निश्चय किया कि जब तक मुक्ति का सद्मार्ग नहीं खोज लेते, तब तक वह यहीं साधनारत रहेंगे। उन्हें वहां ऐसी गुफा भी मिल गई, जहां वह लंबे समय तक साधना अभ्यास कर सकते थे। इस गुफा में बैठकर उन्होंने अपनी साधना के उन चरणों पर नए सिरे से दृष्टिपात किया जिनकी उन्होंने पिछले पांच वर्षों से अधिक समय तक महामान्य आचार्यों से शिक्षा प्राप्त की थी। उन्हें स्मरण आया कि किस प्रकार उन्होंने संन्यासियों को समझाया था कि अपने शरीर के साथ अत्याचार मत करो। इससे तो दुःख में डूबे जगत के दुःख और बढ़ेंगे। अब उन्होंने उनके मार्ग पर और गंभीरता से मनन किया और सोचा कि अग्नि-प्राप्ति की कामना करने वाला व्यक्ति जल में खड़ा होकर या भूमि पर स्थिर होकर गीली अराणियों के घर्षण से अग्नि प्रज्वलित नहीं कर सकता। यही बात शरीर के लिए भी सच है। यदि व्यक्ति मन को तो भोगों से दूर रखता है किंतु शारीरिक रूप से उसमें लिप्त रहता है तो वह धर्म-संप्राप्ति का अधिकारी नहीं बन सकता। इसलिए मुक्ति-लाभ के लिए आत्म-साधना और रागातीत अवस्था प्राप्त करने के लिए उन्होंने घोर शरीर-पीड़न तप शुरू किया।

सिद्धार्थ गौतम ने डुंगेश्वरी पर्वत पर लंबे समय तक कठिन से कठिनतम तपस्या की। शुरू के तीन महीने तक वह अकेले ही डुंगेश्वरी गुफा में निवास करते रहे थे किंतु चौथे महीने में वहां उन्हें वे पांच परिव्राजक भी मिले जिन्होंने कपिलवस्तु की शांति का समाचार सुनाया था। वे पांचों सिद्धार्थ गौतम की सेवा करते हुए उनकी आज्ञा में रहने लगे। उनमें से बारी-बारी से एक रोज आस-पास के गांवों से भिक्षा मांग लाता। भिक्षा में जो कुछ भी मिलता उसके छः भाग करते थे और उसी से गुजारा करते थे। कभी-कभी केवल फल और कंदमूल से ही गुजारा करना पड़ता था। बहुत कम खाने की वजह से उनका पेट-पीठ एक हो गए थे। शरीर इतना दुर्बल हो गया था कि वह हिल-डुल भी न सकते थे। लेकिन तब भी दुःख की समस्या का कारण नजर नहीं आ रहा था।

एक दिन, जब श्मशान में बैठकर सिद्धार्थ साधना कर रहे थे तो उनको महसूस हुआ कि आत्मज्ञान प्राप्ति की दृष्टि से घोर शरीर-पीड़न तप का यह मार्ग बड़ा ही भ्रांतिपूर्ण है। उन्होंने सोचा कि जिसका शरीर बलहीन हो गया हो, जो भूख-प्यास से परेशान हो, जिसका मन थकावट के कारण एकाग्र व शांत नहीं है उसे नया ज्ञान प्राप्त नहीं हो सकता। शरीर से अत्याचार करना, चित्त से भी अत्याचार करना है। सच्ची शांति व चित्त की एकाग्रता शरीर की आवश्यकताओं की पूर्ति से ही ठीक-ठीक प्राप्त हो सकती है।

उन्होंने विचार करने पर निष्कर्ष निकाला कि अभी तक की गई तपस्या और साधना विफल रही है। विफलता इतनी अधिक थी कि किसी को भी संपूर्ण रूप से निराश कर सकती थी लेकिन सिद्धार्थ बिल्कुल निराश नहीं थे। उनको विश्वास था कि कोई न कोई मार्ग तो अवश्य होगा जो इस संसार-चक्र से और भव-सागर से पार ले जाता होगा। उन्हें पूरा विश्वास था कि दुःख-चक्र से पार जाने का रास्ता एक न एक दिन अवश्य मिलेगा। सिद्धार्थ गौतम ने तत्क्षण निर्णय किया कि अब वह भिक्षाटन करेंगे, अपना स्वास्थ्य संभालेंगे और अपनी ध्यान-साधना के द्वारा तन-मन दोनों का पोषण करेंगे। उन्होंने सोचा कि संबोधि प्राप्त करने का आखिर कोई न कोई मार्ग तो होगा।[16] उन्होंने निर्णय लिया कि वह अपने गुरु स्वयं बनेंगे, किसी अन्य से शिक्षण ग्रहण नहीं करेंगे और धम्म का मार्ग स्वयं ढूंढ़ निकालेंगे। इस निर्णय से प्रसन्न होकर वह धरती पर लेट गए और शांतचित्त निद्रामग्न हो विश्राम करने लगे। दूसरी सुबह वह नदी तक चलकर आए और काफी देर तक स्नान किया। स्नान के बाद वह नदी से निकलकर बाहर आए, लेकिन उनकी शक्ति जवाब दे रही थी और वह चलने में अक्षम महसूस कर रहे थे। वह धीरे-धीरे खड़े हुए और स्वाभाविक श्वास लेने लगे। इस दौरान उन्होंने देखा कि एक वृक्ष की शाखा जल की ओर झुकी हुई है और उसके पत्ते पानी को छू रहे हैं। वह धीरे-धीरे बढ़े और उसे पकड़कर उसका सहारा लेकर, नदी के जल से बाहर आ गए। कुछ देर नदी किनारे विश्राम करने के पश्चात् वे उरुवेला गांव की तरफ गए और न्यग्रोध वृक्ष की छाया में बैठकर ध्यान करने लगे।

सिद्धार्थ को याद आया कि 9 वर्ष की उम्र में जंबू वृक्ष की शीतल छाया में बैठकर उन्होंने पहली बार ध्यान-साधना करते हुए जब सहज-स्वाभाविक श्वांस को ज्यों का त्यों देखते-देखते ध्यान किया था तो मन धीरे-धीरे बिल्कुल शांत और एकाग्र हो गया था और देखते-देखते चित्त निर्मल हो गया था। छन्न के चले जाने के बाद वन में साधना करने की अनुभूति का भी उन्हें स्मरण आया। उन्होंने पहले ध्यान की परिस्थितियों पर विचार करने पर पाया कि उस समय वे एकांत में थे और आस-पास कोई शांति भंग करने वाला न था। ध्यान के लिए एकांत जगह और शांत वातावरण चाहिए। वातावरण के साथ मन भी शांत होना चाहिए। उन्होंने विचार किया कि पहले छः वर्षों की तपश्चर्या के दौरान वे अपनी श्वास को और शरीर की क्रियाओं को नियंत्रित करने की कोशिश करते रहे हैं जो प्राकृतिक स्वभाव के अनुरूप न होकर काफी हद तक कृत्रिम था। पिछले छः वर्षों की तपस्या के दौरान वह शरीर और चित्त की सहज-स्वाभाविक प्रवृत्तियों से

लड़ते रहे थे और उनको जबरदस्ती काबू में करने के लिए तरह-तरह की साधना करते थे। इस दौरान वे प्रत्येक सुख का त्याग करते रहे थे। उन्होंने विचार किया कि इससे तो अहं और बढ़ता जा रहा है। गहन सोच-विचार के बाद निर्णय लिया कि सहज-स्वाभाविक सुखानुभूति से डरने की बजाए उसको तटस्थ भाव से, द्रष्टा भाव से अनुभव करेंगे। उन्होंने विचार किया कि शायद यही प्रक्रिया संबोधि प्राप्त करने का मार्ग है। शरीर को अत्यधिक कष्ट देने की बजाए शरीर की सामान्य आवश्यकताओं की पूर्ति करते हुए, सहज और स्वाभाविक रूप से संबोधि प्राप्त करना शायद अधिक आसान हो। अगर 9 वर्ष का बालक सहज और स्वाभाविक श्वांस को देखते-देखते गहन ध्यानावस्था में पहुंच सकता है तो शायद इसी प्रक्रिया के द्वारा चित्त विमुक्ति की अवस्था तक पहुंचा जा सकता है। सिद्धार्थ को यकीन हो गया कि यही बुद्धत्व प्राप्ति का मार्ग है। अब उन्हें इसी रास्ते पर चलना था।

सिद्धार्थ ने अब भिक्षाटन करके शरीर की आवश्यकता अनुसार नियमित भोजन शुरू कर दिया और शारीरिक आत्मपीड़न छोड़ दिया। पांच परिव्राजक जो सिद्धार्थ गौतम के साथ थे उनसे नाराज हो गए। उनको लगा कि उन्होंने आत्मपीड़न जीवन का परित्याग कर दिया था। वे सिद्धार्थ गौतम को छोड़कर चले गए।

सिद्धार्थ नियमित भिक्षाटन के लिए जाते और भिक्षा में मिले भोजन को दोपहर से पहले ग्रहण कर लेते। यह सिलसिला लगभग छः महीने तक चला। धीरे-धीरे उनका स्वास्थ्य सुधरता गया।

कुछ विद्वानों का यह मत कि तपश्चर्या का अंत करने के बाद केवल एक बार सुजाता की खीर खाकर सिद्धार्थ ध्यान के लिए बैठ गए और उसी रात बुद्धत्व प्राप्त हो गया, बहुत तार्किक नहीं लगता है। बुद्धत्व का मार्ग लंबा और धीमा होता है। बुद्धत्व चमत्कार से प्राप्त नहीं होता। वह धीरे-धीरे उपलब्ध होता है। बुद्ध ने स्वयं कहा है, जैसे महासागर धीरे-धीरे भरता है, धीरे-धीरे चढ़ता है, धीरे-धीरे उतरता है, उसी तरह इस बुद्धत्व के मार्ग पर धीरे-धीरे और लंबे समय तक चलना पड़ता है।[17]

प्रतिदिन प्राकृतिक क्रियाओं से निपटकर और भोजन करके वे ध्यान में लीन हो जाते। सबसे पहले उन्होंने प्रत्येक विचार के प्रति सजगता का विकास किया। यह सजगता मन में उठने वाले प्रत्येक विचार के साथ-साथ शरीर में होने वाली प्रत्येक संवेदना के प्रति भी थी। मन और शरीर में होने वाली प्रत्येक क्रिया और प्रतिक्रिया का वे द्रष्टा भाव से परीक्षण करते। खाते-पीते, उठते-बैठते, बोलते-मौन रहते, चलते-फिरते, झुकते-लेटते हर क्षण वे जागरूक रहते।[18] हर पल सचेत और हर क्षण सजग रहते-रहते उन्होंने देखा कि मन और शरीर छोटे-छोटे अणुओं-परमाणुओं का, जिसको उन्होंने उन दिनों की भाषा में अष्टकलाप कहा, एक पुलिंदा मात्र है जो हर पल बन और बिगड़ रहे हैं। उन्होंने पाया कि ये अष्टकलाप चार मूलभूत तत्त्वों—अग्नि, वायु, जल और पृथ्वी धातु से बने हैं और प्रत्येक धातु का अपना गुणधर्म है। प्रत्येक अष्टकलाप में यह चार धातुएं हैं और उनके चार गुणधर्म। यह नन्हा-सा अष्टकलाप इतनी तेजी से उत्पन्न होता

है और इतनी तेजी से नष्ट होता है कि जितनी देर में एक चुटकी बजती है या पलक झपकती है उतनी देर में यह एक कोटि सहस्र बार उत्पन्न होता है और नष्ट हो जाता है। यह प्रक्रिया इतनी तेज गति से हो रही है कि कंपन का अनुभव न होकर शरीर के ठोस होने का आभास होता रहता है। सिद्धार्थ ने अपने प्रत्यक्ष अनुभव से देखा कि बाह्य जगत में जो कुछ भी हो रहा है मन और शरीर उसके प्रति प्रतिक्रिया कर रहे हैं। उन्होंने निष्कर्ष निकाला कि सारे दुःख हमारी इस साढ़े तीन हाथ की काया और उससे जुड़े चित्त में ही उत्पन्न हो रहे हैं।[19] इसलिए सबसे पहले अपने मन और शरीर के वास्तविक स्वभाव को समझना होगा। सचेतन अवस्था का अभ्यास करते-करते ध्यानावस्था में उन्होंने देखा कि मन और शरीर की कोई भी स्थिति स्थायी नहीं है। हर भाव, विचार या अवस्था कुछ देर रहती है और फिर अपने आप दूसरा भाव, विचार या अवस्था आ जाती है। सब कुछ परिवर्तित हो रहा है, सब परिवर्तनशील है, अनित्य है। जीवन की अनित्यता ही दुःख का प्रमुख कारण है। जीवन का दुःख बीमारी, बुढ़ापा और मृत्यु जैसी बड़ी घटनाओं से ही नहीं है बल्कि यह तो क्षण-प्रतिक्षण दिन-प्रतिदिन की विफलताओं, कुंठाओं, निराशाओं, हताशाओं, जीवन की कमियों के कारण चलता ही रहता है। मनचाहा नहीं होता तो भी दुःख होता है, अनचाहा होने पर दुःख होता है, प्रियजनों से बिछुड़ाव और अप्रियजनों से संपर्क के कारण दुःख होता है। संक्षेप में पंचस्कंधों से चिपकाव दुःख है। अपने क्षणिक सुख को जिसे हम वास्तविक सुख समझ बैठते हैं, वह भी आगे चलकर दुःख ही बन जाता है क्योंकि जैसे ही सुख आता है हम उसको बचाने की चिंता में लग जाते हैं। उन्होंने प्रत्यक्ष अनुभव किया कि दुःख के मूल में तृष्णा है। हम स्थितियों, परिस्थितियों, वस्तुओं का यथाभूत ज्ञान-दर्शन नहीं करते बल्कि अपनी शिक्षाओं और मान्यताओं के रंगीन चश्मे से उनको देखते हैं। जो इच्छा जगाते हैं, उन्हें हर कीमत पर पूरा करना चाहते हैं। अगर उसमें बाधा पड़ती है तो उन सभी के प्रति जो इच्छापूर्ति में बाधक है, क्रोध, घृणा, ईर्ष्या जैसे मनोविकारों को जन्म देते हैं। इसके विपरीत अगर इच्छा पूरी हो गई तो उसके प्रति चिपकाव पैदा करते हैं। जैसे-जैसे सिद्धार्थ ने मन की प्रत्येक अवस्था का सूक्ष्म से सूक्ष्मतर विश्लेषण किया तो उनको प्रत्यक्ष अनुभव होता गया कि कैसे एक तृष्णा के बाद दूसरी तृष्णा का जन्म होता जाता है और मन हमेशा वर्तमान परिस्थिति से संतुष्ट न होकर वह चाहता है जो इस समय नहीं है। इससे लगातार भय का निर्माण होता जाता है और निरंतर कुछ से कुछ बनता ही जाता है। संसार का स्वभाव ही परिवर्तनशीलता है और कुछ से कुछ बनता ही जा रहा है। यह परिवर्तन के नियम से बंधा है और तभी खुश होता है जब परिवर्तन की प्रक्रिया में पड़ा होता है लेकिन परिवर्तनशीलता के प्रति लगाव में भय भी समाया रहता है और यह भय अपने-आपमें दुःख का कारण है।[20]

सिद्धार्थ गौतम प्रतिदिन भिक्षा से प्राप्त भोजन को दोपहर से पहले ग्रहण कर लेते थे और ध्यान में लीन हो जाते थे। बोधगया में एक पीपल के वृक्ष तले पूरब दिशा की तरफ मुंह करके पद्मासन लगाकर बैठ जाते और लगातार ध्यान करते रहते। ध्यान

के बाद मंगल मैत्री की साधना करते थे और चहुं दिशाओं में, अनुदिशाओं में, समस्त प्राणियों के मंगल की कामना करते थे। इस मंगल मैत्री की कामना में छोटे-बड़े, दूर-समीप, जल के, थल के और गगन के समस्त प्राणियों का, पेड़-पौधों का, पशु-पक्षियों का समावेश रहता था। इस प्रकार सिद्धार्थ की साधना प्रगति पर थी।

वसंत ऋतु समाप्त होने वाली थी। सिद्धार्थ कुछ ही दिनों में 35 वर्ष के होने वाले थे। ध्यान करते-करते चार सप्ताह पूरे होने में चौबीस घंटे शेष थे। भोर होने वाली थी। सूर्योदय नहीं हुआ था और न ही उषा का आगमन। इस शांत नीरव, ब्रह्ममुहूर्त में पीपल वृक्ष के नीचे ध्यानरत सिद्धार्थ ने अपने शरीर को थोड़ा आराम देना चाहा। वह वहीं लेट गए और कुछ ही देर में उन्हें झपकी आ गई। उनकी निद्रित अवस्था में एक के बाद एक, पांच स्वप्न प्रकट हुए जो कि भविष्य की ओर संकेत करने वाले पूर्वाभास थे। स्वप्न समाप्त होते ही बोधिसत्त्व जाग उठे और उनके अर्थों पर विचार करने लगे। प्रथम स्वप्न के अंतर्गत उन्होंने अपना विशाल विराट रूप देखा। उन्होंने देखा कि वह आज के नेपाल और भारत की संपूर्ण धरती पर लेटे हुए हैं जो कि उनके लिए बिछौना बन गई है। हिमालय का उत्तुंग शिखर उनका तकिया बन गया है। उनके पांव दक्षिण भारत में कन्याकुमारी तक फैले हुए हैं और दक्षिण महासागर पर टिके हैं जो उनका पाद-प्रक्षालन कर रहा है। दाहिना हाथ पश्चिम में अरब सागर के तट पर पड़ा है और बायां हाथ पूर्व में बंगाल की खाड़ी के तट पर। दोनों समद्र उनकी हथेलियों और अंगुलियों का प्रक्षालन कर रहे हैं। द्वितीय स्वप्न में उन्होंने देखा कि छीरिका नामक घास उनकी नाभि से निकलकर आकाश की ओर उन्नतिशील है और रथ के पहिए के आकार का कमल खिला हुआ है। तीसरे स्वप्न में उन्होंने देखा कि विभिन्न रंगों के अनगिनत पक्षी सभी दिशाओं से उड़कर उनके पास आ रहे हैं। इसी प्रकार उन्होंने दो स्वप्न और देखे।[21]

बोधिसत्त्व सिद्धार्थ उठकर बैठ गए और इन स्वप्नों के अर्थों पर चिंतन करने लगे। यह स्वप्न संकेत करते थे कि उनको बुद्धत्व प्राप्त होने वाला है और उनके उपदेशों का प्रभाव समस्त जंबूद्वीप, आज का संपूर्ण भारत और नेपाल पर पड़ेगा और फिर दक्षिण, पूर्व और पश्चिमी समुद्रों द्वारा तथा उत्तरी हिमालय के रास्ते सारे विश्व में फैलेगा। सभीं दिशाओं से विभिन्न रंगों के पक्षियों का आना इस बात का संकेत करता था कि प्रत्येक वर्ग, जाति, संप्रदाय और देशों के लोग उनके बताए मार्ग को अपनाएंगे।

उरुवेला में सेनानी नाम का एक गृहस्थ रहता था, उसकी पुत्री सुजाता ने एक न्यग्रोध वृक्ष के प्रति मन्नत मान रखी थी कि यदि उसकी मंशा पूरी हो तो प्रति वर्ष वृक्ष देवता को भेंट चढ़ाएगी। मंशा पूरी होने पर उसने अपनी पुण्णा नाम की नौकरानी को पूजास्थली तैयार करने के लिए भेजा। सिद्धार्थ गौतम को न्यग्रोध वृक्ष के नीचे बैठा देख पुण्णा ने सोचा कि आज वृक्ष देवता ही साक्षात् प्रकट हो गए हैं। सुजाता स्वयं आई और उसने अपनी बनाई हुई खीर स्वर्णपात्र में सिद्धार्थ गौतम को अर्पण की।

सिद्धार्थ गौतम ने स्वर्णपात्र लिया और निरंजरा नदी में सुपतिट्ठ नाम के घाट पर, स्नान कर अनंतर भोजन ग्रहण किया। सुजाता की खीर से अपने को तरोताजा कर

सिद्धार्थ पुनः पद्मासन लगाकर इस दृढ़ निश्चय के साथ ध्यान करने वैठे कि जव तक वे संवोधि प्राप्त नहीं कर लेंगे, अपने आसन से नहीं उठेंगे।

जव वे दृढ़ निश्चय के साथ वैठे तो बुरे विचारों व बुरी चेतनाओं के झुंड के झुंड ने, जिन्हें 'मार' कहा जाता है, उन पर आक्रमण किया। एक बार तो सिद्धार्थ को डर लगा कि कहीं ये 'मार' उन पर हावी न हो जाएं, उनकी साधना को विफल न कर दें। लेकिन अपना सारा साहस बटोरकर उन्होंने मार से कहा, "मुझमें श्रद्धा है, मुझमें वीर्य है, मुझमें प्रज्ञा है। हे मार! तू मुझे कैसे पराजित कर सकता है। चाहे वायु इस नदी के स्रोत को सुखाने में भी सफल हो जाए किंतु तू मुझे मेरे निश्चय से डिगा नहीं सकता। पराजित होकर जीने की अपेक्षा संग्राम में मर जाना मेरे लिए अधिक श्रेयस्कर है।"

सिद्धार्थ गौतम का दृढ़ निश्चय देखकर अकुशल व बुरे विचार (मार) अपने आप चले गए।

बुद्धत्व-प्राप्ति

क्षण-प्रतिक्षण की सजगता का अभ्यास करते-करते सिद्धार्थ का चित्त, शरीर और श्वास—प्रश्वास पूरी तरह एकाकार हो गया था। लगातार ध्यान और सतत जागरूकता के कारण उनको चित्त को एकाग्र कर शरीर के अणु-अणु का निरीक्षण करने की अद्भुत शक्ति प्राप्त हो गई थी। वह शरीर और चित्त के एक-एक अणु-परमाणु को बींधकर उसके पार जा सकते थे। ध्यान करते-करते बोधिसत्त्व ने अनुभव किया कि 'वेदों में प्राणिमात्र में एक आत्मा का जो भाव प्रतिपादित किया गया है, वह भ्रमपूर्ण है। वास्तव में सभी वस्तुएं या प्राणी आत्माओं से रहित होते हैं। समस्त जागतिक प्रपंचों की मूल प्रकृति आत्मरहित अथवा अनात्म की है। आत्मा का कोई पृथक अस्तित्त्व ही नहीं होता। वह तो एक चमकती बिजली के समान है जो सभी भ्रामक विचारों को नष्ट कर देती है।'[22] अनात्म भाव के प्रत्यक्ष अनुभव से सिद्धार्थ की अंतर्दृष्टि और पैनी हो गई थी। दिन-रात वह पीपल वृक्ष के नीचे ध्यान-साधना में लीन रहते और चेतना की नई-नई परतें उनके सामने बिजली की कौंध के समान खुलती जातीं।

ध्यान की गहन से गहनतम अवस्था में जाकर उन्होंने अपने सभी भूतकाल के जन्मों, जीवन और मृत्युओं को देखा। उन्होंने अपने शरीर के प्रत्येक अणु-परमाणु में समस्त लोकों की उपस्थिति और भूतकाल, वर्तमान एवं भविष्यकाल के तीनों आयामों, देश-काल की सभी अवस्थाएं देखीं। ध्यान की और गहन अवस्था में पहुंचने पर उन्होंने देखा कि किस प्रकार अनगिनत जगतों का उत्थान और पतन होता है, उनकी कैसे रचना और विनाश होता है। उन्होंने अपनी प्रत्यक्ष अनुभूति से देख लिया कि किस प्रकार तमाम प्राणी अनगिनत जन्मों और मृत्युओं के बीच से गुजरते हैं। ध्यान की और गहराइयों में उतरने पर उन्होंने पाया कि प्राणी मात्र अज्ञान के कारण अनेक प्रकार के दुःख और कष्ट भोगते हैं। लोभ, मोह, क्रोध, अहंकार, भ्रम, भय, राग, द्वेष—सभी

की जड़ अज्ञान है। अज्ञान के दूर होने से राग, द्वेष, मोह इत्यादि समूल नष्ट हो गए तो चित्त निर्मल हो गया, निर्विकार हो गया। चित्त में अनन्त करुणा, अनंत मुदिता, अनंत समता, अनंत उपेक्षा का उदय हुआ। वे इंद्रियातीत अवस्था में चले गए और अनुत्तर (सर्वोच्च) अवस्था को प्राप्त हो गए जिसे इंद्रियों से न तो बयान किया जा सकता है और न ही समझा जा सकता है। उन्होंने चार आर्य सत्य और आर्य आष्टांगिक मार्ग को ढूंढ़ निकाला। ध्यान की गहनतम अवस्था में उन्होंने दिव्य दृष्टि, दिव्य श्रवण, और अपनी जगह बैठे-बैठे ही कहीं भी आ-जा सकने की सामर्थ्य प्राप्त कर ली थी। इससे वे समस्त प्राणियों के हृदयों को देखते हुए, प्रत्येक प्राणी के मन की अवस्था को समझ ले रहे थे। सिद्धार्थ को ऐसी अनुभूति हुई जैसे हजारों योनियों के कारागार से आजादी मिल गई हो। इस कारागार के अज्ञान-रूपी द्वारपाल को उन्होंने प्रत्यक्ष अनुभूति से जान लिया था। अज्ञान-रूपी इस द्वारपाल को पहचानते ही उनके मुख से उदान निकला।

अनेकजातिसंसारं सन्धाविस्सं अनिब्बिसं।
गहकारकं गवेसन्तो दुक्खा जाति पुनप्पुनं।।
गहकारकं ! दिट्ठोसि पुन गेहं न काहसि।
सब्बा ते फासुका भग्गा गहकूटं विसङ्खितं।।
विसाङ्खारगतं चित्तं तण्हानं खयमज्झगा।।[23]

अनेक जातिसंसारं—(पूर्वजन्मों के ज्ञान की अपूर्व सिद्धि द्वारा अपने अनंत पूर्वजन्मों का स्मरण करते हुए उन्होंने देखा कि) इस भव संसार में मैं अनेक बार जन्मा और...

सन्धाविस्सं अनिब्बिसं—बिना कुछ प्राप्त किए, बिना रुके इस भवं संसार में संसरण-संधावन करता ही रहा। दौड़ लगाता ही रहा।

गहकारकं गवेसन्तो—घर बनाने वाले की खोज करते हुए,

अर्थात इस खोज में लगा कि प्रत्येक मृत्यु पर अगलें जन्म के लिए नए शरीर का निर्माण कौन करता है, जन्म-मरण की सृष्टि का रचयिता कौन है? परंतु ऐसे किसी स्रष्टा व्यक्ति की निरर्थक और निष्फल खोज में

दुक्ख जाति पुनप्पुनं—बार-बार दुःखमय जन्म लेता रहा, अर्थात् भव-संसरण बंद नहीं हुआ।

गहकारक! दिट्ठोसि—हे घर बनाने वाले, (अब) तू देख लिया गया है।

पुन गेहं न काहसि—अब तू पुनः (मेरे लिए) घर नहीं बना सकेगा। क्योंकि

सब्बा ते फासुका भग्गा—तेरी सारी कड़ियां भग्न हो गई हैं। और

गहकूटं विसंङ्खितं—घर का कूटस्थ स्तंभ टूट चुका है।

कौन है यह घर बनाने वाला, जिसका तथागत ने दर्शन कर लिया? कैसा है यह गृहकूट और कैसी हैं ये पसलियों जैसी कड़ियां जो नष्ट कर दी गई हैं? जब तक किसी व्यक्ति विशेष के रूप में रचयिता की खोज थी, तब तक भ्रांति ही भ्रांति थी। अब सारे भवचक्र के निर्माण का और उसके भग्न होने की सच्चाई का यथाभूत दर्शन करके

जो ज्ञान जागा, उससे वास्तविक सच्चाई स्पष्टतया समझ में आ गई।

यह जो अविद्या अर्थात अज्ञान का अंधकार है, उसी में पुनः पुनः जन्म देने वाले भव संखार बनते रहते हैं और तृष्णाओं की ये कड़ियां हैं जो अविद्याजन्य संखारों से जुड़ी रहती हैं। पटिच्चसमुप्पाद का यह सारा क्रम देख लिया गया और उसे विनष्ट कर दिया गया। तभी उन्होंने कहा :

विसाङ्खारगतं चित्तं—नए जन्म देने वाले सभी संखारों से चित्त सर्वथा रिक्त हो गया।

तण्हानं खयमज्झगा—(अर्हत्व फल की) वह अवस्था प्राप्त हो गई, जहां सारी तृष्णाओं का क्षय हो गया।

उन्होंने देखा कि उनके अंदर के अज्ञान का अंधकार पूर्णतया विलीन हो गया और ज्ञान प्रकट हुआ, प्रज्ञा प्रकट हुई, नए प्रकाश का साक्षात्कार हुआ और एक ऐसे नए पथ की खोज हुई जिसके बारे में उन्होंने पहले कभी सुना भी नहीं था।

पुब्बे अननुस्सुतेसु धम्मेसु चक्खुं उदपादि, ञाणं उदपादि, पञ्ञा उदपादि, विज्जा उदपादि, आलोको उदपादि।

(पहले कभी सुना तक नहीं, ऐसे धर्म में मेरे अंतःचक्षु खुले, ज्ञान जागा, प्रज्ञा जागी, अविद्या दूर हुई, विद्या जागी, अंधकार दूर हुआ, आलोक जागा।)

जिस सत्य का उन्होंने साक्षात्कार किया, उसको चार आर्यसत्य और जिस मार्ग को उन्होंने खोज निकाला उसे आर्य आष्टांगिक मार्ग कहा। इस तरह उन्होंने निर्वाण का साक्षात्कार किया जो इंद्रियातीत होने की वजह से अनुभव तो किया जा सकता है लेकिन शब्दों में बयान नहीं किया जा सकता।

सन् 528 ई.पू. की वैशाख पूर्णिमा को बुद्धत्व प्राप्त कर सिद्धार्थ गौतम सम्यक् सम्बुद्ध बन गए।

महा कारुणिक ने असीम करुणा के साथ बोधि-नेत्रों से संसार की तरफ देखा।[24] गौतम बुद्ध ने संबोधि भरे चित्त से सभी प्राणियों के चित्त का अवलोकन किया और देखा कि समस्त प्राणियों के अन्तराल में संबोधि के बीज विद्यमान हैं, फिर भी अज्ञानवश, प्राणी हजारों वर्षों तक हजारों योनियों से जन्म-मरण के भवसागर में डूबते रहते हैं। उन्होंने विचार किया कि निर्वाण के द्वार तो सबके लिए खुले हैं, वे अपना हृदय लोगों के लिए कैसे बंद कर सकते हैं।[25]

संबोधि-प्राप्ति के बाद बुद्ध अपनी सुखद व दिव्य अनुभूति के साथ एक सप्ताह बोधिवृक्ष के नीचे ही बैठे रहे और एक ही आसन से बैठे विमुक्ति सुख का आनंद लेते रहे। 'इस आसन के लिए चार असंख्येय एक लाख कल्पों तक दौड़ता रहा। इसी पर बैठे हुए मेरे संकल्प पूरे हुए। मैं यहां से अभी नहीं उठूंगा।' रात के पहर में पटिच्चसमुप्पाद का आदि से अंत की ओर और अंत से आदि की ओर मनन किया। रात के द्वितीय और तृतीय पहर में भी पटिच्चसमुप्पाद का ही मनन करते रहे कि किस प्रकार अविद्या के कारण दुःख-पुञ्ज का जन्म होता है और किस प्रकार अविद्या के बिल्कुल जड़ से नष्ट हो जाने से दुःख-पुञ्ज का नाश होता है।

उन्होंने दूसरा सप्ताह संबोधि प्राप्त करने के आसन से थोड़ा पूर्व की ओर उत्तर दिशा भाग में खड़े हो 'इसी आसन पर मुझे सर्वज्ञता (बुद्धत्व)-प्राप्ति हुई', तथा चार असंख्येय एक लाख कल्प तक पूरी की गई पारमिताओं के फलस्वरूप प्राप्त स्थान, उस आसन को निर्निमेष दृष्टि से देखते हुए एक सप्ताह व्यतीत किया। इसलिए उस स्थान का नाम अनिमेष चैत्य पड़ा।

इसके बाद उस आसन तथा खड़े हुए स्थान के बीच चंक्रमण बनाकर पूर्व पश्चिम लंबे रत्नचंक्रमण पर चंक्रमण करते हुए एक सप्ताह बिताया। वह स्थान रत्नचंक्रमण चैत्य कहलाया। बुद्ध ने चौथा सप्ताह रत्नघर में अभिधम्म के बारे में ध्यान करते हुए बिताया। इस तरह बोधिवृक्ष के निकट चार सप्ताह बिताकर, बोधिवृक्ष से चलकर, अजपाल नामक बरगद वृक्ष के निकट गए।

पांचवां सप्ताह इस अजपाल न्यग्रोध वृक्ष के नीचे धम्म पर विचार करते तथा विमुक्तिसुख का आनंद लेते हुए बिताया। जब भगवान अजपाल निग्रोध वृक्ष तले बैठे थे, उनके पास एक अभिमानी ब्राह्मण आया और पूछा कि कोई व्यक्ति ब्राह्मण कैसे बनता है? बुद्ध ने उससे कहा कि जन्म से न तो कोई ब्राह्मण होता है और न चांडाल। केवल कर्म ही मानव को ब्राह्मण या चांडाल बनाते हैं।[26]

वहां से उठ मूचलिंद वृक्ष के नीचे आए। वहां सप्ताह भर तक उत्पन्न मेघजनित शीतादि के निवारणार्थ मुचलिंद नागराज द्वारा सात बार फन से वेष्टित हो, विबाधारहित गन्धकुटी में रहने के समान विहरते तथा विमुक्तिसुख का आनंद लेते हुए छठा सप्ताह व्यतीत किया। एक सप्ताह तक चित्त-विमुक्ति का आनंद लेते हुए एक आसन पर बैठे रहे। उस दौरान घनघोर वर्षा हुई, और ठंडी हवाएं चल रही थीं। नागराज मुचलिंद ने इस प्राकृतिक आपदा से बुद्ध की रक्षा की। मुचलिंद वृक्ष के नीचे सप्ताह बिताकर बुद्ध राजायतन वृक्ष के नीचे आए और वहां आसन लगा कर बैठे और एक सप्ताह तक विमुक्ति का आनंद लेते हुए बिताया। इस प्रकार सात सप्ताह पूरे हुए। इस बीच उन्होंने न मुखप्रक्षालन, न स्नान, न आहार-ग्रहण किया। ये सात सप्ताह उन्होंने ध्यानसुख, मार्गसुख, फलसुख में बिताया। इस तरह सात सप्ताह व्यतीत करने के बाद 49वें दिन उन्होंने दातून किया, मुखप्रक्षालन किया।

उसी समय उधर से गुजर रहे बर्मा देश के दो व्यापारी तपस्सु और भल्लिक बुद्ध के पास गए और शहद व चावल के बने हुए लड्डुओं का दान दिया। उन दोनों ने बुद्ध और धम्म की शरण ली और दो वचनों से प्रथम उपासक बने। उनके यह कहने पर कि 'भन्ते, हम लोगों को पूजा के लिए एक निमित्त दें', बुद्ध ने दाहिने हाथ से अपने सिर का स्पर्श कर उन्हें केशधातु (बाल) प्रदान की। उन्होंने अपने नगर में उस केशधातु को स्वर्णमंजूषा के गर्भ में रख कर उस पर चैत्य बनवाया।

सम्यक् सम्बुद्ध अजपाल—न्यग्रोध के नीचे बैठे। धम्म के गम्भीर भाव पर विचार करते हुए दूसरों को उपदेश करने के संबंध में अनिच्छापूर्वक वितर्क उत्पन्न हुआ। 'मैंने गंभीर, दुःदर्शन, दुर्ज्ञेय, शांत, उत्तम, प्रत्यक्ष अनुभव से प्राप्य, विद्वानों द्वारा जानने योग्य इस धम्म मार्ग को खोज निकाला है। यह जनता कामतृष्णा में, रमण करने वाली,

कामरत, काम में प्रसन्न है, कामरत लोगों के लिए, यह जो कार्य-कारण रूपी पटिच्चसमुप्पाद का नियम है, वह आसानी से समझ में नहीं आएगा। सभी संस्कारों का शमन, सभी मंत्रों का परित्याग, तृष्णा-क्षय, विराग, दुःख-निरोध और निर्वाण-प्राप्ति का मार्ग लंबा है, मैं यदि धम्म उपदेश करूं और लोग उसको न समझ पाएं, तो मेरे लिए पीड़ाजनक होगा, इससे अच्छा है कि मैं निर्वाण का आनंद लता रहूं'।

उन्होंने सोचा कि यह जो ज्ञान उन्होंने इतनी तपस्या व त्याग से प्राप्त किया है, जिसे प्राप्त करने का रास्ता बिल्कुल सीधा और सरल परन्तु लम्बा है, पता नहीं लोगों की समझ में आएगा कि नहीं क्योंकि लोगों ने अपनी आंखों पर तरह-तरह की दार्शनिक मान्यताओं और परंपराओं के मोटे-मोटे लेप लगा रखे हैं।[27] 'लोक-नाश हो जाएगा! लोक विनाश हो जाएगा, लोक धम्म लाभ से वंचित हो जाएगा', ख्याल कर सहम्पति ने बुद्ध से प्रार्थना की कि 'भन्ते! भगवान धम्म उपदेश करें! दुनिया में अल्पमत वाले प्राणी भी हैं। धम्म के न सुनने से वह नष्ट हो जाएंगे'। 'कुछ लोग तो अवश्य ऐसे हैं जिनके अंधकार का पर्दा बहुत बारीक है, वे लोग इसे तुरन्त समझ जाएंगे।'[28]

लोक पर अनुकंपा करके और लोगों की भलाई के लिए बुद्ध ने धम्म उपदेश देने का निश्चय किया और सारनाथ में धम्मचक्र प्रवर्तन किया।

धर्मचक्र प्रवर्तन अगले अध्याय में दिया जा रहा है।

द्वितीय अध्याय

धम्मचक्र प्रवर्तन

बुद्ध के मन में उन सभी लोगों के प्रति कृतज्ञता का भाव था जिन्होंने ज्ञान की खोज में उनकी मदद की थी। सबसे पहले उन्होंने आलार कालाम के बारे में सोचा जिनसे उन्होंने सात ध्यान सीखे थे। पता लगा कि सात दिन पहले ही आलार कालाम का देहांत हो गया है। फिर उन्होंने उद्दक रामपुत्त के बारे में सोचा जिनसे आठवां ध्यान सीखा था, लेकिन एक दिन पहले ही उनका भी देहांत हो गया था। फिर उन्होंने उन पांचों परिव्राजकों के बारे में सोचा जिन्होंने छः वर्षों तक उनकी सेवा की थी। पता चला कि वे पांचों सारनाथ के नजदीक इसिपत्तन के मृगदाय वन में साधना कर रहे हैं। उन पांचों परिव्राजकों को धम्म सिखाने के ध्येय से भगवान बुद्ध इसिपत्तन मृगदाय वन की तरफ चल पड़े।

गया के समीप उनकी भेंट उपक नामक जैन संन्यासी से हुई। भगवान बुद्ध के शांत, सौम्य, दैदीप्यमान और ओजस्वी व्यक्तित्त्व को देख उपक बहुत प्रभावित हुआ, और उनसे पूछा, ''मान्यवर! आप कौन हैं? आपके गुरु कौन हैं? आप कौन से धर्म को मानते हैं?' उपक के प्रश्नों को सुनकर तथागत ने कहा, 'मैं गौतम बुद्ध हूं, मैं अपना गुरू स्वयं हूं, मैं सभी धर्मों में निर्लेप हूं, सम्पूर्ण लोक में मेरे समान कोई पुरूष नहीं है, मैं अर्हत् हूं, मैं सम्यक् सम्बुद्ध हूं, धम्म का चक्र घुमाने के लिए ब्राह्मणों की विद्यानगरी बनारस जा रहा हूं।''

भगवान बुद्ध सारनाथ पहुंचे। उन पांचों परिव्राजकों ने भगवान बुद्ध को अपनी ओर आते देख आपस में तय किया कि बुद्ध के आने पर न तो वे उठकर खड़े होंगे न उनकी अगवानी करेंगे और न ही उन्हें प्रणाम करेंगे, क्योंकि उन्होंने शरीर को कठोरतम पीड़ा पहुंचाने वाले तप का रास्ता छोड़ दिया था। लेकिन भगवान बुद्ध ने जब मृगदाय वन के मुख्य द्वार से अंदर प्रवेश किया तो उनकी आत्मविश्वासपूर्ण व सधी चाल, शांत, शालीन, कांतिपूर्ण व ओजस्वी व्यक्तित्त्व से वे परिव्राजक इतना प्रभावित हुए कि अपना दुःनिश्चय भूलकर एकदम खड़े हो गए। भगवान बुद्ध की आंखों की चमक, चेहरे की मुस्कान, मुखमंडल की आभा और आकर्षक व्यक्तित्त्व से उनके बुद्धत्व प्राप्ति की स्पष्ट झलक मिल रही थी। उनकी महाकारुणिक दृष्टि से वे परिव्राजक अवाक् से रह गए। कौंडन्न ने दौड़कर उनका भिक्षापात्र संभाला, महानाम दौड़कर एक बर्तन में पानी ले आये जिससे बुद्ध अपने हाथ-पैर धो सकें। भद्दीय ने उनके बैठने के

लिए जल्दी-जल्दी एक आसन तैयार किया, वप्प पत्तियों से बना हुआ पंखा ले आए और अस्साजी ने पीने के लिए एक कटोरे में ठंडा पानी दिया। भगवान बुद्ध ने उनको अपार करुणा के साथ बताया कि उन्होंने भवसंसार से और जीवन-मरण के चक्र से मुक्त होने का मार्ग खोज निकाला है और वह मार्ग अब वे उनको समझाएंगे।

थोड़ी देर की बातचीत में ही उन पांचों परिव्राजकों को पूरा यकीन हो गया कि सिद्धार्थ गौतम को बुद्धत्व की प्राप्ति हो गई है और उन पांचों ने हाथ जोड़कर, सिर झुकाकर भगवान बुद्ध से प्रार्थना की कि वे उन पांचों को भी धम्म सिखाएं।

भगवान बुद्ध ने उन पांचों को संबोधित करते हुए कहा, ''भिक्खुओ, जो परिव्रजित हैं उन्हें दो अतियों से बचना चाहिए। पहली अति है कामभोगों में लिप्त रहने वाले जीवन की, जो हीन है, कमजोर बनाने वाला है, गंवारू है, तुच्छ है, ज्ञानी लोगों के अयोग्य है, अनर्थों से युक्त है और किसी काम का नहीं है। दूसरी अति है आत्मपीड़ाप्रधान जीवन जो कि दुःखद होता है, व्यर्थ होता है और बेकार होता है। इन दोनों ही अतियों में न जाकर तथागत ने मध्यम मार्ग का आविष्कार किया है, यह मध्यम मार्ग साधक को अंतर्दृष्टि प्रदान करने वाला है, बुद्धि देने वाला है, ज्ञान देने वाला है, शांति देने वाला है, संबोधि देने वाला है और पूर्ण मुक्ति अर्थात निर्वाण तक पहुंचा देने वाला है। यह मध्यम मार्ग श्रेष्ठ आष्टांगिक मार्ग है। यह आर्य आष्टांगिक मार्ग जिसमें, सम्यक् दृष्टि, सम्यक् संकल्प, सम्यक् वचन, सम्यक् कर्म, सम्यक् आजीविका, सम्यक् व्यायाम, सम्यक् स्मृति, सम्यक् समाधि हैं।''

धम्मचक्र प्रवर्तन करते हुए भगवान बुद्ध ने कहा, ''यह दुःख आर्य सत्य है, भिक्खुओ! ऐसा मैंने पहले कभी सुना नहीं था। ऐसे सत्य में मेरे चक्षु उत्पन्न हुए, ज्ञान उत्पन्न हुआ, प्रज्ञा उत्पन्न हुई, विद्या उत्पन्न हुई, आलोक उत्पन्न हुआ। 'यह दुःख आर्य सत्य जाना जा सकता है', भिक्खुओ! ऐसा मैंने पहले कभी सुना नहीं था। ऐसे सत्य में मेरे चक्षु उत्पन्न हुए, ज्ञान उत्पन्न हुआ, प्रज्ञा उत्पन्न हुई, विद्या उत्पन्न हुई, आलोक उत्पन्न हुआ। 'यह दुःख आर्य सत्य पूरी तरह जान लिया गया', भिक्खुओ! ऐसा मैंने पहले कभी सुना नहीं था। ऐसे सत्य में मेरे चक्षु उत्पन्न हुए, ज्ञान उत्पन्न हुआ, प्रज्ञा उत्पन्न हुई, विद्या उत्पन्न हुई, आलोक उत्पन्न हुआ।

'यह दुःख—समुदय आर्य सत्य है', भिक्खुओ! ऐसा मैंने पहले कभी सुना नहीं था, ऐसे सत्य में मेरे चक्षु उत्पन्न हुए, ज्ञान उत्पन्न हुआ, प्रज्ञा उत्पन्न हुई, विद्या उत्पन्न हुई, आलोक उत्पन्न हुआ। 'यह दुःख—समुदय आर्य सत्य त्याज्य है', भिक्खुओ! ऐसा मैंने पहले कभी सुना नहीं था, ऐसे सत्य में मेरे चक्षु उत्पन्न हुए, ज्ञान उत्पन्न हुआ, प्रज्ञा उत्पन्न हुई, विद्या उत्पन्न हुई, आलोक उत्पन्न हुआ। 'यह दुःख.समुदय आर्य सत्य छूट गया', भिक्खुओ! ऐसा मैंने पहले कभी सुना नहीं था। ऐसे सत्य में मेरे चक्षु उत्पन्न हुए, ज्ञान उत्पन्न हुआ, प्रज्ञा उत्पन्न हुई, विद्या उत्पन्न हुई, आलोक उत्पन्न हुआ।

'यह दुःख-निरोध आर्य सत्य है', भिक्खुओ! ऐसा मैंने पहले कभी सुना नहीं था। ऐसे सत्य में मेरे चक्षु उत्पन्न हुए, ज्ञान उत्पन्न हुआ, प्रज्ञा उत्पन्न हुई, विद्या उत्पन्न हुई, आलोक उत्पन्न हुआ। 'यह दुःख निरोध आर्य सत्य प्रत्यक्ष अनुभूति से जानना चाहिए',

भिक्खुओ! ऐसा मैंने पहले कभी सुना नहीं था। ऐसे सत्य में मेरे चक्षु उत्पन्न हुए, ज्ञान उत्पन्न हुआ, प्रज्ञा उत्पन्न हुई, विद्या उत्पन्न हुई, आलोक उत्पन्न हुआ। 'यह दुःख निरोध आर्य सत्य प्रत्यक्ष अनुभूति से जान लिया गया', भिक्खुओ! ऐसा मैंने पहले कभी सुना नहीं था। ऐसे सत्य में मेरे चक्षु उत्पन्न हुए, ज्ञान उत्पन्न हुआ, प्रज्ञा उत्पन्न हुई, विद्या उत्पन्न हुई, आलोक उत्पन्न हुआ।

'यह दुःख निरोध गामिनी प्रतिपदा है', भिक्खुओ! ऐसा मैंने पहले कभी सुना नहीं था। ऐसे सत्य में मेरे चक्षु उत्पन्न हुए, ज्ञान उत्पन्न हुआ, प्रज्ञा उत्पन्न हुई, विद्या उत्पन्न हुई, आलोक उत्पन्न हुआ। 'इस दुःख निरोध गामिनी प्रतिपदा पर चलना चाहिए', भिक्खुओ! ऐसा मैंने पहले कभी सुना नहीं था। ऐसे सत्य में मेरे चक्षु उत्पन्न हुए, ज्ञान उत्पन्न हुआ, प्रज्ञा उत्पन्न हुई, विद्या उत्पन्न हुई, आलोक उत्पन्न हुआ। 'इस दुःख निरोध गामिनी प्रतिपदा पर चल लिया गया', भिक्खुओ! ऐसा मैंने पहले कभी सुना नहीं था। ऐसे सत्य में मेरे चक्षु उत्पन्न हुए, ज्ञान उत्पन्न हुआ, प्रज्ञा उत्पन्न हुई, विद्या उत्पन्न हुई, आलोक उत्पन्न हुआ।''

भगवान बुद्ध ने कहा, ''इस प्रकार हे भिक्खुओ, इन चीजों के बारे में मैंने पहले कभी सुना नहीं था, मुझमें अंतर्दृष्टि जागी, ज्ञान जागा, प्रज्ञा जागी, अनुभूति जागी और प्रकाश जागा।'' बुद्ध ने अपनी बात पूरी करते हुए आगे कहा, ''हे भिक्खुओ! जब मैंने अपनी अनुभूति पर इन चारों आर्यसत्यों को इनके तीनों रूपों के साथ, और उनकी बारह कड़ियों के साथ, पूर्ण रूप से सत्य के साथ जान लिया, पूरी तरह समझ लिया और पूरी तरह अनुभव किया, उसके बाद ही मैंने कहा कि मैंने सम्यक् सम्बोधि प्राप्त कर ली है। इस तरह मुझ में ज्ञान की अंतर्दृष्टि जागी, मेरा चित्त सारे विकारों से मुक्त हो गया है। हे भिक्खुओ! जब मैंने अपने स्वयं के प्रत्यक्ष अनुभवों से और पूर्ण ज्ञान और अंतर्दृष्टि के साथ इन चारों आर्यसत्यों को जान लिया, यह मेरा अंतिम जन्म है, अब इसके बाद कोई नया जन्म नहीं होगा।'' भगवान बुद्ध के इन चार आर्यसत्य और आर्यआष्टांगिक मार्ग को सुनकर कौंडन्न के धर्मचक्षु जागे और उन्हें यह प्रत्यक्ष अनुभव हो गया कि जो कुछ भी उत्पन्न होता है वह नष्ट होता है, जिसका उत्पाद होता है उसका व्यय होता है। कौंडन्न के चेहरे के भावों को देखकर भगवान बुद्ध ने कहा, 'अहा! कौंडन्न ने जान लिया! अहा! कौंडन्न ने जान लिया!'[1] इसलिए कौंडन्न का नाम ज्ञानी कौंडन्न पड़ गया। भगवान बुद्ध के इस उपदेश से कौंडन्न के अंदर भवसंसार चक्र, धम्मचक्र में परिवर्तित हो गया, इसलिए इस प्रथम उपदेश को धम्मचक्र प्रवर्तन सुत्त कहते हैं।[2] धम्मचक्र प्रवर्तन दरअसल प्रथम तो बोधिवृक्ष के नीचे हुआ जो बुद्ध ने अपने भीतर चलाया, यानी कि धम्म चक्षु जगाए और अपनी अनुभूति पर उतारकर धम्मचक्र चलाया। पंचवग्गीय भिक्षुओं को धम्म देशना देकर लोगों के लिए पहली बार धम्मचक्र चलाया। भगवान बुद्ध ने यह उपदेश आषाढ़ी पूर्णिमा के दिन दिया था, इसलिए बौद्ध आषाढ़ पूर्णिमा को पवित्र दिन मानते हैं। यह पहला उपदेश बहुत महत्व का है, धम्म का पूरा सार इसमें निहित है। चारों आर्यसत्य व आर्यआष्टांगिक मार्ग विस्तृत रूप से इस सुत्त में समझाये गये हैं।

पाली ग्रंथों के अनुसार धम्मचक्र प्रवर्तन सुत्त से प्रकट हुई धम्मतरंगें इतनी शक्तिशाली व प्रभावशाली थीं कि दस हजार सौरमंडल उल्लास और आनंद से कंपायमान हो उठे। पांचों परिव्राजकों को यह एहसास हुआ कि उन्हें सच्चा और पवित्र गुरु एवं मार्गदर्शक मिल गया है, जो सम्यक् संबोधि प्राप्त है, जो खूब अच्छी तरह समझ में आ सकने वाली भाषा में पूर्ण मुक्ति का सही-सही मार्ग बतला कर सही मार्गदर्शन कर सकते हैं। आभार और कृतज्ञता से गद्‌गद् होकर पांचों परिव्राजक भगवान बुद्ध के चरणों में गिर गए और उनसे अपना शिष्य बनाने के लिए प्रार्थना करने लगे। भगवान बुद्ध ने उनको 'भिक्खु आ' कहकर अपना शिष्य बना लिया और इस तरह वे पांचों परिव्राजक पहले पांच भिक्खु बने और पंचवग्गीय भिक्खु कहलाए। भगवान बुद्ध ने उनसे कहा कि अगर वे पूरी सजगता के साथ, पूरी मेहनत के साथ धम्म की साधना करेंगे तो तीन महीने में ही उनके राग-द्वेष-मोह पूरी तरह जड़ से निकल जाएंगे और उनको अर्हंत पद की प्राप्ति हो जाएगी।

पंचवर्गीय भिक्खुओं को ध्यान सिखाने के लिए भगवान बुद्ध मृगदाय वन में ही रहने लगे।

अनत्त लक्खन सुत्त

जब पांचों भिक्खु श्रोतापण्ण अवस्था को प्राप्त हो गए तब भगवान बुद्ध ने उन पांचों भिक्खुओं को अनत्त लक्खन सुत्त का उपदेश दिया जिसमें अनित्य और अनात्मवाद को विस्तार से समझाया।

अनात्म लक्षण, लक्षण अर्थात् स्वभाव, प्रकृति। क्या लक्षण है, क्या स्वभाव है? संपूर्ण प्रकृति के तीन ही लक्षण हैं, अनित्य है, दुःख है, अनात्म है। निर्वाण के इस ओर की जितनी अवस्थाएं हैं, वे सभी अनित्य हैं, दुःख हैं, अनात्म है। छः इंद्रियों और उनसे जुड़े विषयों की सीमा के परे जो निर्वाण की अवस्था है, वह अनित्य नहीं है, दुःख नहीं है लेकिन वह भी अनात्म है।

शरीर और मन की सच्चाई को ज्यों का त्यों देखने से पहले अनित्य-बोध जागता है, फिर दुख-बोध और फिर अनात्म-बोध जागता है। जब तक अहम भाव है, हमें मुक्त नहीं होने देगा। 'मैं तो रहूं ही', यह भाव बना रहेगा तो वह अवस्था जहां अहंकार का नाम नहीं है वहां पहुंचेगा कैसे? अहम को खत्म करने पर ही अनात्म 'अनात्म' होता है।

अनत्त लक्खन सुत्त की देशना करते हुए भगवान बुद्ध ने कहा :

''ये जो रूप (शरीर) है, ये जो परमाणु है, परमाणुओं का जो समूह अष्टकलाप है, यह अनात्म है, इसमें 'मैं', 'मेरा', 'आत्म' कहने को कुछ नहीं है, क्या परमाणु का यह पुंज 'मेरी आत्मा' है? ऐसा नहीं है। अगर यह रूप 'आत्मा' होता, 'मेरा' होता, 'मैं' होता तो जो शरीर है, इस पर मेरा अधिकार होता और यह मेरी आज्ञा के अनुसार चलता, तो इस रूप से हमें कोई दुःख नहीं होता, मैं इसका गालिक हूं तो इस पर

मेरा आधिपत्य होता, यह मेरे वश में रहता, यह हमारे कहने से होता। हम कहते ऐ रूप ऐसा हो जा, ऐसा न हो। तो वह तदनुसार होता, लेकिन ऐसा होता नहीं है। इसलिए यह 'मैं' नहीं, 'मेरा' नहीं, 'मेरी आत्मा' नहीं। 'आत्मा' होता, 'मैं' होता, 'मेरा' होता तो इस रूप से हमें कोई रोग नहीं होता। यह बूढ़ा नहीं होता, यह बदलता नहीं, यह मरता नहीं। यह 'मैं' होता, 'मेरा' होता, 'आत्म' होता, अगर सचमुच यह अपना होता तो हमें कभी दुख नहीं होता। इसके मालिक हम हैं तो यह हमारे अनुसार चलता। आत्म का अर्थ केवल आत्मा ही नहीं अपनापा, आत्मभाव है, यह आत्मभाव शरीर के प्रति धोखा है। अगर सचमुच इस पर मेरा अपनापा होता तो यह हमें दुख की ओर नहीं ले जाता। हम इस रूप पर आधिपत्य नहीं कर सकते इसलिए यह अनात्म है।

''वेदना अनात्म है। वेदना आत्म है कि अनात्म, 'मैं' है क्या? 'मेरी' है क्या? नहीं है। अगर होती तो हमारे रोगों का, हमारे दुखों का कारण नहीं बनती। अगर हमारी होती, अगर हमारे हाथ में इसका प्रभुत्व होता, इस पर आधिपत्य होता तो हमारे अनुसार वेदना होती लेकिन ऐसा है नहीं। जब चाहे तब सुखद वेदना उत्पन्न हो जाती है, जब चाहे दुःखद वेदना उत्पन्न हो जाती है। वेदना हमारी इच्छा के अनुसार नहीं आती। वेदना अपने आप आती है और देखते-देखते अपने-आप चली जाती है। हम चाहें भी तो उसे रोक नहीं सकते और मनचाही वेदना पैदा नहीं कर सकते। अगर वेदना आत्म होती, तो इस पर हमारा अधिकार होता, यह हमारी आज्ञा मानती। जब चाहते तब सुखद वेदना आ जाती, जब नहीं चाहते दुःखद वेदना नहीं आती। लेकिन ऐसा होता नहीं है, वेदना हमारे वश में होती नहीं है। वेदना के कारण हम दुःखी होते हैं, वेदना पर हमारा आधिपत्य नहीं है, वेदना पर हमारा कोई अधिकार नहीं है, उसका मैं मालिक नहीं हूं, वेदना 'मैं' नहीं हूं, 'आत्म' नहीं हूं।

''इसी तरह संज्ञा अनात्म है। संज्ञा भी 'मैं' नहीं, 'मेरा' नहीं, 'मेरी आत्मा' नहीं। इसी तरह संस्कार भी मैं नहीं, मेरा नहीं, मेरी आत्मा नहीं। हमारे चित्त के बनाने की वजह से जो कुछ बन रहा, वह भी संस्कार है। संस्कार हमारे कर्मों का बीज भी है, और फल भी है। क्या यह संस्कार मैं हूं, मेरा है, मेरा आत्मा है। अगर सचमुच होता तो दुख क्यों होता?

''विज्ञान भी अनात्म है। अगर यह मैं, मेरा, मेरी आत्मा होती तो इस पर मेरा आधिपत्य होता। हम सत्य को तभी समझ सकेंगे जब उसके अलग-अलग टुकड़े कर देखते हैं। अगर वह संग्रहित रहता है तो भ्रांति पैदा करता है। विज्ञान एक नहीं है छह हैं, आंख का विज्ञान अलग, कान का विज्ञान अलग, जीभ का विज्ञान अलग है, नाक का विज्ञान अलग, त्वचा का विज्ञान अलग, मन का विज्ञान अलग है। आंख से जब रूप का संपर्क होता तो चक्षु विज्ञान जागता है, लेकिन आंख सुनने का काम नहीं कर सकती, चखने का काम नहीं कर सकती, श्वास लेने का काम नहीं कर सकती। निर्वाण की अवस्था में विज्ञान का निरोध हो तो विज्ञान भी मैं नहीं, मेरा नहीं, मेरी आत्मा नहीं। एक विज्ञान एक ही काम कर सकता है। अगर हमारे भीतर एक आत्मा होती तो यदि वह एक काम कर सकती है तो दूसरा क्यों नहीं? जो सुन सकती है

वह देख क्यों नहीं सकती? तो अगर आत्मा होती तो आंख सुनने का काम क्यों नहीं करती, छह इंद्रियां परस्पर एक-दूसरे का काम क्यों नहीं करती? इस तरह विज्ञान भी अनात्म है।''

इस तरह भगवान बुद्ध ने बताया कि रुप (शरीर) अनात्म है, वेदना अनात्म है, संज्ञा अनात्म है। संस्कार अनात्म है। विज्ञान अनात्म है।

और भिक्खुओं से पूछा—तुम क्या मानते हो भिक्खुओ, ये जो रूप (शरीर) है, ये जो भौतिक परमाणु हैं, अनित्य हैं? ये जो वेदना है, संज्ञा है, संस्कार है, विज्ञान है, अनित्य हैं कि नित्य?

भिक्खुओं ने कहा—अनित्य हैं।

भगवान ने पूछा—क्या जो अनित्य है, वह हमारे लिए सुख है?

भिक्खुओं ने कहा—जो अनित्य है, वह हमारे लिए सुख कैसे हो सकता है? वह दुख ही है।

भगवान ने पूछा—जो अनित्य है, जो दुख है, जो विपरिणामधर्मा है, क्या उसे यह मैं हूं, यह मेरा है, यह मेरी आत्मा है, मेरा स्व है, मेरा अपनापा है, मानना ठीक है?

भिक्खुओं ने कहा—ऐसा मानना ठीक नहीं।

अनत्त लक्खन सुत्त समझने के बाद विपस्सना साधना का अभ्यास करते-करते कौंडन्न ने प्रत्यक्ष अनुभूति द्वारा चारों आर्यसत्यों को जान लिया, अनित्य व अनात्म का बोध कर लिया और अर्हत पद को प्राप्त हुए, दो महीने बाद ही वप्प और भद्दिय भी अर्हंत पद को प्राप्त हो गए, कुछ दिनों बाद महानाम और अस्साजी को भी अर्हंत पद की प्राप्ति हो गई। इस तरह तीन महीने के अंदर ही पांचों भिक्खुओं को पूर्ण मुक्ति की अवस्था प्राप्त हो गई और अर्हंत पद प्राप्त हो गया। इन पांचों भिक्खुओं को लेकर भगवान बुद्ध ने भिक्खु संघ की स्थापना की जो कि ऐसे लोगों का समुदाय था जो पूर्ण जागरूक होकर सौहार्द के साथ रहते हैं। इस भिक्खु संघ में कोई केंद्रीय सत्ता नहीं थी और यह एक लचीला संगठन था।

उन दिनों बनारस में एक बहुत धनवान व्यापारी रहता था जिसका 'यश' नाम का एक पुत्र था। जाड़े, गर्मी और बरसात के लिए उसके पास तीन अलग-अलग महल थे। वर्षा के चारों महीने वह महल से बाहर नहीं निकलता था और सैकड़ों सुंदरियों की संगति में रहता था जो तरह-तरह से उसका मनोरंजन करती थीं। दीपक जलते रहने से महल में प्रकाश रहता था। एक रात यश की नींद खुली, उसने देखा चारों ओर स्त्रियां नंग-धड़ंग अवस्था में पड़ी हुई हैं। किसी के गले में वीणा है, किसी के गले में मृदंग है, किसी के बाल बिखरे हुए हैं, किसी के मुंह से लार बह रही है, कोई नींद में बड़बड़ा रही है। यह दृश्य देखकर यश के मन में वैराग्य जागा। उसके मुख से उदान निकला, 'अरुचिपूर्ण! घृणास्पद!' इसी मनःस्थिति में वह सोने के जूते पहने घर से निकल गया और इसिपत्तन मृगदाय वन पहुंचा। उस समय बुद्ध टहल रहे थे। बुद्ध ने उसे 'अरुचिपूर्ण! घृणास्पद!' बड़बड़ाते हुए सुना और अपने पास बुलाकर पूछा, ''क्या अरुचिपूर्ण है? क्या इतना घृणास्पद है?'' यश ने अपना परिचय

दे अपनी बात बताई। भगवान बुद्ध ने उसको शील-सदाचार का उपदेश दिया, कामवासनाओं के दुष्परिणाम के बारे में बताया, दान और अन्य पारमिताओं के बारे में बताया। जब यश का चित्त शान्त और प्रसन्न हो गया तब बुद्ध ने उसे पंचशील का उपदेश दिया :

पाणातिपाता वेरमणी सिक्खापदं समादियामि ।।1।।
अदिन्नादाना वेरमणी सिक्खापदं समादियामि ।।2।।
कामेसु-मिच्छाचारा वेरमणी सिक्खापदं समादियामि ।।3।।
मूसा वादा वेरमणी सिक्खापदं समादियामि ।।4।।
सुरा-मेरय-मज्ज पमादट्ठाना वेरमणी सिक्खापदं समादियामि ।।5।।

(प्राणी हिंसा से विरत रहना। चोरी से विरत रहना। अनैतिक व्यवहार, व्यभिचार व मिथ्याचार से विरत रहना। झूठ बोलने, चुगली करने, कड़वी भाषा बोलने, व्यर्थ बोलने से विरत रहना। शराब, बीड़ी-सिगरेट, गांजा-तंबाकू आदि नशीले व प्रमादकारी पदार्थों के सेवन से विरत रहना।)

उसके बाद चार आर्य सत्य और आर्य आष्टांगिक मार्ग का उपदेश दिया। बुद्ध ने उसे कुछ देर 'आना-पान' का अभ्यास करवाया। इससे यश के तपते हृदय को शीतलता मिली और उसने बुद्ध के चरणों में गिरकर शिष्य बनाने का अनुरोध किया। बुद्ध ने उसे भिक्खु जीवन की सादगी और विनम्रता तथा भिक्खुओं की साधना और समाज के प्रति उनकी जिम्मेदारी के बारे में बताते हुए कहा, "भिक्खु को अपना चित्त और शरीर मुक्ति की प्राप्ति में लगाना होता है, जिससे वह अपनी और समाज की सेवा कर सके। लोगों को कष्टों से मुक्ति दिलाने में सहायता होने की दिशा में ही सारे प्रयास केंद्रित होते हैं। क्या तुम ऐसा कर पाओगे?" यश के 'हां' कहने पर बुद्ध ने 'भिक्खु, आ' कहकर उसे अपना शिष्य स्वीकार किया। थोड़े ही अभ्यास के बाद यश को प्रत्यक्ष अनुभव हो गया कि 'जो कुछ समुदय धर्म है, वह सब निरोध धर्म है'।

दिन के तीसरे पहर यश का पिता उसके पदचिह्नों को देखकर खोजता-खोजता मृगदाय वन पहुंचा और बुद्ध से यश के बारे में पूछा। बुद्ध ने यश की दीक्षा के बारे में बताया कि उसने चित्त की विमुक्ति का मार्ग पा लिया है, उसे श्रद्धा, शांति और आनंद प्राप्त हो गए हैं। बुद्ध ने उन्हें शील, सदाचार, दान की महिमा तथा कामवासनाओं के दुष्परिणाम के बारे में समझाया और बताया कि कैसे दुःख और चिन्ताओं को समाप्त करके स्वयं अपने को और आस-पास के लोगों को लेकर शांति और आनंद के मार्ग पर चला जा सकता है। बुद्ध के वचन सुनकर व्यापारी के मन का बोझ हल्का हो गया और उसने स्वयं को भी शिष्य बनाने का अनुरोध किया। बुद्ध ने कहा, "मेरे शिष्य सादगी के साथ सजग और सचेत रहने की कोशिश करते हैं, जीवहिंसा, चोरी, परस्त्रीगमन, झूठ, चुगली, परनिन्दा और मदिरा व मादक पदार्थों का सेवन न करने की शिक्षा लेते हैं, जिससे चित्त व्याकुल नहीं होता है। क्या आप ऐसा कर पाएंगे?" यश के पिता ने जीवन भर शील-सदाचार का पालन करने का वचन दिया। तब तक भिक्षु का चीवर धारण किए यश भी वहां आ गया। यश को प्रसन्न और शांत मुद्रा

में देखकर यश के पिता को संतोष हुआ। उन्होंने यश को बताया कि घर पर उसकी मां बहुत चिन्तित है। यश ने मां से मिलने आने का दिलासा दिया। पिता ने बुद्ध और सभी छः भिक्खुओं को अगले दिन भोजन के लिए आमंत्रित किया। बुद्ध ने मौन स्वीकृति दी। अगले दिन बुद्ध भिक्खु संघ के साथ भोजन के लिए यश के घर गए। भोजन के बाद उन्होंने यश की माता और पत्नी को भी पंचशील की शिक्षा दी। शील-पालन से होने वाले लाभों को सुनकर उनका हृदय गद्‌गद हो गया। उन्होंने हाथ जोड़कर बुद्ध से अपनी उपासिकाएं बनाने की प्रार्थना की। बुद्ध ने उन्हें अपनी उपासिकाओं के रुप में स्वीकृति दी। यश के पिता, माता और पत्नी 'बुद्धं शरणं गच्छामि! धम्मं शरणं गच्छामि! संघं शरणं गच्छामि!' इन तीन रत्नों (त्रिशरण) की शरण लेकर पहले गृहस्थ उपासक बने। बुद्ध और उनके छः भिक्खु इसिपत्तन वापस लौट आए।

विमल, सुबाहु, पूर्णजित और गवाम्पति, यश के चार गृहस्थ मित्र थे जो यश की तरह ही धनवान व्यापारी परिवारों से थे। उन्होंने जब सुना कि यश भिक्खु बन गया है तो उनके मन में विचार आया कि 'वह धम्म मार्ग अवश्य महान होगा जिसमें यश प्रव्रजित हुआ है।' वे चारों भी बुद्ध के पास आए और शिष्य बनाने का अनुरोध किया। बुद्ध ने कहा, "भिक्खुओ ! आओ। धम्म सुआख्यात है। चित्त विमुक्ति के लिए शील-समाधि-प्रज्ञा का अभ्यास करो।" यही उन चारों की उपसम्पदा हुई। बुद्ध ने कौंडन्न को उन्हें आधारभूत निर्देश देने को कहा। थोड़े ही दिनों में चित्त विकारों से मुक्त हो वे चारों भी अर्हंत पद को प्राप्त हो गए। लोक में उस समय ग्यारह अर्हंत थे। यश के पचास और गृहस्थ मित्र उससे मिलने आये। उन्होंने जब आर्य आष्टांगिक मार्ग के बारे में सुना कि इसे अपनाने से दुःखों का अन्त तथा शांति और आनंद प्राप्त होता है, वे भी भिक्खु बन गए। इस तरह भिक्खुओं की संख्या 60 हो गई। बुद्ध तीन महीने तक उनको धम्म अभ्यास का मार्गदर्शन करते रहे। इस दौरान सैकड़ों स्त्री-पुरुष भी बुद्ध, धम्म और संघ की शरण लेकर उपासक-उपासिका बने। बुद्ध ने भिक्खुओं को अभ्यास करना सिखाया कि किस तरह विपस्सना करनी होती है। किस प्रकार वेदना-संवेदना को द्रष्टाभाव से जानना होता है। किस प्रकार शरीर और मन में होने वाली संवेदनाओं को देखना होता है। कैसे श्वास पर ध्यान केंद्रित करना होता है और मन में आने वाले विचारों का दृष्टाभाव से 'यथाभूत ज्ञान दर्शन' करना होता है। कैसे पटिच्चसमुप्पाद का साक्षात्कार करना है। थोड़े ही दिनों में वे 50 भिक्खु भी अर्हंत पद को प्राप्त हो गए। उस समय लोक में 61 अर्हंत थे।

गौतम बुद्ध ने पहला वर्षावास भिक्खु संघ के साथ सारनाथ में बिताया। वर्षावास के समाप्त होने पर भिक्खु संघ को संबोधित करते हुए बुद्ध ने कहा :

'चरथ भिक्खवे चारिकं, बहुजन हिताय, बहुजन सुखाय, लोकानुकम्पाय
अत्थाय हिताय, सुखाय देवमनुस्सानं, माकेन द्वे अगमिथा'[3]

"भिक्खुओ ! हम सब पूर्णतः मुक्त हैं और किसी बंधन में बंधे हुए नहीं हैं, बहुजनों के हित के लिए, बहुजनों के सुख के लिए, लोक पर अनुकम्पा करने के लिए, देवताओं और मनुष्यों की भलाई के लिए, सुख के लिए विचरण करो। एकसाथ दो मत जाओ।

भिक्खुओ ! आदि में कल्याणकारी, मध्य में कल्याणकारी, अन्त में कल्याणकारी सद्धम्म का उपदेश करो, अल्पदोष वाले प्राणी भी हैं, धम्म के न श्रवण से उनकी हानि होगी। सुनने से वे धर्म के जानने वाले होंगे। भिक्खुओ, मैं भी बोधिवृक्ष के दर्शन कर उरुवेला के लोगों से मिलते हुए राजगृह जाऊंगा।''

बुद्ध और भिक्खु जिधर भी गए उधर ही उनका बोलबाला होता गया और लोग चुम्बक की तरह खिंचे हुए आने लगे। धम्म प्रचार-प्रसार का उनका तरीका बिल्कुल अनोखा था। उनकी कथनी और करनी में कोई अन्तर नहीं होता था। वे शब्दों से अधिक व्यवहार पर ध्यान देते थे। वे वही बातें सिखाते थे, जिन पर स्वयं अमल करते थे। चूंकि वे अर्हंत पद को प्राप्त थे, इसलिए उनकी बातों में, उनके शब्दों में धम्म तरंगों का भी प्रवाह होता था और इससे लोगों पर बहुत अच्छा प्रभाव पड़ता था। कथनी और करनी एक जैसी देखकर, उनका शान्त, सौम्य और करुणा से भरा रूप देखकर लोगों में उनके प्रति श्रद्धा और आदर जगता था और धम्म मार्ग पर चलकर अनगिनत लोग शील, सदाचार का जीवन जीने लगे और उनका जीवन खुशियों से भरने लगा। धम्म मार्ग पर चलने वालों के जीवन में आए बदलाव को देखकर बुद्ध के अनुयायियों की संख्या बहुत तेजी से बढ़ने लगी। उन दिनों के प्रसिद्ध विद्वान, राजा, व्यापारी, योद्धा, गृहस्थ, किसान, मजदूर, अमीर-गरीब, हर वर्ग और संप्रदाय के लोग धम्म की शरण में आने लगे।

भिक्खु जिधर भी भिक्षाटन के लिए जाते, लोग उनसे प्रभावित हुए बिना न रह पाते। धीरे-धीरे बुद्ध और उनके द्वारा उपदेशित धम्म की ख्याति चारों ओर फैलने लगी। सभी दिशाओं से लोग प्रव्रजित होने के लिए इसिपत्तन आने लगे। बुद्ध का धम्मोपदेश सुनकर प्रव्रज्या के इच्छुक लोग बुद्ध से प्रव्रज्या देने की प्रार्थना करते। इस तरह बुद्ध के शिष्यों की संख्या दिनों दिन बहुत तेजी से बढ़ने लगी। एक दिन बुद्ध ने भिक्खु संघ को एकत्र कर संबोधित किया, ''भिक्खुओ, अब यह जरूरी नहीं है कि हर नए भिक्खु को मैं ही प्रव्रज्या दूं। जो लोग भिक्खु बनना चाहते हैं, वे अपने ग्रामवासियों और संबंधियों के सामने भिक्खु बन जाएं। अब आप लोग स्वयं जहां भी जाएं वहीं पर इच्छुक व्यक्तियों को प्रव्रज्या देकर भिक्खु संघ में शामिल कर सकते हैं। प्रव्रज्या की विधि इस प्रकार होगी—'इच्छुक व्यक्ति के सिर और दाढ़ी के बाल मुंड़ा दिए जाएं। फिर चीवर पहनना सिखाया जाए। वह अपना दायां कंधा खुला रखे और जो भिक्खु प्रव्रज्या दे रहा है, उसकी चरण-वंदना करे और हाथ जोड़कर उकडू बैठकर तीन बार बुद्धं शरणं गच्छामि, धम्मं शरणं गच्छामि और संघं शरणं गच्छामि! इन त्रिरत्नों का उच्चारण करे, इसके बाद उसे भिक्खु संघ में शामिल कर लिया जाएगा।' ''

भिक्खुओं को धम्म शिक्षा के प्रचार-प्रसार के लिए विभिन्न दिशाओं नें भेजकर भगवान बुद्ध उरुवेला की तरफ चल दिए। रास्ते में एक जंगल पड़ता था। भगवान बुद्ध जंगल में एक वृक्ष के नीचे बैठकर ध्यान करने लगे। उसी दिन बनारस के भद्रवर्गीय तीस मित्र, एक नर्तकी और गाने-बजाने का साजोसामान लेकर उसी जंगल में मौजमस्ती करने आए थे। वे सब जब खा-पीकर आराम कर रहे थे, नर्तकी सबके पैसे, कपड़े,

जेवरात लेकर भाग गई। वे सभी नर्तकी की खोज करते हुए बुद्ध के पास से गुजरे। उन्होंने बुद्ध से पूछा, 'भंते, आपने किसी युवती को भागकर जाते तो नहीं देखा?' बुद्ध के पूछने पर उन्होंने पूरी कहानी बताई। बुद्ध ने शांत भाव से उनसे पूछा, "अच्छा, बताओ, तुम्हारे लिए क्या उत्तम होगा, उस लड़की को ढूंढ़ना या अपने आपको?" युवकों ने कहा, "भन्ते, हमारे लिए यही उत्तम है, यदि हम अपने आप को ढूंढ़ें।" बुद्ध नें कहा तो फिर वैठो, मैं तुम लोगों को धम्म उपदेश देता हूं। जीवन वर्तमान पल में ढूंढ़ा जा सकता है लेकिन हमारे मन का स्वभाव ऐसा है कि वह वर्तमान में रहना ही नहीं चाहता, यह या तो अतीत की यादों में खोया रहता है या फिर भविष्य की कामनाओं में लगा रहता है। हमें लगता है कि हम अपने को जानते हैं लेकिन सच्चाई यह है कि हम अपने वास्तविक व्यक्तित्त्व को महसूस ही नहीं कर पाते। सुखी जीवन जीने का केवल एक ही रास्ता है—वर्तमान पल की सच्चाई को स्वीकार करना। एक बार यदि यह जान जाओ कि वर्तमान पल को कैसे जिया जाए तो तुम सजग और सचेत हो जाओगे और उसी वक्त अपने वास्तविक रूप को ढूंढ़ लोगे।" इसके बाद बुद्ध ने उनको चार आर्य सत्य और आर्य आष्टांगिक मार्ग के बारे में उपदेश दिया। जब बुद्ध ने अपना उपदेश समाप्त किया तो उन सब युवकों ने शिष्य बनने की प्रार्थना की। बुद्ध ने उन सबको प्रव्रज्या दी। गहन साधना के लिए बुद्ध ने उनको इसिपत्तन भेज दिया जहां कौंडन्न के मार्गदर्शन में वे साधना कर सकें। वह रात जंगल में ही बिताकर अगले दिन बुद्ध उरुवेला की तरफ चल दिए।

बुद्ध चारिका करते हुए एक सप्ताह बाद उरुवेला पहुंचे। उरुवेला और उसके आस-पास उरुवेला काश्यप, नदी काश्यप और गया काश्यप नामक तीन ब्राह्मण आचार्य रहते थे जो जटिल (जटाधारी) संप्रदाय चला रहे थे। तीनों भाई थे। उरुवेला काश्यप के पांच सौ, नदी काश्यप के तीन सौ और गया काश्यप के दो सौ शिष्य थे। ये अग्निपूजक थे। अग्निकुंड को हमेशा प्रज्वलित रखने के साथ वे पशुबलि देकर कुछ कर्मकांड और यज्ञ-हवन भी करते थे। उनकी मान्यता थी कि अग्नि तत्त्व ही पूरे ब्रह्मांड का सार है। सूर्य की गर्मी और प्रकाश का स्रोत अग्नि है, अग्नि से ही जीवन चलता है और मृत्यु के बाद अग्नि द्वारा ही ब्रह्म में विलीन हो जाता है। उनकी अग्निशाला में लगातार अग्नि प्रज्वलित रहती थी। उनका विश्वास था कि चालीस बलि देने से एक दिन मोक्ष प्राप्त हो सकता है।

बुद्ध उरुवेला काश्यप के आश्रम पहुंचे। बुद्ध के प्रभावशाली व्यक्तित्त्व से प्रभावित उरुवेला ने बुद्ध का आतिथ्य सत्कार किया। दोनों में वार्तालाप हुआ। बुद्ध ने उरुवेला काश्यप को बताया कि सभी वस्तुएं कार्य-कारण नियम से संचालित होती हैं। दुनिया में किसी कीं भी स्वतंत्र और शाश्वत सत्ता नहीं है, सभी कुछ परस्पर एक-दूसरे पर निर्भर होता है। सब कुछ पटिच्चसमुप्पाद के नियम से बंधा हुआ है। बुद्ध के सैद्धांतिक और व्यावहारिक पक्षों के गहन ज्ञान से काश्यप बहुत प्रभावित हुआ। रात्रि होने वाली थी। उरुवेला काश्यप ने बुद्ध से आग्रह किया कि वे उनकी कुटिया में शयन करें। उरुवेला ने पहली बार किसी को अपनी कुटिया में सोने की अनुमति दी थी। बुद्ध ने उरुवेला

का आग्रह अस्वीकारते हुए कहा कि उन्हें रात में अकेले सोने की आदत है। उरुवेला ने बताया कि आश्रम में ऐसा स्थान सिर्फ अग्निशाला है और उसमें एक विषधर नाग घुस आया है, इस कारण वहां सोना उचित नहीं होगा।

बुद्ध ने कहा, कि जंगल में अपनी तपस्या के दौरान उन्होंने अनुभव किया था कि यदि इस बात के प्रति सतर्क रहें कि वन्य जीव को किसी प्रकार का आघात न लगे तो वे भी आपको कोई क्षति नहीं पहुंचाएंगे। अंततः उरुवेला ने उन्हें अग्निशाला में सोने की अनुमति दे दी। बुद्ध ने अग्निशाला में प्रवेश किया तो एक ओर चंदन की लकड़ियों का ढेर देखकर अनुमान लगाया कि वह नाग इन लकड़ियों में ही होगा। इसलिए बुद्ध दूसरी तरफ अपने चीवर को आसन बना बैठ गए और मंगलमैत्री की साधना करने लगे। साधना के बाद बुद्ध ने देखा कि एक विशाल नाग कमरे के बीचोबीच फन फैलाए उनकी ओर एकटक देख रहा है। बुद्ध उसे देखकर मुस्कराए। मंगल तरंगों के प्रभाव से नागराज चुपचाप अग्निशाला से बाहर निकल गया। थोड़ी देर बाद बुद्ध लेट गए और गहरी नींद में सो गए। रात के अंतिम पहर में बुद्ध की नींद पूरी हुई तो वे बाहर आकर चलित ध्यान करने लगे। थोड़ी देर बाद किसी कारणवश अग्निशाला में आग लग गई। धू-धू कर जलती अग्निशाला को देख उरुवेला काश्यप और उनके शिष्यों को आशंका हुई कि बुद्ध आग में जल गए होंगे, लेकिन उनको बाहर टहलते देख वे लोग चकित रह गए। उन्हें लगा, बुद्ध ने शायद कोई चमत्कार किया।

अगले दिन आश्रम में प्रवचन होने वाला था जिसमें आस-पास के गांवों के हजारों लोग शामिल होने वाले थे और दान-दक्षिणा देने वाले थे। काश्यप ने मन में सोचा कि कहीं ऐसा न हो कि बुद्ध की तेजस्विता से लोग प्रभावित हो जाएं। बुद्ध ने बोधिचित्त से काश्यप के मन की बात ताड़ ली और गांव में भिक्षाटन के लिए चले गए। भोजन कर वे कमल सरोवर के नजदीक विश्राम करने लगे। उरुवेला काश्यप अपराह्न में बुद्ध को खोजते हुए वहां पहुंचे। जब उन्हें बुद्ध के जाने का कारण समझ में आया तो उन्हें एहसास हुआ कि बुद्ध दूसरे की भावनाओं के प्रति कितने संवेदनशील हैं और लोगों का कितना ख्याल रखते हैं।

उरुवेला और बुद्ध में वार्तालाप होता रहा और बुद्ध निरंतर उरुवेला की भ्रांतियों को तोड़ते रहे। बुद्ध ने उरुवेला को अपने शरीर, भावनाओं, भाव-बोध, मानसिक संकल्पों और चेतना पर ध्यान करने के लिए कहा। उरुवेला ने वैसा ही किया और बुद्ध के बताए निष्कर्ष पर पहुंचा कि व्यक्ति की भावनाएं और उसका भाव-बोध उसके जीवन की श्रेष्ठता को निर्धारित करता है। बुद्ध ने उरुवेला को बताया, ''मानसिक विकारों का कारण अज्ञान है जिससे सत्य का दर्शन भ्रमित दृष्टि से होता है। अनित्य को नित्य समझना अज्ञान है। लंबे समय से लोग इस गलतफहमी का शिकार रहे हैं कि आत्मा अजर, अमर, अविनाशी है और शरीर के न रहने पर आत्मा एक शरीर छोड़कर दूसरे शरीर को धारण कर लेती है। वास्तव में आत्मा होती ही नहीं है। चूंकि आत्मा नहीं होती इसलिए उसकी सत्ता मानना अज्ञान है। अज्ञान से मोह, लोभ, क्रोध, भय, द्वेष और अन्य असंख्य विकार जन्म लेते हैं। मुक्ति का मार्ग यही है कि सभी को चेतन

होकर सत्य रूप में देखा जाए। यदि अज्ञान पर विजय पा ली जाए तो विकारों के पार भी जाया जा सकता है। यही सच्ची मुक्ति है। यदि व्यक्ति अज्ञान और चित्त के संकल्पों-विकल्पों के पार नहीं जाता तो वह मुक्ति पाने के लिए भवसागर के पार कैसे जाएगा?' उन्होंने उपमा देते हुए समझाया कि किसी इंसान को नदी पार करनी हो लेकिन वह तैरकर पार जाने, नाव से पार जाने या किसी अन्य तरीके से नदी पार करने की बजाय एक किनारे खड़े होकर प्रार्थना करे कि नदी के दूसरे किनारे पहुंच जाए तो वह उस किनारे तक नहीं पहुंचेगा, भले ही वह व्यक्ति अपना समस्त जीवन प्रार्थना करने में क्यों न लगा दे। उस किनारे पहुंचने के लिए उसे पहले इस किनारे को छोड़ना होगा। इसी प्रकार यदि इंसान चित्त के संकल्पों-विकल्पों और विकारों के पार नहीं जाता तो उसे सच्ची मुक्ति कैसे मिलेगी?

बुद्ध की शिक्षाओं से अभिभूत उरुवेला काश्यप अपने समस्त शिष्यों समेत बुद्ध, धम्म और संघ की शरण में आ गया। उरुवेला और उसके शिष्यों ने अपने सिर और दाढ़ी मुंड़वा ली। बालों तथा अग्निपूजा में प्रयोग किए जाने वाले सारे सामान को उरुवेला नदी में बहा दिया। वे बुद्ध के सामने प्रणत हुए और त्रिशरण ग्रहण कर भिक्खु संघ में प्रव्रजित हुए। निरंजरा नदी में बहती जटाओं, अग्निपूजा में प्रयोग किए जाने वाले सामान को देख, भाई पर कोई आपदा तो नहीं आ गई, यह सोच नदी काश्यप दूसरे दिन उरुवेला पहुंचा। उरुवेला काश्यप से बुद्ध के बारे में जानने के बाद नदी काश्यप भी अपने शिष्यों समेत भिक्खु संघ में शामिल हो गया। अपने भाई गया काश्यप को भी बुलवाया और वह भी अपने शिष्यों समेत भिक्खुसंघ में शामिल हो गया।

इस तरह आचार्य उरुवेला काश्यप, नदी काश्यप और गया काश्यप जिन्हें काश्यप बन्धुओं के नाम से जाना जाता है, अपने एक हजार शिष्यों के साथ बुद्ध, धम्म और संघ की शरण में आ गए।

बुद्ध ने एक दिन गया शीर्ष पहाड़ी पर भिक्खुओं को बुलाकर 'आदित्त परयाय सुत्त' का उपदेश दिया। धम्मचक्र प्रवर्तन सुत्त और अनत्तलक्खन सुत्त के बाद यह तीसरा सबसे महत्त्वपूर्ण उपदेश माना जाता है। बुद्ध ने कहा,'भिक्खुओ! सभी कुछ जल रहा है। क्या जल रहा है? छः ज्ञानेन्द्रियां—आंख, नाक, कान, जीभ, त्वचा और चित्त जल रहा है। इन इंद्रियों के विषय रूप, गंध, शब्द, स्वाद, स्पर्श और मानसिक चिंतन जल रहे हैं। इनके छहों विज्ञान—दर्शन, गंध, सुनना, स्वाद, भावनाएं और मानसिक चिंतन जल रहे हैं। इन इंद्रियों का संस्पर्श जल रहा है और इस संस्पर्श के कारण जो वेदनाएं—सुखद, दुःखद, न सुखद, न दुःखद उत्पन्न होती हैं, वे भी जल रही हैं। किससे जल रही हैं? राग अग्नि से, द्वेष अग्नि से, मोह अग्नि से जल रही हैं। जन्म, बीमारी, बुढ़ापा, मृत्यु के योग के कारण रोने-पीटने से, कष्टों से, दुर्मनता से, परेशानी, हताशा और निराशा से, चिन्ता-भय की आग से जल रही हैं।

''भिक्खुओ! प्रत्येक संवेदना चाहे वह दुःखद हो या सुखद हो या न दुःखद न सुखद, जल रही हैं। हमारे मनोसंस्कार, छः ज्ञानेन्द्रियों, उनके विषयों, उनके ज्ञान, उनके विज्ञान तथा उनके कारण होने वाली संवेदनाओं के अनुरुप बनते हैं। इसलिए भिक्खुओ!

अपने आपको राग, द्वेष, मोह और भ्रांतियों से मत जलने दीजिए। सभी संस्कार अनित्य हैं, सभी संस्कार दुःख देने वाले हैं। इनको द्रष्टा भाव से देखना सीखो। प्रत्यक्ष अनुभूति से इनकी अनित्यता का ज्ञान प्राप्त करके स्वयं को जन्म-मरण के भवचक्र से पार निकालो। एक बार जब प्रत्यक्ष अनुभूति से विषयों की अनित्यता, उनकी निस्सारता और उनसे होने वाले दुःखों के बारे में जान लोगे तो चित्त विमुक्ति प्राप्त कर लोगे।''

एक हजार भिक्खु भावमुग्ध हो बुद्ध की देशना सुन रहे थे। उनको एहसास हुआ कि बुद्ध द्वारा खोजा गया मार्ग ही सद्धम्म का मार्ग है और ध्यान साधना के प्रति उनका विश्वास और पक्का हो गया। भिक्खुओं को ध्यान सिखाने के लिए और उनका मार्गदर्शन करने के लिए बुद्ध तीन महीने तक गयाशीर्ष पर्वत पर ही रहे। ध्यान साधना करते-करते सभी भिक्खु अर्हंत पद को प्राप्त हुए।

वहां से बुद्ध राजगृह की तरफ बढ़े। उरुवेला काश्यप ने आग्रह किया कि सभी भिक्खुओं को अपने साथ ले चलें। बुद्ध ने इसकी अनुमति दे दी। भिक्खु समुदाय दस दिन बाद राजगृह पहुंचा। उरुवेला काश्यप उन्हें राजगृह के पास ताड़वन में ले गए, जो राजधानी से दो मील की दूरी पर था।

मगध नरेश बिम्बिसार को बुद्ध के यहां पधारने का समाचार मिला तो वे ताड़वन पहुंचे। उनके साथ रानी और राजकुमार अजातशत्रु, कई ब्राह्मण आचार्य और बुद्धिजीवी भी थे। मगध नरेश बिम्बिसार ने त्रिशरण ले उपासक बने और भिक्खु संघ को भोजनदान के लिए राजमहल में निमंत्रित किया।

उपतिष्य (सारिपुत्त) और कोलिंत (मौग्गाल्यायन) नामक दो ब्राह्मण परिव्राजक, जो संजय परिव्राजक के शिष्य थे, अपने ढाई सौ साथियों के साथ बुद्ध, धम्म और संघ की शरण में आए। वे दोनों थोड़े ही दिनों में अर्हत पद को प्राप्त हुए। उनकी संगठन क्षमता और लोगों को विस्तार से धम्म समझाने की योग्यता के कारण बुद्ध ने उनको अग्र श्रावक (धम्म सेनापति) की पदवी दी। पूर्णिमा के दिन बुद्ध 1250 भिक्खुओं के साथ राजमहल में भोजन के लिए गए। वहां एक लाख बीस हजार लोगों ने धम्म दीक्षा ली, राजा बिम्बिसार ने भिक्खु संघ को वेलुवन दान दिया। बुद्ध ने दूसरा वर्षावास बेलुवन में बिताया (ई.पू. 527)। उसी वर्ष महाकाश्यप नामक ब्राह्मण भी बुद्ध, धम्म और संघ की शरण में आए। उज्जैन के महाकात्यायन बुद्ध, धम्म और संघ की शरण में आए। इसी वर्षावास के दौरान उपाध्याय, आचार्य और शिष्य के कर्तव्य निर्धारित किए गए। भिक्षुओं को संबोधित करते हुए बुद्ध ने कहा, ''भिक्षुओ, मैं उपाध्याय करने की अनुज्ञा देता हूं। उपाध्याय को शिष्य में पुत्र-बुद्धि रखनी चाहिए और शिष्य को उपाध्याय में पिता-बुद्धि।''

पिता से अंतिम मुलाकात

राजा शुद्धोदन को जब यह ज्ञात हुआ कि सिद्धार्थ बुद्धत्व को प्राप्त हो गए हैं और राजगृह के वेलुवन में विहार कर रहे हैं तो उन्होंने बुद्ध को कपिलवस्तु लाने के लिए

एक मंत्री को भेजा। वेलुवन में जाकर भिक्खुओं को ध्यान साधना करते देख उसके मन में धम्म संवेग जागा और प्रव्रज्या लेकर वह भिक्खु बन गया। कुछ समय तक जब उसका समाचार नहीं आया तो राजा ने एक दूसरा मंत्री भेजा, वह भी राजगृह आकर भिक्खु बन गया। उसके बाद तीसरा, फिर चौथा, फिर पांचवां। इस तरह एक-एक कर नौ मंत्री कपिलवस्तु से राजगृह आए, लेकिन भिक्खु बन गए और लौटे नहीं। अन्त में राजा ने अपने प्रधानमंत्री कालुदयी को भेजा। कालुदयी ने राजा के सामने शर्त रखी कि अगर उसे प्रव्रज्या लेने की अनुमति मिल जाए तो वह बुद्ध को ला सकता है। राजा ने अनुमति दे दी। वर्षावास समाप्त होने को था। उदायी राजगृह पहुंचा। और बुद्ध से जन्मभूमि कपिलवस्तु चलने की प्रार्थना करते हुए बुद्ध से कहा, आपके पिता शुद्धोदन आपको देखना चाहते हैं। दूसरों को तो बुद्ध द्वारा खोजे गए धम्म का अमृत पान करने को मिला है लेकिन उनके पिता को नहीं, उनके संबंधियों को नहीं। बुद्ध ने कपिलवस्तु चलने की अनुमति दे दी और भिक्खु संघ के साथ कपिलवस्तु के लिए चारिका करते हुए चल पड़े। कपिलवस्तु से तीन मील पहले न्यग्रोध उद्यान था। भिक्खु संघ के साथ बुद्ध ने वहीं विहार किया।

अगले दिन तथागत ने भिक्षा-पात्र लिया और कपिलवस्तु में भिक्षाटन के लिए निकले। उनके भिक्षा मांगने की खबर पूरे नगर में आग की तरह फैल गई। जिस नगर में कभी सिद्धार्थ राजसी रथ में बैठकर सवारी के लिए निकलते थे, आज उसी नगर में भिक्षा-पात्र हाथ में लिए घर-घर विचर रहे हैं। चीवर का रंग भी लाल मिट्टी के ही समान था और हाथ का भिक्षा-पात्र भी मिट्टी का ही था।

राजा शुद्धोदन रथ पर सवार हो बुद्ध से मिलने उद्यान की ओर चले लेकिन बुद्ध भिक्षाटन करते हुए रास्ते में ही मिल गए। शुद्धोदन ने देखा कि बुद्ध हाथ में भिक्षा-पात्र पकड़े एक गरीब के द्वार पर खड़े हैं, फटे-पुराने कपड़े पहने एक स्त्री निकली और बुद्ध के भिक्षा-पात्र में एक आलू डाल दिया। बुद्ध उसको प्रणाम कर अगले घर की ओर बढ़ गए। राजा से जब मुलाकात हुई तो उन्होंने बुद्ध को प्रणाम किया। राजा समझ गए थे कि सिद्धार्थ अब युवराज नहीं बल्कि आध्यात्मिक गुरू हैं—बुद्ध हैं। उन्होंने बुद्ध से कहा, मैंने सोचा था कि आप अपने परिवार से मिलने राजमहल आएंगे। कौन यह सोच सकता था कि आप अपने ही राज्य में भिक्षाटन करेंगे? आप भोजन के लिए राजमहल क्यों नहीं आए?

बुद्ध मुस्कुराकर बोले—मैं भिक्खु हूं और अन्य भिक्खुओं की भांति मुझे भी भिक्षाटन करना चाहिए। भिक्खु बगैर बुलाए किसी के यहां भोजन करने नहीं जाते।

शुद्धोदन ने बुद्ध से कहा—आप इस प्रकार मुझे क्यों लजाते हैं? क्या आप नहीं जानते कि मैं आपको और आपके संघ को भोजन करा सकता हूं?

तथागत का उत्तर था—यह हमारी वंश-परंपरा है।

शुद्धोदन ने कहा—यह कैसे हो सकता है? हमारे वंश में कभी किसी एक ने भी भिक्षाटन नहीं किया है।

तथागत का उत्तर था—राजन् ! निश्चय ही आप और आपका वंश क्षत्रियों का

वंश है। किन्तु अव मेरा वंश बुद्धों का वंश है। उन्होंने भिक्षाटन किया है और हमेशा भिक्षा पर ही निर्भर रहे हैं। सभी बुद्ध भिक्षाटन करते हैं। भिक्षाटन भी एक आध्यात्मिक साधना है। इससे भिक्खु को अपना अहं मिटाने में, विनम्र बनने में और सभी व्यक्तियों के प्रति समताभाव विकसित करने में सहायता मिलती है। मुझे किसी गरीब से एक आलू मिलता है और राजा के यहां से छप्पन भोग, लेकिन मेरे लिए दोनों समान हैं। इस प्रकार भिक्खु गरीब, अमीर के भेद से ऊपर उठ जाता है। मेरे सद्धम्म में सभी समान हैं। कोई कितना भी गरीब क्यों न हो, वह आध्यात्मिक उन्नति का हकदार है। भिक्षा मांगने से मेरी इज्जत कम नहीं होती। भिक्षा देने वाले को अपनी दान पारमिता बढ़ाने का अवसर मिलता है। भिक्षा देने से, दान देने वाले के अहं में कमी आती है। इससे उनको भी अध्यात्म का लाभ मिलता है।

राजा शुद्धोदन ने बुद्ध और भिक्खु संघ को राजमहल में भोजन के लिए आमंत्रित किया। राजा शुद्धोदन व महाप्रजापति गौतमी ने उनकी अगवानी की। यशोधरा और पुत्र राहुल प्रेमपूर्वक मिले। यशोधरा भावुकतावश सुबक रही थीं।

भगवान बुद्ध ने राजा शुद्धोदन से कहा—राजन ! आपको अपने पुत्र के लिए महान दुःख है। लेकिन प्रेम के जो धागे आपको अपने उस पुत्र से बांधे हुए हैं, जो आपको छोड़कर चला गया, उसी प्रेम के अंतर्गत आप अपने सारे मानव बंधुओं को बांध लो। तब आपको अपने पुत्र सिद्धार्थ से भी बड़े किसी लक्ष्य की प्राप्ति होगी। आपको मिलेगा वह जो सत्य का संस्थापक है और आपको मिलेगा वह जो धम्म का मार्गदर्शक है और आपको मिलेगा वह जो शांति को लाने वाला है, तब आपका हृदय निर्वाण से भर जायेगा।

शुद्धोदन निरुत्तर थे, तथागत कहते रहे—किसी को कहीं कुछ खजाना मिले तो उसमें से जो बहुमूल्य रत्न होगा, वह लाकर उसे अपने पिता को ही भेंट करेगा। मैं आपको यह धम्म निधि अर्पण करता हूं।[4]

यदि आप अपने-आपको इन मिथ्या स्वप्नजालों से मुक्त करें, यदि आप सत्य को अंगीकार करें, यदि आप अप्रमादी रहें और यदि आप धम्म पथ पर ही चलें तो आपको अक्षय सुख प्राप्त होगा।

शुद्धोदन ने निःशब्द होकर यह शब्द सुने और बोले—'पुत्र! मैं तुम्हारे कथनानुसार आचरण करने का प्रयास करूंगा।'

राजा ने न्यग्रोध उद्यान में बुद्ध और भिक्खुओं के लिए कुटिया बनवा दी थी। बुद्ध भिक्खु संघ के साथ छः महीने कपिलवस्तु के न्यग्रोध उद्यान में रहे।

बुद्ध तीसरे वर्षावास के लिए मगध के वेलुवन वापस लौट जाना चाहते थे। राजा शुद्धोदन ने एक बार फिर बुद्ध और भिक्खु संघ को भोजन के लिए राजमहल आमंत्रित किया। भोजन के बाद बुद्ध ने शासन में धम्म का प्रयोग कैसे किया जा सकता है और कैसे सरकारी कार्यों में लगे लोग सामाजिक समरसता और समानता लाकर सभी वर्गों के लोगों को न्याय प्रदान कर सकते हैं, इन विषयों पर उपदेश दिया। धम्म देशना के बाद शुद्धोदन ने बुद्ध से कहा कि वे बूढ़े हो चले हैं और एक बार फिर बुद्ध से

अनुरोध किया कि वे राजपाट संभालें और अपने धम्म शासन द्वारा लोगों का कल्याण करें। बुद्ध ने राजा को दयापूर्ण दृष्टि से देखकर कहा :

''राजन मैं अब किसी एक परिवार, वंश अथवा किसी एक देश का पुत्र नहीं रह गया हूं। समस्त जीव मेरे परिवारजन हैं और संपूर्ण विश्व मेरा घर। मैं एक भिक्खु हूं, जो दूसरों के दान पर निर्भर है। मैंने अपने लिए धम्म का मार्ग चुना है न कि राजनीति का। मुझे विश्वास है कि धम्म से मैं संपूर्ण जगत की और समस्त प्राणियों की सेवा कर सकूंगा।''

इसके बाद बुद्ध ने उपस्थित लोगों को शील-सदाचार का उपदेश दिया, और राजमहल से प्रस्थान किया।

यशोधरा ने राहुल को बुद्ध के पास भेजा और पिता से उत्तराधिकार मांगने को कहा। बुद्ध ने राहुल को श्रामणेर दीक्षा देकर भिक्खु संघ के साथ ले लिया। शुद्धोदन के दूसरे पुत्र नंद ने पहले ही प्रवज्या ले ली थी। राहुल की प्रवज्या से शुद्धोदन और दुःखी हो गए और बुद्ध से अनुरोध किया कि किसी बच्चे को उसके माता-पिता की आज्ञा के बगैर प्रव्रज्या न दी जाए। बुद्ध ने इस सुझाव को मानकर नियम बना दिया कि आगे से किसी बच्चे को उसके माता-पिता की इजाजत लेकर ही प्रव्रज्या दी जाए।

न्यग्रोध से जब बुद्ध राजगृह के लिए निकले तो राजा शुद्धोदन एक बार फिर रो पड़े, उन्होंने अपने मंत्री और पुरोहित से पूछा कि क्या वे जाकर सिद्धार्थ (भगवान बुद्ध) को यहीं रोके रखने का और अपने परिवार में ही सम्मिलित हो जाने का प्रयास कर सकते हैं? राजा की इच्छानुसार मंत्री और पुरोहित विदा हुए और अभी भगवान बुद्ध रास्ते में ही थे कि उनके पास जा पहुंचे। अभिवादन के बाद राजपुरोहित ने निवेदन किया—हे राजकुमार! जिस राजा के हृदय को आपकी विदाई के तीर ने बुरी तरह बींधा है और जिसकी आंखों से आंसुओं की धारा बहती रहती है, उस राजा की भावनाओं का जरा तो ख्याल करें। उसकी कामना है कि आप फिर घर में चले आएं। वह तभी शांति से मर सकेगा। उसका कथन है, 'मैं जानता हूं कि आप धम्म स्थित हैं और मैं यह भी जानता हूं कि आपका यह संकल्प वज्र के समान दृढ़ है लेकिन इस प्रकार घर छोड़कर चले जाने से उत्पन्न वियोगाग्नि से मेरा हृदय जल रहा है। हे धम्मप्रिय! धम्म के लिए ही आप अपने इस संकल्प को छोड़ दें।'

पुरोहित ने माता गौतमी का वास्ता दिया, यशोधरा का वास्ता दिया, पुत्र राहुल का वास्ता दिया, लेकिन बुद्ध दृढ़ रहे। उन्होंने अपना उत्तर दिया :

''कुछ है या नहीं, इसमें मेरे लिए कोई दूसरा प्रमाण नहीं है, तपस्या और साधना द्वारा मैंने स्वयं सत्य को जान लिया है।

''मैं किसी ऐसे सिद्धांत को सही स्वीकार नहीं कर सकता जो अज्ञानाश्रित है और जिसका सिर नीचे और पैर ऊपर की तरफ हैं। मैं किसी ऐसे सिद्धांत को सही स्वीकार नहीं कर सकता, जिसमें सैंकड़ों बातों को यूं ही पहले से सही मानकर चलना होता है। कौन बुद्धिमान आदमी केवल किसी दूसरे पर आश्रित होकर किसी बात में विश्वास करेगा? मानव जाति तो अंधेरे में एक अंधे के पीछे चलने वाली चक्षुहीन जाति बनी हुई है।

"लेकिन यदि कोई सत्य और झूठ में विभेद न कर सके, यदि कोई भलाई और बुराई के विषय में संदिग्ध हो, तो उसे भी अपना चित्त भलाई में ही लगाए रखना चाहिए। सद्वृत्ति वाले के लिए थोड़ा व्यर्थ का परिश्रम भी कल्याणकारी ही होता है। लेकिन यह देखकर कि इस पवित्र परंपरा का भी ठिकाना नहीं, यह समझ लो कि ठीक वही होता है जो विश्वसनीय लोगों का वचन हो, और विश्वसनीयता का मतलब है निर्दोषता। जो सर्वथा निर्दोष है, वह सत्य का अपलाप कर ही नहीं सकता।

चाहे सूर्य, पृथ्वी पर आ गिरे और चाहे हिमालय भी अपने स्थान से हट जाए, तो भी मैं किसी हालत में इंद्रिय विषयोन्मुख होकर घर नहीं लौट सकता। मैं जलती हुई आग में प्रविष्ट हो जाऊंगा किंतु बिना अपने मानवता के कल्याण के उद्देश्य को पूरा किए घर नहीं लौट सकता।"

इतना कहा और अपने दृढ़ निश्चय के कारण तथागत सर्वथा उपेक्षावान होकर उठकर चल दिए।

गौतम बुद्ध की इस यात्रा के दौरान हजारों लोगों ने; जिनमें उनके पुत्र राहुल, सौतेला भाई नन्द; बुद्ध, धम्म और संघ की शरण ली और भिक्खु संघ में शामिल हो गए।

कपिलवस्तु से बुद्ध भिक्खु संघ के साथ उत्तरी कोसल के अनुप्रियानगर पहुंचे और पास के एक विहार में ठहरे। यहीं पर महानाम, अनिरुद्ध, भद्दिय, भृगु, किम्बिल, देवदत्त, आनंद जैसे शाक्य राजकुमारों के अलावा उपालि नाई ने धम्म दीक्षा ली। समता भाव बढ़ाने के लिए शाक्य राजकुमारों से पहले नाई उपालि को दीक्षा दी गई जिससे वह राजकुमारों से वरिष्ठ भिक्षु बने, उन सभी को साथ लेकर बुद्ध वेलुवन लौट आए।

बारिश का मौसम यात्रा के लिए सुविधाजनक नहीं होता है। केंचुए तथा अन्य कीड़े-मकोड़े बारिश के कारण सड़कों-रास्तों पर निकल आते हैं, खुले रास्तों पर चलते हुए कीड़े-मकाड़ों पर पैर पड़ सकता है और बारिश में भीगने से बीमार पड़ने की भी संभावना रहती है। इसलिए बुद्ध ने बारिश के मौसम में भिक्खुओं के एक ही जगह पर रहने का 'वर्षावास' का नियम बनाया। भिक्खु कोई एक बुद्ध विहार या निश्चित केन्द्र चुन सकते थे। हर केन्द्र की भौगोलिक सीमाएं निश्चित होती थीं। भिक्खुओं को तीन महीनों के वर्षावास के दौरान सामान्यतया उस सीमा से बाहर जाने की अनुमति नहीं होती थी, जब तक कि कोई खास मजबूरी न हो। इससे भिक्खुओं में सामुदायिक विकास की भावना पनपती थी और आपस में एकता व भाईचारे की भावना भी बढ़ती थी। सुबह-सुबह विहार या केन्द्र के धम्म हाल में या ध्यान कक्ष में कुछ मामूली रस्में होती थीं और उसके बाद सबसे वरिष्ठ भिक्खु धम्म के बारे में प्रवचन देते थे। अगर भिक्खुओं की संख्या बहुत अधिक होती थी, तो उनको समूहों में बांट दिया जाता था और हर समूह की जिम्मेदारी एक वरिष्ठ भिक्खु को दे दी जाती थी। प्रवचन और धम्म साधना के बाद भिक्खु अलग-अलग दिशाओं में 'पिण्डपात' (भिक्षाटन) के लिए निकल जाते थे। भिक्षाटन के बाद सब वापस विहार में आते थे और आपस में मिल-बांटकर भोजन करते थे। अगर किसी भिक्खु को दान में कुछ नहीं मिला होता तो बाकी भिक्खु अपनी

भिक्षा में मिले हुए भोजन को उनके साथ विभाजित करते। भोजन के पश्चात् थोड़ी देर का विश्राम होता था। दोपहर के बाद अपराह्न में सब लोग ध्यान साधना करते और शाम को भगवान बुद्ध या कोई वरिष्ठ भिक्खु धम्म प्रवचन देते। भगवान बुद्ध स्वयं भी वर्षावास के दौरान एक ही जगह ठहरते थे और बाकी पूरे साल घूम-घूमकर गांव-गांव, कस्बे-कस्बे, शहर में जाकर धम्म शिक्षा देते थे। बुद्ध की वर्षावास की अवधि हमेशा एक जैसी नहीं होती थी। यदि साधकों की विपस्सना ध्यान साधना तीन महीने के वर्षावास में पूरी हो जाती है, तो आश्विन पूर्णिमा को वर्षावास का उत्सव समाप्त कर अगले दिन भिक्खु संघ के साथ लोगों में दान पारमिता बढ़ाने के लिए और उनको धम्म का उपदेश देते हुए नौ महीने तक चारिका करते हैं। यदि तीन महीने के वर्षावास में विपस्सना साधना पूरी नहीं हुई तो कार्तिक पूर्णिमा को वर्षावास का उत्सव समाप्त कर मार्गशीर्ष (अगहन) महीने के पहले दिन भिक्खु संघ के साथ निकलकर साल के बाकी आठ महीने चारिका करते हैं। अगर साधकों की साधना चार महीनों में भी पूरी नहीं हुई तो मार्गशीर्ष भी वर्षावास में ही बिताया जाता है और पूस माह के पहले दिन भिक्खु संघ के साथ निकलकर सात महीने चारिका करते हैं। गौतम बुद्ध ने पहला वर्षावास भिक्खु संघ के साथ इसिपत्तन, सारनाथ में बिताया था। दूसरा वर्षावास (ई.पू. 527) राजगृह में बिताया था।

तीसरा (ई.पू. 526) और चौथा (ई.पू. 525) वर्षावास भी राजगृह में वेलुवन में बिताया। वर्षावास के दौरान मगध के सबसे धनी व्यापारी के पुत्र महाकाश्यप ने धम्म दीक्षा ली। इसी दौरान बुद्ध ने 'राहुलोवाद सुत्त' का उपदेश दिया, जिसमें मन, वचन और शरीर से किए जाने वाले कुशल-अकुशल कर्मों, सत्य बोलने और सजगता के बारे में औंधे पड़े शाही हाथी और दर्पण की उपमा से उपदेश दिया। वर्षावास के कुछ दिनों बाद श्रावस्तीवासी अनाथपिण्डक बुद्ध से मिलने आया और बुद्ध को श्रावस्ती आने के लिए आमंत्रित किया।

भिक्खुओं को वेलुवन में कौंडन्न और उरुवेला काश्यप के नेतृत्व में छोड़कर पांच सौ भिक्खुओं के साथ धम्मचारिका करते हुए बुद्ध चार महीने बाद वैशाली पहुंचे और महावन के कूटागार विहार में ठहरे। यहीं पर 'तित्तिर जातक' का उपदेश कर भिक्खुओं को वरिष्ठ भिक्खुओं का आदर-सत्कार और मिलजुलकर रहने का महत्व समझाया। वहां पर दो सौ भिक्खुओं को छोड़कर, तीन सौ भिक्खुओं के साथ श्रावस्ती की तरफ चल पड़े। श्रावस्ती में अनाथपिण्डक ने जेतवनराम भिक्खु संघ को दान दिया। चारिका करते हुए बुद्ध वैशाली लौट आए और महावन के कूटागार विहार में ठहरे। बुद्ध ने पांचवा वर्षावास यहीं कूटागार विहार में बिताया। बुद्ध ने पांचवां वर्षावास (ई.पू. 524) वैशाली में बिताया। यहीं पर महाप्रजापति गौतमी और अन्य गणमान्य महिलाओं को प्रवज्या देकर 'भिक्खुणी संघ' की स्थापना की और 'पजापति सुत्त' की देशना की जिसमें भिक्खुणी के शीलों की शिक्षा निहित है। इसी वर्ष भिक्खु पिण्डोल भारद्वाज ने दिव्यशक्ति का प्रदर्शन कर बांस पर बंधे हुए चंदन के कटोरे को आसमान में उड़कर उतारा। जब बुद्ध को पता लगा तो उन्होंने भिक्खुओं द्वारा दिव्यशक्ति का प्रदर्शन करने पर रोक

लगाई क्योंकि इससे पूर्ण चित्त विमुक्ति के रास्ते में रुकावट आने का खतरा रहता है। साधक के मदारी बनने और देखने वालों के मन में अंधश्रद्धा और अंधविश्वास उत्पन्न होने का खतरा रहता है। इस नियम का जब उनके विरोधी तैर्थिको को पता चला तो उन्होंने बुद्ध को कोसल राज्य में चमत्कार दिखाने के लिए चुनौती दी। बुद्ध ने चुनौती को स्वीकार कर लिया। राजा के पूछने पर बुद्ध ने समझाया कि जैसे आपके बगीचे के फल अगर दूसरे तोड़कर खाएं तो वे दण्ड के भागी होंगे लेकिन आप पर यह नियम लागू नहीं होता, उसी तरह धम्मशास्ता समय की मांग के अनुसार धम्म की रक्षा के लिए चमत्कार प्रदर्शन कर सकता है।

बुद्ध ने छठा वर्षावास (ई.पू. 523) मंकुल पर्वत पर बिताया। धम्मचारिका करते हुए बुद्ध कोसल की राजधानी श्रावस्ती पहुंचे और आषाढ़ पूर्णिमा के दिन यमक-प्रातिहार्य कर दिव्यशक्तियों का प्रदर्शन किया और वहां से त्रयस्त्रिंश जाकर तीन महीने तक अभिधम्म का उपदेश दिया, जिसमें मन और शरीर के संबंध को विस्तार से समझाया। सातवां वर्षावास (ई.पू. 522) त्रयस्त्रिंश में बिताया। आश्विन पूर्णिमा के दिन (इसे महाप्रवारणा भी कहते हैं) संकाश्य नगर (उत्तर प्रदेश के फरुखाबाद जिले में स्थित) गए और अचल चैत्य में ठहरे। आठवां वर्षावास (ई.पू. 521) सुंसमारगिरि में बिताया। वहां से चारिका करते हुए श्रावस्ती गए। वहां उन्होंने कोसल नरेश प्रसेनजित को उपदेश दिया कि भिक्खुओ! उम्र से उनके ज्ञान का अंदाजा नहीं लगाना चाहिए। युवा भिक्खु भी ध्यान साधना में निपुण हो सकता है। कोसल देश से धम्मचारिका करते हुए बुद्ध वैशाली गए और वहां से राजगृह। इसी वर्ष 'जटिल सुत्त' जिसमें पीले वस्त्र को धारण करने से कोई संन्यासी नहीं हो जाता और साधकों के रहन-सहन, टहलने और व्यायाम संबंधी उपदेश दिए।

नवां वर्षावास (ई.पू. 520) कौसांबी के गोशिरा वन के घोषिताराम विहार में बिताया। गोशिरा वन शिंशप वृक्षों से आच्छादित था। एक दिन साधना के बाद हाथ में शिंशप के कुछ पत्ते मुट्ठी में दबाए हुए वे विहार में लौटे। मुट्ठी में पकड़े पत्तों को दिखाते हुए बुद्ध ने पूछा—'भिक्खुओ, मेरी मुट्ठी के पत्तों की संख्या अधिक है अथवा वन में वृक्षों पर लगे पत्तों की?' जब भिक्खुओं ने उत्तर दिया कि वन में वृक्षों पर लगे पत्तों की संख्या बहुत अधिक है तो बुद्ध ने कहा, 'उसी प्रकार जो मैं देखता हूं, वह मेरी शिक्षाओं से कहीं अधिक बड़ा है। ऐसा इसलिए है कि मैं केवल उन्हीं बातों की शिक्षा देता हूं, जो सद्धर्म के मार्ग पर सफलता के लिए वास्तव में आवश्यक तथा सहायक होती हैं।'[5]

उसी वर्ष भिक्खु संघ में कुछ बातों को लेकर मनमुटाव हो गया। शुरुआत शीलाचार्यों और सूत्राचार्यों से हुई लेकिन धीरे-धीरे उनके शिष्य भी झगड़ने लगे। झगड़े की खबर बुद्ध तक पहुंची तो उन्होंने धम्मपद का उपदेश दिया कि वैर से वैर शान्त नहीं होता है, अवैर से होता है। मेरी बुराई की, मुझे मारा, मुझे हराया, मुझे छोड़ दिया, इस तरह सोच-सोचकर मन को व्याकुल करते रहने से, वैर शांत नहीं होता। ऐसी बातों को सोचकर जो मन मैला नहीं करते, उनका वैर शान्त हो जाता है।

अक्कोच्छि मे अवधि मे, अजिनि मे अहोसि मे,
ये च तं नुपनच्छन्ति, वेरं तेसूपसम्पति ।।4।। —धम्मपद
(गाली दी, मारा मुझे। हाय, लिया सब लूट! ज्यूं ही यह चिंतन छुटे, वैर जायं सब छूट)
न हि वेरेने वेरानि, सम्मन्तीध कुदाचनं
अवेरेन च सम्मन्ति, एस धम्मो सनन्तनो ।।5।। —*धम्मपद*
(वैर वैर से ना मिटे, बढ़े द्वेष दुष्कर्म। बैर मिटे मैत्री किए, यही सनातन धर्म)

भिक्खुओं को आपसी कलह दूर करने का समय देने के लिए बुद्ध बालकलोणकार गांव गए, वहां आयुष्मान भृगु को धम्म उपदेश दिया। वहां से वे प्राचीनवंश दाव जाकर आयुष्मान अनुरुद्ध, नन्दिय और किम्बिल सहित अनेक भिक्खुओं को आपस में मिल-जुलकर रहने और ध्यान साधना में बाधक पांच निवरणों और उनको दूर करने के उपायों के बारे में उपदेश दिया। यहां पर बुद्ध ने एक महीना विहार किया। वहां से बुद्ध पारिलेयक वन में चले गए और रक्षित वन खंड के शाल वृक्ष के नीचे विहार करने लगे। बुद्ध की मंगल मैत्री साधना के अभ्यास से वहां के वन्य प्राणियों से उनकी प्रगाढ़ मैत्री हो गई। हस्तिराज अपनी सूंड़ में भरकर बुद्ध के लिए पानी लाते थे। कभी वह फल-फूल लाते थे। उन्होंने हाथियों की आवाज भी सीख ली थी और वे भी उनसे उन्हीं की आवाज में बात करते थे। बुद्ध ने दसवां वर्षावास (ई.पू. 519) पारिलेयक वन में हाथियों और दूसरे वन्य जीवों के साथ ही बिताया। वर्षावास समाप्त होने पर बुद्ध श्रावस्ती की तरफ चल पड़े। धम्मचारिका करते हुए दो सप्ताह बाद जेतवन पहुंचे। सभी वरिष्ठ भिक्खुओं ने उनकी अगवानी की।

वैशाली के जो रोषी भिक्खु थे, धीरे-धीरे उनके मनमुटाव दूर हो गए थे। उन्होंने श्रावस्ती आकर भिक्खु संघ के सामने अपने दोषों को स्वीकार कर संघ से क्षमा मांगी। शीलाचार्य और सूत्राचार्य दोनों ने दोष स्वीकार समारोह में एक-दूसरे से माफी मांगी और इस तरह आपस का मनमुटाव दूर हुआ। भविष्य में इस प्रकार की समस्या को सुलझाने के लिए सात सिद्धांतों वाला सप्ताधिकरण समता बनाया गया। बुद्ध छः महीने जेतवन में रहे। वहां से राजगृह लौटने के लिए वे उरुवेला की तरफ चारिका करते हुए निकल पड़े। वहां से वे नालंदा पहुंचे और ग्यारहवां वर्षावास(ई.पू. 518) इकनाला के गांव में बिताया। अब तक एक-एक कर भिक्खु संघ के लिए 45 शील बनाए जा चुके थे। इसी वर्ष 'प्रतिमोक्ष' का नियम भी बनाया गया। इसके अनुसार अगर कोई भिक्खु संघ के नियमों का उल्लंघन करेगा तो भिक्खु संघ का सम्मेलन आयोजित कर उस पर विचार किया जाएगा और अब्रह्मचर्य, चोरी, जीवहिंसा से विरति और ध्यान साधना में जो उपलब्धि नहीं हुई है उसका दावा करने पर भिक्खु संघ से निकाल दिया जाएगा। इन चारों शीलों का उल्लंघन चार पारिजिकाएं कहलाता था। हर महीने की अमावस्या और पूर्णिमा को भिक्खु संघ शीलों का सामूहिक पाठ करते थे। प्रत्येक शील के पाठ के बाद उपस्थित भिक्खुओं से पूछा जाता था कि क्या किसी ने इस शील का उल्लंघन किया है। चुप रहने पर अगले शील का पाठ किया जाता था। यदि किसी ने उल्लंघन किया होता तो संघ के सामने उसे स्वीकार करना पड़ता। इस स्वीकृति के

बाद उसे क्षमा कर दिया जाता। इसी वर्ष बुद्ध ने नालंदा में प्रवारिक के आम्रवन में विहार करते हुए 'असिबंधक पुत्त सुत्त' का उपदेश दिया जिसमें कुल को नष्ट करने वाले आठ कारणों को समझाया। इसी वर्ष 'निंगठ सुत्त' की देशना की जिसमें शील-सदाचार का अभ्यास करने और न करने के परिणामों को समझाया। वहां से बुद्ध चारिका करते हुए मगध में पंचशाला ग्राम गए। वहां विहार करते हुए 'पिंड सुत्त' का उपदेश दिया। वहां से बुद्ध चारिका करते हुए कुरू देश के कम्मासदम्म के निकट स्थित वन में गए। वहां मांगदिय ब्राह्मण ने अपनी अतिसुन्दर शीलवान कन्या को बुद्ध को दान देना चाहा। बुद्ध ने उसे समझाया कि वे काम-भोगों से पूरी तरह मुक्त हो चुके हैं। कुछ दिनों बाद कम्मासदम्म में बुद्ध ने महासतिपट्ठान सुत्त का उपदेश दिया जिसमें चार स्मृति प्रस्थान—कायानुपस्सना, वेदनानुपस्सना, चित्तानुपस्सना और धम्मानुपस्सना को विस्तार से समझाया कि कैसे इनका अभ्यास करते हुए पूर्णमुक्ति की अवस्था को पहुंचा जा सकता है। उसके कुछ दिनों बाद कम्मासदम्म कस्बे में ही महानिदान सुत्त का उपदेश दिया, जिसमें पटिच्चसमुप्पाद के नियम को विस्तार से समझाया। कम्मासदम्म से चारिका करते हुए मथुरा होते हुए बुद्ध ने वेरंजा के लिए प्रस्थान किया। रास्ते में उन्होंने पति-पत्नी के गुणों के संबंध में उपदेश दिया। वहां से वेरंजा पहुंचे। बुद्ध ने बारहवां वर्षावास (ई.पू. 517) वेरंजा में बिताया। वहां उन्होंने वेरंजक सुत्त की देशना की, जिसमें क्रियावाद, अक्रियावाद और उच्छेदवाद की विवेचना की। एक दिन सारिपुत्त ने बुद्ध से कहा कि भिक्खुओं के शीलों को परिष्कृत करके लिखवा दिया जाए तो बुद्ध ने कहा कि 'अभी वह समय नहीं आया है। बारह वर्ष पहले जब भिक्खु संघ बना था तब पांच शील थे, समय की मांग के अनुसार शीलों की संख्या बढ़ती रही और एक सौ बीस हो गई। आने वाले दिनों में यह संख्या बढ़कर दो सौ के ऊपर भी जा सकती है। शील याद करने और लिखकर दूसरों को बताने से ज्यादा महत्त्वपूर्ण है उनका पालन करना, उनको जीवन में उतारना।'

वर्षावास के बाद बुद्ध भिक्खु संघ के साथ दक्षिण की ओर चल पड़े। संकिसा, कन्नौज में चारिका करते हुए प्रयाग पहुंचे। गंगा नदी पार कर बनारस में विहरते हुए, वैशाली पहुंचे। वहां महावन स्थित कूटागार विहार में ठहरे।

तेरहवां वर्षावास (ई.पू. 516) चालिय पर्वत पर बिताया। बुद्ध के सहायक के रूप में मेघीय उनके साथ रहता था। मेघीय एकान्त में ध्यान-साधना करते हुए विचलित हो जाता था। बुद्ध ने उसे समझाया कि एकान्त साधना का मतलब मित्रों की सहायता के बगैर रहना नहीं है। भिक्खुओं को संघ में रखा ही इसलिए जाता है जिससे एक-दूसरे की सहायता कर सकें। फिर उन्होंने सौहार्द-सदाशयता, शील-पालन, धम्म सुत्तों के अध्ययन, परिश्रमपूर्वक ध्यान-साधना और भावनामयी प्रज्ञा का महत्त्व समझाया।

वर्षावास पूरा होने पर चारिका करते हुए बुद्ध वैशाली गए और कूटागार विहार में ठहरे। यहां उन्होंने लिच्छिवियों के सेनापति को धम्म उपदेश दिया। उसी वर्ष मेण्डक गृहपति को दीक्षा दी। वहां से वे अंगुत्तरायों के आपण (माही नदी के उत्तर में) नामक कस्बे के नजदीक स्थित एक वनखंड में ठहरे और 'पोतलिय सुत्त' का उपदेश दिया

जिसमें आठ शीलों के महत्व को विस्तार से समझाया गया है। अंगुत्तराय में ही चारिका करते हुए बुद्ध ने शैल नामक ब्राह्मण को उसके तीन सौ शिष्यों के साथ सेल-सुत्त का उपदेश देकर धम्मदीक्षा दी। वहां से बुद्ध बारह सौ पचास भिक्खुओं के साथ चारिका करते हुए कुसीनारा के लिए चल दिए। कुसीनारा के मल्लों ने बुद्ध का भव्य स्वागत किया। कुसीनारा से बुद्ध आतुमा नामक कस्बे में पहुंचे और भुसागार विहार में ठहरे। आतुमा से चारिका करते हुए श्रावस्ती की ओर चल दिए। श्रावस्ती पहुंचकर अनाथपिण्डक के जेतवनाराम में विहार किया। वहीं पर जानुश्रोणि ब्राह्मण को 'चूल-हस्तिपदोपम-सुत्त' का उपदेश दिया जिसमें भिक्खु जीवन के महत्त्व को और शील-सदाचार के पालन से होने वाले फायदों के बारे में विस्तार से समझाया। उपदेश समाप्त होने पर जानुश्रोणि ब्राह्मण धम्मदीक्षा लेकर भिक्खु संघ में शामिल हो गया। उसके कुछ दिन बाद अर्हंत सारिपुत्त ने भिक्खुओं को 'महा-हत्थिपदोपम-सुत्त' का उपदेश दिया। इसी वर्ष आश्वलायन और पांच सौ अन्य ब्राह्मणों को 'आस्सलायण सुत्त' का उपदेश दिया, जिसमें वर्ण व्यवस्था के खोखलेपन को उजागर किया।

चौदहवां वर्षावास (ई.पू. 515) बुद्ध ने श्रावस्ती के जेतवन में बिताया। इसी दौरान उन्होंने 'महाराहुलोवाद-सुत्त' जिसमें छः इंद्रियों के विषयों की अनित्यता, अनात्म भाव को स्पष्ट करते हुए आत्मा के संबंध में व्याप्त भ्रांतियों का खंडन किया। राहुल को समझाते हुए उन्होंने कहा—रूप (शरीर), विज्ञान, संज्ञा, वेदना और संस्कार इन पंचस्कंधों में से कुछ भी नित्य/शाश्वत नहीं है और आत्मा जैसा कोई तत्त्व नहीं है। आत्मा के बारे में तीन भ्रांतियां हैं—शरीर, उसका विज्ञान, संज्ञा, वेदना और संस्कार ये पंचस्कंध ही आत्मा हैं, यह पहली भ्रांति है। अगर यह माना जाए कि स्कंध आत्मा नहीं है या आत्मा स्कंधों से पृथक तत्त्व है अथवा स्कंध आत्मा के वश में है, यह दूसरी भ्रांति है। स्कंधों में आत्मा की मौजूदगी मानना तीसरी भ्रांति है। अनात्मता पर ध्यान करने का मतलब है कि पंचस्कंधों की अनित्यता, उनसे होने वाले दुःख पर ध्यान करना, जिससे प्रत्यक्ष अनुभूति से जाना जा सके कि न तो आत्मा होती है और न ही आत्मसंबंध और न आत्मा और स्कंधों का एक-दूसरे में विद्यमान होना।

अगले दिन बुद्ध ने आत्मनिर्भरता और वर्तमान क्षण में जीने की महत्ता पर उपदेश देते हुए बताया कि वास्तविक आत्मनिर्भरता क्या है और अकेले रहने के उत्तमतर मार्ग के बारे में उपदेश दिया। आत्मनिर्भर व्यक्ति वह है, जो सचेतनावस्था में रहता है। वह जान रहा होता है कि वर्तमान क्षण में क्या हो रहा है, और वह जानता है कि वर्तमान क्षणों में सभी तत्त्वों पर कैसे धारणा करनी है। वह न तो अतीत के पीछे भागता है और न स्वयं को भविष्य के भ्रम-जाल में फंसाता है क्योंकि अतीत तो व्यतीत हो चुका और भविष्य अभी आया नहीं है। जीवन में जो कुछ है, वह वर्तमान समय ही है, जो जीना है। यदि हम वर्तमान को खो देते हैं तो जीवन को खो देते हैं। यह अकेले जीने का उत्तमतर मार्ग है।

भूतकाल आवे नहीं और भविष्य भरमाय।
वर्तमान में जी सके, तो जीना आ जाय।।

जेतवनाराम में ही बुद्ध ने 'अक्खण सुत्त' का उपदेश दिया। उसके कुछ दिनों वाद रानी मल्लिका द्वारा बनवाए गए तिन्दुकाचीरआराम में 'पोट्ठापाद सुत्त' का उपदेश दिया जिसमें कार्यकारण नियम, भिक्खु धर्म के लाभ को तथा आत्मा संबंधी भ्रांतियों की विस्तार से विवेचना की।

श्रावस्ती से भगवान चारिका करते हुए भिक्खु संघ के साथ अचिरवती नदी के किनारे स्थित मनसाकट गांव पहुंचे और वहां आम्रवन में विहार किया। वहीं पर वशिष्ठ और भारद्वाज ब्राह्मण को 'तेविज्ज सुत्त' का उपदेश दिया। दो ब्राह्मण युवक ब्रह्मा तक पहुंचने के लिए झगड़ रहे थे। बुद्ध ने उनको समझाया कि शील, समाधि, करुणा के मार्ग से ब्रह्मा तक पहुंचा जा सकता है। वहां से चारिका करते हुए बुद्ध इच्छानंगल गांव पहुंचे और नजदीक के वन में विहार किया। वहीं पर अम्बष्ट नामक ब्राह्मण को 'अम्बट्ठ सुत्त' का उपदेश दिया, जिसमें वर्ण-व्यवस्था में चली आ रही क्षत्रियों और ब्राह्मणों के एक-दूसरे से उच्च होने के खोखलेपन को उजागर करते हुए जाति-बंधन से मुक्त भिक्खु संघ और चित्त-विमुक्ति के मार्ग की व्याख्या की गई जिसके बाद बड़ी संख्या में ब्राह्मण त्रिशरण लेकर बुद्ध, धम्म और संघ के उपासक बने। वहां से चारिका करते हुए कोसल राज्य के ओपसाद नामक गांव के नजदीक देववन में पहुंचे, यहां पर उन्होंने 'चंकि-सुत्त' का उपदेश दिया, जिसमें वेदों की सत्यता के बारे में अंधों की लकड़ी का तांता (अंध-वेणु परंपरा) की उपमा देकर सत्य धर्म पर प्रवचन दिया जिसके बाद बड़ी संख्या में ब्राह्मण वर्ग बुद्ध, धम्म और संघ का उपासक बना। वहां से बुद्ध चारिका करते हुए भिक्खु संघ के साथ कपिलवस्तु पहुंचे और न्यग्रोधाराम में विहार किया। यहां पर महानाम शाक्य को 'चूल-दुक्खकन्ध सुत्त' का उपदेश दिया, जिसमें चित्त के मैलों तथा उनके दुष्परिणामों और उनसे छुटकारा पाने की विस्तार से देशना की। वहां से वे मगध राज्य के खाणुमत गांव गए और अम्बलट्ठिका में विहार किया। यहां पर 'कुटदंत सुत्त' का उपदेश दिया, जिसमें सरकार द्वारा अर्थव्यवस्था को मजबूत कर रोजगार के अवसर उपलब्ध कराने, कम ब्याज दर पर कर्जा देने, कर प्रणाली सुधारने और गरीबी दूर करने की आवश्यकता की विस्तृत देशना की। वहां से पांच सौ भिक्खुओं के साथ अंग देश (आधुनिक बिहार के भागलपुर, मुंगेर जिलों का गंगा के दक्षिण का भाग) में चारिका करते हुए चम्पा पहुंचे और गर्गपुष्करिणी (घाघरा नदी) के तट पर विहार किया। यहां पर 'सोणदंड सुत्त' का उपदेश दिया जिसमें गुणों के आधार पर ब्राह्मण की परिभाषा की गई और शील-समाधि-प्रज्ञा के मार्ग की महत्ता को समझाया। वहां से चारिका करते हुए वे वैशाली पहुंचे और महावन की कूटागारशाला में विहार किया। यहां पर उन्होंने 'महालिसुत्त' की देशना की, जिसमें भावित समाधि, दिव्यरूप् दर्शन, श्रोतापण्ण, सकृदागामी, अनागामी, अर्हत की अवस्थाओं, जीव और शरीर की अवस्था के बारे में बताया। इसी दौरान 'तेविज्ज वच्छगोत्त सुत्त' की देशना की जिसमें अर्हत के दिव्य चक्षु, दिव्य स्मरण, दिव्य चित्त के गुणों, गृहस्थ रहते हुए भी शील-सदाचार से सद्गति-प्राप्ति और आजीवक पन्थ की निरर्थकता पर उपदेश दिया।

वैशाली से चारिका करते हुए बुद्ध कपिलवस्तु पहुंचे और पंद्रहवां वर्षावास

(ई.पू. 514) कपिलवस्तु के न्यग्रोधाराम में बिताया। इसी वर्ष, 'भरंडु सुत्त' और 'महानाम सुत्त' की देशना की। उसी वर्ष रोहिणी नदी के पानी के बंटवारे को लेकर फिर विवाद उभरा और लड़ाई की नौबत आ गई जिसको बुद्ध ने दोनों पक्षों को समझा-बुझाकर बातचीत के जरिए सुलझाया। कपिलवस्तु में ही उन्होंने भिक्खुओं के तीन से अधिक चीवर स्वीकार करने पर रोक लगाई।

क्रमशः चारिका करते हुए कीटागिरि (उत्तर प्रदेश के जौनपुर जिले का केराकत) में विहरते हुए 'कीटागिरि सुत्त' का उपदेश देकर बुद्ध अलवी (कानपुर जिले का वर्तमान अर्वल) पहुंचे और अग्गालन चैत्य में विहार किया। सोलहवां वर्षावास (ई.पू. 513) आलवी में बिताया। इस वर्ष के दरम्यान आनंद ने कौशाम्बी में चार मिथ्या दृष्टियों के बारे में सन्दक और उसके साथियों को 'सन्दक सुत्त' की देशना की जिसके बाद वह सब त्रिशरण लेकर संघ में शामिल हो गए। बुद्ध ने 'सिगोलोवाद सुत्त' की देशना की जिसमें एक गृहस्थ की मां-बाप, पति-पत्नी, गुरु-शिष्य, नौकर चाकर, पड़ोसियों के प्रति जिम्मेदारियों और संबंधों पर विस्तृत उपदेश दिया। अलवी से चारिका करते हुए राजगृह पहुंचे और वेलुवन में विहार किया। सत्रहवां वर्षावास (ई.पू. 512) राजगृह में बिताया, यहां पर 'चूल सुकुलदायि सुत्त' की देशना की जिसमें निगंठनाथ पुत्त के परिव्राजकों के सिद्धांत की विवेचना कर शील, आत्मभव और अर्हंत पद की विवेचना की। वहां से चारिका करते हुए चम्पा में गर्गरापुष्करिणी पहुंचे और उसके तट पर विहार किया। वहीं पर 'दिट्ठिवज्ज सुत्त' कहकर धर्म विनय का उपदेश किया। वहां से बुद्ध अंग देश के अश्वपुर कस्बे पहुंचे और 'चूल-अस्सपुर सुत्त' की देशना कर श्रमण और ब्राह्मण शब्द के अर्थ का विवेचन किया। वहां से कजंगला (जिला संथाल परगना) पहुंचे और वहां पर 'इंद्रिय-भावना सुत्त' की देशना की जिसमें एक साधक और एक अर्हत द्वारा इंद्रिय संयम के अंतर को समझाते हुए कैसे विपस्सना द्वारा चित्त विमुक्ति अवस्था प्राप्त की जाए इसके बारे में उपदेश दिया। वहां से चारिका करते हुए सुह्म देश (हजारीबाग और संथाल परगना जिलों का भाग) के शिलावती के सेतकन्निक में विहार करते हुए चालिय पर्वत पर पहुंचे। अठारहवां (ई.पू. 511) व उन्नीसवां (ई.पू. 510) वर्षावास चालिय पर्वत पर बिताया।

बीसवां वर्षावास राजगृह में बिताया (ई.पू. 509)। राजगृह में बुद्ध गृद्धकूट पर्वत पर निवास करते थे। राजवैद्य जीवक भिक्खुओं की सेवा में था। जीवक ने भिक्खुओं को सफाई की आधारभूत बातें समझाईं, जैसे तालाब का पानी उबालकर पीना चाहिए, सात दिन में कम से कम एक बार अपने वस्त्र अच्छी तरह साफ करने चाहिए, विहार में अधिक शौचालयों की व्यवस्था करनी चाहिए, बासी भोजन का सेवन नहीं करना चाहिए। बुद्ध ने जीवक के सभी सुझावों को स्वीकार कर लिया।

अगला वर्षावास बिताने बुद्ध जेतवन आ गए। इक्कीसवां वर्षावास (ई.पू. 508) बुद्ध ने भिक्खु संघ के साथ श्रावस्ती के जेतवनाराम में बिताया। बुद्ध की आयु 55 वर्ष की हो चुकी थी। इसी समय विशाखा ने श्रावस्ती में पूर्वाराम विहार का निर्माण कराया। पूर्वाराम में भिक्खु संघ ने दो महत्त्वपूर्ण निर्णय लिए—आनंद बुद्ध के निजी

सहायक के रूप में रहेंगे और अपनी प्रखर बुद्धि और तेज स्मरणशक्ति के कारण बुद्ध के उपदेशों को याद रखेंगे। यह भी निर्णय लिया गया कि बुद्ध अब से प्रत्येक वर्षावास श्रावस्ती में ही किया करेंगे। भिक्खु संघ ने अपना निर्णय बुद्ध को बताया जिसे बुद्ध ने स्वीकार कर लिया।

श्रावस्ती से चारिका करते हुए बुद्ध कोसल देश के ही केस-पुत्त कस्बे गए और वहां पर कालाम सुत्त की देशना की जिसको स्वतंत्र चिन्तन का घोषणापत्र कहा जाता है। इसी वर्ष श्रावस्ती के निकट उन्होंने खूंखार डाकू अंगुलिमाल का हृदय परिवर्तन किया।

बुद्ध ने अनेक अतिमहत्त्वपूर्ण उपदेश, जैसे—केसपुत्तिय सुत्त, आलवक सुत्त, रट्ठपाल सुत्त, सुंदरी सुत्त, ब्राह्मण धम्मिय सुत्त, अंगुलिमाल सुत्त, सुनक सुत्त, दोण सुत्त, सहस्सभिक्खुनी सुत्त, सुन्दरिका भारद्वाज सुत्त, उदान सुत्त, अत्तदीप सुत्त, मल्लिका सुत्त, सोण सुत्त, जटिल सुत्त, पियजातिक सुत्त, पुण्ण सुत्त, सारिपुत्त सुत्त, मखादेव सुत्त, थपति सुत्त, विसाखा सुत्त, पधानीय सुत्त, जरा सुत्त, बोधि राजकुमार सुत्त, कण्णत्थलक सुत्त, देवदत्त सुत्त, संगाम सुत्त, कोसल सुत्त, बाहीतिक सुत्त, चंकम सुत्त, उपालि सुत्त, अभयराजकुमार सुत्त, सामंज्जफल सुत्त, धम्म चेतिय सुत्त, सामगाम सुत्त, संगीति परियाय सुत्त, चुन्द सुत्त, उक्काचेल सुत्त जैसे हजारों सुत्तों की देशना लोककल्याण के लिए कर करोड़ों लोगों का कल्याण किया और धम्मचारिका करते हुए उन्होंने 45 वर्ष बिताए।

धम्म सेनापति सारिपुत्त और मौद्गल्यायन का परिनिर्वाण एक वर्ष पहले ही (ई.पू. 484) हो चुका था। पंचवग्गीय भिक्खुओं के प्रमुख कौंडन्न, काश्यप बंधु, भिक्खुनी महाप्रजापति गौतमी, भिक्खुनी यशोधरा के अतिरिक्त और भी कई भिक्खु-भिक्खुणियों का परिनिर्वाण हो चुका था। बुद्ध की भी उम्र अस्सी वर्ष होने जा रही थी। बुढ़ापे के कारण बुद्ध का शरीर भी जर्जरित हो चला था लेकिन बुद्ध धम्मचारिका करते रहे। धम्मचारिका करते हुए वे राजगृह पहुंचे, राजगृह से नालन्दा गए, पातालिगाम (आधुनिक पटना) पहुंचे। वहां पर उनके ठहरने के लिए उपासकों ने एक अस्थायी विहार बनवाया था। यहां वे एक रात ठहरे और गृहस्थों की जिम्मेदारियों पर उपदेश दिए। वहां से वे वैशाली गए, आम्रवन में ठहरे। अगले दिन आम्रपाली ने भोजनदान के लिए बुलाया। भोजन के बाद उन्होंने सजगता, सचेतनता और ध्यान के बारे में उपदेश दिया।

महापरिनिर्वाण

भगवान बुद्ध वैशाली के चापाल चैत्य में विहार कर रहे थे। बुद्ध ने आनंद को कहा—तथागत तीन महीने बाद महापरिनिर्वाण को प्राप्त होंगे।[6]

आनंद ने प्रार्थना की कि बहुजनों के हित के लिए, बहुजनों के सुख के लिए, लोगों पर अनुकंपा करने के लिए एक कल्प तक और जीवित रहने की कृपा करें। भगवान ने आनंद को समझाते हुए कहा, 'सभी संस्कार अनित्य हैं। हमें अपने प्रियजनों

से बिछुड़ना ही पड़ता है क्योंकि जो कुछ भी उत्पन्न होता है, उसका नष्ट होना स्वाभाविक है।' तथागत ने महापरिनिर्वाण प्राप्त करने का निर्णय ले लिया है, अब वह बदला नहीं जा सकता।

वैशाली से बुद्ध बेलुवागाम पहुंचे। अगले दिन वैशालीराम विहार में बुद्ध ने भिक्खु संघ को संबोधित करते हुए कहा—तथागत ने उसी ज्ञान का उपदेश दिया है, जो मैंने स्वयं प्रत्यक्ष अनुभव किया है। तथागत ने कुछ भी सुनी-सुनाई बात के आधार पर नहीं कहा है। भिक्खुओं को भी इस ज्ञान का प्रत्यक्ष अनुभूति द्वारा साक्षात्कार करना चाहिए। उन्हें दूसरों के कल्याण के लिए दूसरों की भलाई के लिए जीना चाहिए।[7] अगले दिन भिक्षाटन के बाद वैशाली को निहारते हुए बुद्ध ने कहा, 'तथागत अंतिम बार वैशाली के दर्शन कर रहे हैं।' भगवान ने भिक्खुओं को संबोधित कर और वैशाली निवासियों को अपना भिक्षापात्र निशानी के रूप में भेंट कर कुशीनगर की ओर प्रस्थान किया।

बुद्ध अब धीरे-धीरे बड़े शहरों की बजाए छोटे कस्बों और गांवों की तरफ उन्मुख होते जा रहे थे जहां अत्यधिक शान्ति हो। वैशाली के निकट बेलुवागाम में बुद्ध की तबियत खराब हो गई, आनंद घबरा गए। लेकिन शीघ्र ही वे स्वस्थ हो गए। बुद्ध ने आनंद को समझाया कि वे अस्सी वर्ष के होने वाले हैं। बुद्ध ने कहा कि उन्हें जो भी भिक्खु संघ को उपदेश देने थे, वे दे चुके हैं। उनके जीवन का लक्ष्य पूरा हो चुका है। इसको अब बहुत देखभाल के साथ ही चलाए रखा जा सकता है। उन्होंने कहा, 'आनंद अपने दीप स्वयं बनो (अत्त दीप भव), अपनी शरण स्वयं बनो, किसी अन्य की शरण नहीं। धम्म और केवल धम्म ही सबका शरणस्थल है। भिक्खु संघ अपने आप में सक्षम है, उसे किसी केंद्रीय सत्ता की आवश्यकता नहीं है।'

वहां से वे भांडागाम पहुंचे और भिक्खुओं को संबोधित किया। वहां से हाथीगाम, अम्बागाम, जम्बूगाम, और भोगनागाम होते हुए पावा पहुंचे और चुन्द सुनार के बगीचे में ठहरे। चुन्द ने अत्यंत श्रद्धापूर्वक भगवान बुद्ध को भोजन के लिए आमंत्रित किया। चन्दन के काष्ठफूलों द्वारा तैयार किया गया सुकरमाद्‌व भारी और गरिष्ठ था, जो भगवान के बूढ़े और रोगी शरीर के लिए अपच्य साबित हुआ। उन्हें पेचिस होने लगी। असह्य पीड़ा होने लगी। भगवान लेट गए। पीड़ा को समताभाव से सहते हुए आनंद से बोले कि जब चुन्द को पता चलेगा कि उसके भोजन के कारण भगवान को शरीर त्यागना पड़ा तो वह दुःखी हो जायेगा। लोगों के ताने सुनकर तो और भी व्याकुल हो जाएगा। इस चिंतन मात्र से महान कारुणिक का करुण हृदय द्रवित हो उठा और उन्होंने आनंद से कहा, ''आनंद! ध्यान रखना, उस श्रद्धालु उपासक चुन्द के मन में किसी प्रकार की दुश्चिंता जागने न पावे। मेरे कारण वह दुःखी होने न पावे। उसे समझाना कि तुम्हारा यह भोजनदान तुम्हारे लिए पाप नहीं, बल्कि पुण्य का कारण बना है। जिस भोजन को ग्रहण कर तथागत ने पापी मार पर विजय प्राप्त की और सम्यक् संबोधि पाई, सुजाता की खीर का वह भोजन-दान जैसे सुजाता के लिए असीम पुण्य का कारण बना, वैसे ही तुम्हारे इस भोजन को ग्रहण कर तथागत अनुपादिशेष-निर्वाण धातु को प्राप्त हुए हैं, सदा के लिए मृत्युराज मार के चंगुल से मुक्त हुए हैं,

अतः तुम्हारा यह भोजन भी सुजाता की खीर से कम पुण्यदायी नहीं है, कम फलदायी नहीं है। आनंद! ऐसा कहकर चुन्द के मन की उदासी दूर करना। उसे उत्साहित करना।''[8]

वैशाख पूर्णिमा के दिन भगवान बुद्ध भिक्खु संघ के साथ कुशीनगर के नजदीक मल्लों के सालवन में पहुंचे। आनंद ने दो सालवृक्षों के बीच बिस्तर बिछा दिया और भगवान उत्तर दिशा की ओर मुंह किए लेट गए। आनंद ने नगर में खबर कर दी कि रात के तीसरे पहर में तथागत महापरिनिर्वाण को प्राप्त होंगे। दर्शनार्थियों का तांता लग गया। उसी समय सुभद्र नाम का परिव्राजक आनंद के पास आया और बुद्ध से धम्मदीक्षा की जिद करने लगा। आनंद ने उसको कहा कि तथागत थके हैं, विश्राम कर रहे हैं। बुद्ध ने उनका वार्तालाप सुन लिया और सुभद्र को अपने पास बुलाकर धम्म दीक्षा दी।

आनंद के पूछने पर कि महापरिनिर्वाण के लिए उन्होंने कुशीनगर ही क्यों चुना, भगवान बुद्ध ने बताया कि किसी समय वहां महासुदर्शन राजा की राजधानी थी और उस नगरी का नाम केशवती था।

भिक्खुओं को अंतिम बार संबोधित करते हुए भगवान बुद्ध ने कहा :

वयधम्मा संखारा, अप्पमादेन सम्पादेथ[9]

(भिक्खुओ ! सुनो, सारे संखार व्ययधर्मा हैं, मरणधर्मा हैं, नष्टधर्मा हैं। जितनी भी संस्कृत अर्थात् निर्मित वस्तुएं हैं, व्यक्ति हैं, घटनाएं हैं, स्थितियां हैं, वे सब नश्वर हैं, भंगुर हैं, मरणशील हैं, परिवर्तनशील हैं। यही प्रकृति का कठोर सत्य है। प्रमाद से बचते हुए, आलस्य से दूर रहते हुए, सतत् सचेत और जागरूक रहते हुए, प्रकृति के इस सत्य का संपादन करते रहो! इस सत्य में स्थित रहकर अपना कल्याण साधते रहो!)

यह अंतिम उपदेश देकर वैशाख पूर्णिमा की रात के तीसरे पहर में 483 ई.पू. को तथागत महापरिनिर्वाण को प्राप्त हुए।

निर्वाण वह अवस्था है जहां न तो पृथ्वी है, न पानी, न प्रकाश है, न हवा, न तो अंतरिक्ष है, न ही आकाश, न तो शून्य है, न ही अशून्य है, न तो यह लोक है, न ही अन्य लोक, ये सूर्य और चंद्र दोनों हैं, यह इन्द्रियातीत अवस्था है।[10] जैसे दीपक की लौ उठकर बुझ जाने के बाद चली जाती है, वैसे ही महापरिनिर्वाण प्राप्त कर बुद्ध चले जाते हैं।

सुगंधियों, फूलों, मालाओं द्वारा पूजा करते हुए और बाजे-नगाड़ों, नृत्य गीतों द्वारा सात दिन तक तथागत की मृतदेह का सम्मान होता रहा और सातवें दिन अग्निदाह किया गया। अस्थि धातुओं, अवशेषों को आठ भागों में बांटकर कुशीनगर के मल्लों, मगधनरेश अजातशत्रु, वैशाली के लिच्छवियों, कपिलवस्तु के शाक्यों, अल्लकप्प के वल्लियों, रामगाम के कोलियों, वेठा तथा पावा के मल्लों में बांट दिया गया और हर जनपद में उन अस्थि धातुओं पर स्तूप बनाए गए। द्रोण ब्राह्मण ने अस्थिकलश पर स्तूप बनवाया और पिप्लीवन के मौर्यों ने चिता के बचे अंगारों पर।

धम्म ही उत्तराधिकारी

भगवान बुद्ध ने अपने धम्म शासन में अपने लिए कोई विशेष स्थान सुरक्षित नहीं रखा था। भगवान बुद्ध अपने धम्म से सर्वथा पृथक थे। उनका अपना स्थान था, धम्म का अपना। भगवान बुद्ध ने किसी को अपना उत्तराधिकारी बनाने से इनकार किया, यह भी इस बात का प्रमाण है कि वह अपने धम्म शासन में अपने लिए कोई स्थान सुरक्षित रखना नहीं चाहते थे। उनका उपदेश था—धम्म ही धम्म का उत्तराधिकारी है।

बहुत से धर्म इल्हामी धर्म माने जाते हैं। बुद्ध का धम्म इल्हामी धर्म नहीं है। बुद्ध ने कभी भी अपने को खुदा का पैगंबर होने का दावा नहीं किया, यदि कभी किसी ने ऐसा समझा तो भगवान बुद्ध ने उसका खण्डन किंया। भगवान बुद्ध का धम्म एक आविष्कार है, एक खोज है। पृथ्वी पर जो मानवीय जीवन है, उसके गंभीर अध्ययन का परिणाम है धम्म और जिन स्वाभाविक प्रवृत्तियों को लेकर आदमी ने जन्म ग्रहण किया है, उन्हें पूरी तरह समझ लेने का परिणाम है और साथ ही उन प्रवृत्तियों को भी, जिन्हें आदमी के इतिहास ने जन्म दिया है और जो अब उसके विनाश का कारण बनी हुई हैं।

कुछ लोग प्रचारित करते हैं कि बुद्ध का धम्म दुःखवादी है और अगर सभी निर्वाण-प्राप्ति में लग जाएंगे तो भौतिक उन्नति नहीं होगी, लोग मेहनत नहीं करेंगे इत्यादि...इत्यादि। यह मिथ्यापरक बातें हैं। वास्तविकता यह है कि बुद्ध के उपदेशों का उद्देश्य मानवीय चेतना को सुधारना और परिष्कृत करना था। दुःख और क्लेश से तड़पते मानवीय जीवन को सुख और शांति का मार्ग दिखाना था।

स्वयं भगवान बुद्ध बुद्धत्व-प्राप्ति के बाद 45 वर्षों तक लगातार गांव-गांव, नगर-नगर घूम-घूमकर धम्मचारिका करते हुए लोकसेवा करते और लाखों-करोड़ों लोगों को विकार-विमुक्त जीवन जीने की विपस्सना विधि का संदेश देते, उसका समुचित निर्देशन देते, रात को लगभग एक प्रहर शरीर को विश्राम देने के लिए लेटते, बाकी सारा समय असीम करुण चित्त से लोकसेवा ही लोकसेवा में लगे रहे। निर्वाण का साक्षात्कार कर सम्यक् सम्बुद्ध जब स्वयं लगातार लोकसेवा करते रहे तो उनके द्वारा बताए गए धम्ममार्ग पर चलने वाले लोग कैसे हतोत्साहित हो सकते हैं ?

भगवान बुद्ध केवल मार्गदाता थे। अपनी मुक्ति के लिए हर किसी को स्वयं अपने आप ही प्रयास करना होता है। हमें स्वयं अपने श्रम से तरना होता है, मुक्त होना होता है, कोई तथागत बड़े प्यार से मार्ग आख्यात करता है, मार्ग-निर्देशन करता है, रास्ते पर चलते हुए मुक्त स्वयं होना पड़ता है। इसका सबसे महत्वपूर्ण उदाहरण हैं भगवान बुद्ध के सबसे निकटस्थ रहे उनके शिष्य आनंद। न जाने कितने ही लोग आनंद द्वारा यह विद्या सीखकर अर्हत हुए थे, लेकिन वे स्वयं अर्हत नहीं हुए थे, सिर्फ श्रोतापण्ण थे, क्योंकि वे भगवान की सेवा में रहने के कारण अभ्यास नहीं कर पाए थे। बुद्ध के महापरिनिर्वाण के बाद ही वे स्वयं उस मार्ग पर चले और अर्हत पद को प्राप्त किया। इससे यह स्पष्ट होगा कि कोई बुद्ध भी किसी व्यक्ति को मुक्त नहीं कर सकता, न

ही सिर्फ ज्ञान मुक्त कर सकता है। उस ज्ञान के अनुसार चलने पर, उस मार्ग पर चलने पर ही मुक्ति संभव है।

सिद्धार्थ गौतम स्वयं चार असंखेय और एक लाख कल्पों तक अपनी पारमिताओं को परिपूर्ण कर सम्यक् सम्बुद्ध हुए। किसी आकस्मिक चमत्कार से वे बुद्ध नहीं हुए थे।

भारत आदिकाल से ही बुद्धों की भूमि रही है। मोहनजोदड़ो-हड़प्पा सभ्यता के समय भी श्रमण संस्कृति फल-फूल रही थी।[11] गौतम बुद्ध के पूर्व अनेक बुद्ध हो चुके हैं। उनमें से 27 बुद्धों के नाम ही मिलते हैं। गौतम बुद्ध 28वें बुद्ध थे। 28 बुद्धों के नाम[12] इस प्रकार हैं :

(1) थनाहंकारा	(2) मेधंकारा	(3) सारांकारा	(4) दीपङ्कर
(5) कोण्डञ्ञ	(6) मङ्गल	(7) सुमन	(8) रेवत
(9) सोभित	(10) अनोमादस्सी	(11) पदुम	(12) नारद
(13) पदुमुत्तर	(14) सुमेध	(15) सुजात	(16) पियदस्सी
(17) अत्थदस्सी	(18) धम्मदस्सी	(19) सिद्धत्थ	(20) तिस्स
(21) फुस्स	(22) विपस्सी	(23) सिखी	(24) वेस्सभू
(25) ककुसन्ध	(26) कोणागमन	(27) कस्सप	(28) गोतम

बुद्धवंश में चौबीस बुद्धों की जीवनियों पर विस्तारपूर्वक प्रकाश डाला गया है। महापदान सुत्त में बुद्ध ने स्वयं अपने पूर्व के सात बुद्धों के जीवन के बारे में और विपस्सी बुद्ध की पूरी जीवनी के बारे में उपदेश दिया है।[13] बुद्ध वंदना भी इस तरह है :

ये च बुद्धा अतीत च, ये च बुद्धा अनागता।
पच्चुप्पन्ना च ये बुद्धा, अहं वन्दामि सब्बदा ।।2।।

(ऐसे गुणसंपन्न बुद्ध जो पहले हो चुके हैं, जो भविष्य में होंगे और जो वर्तमान समय में विद्यमान हैं, ऐसे सभी तथागत बुद्धों को मैं वंदन (नमस्कार) करता हूं।)

भगवान बुद्ध श्रमण परंपरा के थे। अपने श्रम द्वारा कोई भी व्यक्ति उस अवस्था को प्राप्त कर सकता है। भगवान बुद्ध की सबसे महत्त्वपूर्ण देन यह है कि उन्होंने विश्व को दिखाया कि वे स्वयं भी अन्य लोगों की ही तरह एक गृहस्थ थे। वे कहीं से अवतरित नहीं हुए थे। उनका जन्म, विवाह, गृहस्थ जीवन सामान्य और प्राकृतिक था। उन्होंने सिखाया कि कैसे एक सामान्य व्यक्ति भी अपनी मेहनत, त्याग, दृढ़ निश्चय और दस पारिमिताओं को पूरा कर उच्च से उच्चतम अवस्था को पहुंच सकता है, वह विपस्सना साधना द्वारा बुद्धत्व जैसी सर्वोच्च अवस्था को प्राप्त हो सकता है। इसके लिए किसी वरदान या किसी दैवी शक्ति के आशीर्वाद की आवश्यकता नहीं है।

कुछ लेखकों ने जनमानस में यह विश्वास फैलाया कि देवों की त्रिमूर्ति—ब्रह्मा, विष्णु और महेश, में से दूसरे देव विष्णु तब-तब पुनः अवतार लेते हैं जब-जब मानवता पर संकट आता है। यह परंपरा कितनी पुरानी है यह बताना मुश्किल है, क्योंकि वैदिक सहित्य में भी पुनर्जन्म के सिद्धांत की कब उत्पत्ति हुई, इसका सटीक अनुमान लगाना

मुश्किल है। दिवंगत धर्मानंद कोसाम्वी का कहना है कि यह बालादित्य (ईसवी सन् 467) के बाद बनाया गया।[14] आधुनिक इतिहासकारों का कहना है कि अवतारवाद का सिद्धांत चौथी से छठी सदी में विकसित किया गया। विष्णु के दशावतार का शिलालेखों के रूप में प्रारंभिक संदर्भ तमिलनाडु के मामलापुरम के आदिवराह गुफा मंदिर के पल्लव ग्रन्थ शिलालेख में मिलता है। दशावतार का यह शिलालेख सातवीं सदी का है। इस शिलालेख में दस अवतार की तालिका मत्स्यपुराण से हूबहू मिलती है। ये हैं—मत्स्य अर्थात् मछली, कुर्म अर्थात् कछुआ, वराह अर्थात् सुअर, नरसिंह अर्थात् अर्द्धमानव-अर्द्धपशु, वामन अर्थात् बौना, परशुराम, राम, कृष्ण, बुद्ध और कलकी, जिन्हें अगले अवतार के रूप में आना है।

समय-समय पर विष्णु के अवतार लेने के इस सिद्धांत को बौद्ध पूरी तरह नकारते हैं। दरअसल बौद्ध धम्म अवतारवाद की परिकल्पना को ही नकारता है।

बौद्ध अनुयायी इस सिद्धांत को सिरे से नकारते हैं कि बुद्ध विष्णु के एक अवतार थे, और यह तथ्यपरक है। भगवान बुद्ध ने स्वयं ही अवतार के सिद्धांत को नकारा था। बुद्धत्व-प्राप्ति के बाद उन्होंने यह उल्हास भरी घोषणा की थी, 'अयं अन्तिमा जाति'—यह मेरा अंतिम जन्म है, 'नत्थिदानि पुनब्भवोति'[15]—अब मेरा पुनर्जन्म नहीं होगा। ऐसे में कोई बुद्ध का अनुयायी कैसे उनके पुनर्जन्म की बात को स्वीकार कर सकता है?

इस तथ्य के बावजूद कि बौद्ध बुद्ध को विष्णु का अवतार नहीं मानते हैं, आखिर क्यों उन्हें विष्णु का अवतार प्रचारित किया गया? डॉ. एम. एल. जोशी के अनुसार बुद्ध को विष्णु के अवतार के रूप में प्रचारित करने का सटीक कारण यह है कि बुद्ध का व्यक्तित्त्व इतना महान था कि उसे नजरअंदाज करना किसी भी सूरत में संभव नहीं था। जोशी के अनुसार, ''बुद्ध की भारतीय जनमानस में इतनी गहरी पैठ है कि पूरे देश में असंख्य विहारों के हजारों स्तंभों, दीवारों और दरवाजों पर उत्कीर्ण की गई उनकी शिक्षाएं लगभग न समाप्त होने वाले पाली और संस्कृत साहित्य के अकूत खजाने के माध्यम से फैलाकर लोकप्रिय की गईं, अनेक राजाओं और महान चिंतकों ने उनकी युक्तिवादी व मानवतावादी मिशन को अत्यधिक ससम्मान अपनाया, असंख्य भारतीय सदियों से उनकी प्रशंसा का गुणगान करते आ रहे हैं, वह सचमुच इतने महान थे जिनकी उपेक्षा नहीं की जा सकती थी।'' बुद्ध का महान व्यक्तित्व भारत में ही नहीं बल्कि विदेशों में भी करोड़ों-करोड़ों लोगों को प्रभावित कर चुका था। आचार्य रजनीश कहते हैं—'भारत के किसी व्यक्ति ने दुनिया के लोगों को इतना प्रभावित नहीं किया जितना कि बुद्ध ने। अगर संपूर्ण एशिया के लोग चाहे जापान हो या कोरिया, थाईलैंड हो या सिंगापुर, श्रीलंका हो या चीन, बर्मा हो या तिब्बत, ताईवान हो या सिंगापुर, इनके निवासी और यूरोप और अमेरिका के लोग भारत की तरफ आदर से देखते हैं और भारत को पुण्य भूमि मानते हैं तो उसमें आधे से ज्यादा योगदान बुद्ध और उनकी शिक्षाओं का है। पूरे विश्व के करोड़ों बौद्धों के मन में एक जो अभिलाषा रहती है कि कभी बोधगया, सारनाथ, श्रावस्ती, कुशीनगर के दर्शन हो जाएं, वह बुद्ध के

कारण है। ऐसे में बुद्ध को नकारना तो अपने पैरों पर कुल्हाड़ी मारना होता क्योंकि फिर बुद्ध के नाम पर मिलने वाला दान कैसे मिलता, इसलिए बुद्ध को नकारना तो असंभव था। इसलिए कोशिश यह की गई कि बुद्ध को तो स्वीकार कर लो लेकिन उनकी शिक्षाओं को नकार दो, क्योंकि अगर उनकी शिक्षाएं नहीं नकारी गईं तो पूजा-पाठ, कर्मकांड बंद हो जाएंगे और उससे होने वाली आमदनी भी बंद हो जाएगी। इसलिए एक व्यावहारिक तरीका यह ढूंढ़ा गया कि बुद्ध को विष्णु का ही अवतार घोषित कर दिया जाए लेकिन उनकी शिक्षाओं को पूरी तरह नकार दिया जाए। और यह अवतार भी पुराणों और अन्य शास्त्रों तक ही सीमित रखा जाए। व्यावहारिक जीवन में न तो मंदिरों में बुद्ध की मूर्ति लगाई जाए और न ही बुद्ध की पूजा-अर्चना की जाए।'[16]

बुद्ध को अवतार मानने की बात सबसे पहले संभवतः छठी सदी के दौरान मत्स्यपुराण में की गई, मत्स्यपुराण का एक चरण 700 ईसवीं में महाबलीपुरम में, पल्लव स्मारको में उत्कीर्ण हैं। मत्स्य पुराण(285,6—7) में लिखा है :

'मत्स्यकुर्मो वराहस्का नरसिम्हो था वामाहह।
रामो रामस क्रष्नास्का बुद्धाह कलकी दूति का कर्मत।।'

लगभग इसी प्रकार का एक चरण वाराहपुराण (iv—2) में भी है। अपारकी ने याज्ञवल्क्य स्मृति पर अपनी टिप्पणी में उपरोक्त चरण (आनंद आश्रम, पृष्ठ 338) उद्धृत किया है। एलोरा के गुफा-मंदिरों में एक दसावतार गुफा है। वराहमिहिर ने बुद्ध के गुणों और कद्दावर छवि का उल्लेख किया है (बृहत् संहिता, 57|4)। क्षेमेन्द्र ने अपने दशावतार चरित्र (1|2) में बुद्ध को दस अवतारों में सुगतमुनि के रूप में शामिल किया है। बुद्ध अवतार का माघ (शिशुपालवध xv*58) ने भी उल्लेख किया है।

नॉरमन कौसिंस लिखते हैं कि बौद्ध धर्म का निर्माण होने पर हिन्दू धर्म ने उसके साथ होड़ नहीं लगाई, बल्कि उसे सोख लिया।[17] बुद्ध को अवतार के रूप में शामिल करने का मुख्य उद्देश्य बौद्ध धम्म को अवशोषित (सोख) कर उसका ब्राह्मणीकरण करना था, जिसे ब्राह्मण विरोध करके भी दबा नहीं पाए। बुद्ध को अवतार के रूप में स्थापित करने का काम एक राजनीतिक चाल के तहत किया गया, यह इस बात से स्वयं प्रमाणित हो जाता है कि पुराणों और अन्य धर्मग्रंथों में निरंतर बुद्ध और बौद्ध धम्म के प्रति एक विरोधात्मक एवं विद्रोहात्मक स्वर देखने को मिलता है, उदाहरण के तौर पर :

(क) याज्ञवल्क्य ने घोषणा की कि सपने तक में किसी बौद्ध संन्यासी का दर्शन पाप है और इससे बचने का प्रयास करना चाहिए।

(ख) ब्रह्मपुराण में यह लिखा गया है कि अत्यधिक संकट आ जाने पर भी ब्राह्मण को किसी बौद्ध के घर में नहीं जाना चाहिए क्योंकि इससे वह महापाप का भागी होगा।

(ग) अग्नि पुराण में उल्लेख है कि शुद्धोदन के पुत्र (बुद्ध) ने दैत्यों को बौद्ध बनने के लिए बहकाया।

(घ) विष्णु पुराण बुद्ध को महाप्रलोभनकारी घोषित करते हुए कहता है कि वह 'महामोह' है जो राक्षसों को छलने के लिए संसार में आया है।

(ङ) भविष्य पुराण में बुद्ध को असुर (राक्षस) कहा गया है :

बलिना प्रेषितो भूमौ, मयः प्राप्तो महासुरः।
शाक्यसिंह गुरुर्गेयो, बहुमाया प्रवर्तकः ।।30।।
स नाम्ना गौतमाचार्या, दैत्य पक्ष विवर्धकः।
सर्व तीर्थेषु तेनेव, यंत्राणि स्थापितानि वै ।।31।।
तेषामधोगता येतु, बौद्धाश्चासंसमन्ततः ।
शिखा सूत्र विहीनाश्च, बभूवूर्वर्णसंकरा ।।32।।
दश कोट्य स्मृता आर्या; बूभवुर्बौद्ध मार्गिण : ।।33।।[18]

(बलि ने पृथ्वी पर एक माया प्रवर्तक महान असुर को भेजा जो शाक्यसिंह के नाम से विख्यात हुआ, उसे गौतम आचार्य भी कहते थे। वह दैत्यों के पक्ष को बढ़ाने वाला था। उसने सभी तीर्थों में अपनी संस्था स्थापित की। जो लोग उसके मतानुयायी बौद्ध बने वे चोटी व जनेऊ से हीन एवं नीच गति को प्राप्त होकर वर्णसंकर हो गए। दस करोड़ आर्य बौद्ध मार्ग के अनुगामी हो गए।)

(च) वाल्मिकी रामायण में कहा गया है :

यथा हि चोरः स तथा हि बुद्धस्तथागतं नास्तिकमत्र विद्धि।
तस्माद्धि यः शक्यतमः प्रजानां स नास्तिके नाभिमुखा बुधः स्यात।।[19]

(जैसे चोर (डाकू) दंडनीय होता है, उसी प्रकार (वेदविरोधी) बुद्ध (बौद्धमतावलंबी) भी दंडनीय है। तथागत (नास्तिक विशेष) और (चार्वाक सदृश) अन्य नास्तिकों को भी यहां इसी कोटि में समझना चाहिए। इसलिए प्रजा पर अनुग्रह करने के लिए राजा द्वारा जिस नास्तिक को दंड दिया जा सके, उसे तो चोर के समान दंड दिलाया जाय, परंतु जो वश के बाहर हो, उस नास्तिक के प्रति विद्वान ब्राह्मण कभी उन्मुख न हो, उससे वार्तालाप न करे।)

बुद्ध को अवतारों की श्रेणी में रखने के पीछे की दुर्भावनापूर्ण सोच इस बात से भी स्पष्ट होती है कि अबौद्धों ने उनके सम्मान में किसी मंदिर का निर्माण नहीं कराया, तार्किक दृष्टि से भी बुद्ध को विष्णु का अवतार मानने का सिद्धांत दुर्भावनापूर्ण है। अगर बुद्ध को श्रद्धावश विष्णु का अवतार माना गया होता तो यह कैसे संभव है कि कश्मीर से लेकर कन्याकुमारी तक और कच्छ से लेकर कलकत्ता तक हजारों हिन्दू मंदिरों में से किसी में भी भगवान बुद्ध की मूर्ति नहीं होती?

दुबारा जन्म लेने से मुक्त होने की दृढ़ विश्वास संपन्न कोई बौद्ध पुनर्जन्म की अवधारणा से कैसे तालमेल बिठा सकता है? पुनर्जन्म की अवधारणा के पीछे जितना भी महत्त्वपूर्ण उद्देश्य क्यों न हो, आखिरकार वह पुनर्जन्म ही है। दरअसल भगवान बुद्ध को विष्णु का अवतार कहना बुद्धत्व-प्राप्ति की ही नकारना होगा, क्योंकि बुद्ध का अर्थ ही होता है कि जन्म-मरण के संसारचक्र से पूरी तरह मुक्त हो जाना। अगर कोई दुबारा जन्म लेता है, तो फिर बुद्ध कैसे हुआ? इसलिए बुद्ध को अवतार बताना उनके बुद्धत्व को नकारना है। डॉ. भीमराव आम्बेडकर ने जोर देकर कहा कि यह कहना गलत और धूर्ततापूर्ण है कि बुद्ध विष्णु के अवतार थे।

अब इस भूल को सुधारने की कोशिश की जा रही है। विपस्सना के प्रधान शिक्षक श्री एस. एन. गोयनका और कांची कामकोटि पीठ के शंकराचार्य जयेन्द्र सरस्वती ने 12 नवंबर, 1999 को सारनाथ में संयुक्त रूप से घोषणा कि बुद्ध विष्णु के अवतार नहीं थे। कांची कामकोटि पीठ के शंकराचार्य श्री जयेंद्र सरस्वतीजी और विपश्यनाचार्य गुरुजी श्री सत्यनारायण गोयनकाजी की सौहार्दपूर्ण वार्तालाप की संयुक्त प्रेस विज्ञप्ति के अंश यहां उद्धृत हैं : ''दोनों इस बात से सहमत हैं और चाहते हैं कि दोनों प्राचीन परंपराओं में अत्यंत स्नेहपूर्वक वातावरण स्थापित रहे। इसे लेकर जिन पड़ोसी देशों के बंधुओं में किसी कारण किसी प्रकार की गलतफहमी पैदा हुई हो, उसका शीघ्रातिशीघ्र निराकरण हो। इस संबंध में निम्न बातों पर सहमति हुई : (1) किसी भी कारण से पूर्वकाल में पारस्परिक मतभेदों को लेकर जो भी साहित्य निर्माण हुआ, जिसमें भगवान बुद्ध को विष्णु का अवतार बताकर जो कुछ लिखा गया, वह पड़ोसी देश के बंधुओं को अप्रिय लगा, इसे हम समझते हैं। इसलिए दोनों समुदायों के पारस्परिक संबंधों को पुनः स्नेहपूर्वक बनाने के लिए हम निर्णय करते हैं कि भूतकाल में जो हुआ, उसे भुलाकर अब हमें इस प्रकार की किसी मान्यता को बढ़ावा नहीं देना चाहिए।''[20]

इस अध्याय को समाप्त करने से पहले एक विषय पर अवश्य रोशनी डालना चाहूंगा। बहुत-से लोग पूछते हैं कि गौतम बुद्ध को भगवान बुद्ध क्यों कहा जाता है? कुछ लोग उन्हें महात्मा बुद्ध कहते हैं। उनका प्रश्न होता है कि गौतम बुद्ध तो भगवान (ईश्वर) को मानते ही नहीं थे तो फिर उनके नाम के आगे भगवान क्यों लिखा जाता है? इस प्रश्न का निराकरण आवश्यक है।

''आज की बोलचाल की भाषा में भगवान का अर्थ होता है—ईश्वर या परमात्मा, इस सृष्टि का निर्माण करने वाला, इसका पालन करने वाला और इसका संहार करने वाला। ईश्वर यानी वह जो संसार का मालिक है, जिसकी पूजा करने से, जिसका भजन गाने से, जिसका नाम जपने से, जिसका ध्यान करने से वह प्रसन्न हो जाता है और भक्तों के पापों को क्षमा कर, उन्हें भवसागर से तार देने का दावा करता है। यदि बुद्ध के लिए प्रयुक्त भगवान शब्द को ऐसे किसी अर्थ में मान लिया गया, तो गलत होगा। बुद्ध और उनकी शिक्षा का अवमूल्यन हो जाएगा, क्योंकि उनकी शिक्षा को भलीभांति समझकर ही कहा गया है :

न हेत्थ देवो ब्रह्मा वा, संसारस्सत्थिक्कारकी !
सुद्धधम्मा पवत्तन्ति, हेतुसम्भारपच्चया ।।

(विसुद्धि 2।689, पच्चयपरिग्गहकथा)

(संसार का निर्माण करने वाला न कोई देव है न ब्रह्मा। हेतु-प्रत्यय यानी कारणों पर आधारित मात्र शुद्ध धर्म प्रवर्तित हो रहे हैं।)

संसार चक्र को इस स्पष्टता से समझने और समझाने वाले महापुरुष को हम संसार का निर्माता ईश्वर मान लेंगे तो वास्तविक 'भगवान' शब्द को दूषित कर लेंगे। परवर्ती पौराणिक काल में भगवान को इस अर्थ में माना जाने लगा कि वह किसी देवलोक का ऐसा समर्थ देवता है जो कि समय-समय पर इस पृथ्वी पर इस या उस रूप में

अवतरित होता है यानी जन्म लेता है और साधु-सज्जनों का परित्राण तथा दुष्ट-दुर्जनों का विनाश करता है और जो उसकी शरण ग्रहण कर ले, उसे सारे पापों से मुक्त कर देने का दावा करता है। बुद्ध को ऐसा ईश्वरावतार मान लेना, उनके प्रति तथा उनकी शिक्षा के प्रति नितांत अज्ञानता का प्रदर्शन होगा...

भव-भ्रमण से स्वयं नितांत विमुक्त हुए तथा भव-भ्रमण में पड़े हुए अन्य लोगों को नितांत भव-विमुक्त हो सकने की शिक्षा देने वाले बुद्ध की सायुज्जता, सारूप्यता और तादात्म्यता बार-बार जन्म लेने वाले भव-भ्रमण में पड़े हुए किसी ईश्वर नामधारी देवता से की जाए तो यह बुद्ध और उनकी शिक्षा के प्रति नितांत अज्ञानता ही मानी जाएगी। और फिर ऐसा ईश्वर जिसकी शरण ग्रहण कर लेने मात्र से वह अपने भक्त को सारे पापों से मुक्त कर देने का दावा करे, ऐसी मान्यता बुद्ध की शिक्षा के विपरीत है। वे तो डंके की चोट पर कहते हैं कि :

'तुम्हेहि किच्चमातप्पं, अक्खातारो तथागता।' (धम्मपद 276, मग्गवग्ग)

(मैं तो मार्ग आख्यात करता हूं, तुम्हारी मुक्ति के लिए तपना तो तुम्हें ही पड़ेगा।)

ऐसे मार्ग-आख्याता तथागत को तारक-ब्रह्म के अर्थ वाला भगवान मान लें, तो 'भगवान' शब्द के अर्थ का अनर्थ हो जाएगा। इसलिए समझें—किस अर्थ में भगवान? :

'भगवाति, गारवाधिवचनं'—भगवान शब्द गौरव व गरिमा का पर्यायवाची है। गौरव, गरिमायुक्त होने के कारण गौतम बुद्ध 'भगवान' कहलाए।

'भग्गरागोति भगवा'—राग भग्न कर लिया, इस माने में भगवान।

'भग्गदोसोति भगवा'—द्वेष भग्न कर लिया, इस माने में भगवान।

वीतराग और वीतद्वेष तो आठों ध्यान समापत्तियों से संपन्न व्यक्ति भी हो सकता है, जो कि मैत्री, करुणा, मुदिता और उपेक्षा के ब्रह्मविहार का जीवन जीता है। लेकिन इससे अधिक महत्त्वपूर्ण है—वीतमोह होना, क्योंकि वीतराग, वीतद्वेष होते हुए भी किसी काल्पनिक मिथ्या मान्यता में उलझा हुआ, आत्मभाव में लिपटा हुआ, मोहग्रस्त व्यक्ति भवमुक्त नहीं होता। अतः मोह का नष्ट होना नितांत अनिवार्य है। इसलिए कहा :

'भग्गमोहोति भगवा'—मोह भग्न कर लिया, इस माने में भगवान।

'भग्गमानोति भगवा'—अभिमान नष्ट कर लिया, इस माने में भगवान।

'भग्गदिट्ठीति भगवा'—दार्शनिक मान्यताओं को भग्न कर लिया, इस माने में भगवान।

'भग्गकण्डकोति भगवा'—कंटक भग्न कर लिया, इस माने में भगवान।

'भग्गकिलेसोति भगवा'—क्लेश, काषाय भग्न कर लिये, इस माने में भगवान।

'भजि विभजि पविभजि धम्मरतनन्ति भगवा'—'भजि' यानी जिसने धर्म रत्न का भजन किया, यानी सेवन किया, इस माने में भगवान।

आज की हिन्दी में 'भजन' शब्द का अर्थ बदल गया। आज यह कीर्तन का पर्यायवाची बन गया है। उन दिनों की जनभाषा में इसका अर्थ सेवन करना अर्थात संगति करना था। 'भजि' विभाजन करने के अर्थ में भी प्रयुक्त होता था। इस माने में भी कहा गया :

भजि, विभजि, पविभजि यानी जिसने एक शोधकर्ता वैज्ञानिक की भांति धर्मरत्न का विभाजन किया, भली प्रकार विभाजन किया, विभक्त किया, विघटन किया और यों विश्लेषण कर-करके उसे भली प्रकार जान लिया, इस माने में भगवान।

'भवानं अन्तकरोति भगवा'—अपने भव-संस्कारों का अंत कर निर्वाण तक पहुंचे, इस माने में भगवान।

'भावितकायो भावितसीलो भावितचित्तो भावितपञ्ञोति भगवा'—काया, शील, समाधि और प्रज्ञा की साधना भावित कर ली, इस माने में भगवान।

'भागी वा भगवा चतुन्नं झानानं चतुन्नं अप्पमञ्ञानं चतुन्नं अरूपसमापत्तीनन्ति भगवा'—चार सामान्य ध्यान, चार अप्रामाण्य (ब्रह्मविहार) ध्यान, चार अरूप ध्यान समापत्तियों के ऐश्वर्य के भागीदार हैं, इस माने में भगवान।

'भागी वा भगवा चतुन्नं सतिपट्ठानानं चतुन्नं सम्मप्पधानानं चतुन्नं इद्धिपादानं पञ्चन्नं इन्द्रियानं पञ्चन्नं बलानं सत्तन्नं बोज्झङ्गानं अरियस्स अट्ठङ्गिकस्स मग्गस्साति भगवा'—चार स्मृति-प्रस्थान, चार सम्यक प्रधान, चार ऋषिपाद, पांच इंद्रिय, पांच बल, सात बोध्यंग और आठ अंग वाला आर्य मार्ग—यों इन सैंतीस बोधिपक्षीय धर्मो के ऐश्वर्य के भागीदार हैं, इस माने में भगवान।

'भागी वा भगवा दसन्नं तथागतबलानं चतुन्नं वेसारज्जानं चतुन्नं पटिसम्भिदानं छन्नं अभिञ्ञानं छन्नं बुद्धधम्मानन्ति भगवा', (महानि। 149, महावियूहसुत्तनिदेश)—दस तथागत बल, चार वैशारद्य, चार प्रतिसंभिदा, छः अभिज्ञान और छः बुद्ध धर्म, यानी बुद्ध-गुणों के ऐश्वर्य के भागीदार हैं, इस माने में भगवान।

इन-इन विशेषताओं के अर्थ में बुद्ध को भगवान कहा जाता है, न कि ईश्वर या परमात्मा के अर्थ में।

...'विमोक्खन्तिकमेतं बुद्धानं भगवन्तानं बोधिया मूले सह सब्बञ्ञुतञ्ञाणस्स पटिलाभा सच्छिका पञ्ञत्ति यदिदं भगवा' (महानि। 149, महावियूहसुत्तनिदेश)

—बोधि वृक्ष के तले विमोक्ष की अंतिम अवस्था प्राप्त करते हुए भगवान बुद्ध ने सर्वज्ञता ज्ञान की प्राप्ति के साथ-साथ जिस शुद्धि का स्वयं साक्षात्कार किया, उसी की प्रज्ञप्ति भगवान नाम में साक्षात स्थापित हुई। इसी के कारण भगवान कहलाए।

'भाग्यवान', शील आदि कुशल कर्मों के फलस्वरूप हमें जो लौकिक सुख, ऐश्वर्य मिलता है, इससे हम भाग्यवान कहलाते हैं। परंतु वे इन लौकिक सुखों को पार कर गए और लोकोत्तर निर्वाण के परम सुख के भागीदार बने। इसलिए सामान्य लोगों की भांति भाग्यवान न कहलाकर भगवान कहलाए।''[21]

इन सब बातों को ही ध्यान में रखकर यह पालि सुत्त रचा गया :

इतिपि सो भगवा, अरहं, सम्मासम्बुद्धो,
विज्जाचरणसम्पन्नो सुगूतो लोकविदू,
अनुत्तरो पुरिस-दम्म-सारथी सत्था देवमनुस्सानं, बुद्धो भगवाति।

(ऐसे जो अर्हत हैं, सम्यक् सम्बुद्ध हैं, संपूर्ण जाग्रत हैं, लोभ, द्वेष और मोह से मुक्त ऐसे भगवान हैं, सर्वज्ञ हैं, ज्ञान और आचरण में परिपूर्ण हैं, सुगति प्राप्त हैं,

वर्तमान तथा भूत-भविष्य को जाननेवाले हैं, यथावादी तथाकारी, जैसा कहते हैं वैसा करते हैं और जैसा करते हैं वैसा ही कहते हैं, ऐसे आचरण वाले हैं, आदमी को लोभ, द्वेष और मोह से छुड़ाने वाले अप्रतिम सारथी हैं, देवता तथा मनुष्यों के शास्ता हैं, गुरु हैं, उपदेशक हैं, ऐसे मनुष्यों में अनुपम श्रेष्ठतम भगवान बुद्ध हैं।)

संक्षेप में कहें तो, 'भग्ग रागो, भग्ग द्वेषो, भग्ग मोहोति भगवा' अर्थात् जिसने अपने चित्त को राग-द्वेष और मोह से पूरी तरह मुक्त कर लिया, वह भगवान हो गया। भगवान वह जिसने भगवत्ता प्राप्त कर ली। यह एक उपलब्धि है जिसे दस पारमिताएं पूरी करके आर्य आष्टांगिक मार्ग पर चलकर, सम्यक् संबोधि प्राप्त कर हासिल किया जा सकता है। इसका अवतारवाद से कुछ लेना-देना नहीं है। बुद्ध ने स्वयं कहा था कि प्रत्येक इंसान के भीतर संबोधि का बीज मौजूद है और प्रत्येक इंसान में बुद्ध होने की संभावना होती है। इसलिए बुद्धत्व एक उपलब्धि है जिसे स्वयं हासिल करना पड़ता है। इसमें किसी की कृपा और अनुकम्पा के लिए कोई स्थान नहीं है।

भगवान बुद्ध पैंतालिस वर्षों तक अनन्त करुणा व मैत्री के साथ लोगों पर अनुकम्पा करके उन दिनों की जनभाषा, पालि में धम्म सिखाते रहे। उन्होंनें 82 हजार उपदेश दिए। उनके द्वारा उपदेशित धम्म का सार अगले अध्याय में दिया गया है।

तृतीय अध्याय

धम्म-सार

धम्म पालि भाषा का शब्द है, जिसका अर्थ होता है प्रकृति के नियमों के अनुसार जीवन जीना। जो इंसान प्रकृति के नियमों के अनुसार जीवन-यापन करेगा, वह स्वस्थ और प्रसन्न रहेगा। जो प्रकृति के नियमों के विपरीत जीवन-यापन करेगा, उसका व्याकुल, अशांत, अस्वस्थ रहना स्वाभाविक है। प्रकृति के नियमों के अनुसार जीवन जीना शील और सदाचार का जीवन कहलाता है और इसके विपरीत जीवन जीना दुराचार का जीवन कहलाता है। प्रकृति कुशल कर्मों के लिए मन की शांति देकर पुरस्कृत करती है और अकुशल कर्मों के लिए हमको अशान्त कर दण्डित करती है। मन, वाणी और शरीर द्वारा किए गए काम जिससे स्वयं का या दूसरों का किसी तरह का कोई नुकसान हो, स्वयं को या दूसरों को दुःख हो, अकुशल कर्म या पाप कर्म कहलाते हैं। मन-वाणी और शरीर द्वारा किए गए ऐसे कार्य जिनसे स्वयं या दूसरों को शान्ति व खुशी मिलती हो, कल्याण होता हो, कुशल या पुण्य कर्म कहलाते हैं।

बुद्ध का अर्थ है परम सत्य का साक्षात्कार करने वाला, बोधि या बुद्धत्व अर्थात् उच्चतम ज्ञान प्राप्त करना। एक ऐसा इंसान 'जो समस्त ज्ञेय पदार्थों को जान, परमसत्य का साक्षात्कार कर, स्वयं शुद्ध एवं विमुक्त हो, दूसरों के लिए विमुक्ति-पथ का प्रदर्शन करता है, देवता तथा मनुष्यों में श्रेष्ठ होता है, बुद्ध कहलाता है। यह किसी व्यक्ति का जातिगत या वंशगत नाम नहीं है, वरन् एक विशिष्ट उपलब्धि-विषयक नाम है।'[1] 'बुद्ध मनुष्य के चरम विकास के प्रतीक होते हैं। मनुष्य लोक में बुद्ध का प्रादुर्भाव एक दुर्लभ घटना है।'[2] बुद्ध दो प्रकार के होते हैं, पच्चेक बुद्ध और सम्यक संबुद्ध। पच्चेक बुद्ध विलुप्त हो गए धम्म मार्ग को खोज निकालते हैं और उस पर चलकर स्वयं मुक्त हो जाते हैं। सम्यक् सम्बुद्ध विलुप्त हो गए धम्म मार्ग को खोजकर न केवल स्वयं मुक्त होते हैं बल्कि धम्मचक्र प्रवर्तन कर अनेक लोगों को धम्म उपदेश देकर उनके मार्गदर्शक बनकर मुक्ति में सहायक होकर लोक-कल्याण करते हैं। वे उत्पन्न हो बोधिलाभ कर धर्मचक्रप्रवर्तन करते हैं। यही उनकी प्रथम देशना होती है, जिससे उनके धर्म (सिद्धांत) का जनवर्ग के सम्मुख अवतरण होता है। गौतम बुद्ध की चर्या से प्रकट है कि उन्होंने ऋषिपत्तन मृगदाय में प्रथम धर्मोपदेश के अनन्तर 45 वर्षों तक संपूर्ण भारत के नाना ग्राम-निगम, जिलों, शहरों में चारिका करते हुए धर्मोपदेश किया। उनके समक्ष प्राणिमात्र का कल्याण एकमात्र उद्देश्य रहता है। चूंकि किसी की कृपा के भरोसे न बैठकर स्वयं

ही सच्चाई के सहारे परम सत्य को पहुंचना होता है इसलिए बुद्ध को 'तथागत' भी कहा जाता है। तथागत का संधिविच्छेद करते हैं तो, तथ्य+आगत। तथता अर्थात् सच्चाई के रास्ते आना-जाना। गौतम बुद्ध ने चार आर्य सत्य का बोध प्राप्त किया, स्वयं बोधि प्राप्त कर जनता को उसका बोध कराया, इसीलिए वे 'बुद्ध' कहलाए। गौतम बुद्ध ने तथता का साक्षात्कार किया, इसीलिए वे 'तथागत' हैं। दोनों ही पद परम ज्ञान की प्राप्ति के सूचक हैं। आचार्य बुद्धघोष के मतानुसार आठ कारणों से भगवान बुद्ध 'तथागत' कहलाते हैं—भगवान बुद्ध उसी प्रकार (तथा) आये (आगत) जिस प्रकार अन्य पूर्व के ज्ञानी पुरुष। भगवान बुद्ध उसी प्रकार (तथा) गए (आगत) जिस प्रकार अन्य पूर्व के ज्ञानी पुरुष। भगवान बुद्ध तथा (सत्य) के लक्षण से आगत (समन्नागत) या युक्त हैं। भगवान बुद्ध ने 'तथा धर्म' का ज्ञान प्राप्त किया है। भगवान बुद्ध ने 'तथा' साक्षात्कार किया है, भगवान बुद्ध 'तथा' का उपदेश करते हैं, भगवान का आचरण 'तथा' है, भगवान सबके ऊपर विजयी हैं।

बुद्धत्व प्राप्त करने के बाद लोगों के प्रति करुणा करके बुद्ध जो भी रास्ता बताते हैं, वह धम्म का मार्ग कहलाता है और यह मार्ग होता है दान, शील, समाधि और प्रज्ञा का। धम्म मार्ग पर चलने वाले गृहस्थ लोग उपासक कहलाते हैं, ध्यान साधना करने वाले साधक कहलाते हैं और गृहत्यागी संन्यासी भिक्खु धम्म-रूपी अमृत को चखने वाले लोगों की चार अवस्थाएं होती हैं, श्रोतापन्न, सकृदागामी, अनागामी और अर्हंत। श्रोतापन्न व्यक्ति वह होता है जिसको निर्वाण सुख की डुबकी लग चुकी है। वह निर्वाण के श्रोत में पड़ गया है। अब अधिक से अधिक सात बार और जन्म लेगा और उसके बाद भवसंसार चक्र से मुक्त हो जाएगा। सकृदागामी उस साधक को कहा जाता है जो केवल एक बार और पृथ्वीलोक में जन्म लेगा और फिर मुक्त हो जाएगा। अनागामी उन्हें कहते हैं जो मृत्यु के बाद फिर कभी पृथ्वीलोक पर आएंगे ही नहीं, ब्रह्मलोक में जन्म लेकर वहीं से मुक्त हो भवसंसार से पार चले जाएंगे। अर्हत उन्हें कहते हैं जिनके चित्त के सारे मैल-राग, द्वेष, मोह पूरी तरह समाप्त हो गए, पारमिताएं पूरी हो गईं और जन्म-मरण के भवचक्र से पूरी तरह मुक्त हो गए। अब उनका दुबारा जन्म नहीं होगा। 'अन्तिमा जाति, नत्थिदानि पुनब्भवोति' (यह उनका अन्तिम जन्म होता है, अब दुबारा जन्म नहीं लेना पड़ेगा)। प्रत्येक बुद्ध अर्हत होता है, लेकिन प्रत्येक अर्हंत बुद्ध नहीं होता। धम्म मार्ग पर चलकर कोई भी इंसान वह चाहे जिस देश, जाति, वर्ण, संप्रदाय, लिंग का हो, अर्हत पद को प्राप्त कर सकता है। भगवान बुद्ध के समय अनेक स्त्रियां अर्हत पद को प्राप्त हुईं।

शील-सदाचार का जीवन, मन को वश में रखना और भावनामयी प्रज्ञा जगाकर स्वयं निर्वाण सुख प्राप्त करना और दूसरों को निर्वाण सुख प्राप्त करने में सहायता करना, स्वयं भी खुश रहते हुए दूसरों की खुशी के लिए कोशिश करते रहना, धम्म का सार है।

भगवान बुद्ध कहते हैं, धन और यश-कीर्ति जीवन में सर्वाधिक मूल्यवान वस्तुएं नहीं होतीं। धन-संपदा और यश-कीर्ति बहुत शीघ्र ही फीकी पड़ जाती हैं। जीवन में

ज्ञान और प्रेम ही सबसे मूल्यवान हैं। यदि तुम में ज्ञान और प्रेम होगा तो तुम आनंद की अनुभूति कर सकोगे।

मानव जीवन का कल्याण कैसे हो, इंसान सुखी और प्रसन्न कैसे रहे, समाज में समानता, भाईचारा, प्रेम और सौहार्द, शान्ति और खुशहाली कैसे रहे, बुद्ध् धम्म का यही उद्देश्य है। बुद्ध की सभी शिक्षाओं में इंसान को प्रमुखता दी गई है इसलिए कहा जाता है कि धम्म मनुष्य के लिए है, मनुष्य धम्म के लिए नहीं है। बुद्ध ने देखा कि लोग किसी न किसी कारण से दुःखी हैं। चूंकि लोग दुःखी हैं इसलिए समाज और देश भी दुःखी हैं, इसलिए लोगों के दुःख दूर करके उनको खुशहाल बनाया जाए। जब लोग खुश होंगे तो समाज भी खुशमय होगा। प्रसन्न व्यक्ति ही प्रसन्न समाज का निर्माण करते हैं। व्यक्ति समाज की इकाई है। जब तक व्यक्ति प्रसन्न नहीं होगा; समाज, देश या विश्व प्रसन्न नहीं हो सकता; क्योंकि समाज की इकाई तो व्यक्ति ही है इसलिए बुद्ध ने व्यक्ति को ही अपनी शिक्षाओं का केन्द्र बिन्दु बनाया।

'धम्म का मतलब है सदाचरण, जिसका मतलब है जीवन के सभी क्षेत्रों में एक आदमी का दूसरे आदमी के प्रति अच्छा व्यवहार। बिना धम्म के समाज का काम चल ही नहीं सकता। जो स्वतंत्रता चाहते हैं, उनके लिए धम्म अनिवार्य है। धम्म क्या है? धम्म की अनिवार्य आवश्यकता क्यों है? भगवान बुद्ध के अनुसार धम्म के दो प्रधान तत्व हैं—प्रज्ञा व करुणा। प्रज्ञा क्या है? प्रज्ञा किसलिए? प्रज्ञा का मतलब है निर्मल बुद्धि। भगवान बुद्ध ने प्रज्ञा को अपने धम्म के दो स्तंभों में से एक माना है, क्योंकि वह नहीं चाहते थे कि मिथ्या विश्वासों के लिए कहीं कोई गुंजाइश बची रहे। करुणा क्या है? और करुणा किसलिए? करुणा का मतलब है (दया)प्रेम, (मैत्री)। इसके बिना न समाज जीवित रह सकता है और न समाज की उन्नति हो सकती है, इसलिए भगवान बुद्ध ने करुणा को अपने धम्म का दूसरा स्तंभ बनाया।'[3]

बुद्ध धम्म के केंद्र में मनुष्य और उसका कल्याण है, जिससे समतामूलक समाज की स्थापना हो। मनुष्य अपने दुःखों से छुटकारा पाकर ही प्रसन्न हो सकता है और जब मनुष्य प्रसन्न होगा तभी समाज प्रसन्न होगा। बुद्ध धम्म में न तो कोई ऊंचा है और न कोई नीचा। सभी धर्मावलंबियों को बराबरी का दर्जा प्राप्त है। उनकी एक ही पहचान है कि वे **धम्म के अनुसार आचरण करने वाले हो जाते हैं।** भिक्खुओं को उपदेश देते हुए भगवान बुद्ध ने कहा था कि जैसे समुद्र में मिलने पर सभी नदियां अपना स्वतंत्र अस्तित्व खोकर समुद्र बन जाती हैं, वैसे ही धम्म में शामिल होने पर ऊंच-नीच, अमीर-गरीब आदि सभी भेद मिट जाते हैं। सब बराबर हो जाते हैं। भगवान बुद्ध ने परिस्थितिवश डाकू बने अंगुलिमाल, नगरवधू आम्रपाली, नाई उपाली, राजा प्रसेनजित, अति धनवान व्यापारी अनाथपिंडक, सम्राट शुद्धोदन, पुत्र राहुल सभी को दीक्षा देकर बराबरी का दर्जा दिया।

बुद्ध धम्म पूर्णरूपेण वैज्ञानिक धम्म

बुद्ध धम्म पूर्णरूपेण वैज्ञानिक धम्म है जिसमें रूढ़िवाद और अंधविश्वास के लिए कोई

स्थान नहीं है। जिस प्रकार से वैज्ञानिक प्रयोग करके विश्लेषण और विभाजन करके किसी भी प्रक्रिया की तह तक जाकर निष्कर्ष पर पहुंचते हैं, उसी प्रकार भगवान बुद्ध ने प्रयोग करके और जीव जगत की घटनाओं का और उनमें घटित होने वाली सच्चाइयों का विभाजन-विश्लेषण किया। अंतर केवल इतना है कि वैज्ञानिक यह प्रयोग प्रयोगशालाओं में करते हैं जब कि भगवान बुद्ध ने सारे प्रयोग अपने शरीर, चित्त और प्रकृति की प्रयोगशाला में किए। कैसा अजीब संयोग है कि राजकुमार सिद्धार्थ ने एक महारानी की कोख से जन्म लिया लेकिन राजमहल में नहीं, एक पेड़ के नीचे और खुली प्रकृति में। छह सालों तक उन्होनें कंदराओं-गुफाओं, बियाबान जंगलों में, पहाड़ियों, आश्रमों और विहारों में कठिन से कठिनतम तपस्या-ध्यान साधना की, लेकिन बुद्धत्व प्राप्त हुआ एक पेड़ के नीचे, खुली प्रकृति में। अनन्त करुणा और मैत्री से भरकर जब उन्होंने धम्म उपदेश शुरू किया तो वह भी पंचवर्गीय भिक्खुओं को एक पेड़ के नीचे खुली प्रकृति में दिया। पैंतालिस वर्षों के लंबे समय तक धम्म का उपदेश देते हुए भव्य विहारों, आश्रमों और निवास स्थानों में रहे लेकिन जब महापरिनिर्वाण प्राप्त किया तो वह भी एक पेड़ के नीचे खुली प्रकृति में। इसलिए भगवान बुद्ध प्रकृति के नियमों, निसर्ग की नियामता को, प्रकृति के रहस्य को खूब अच्छी तरह समझते थे। ध्यान करते-करते उन्होंने देखा कि ऊपर से ठोस दिखने वाला यह शरीर असलियत में तरंगों का समूह मात्र है और यह तरंगें हर पल उत्पन्न होती हैं और नष्ट होती हैं। शरीर की न्यूनतम इकाई को उन्होंने अष्टकलाप कहा जो प्रकृति के चार पदार्थों जल, वायु, पृथ्वी और अग्नि के परमाणुओं से बने हैं और उनके अपने-अपने गुणधर्म से जुड़े हैं। भगवान बुद्ध ने कहा कि जितनी देर में मैं चुटकी बजाता हूं उतनी देर में यह परमाणु कोटिसहस्र बार उत्पन्न होते हैं और नष्ट हो जाते हैं। अमेरिका की बर्कले युनिवर्सिटी के प्रो. अल्वरिस ने बब्बल चैंबर बनाकर परमाणुओं के उत्पन्न होने और नष्ट होने की गति के बारे में प्रयोग किया और इस नतीजे पर पहुंचे कि एक सेकंड में 1 के आगे 23 शून्य लगाए जाएं, इतनी बार एक सेकेंड में परमाणु उत्पन्न होते हैं और नष्ट होते हैं। लेकिन यह गति इतनी तेंज होती है कि ऊपर से पदार्थ हमें ठोस दिखाई देता है। प्रो. अल्वरिस को इस प्रयोग के लिए नोबेल पुरस्कार भी दिया गया। भगवान बुद्ध परमाणु के उत्पन्न होने और नष्ट होने के स्वभाव और उसकी गति को ढाई हजार साल पहले अपने शरीर को ही प्रयोगशाला बनाकर जान चुके थे।

बुद्ध धम्म में एक भी बात ऐसी नहीं है जो कि तर्क और अनुभव की कसौटी पर खरी न उतरती हो। दुःख जीव जगत की सच्चाई है इस सत्य को भी भगवान बुद्ध ने विश्लेषण-विभाजन करने के बाद ही कहा। इस सच्चाई को आज भी, कोई भी, कहीं भी महसूस कर सकता है इसीलिए भगवान बुद्ध को मानव इतिहास का सबसे बड़ा वैज्ञानिक कहा जाता है और यदि कोई धर्म विज्ञान की कसौटी पर खरा उतरता है तो वह अकेला बौद्ध धम्म ही है। इसलिए बौद्ध धम्म के अनुयायी विज्ञान का खुले दिल से स्वागत करते हैं। आज तक के इतिहास में बौद्ध अनुयायियों ने कभी भी विज्ञान का विरोध नहीं किया बल्कि दुनिया के दुःख दर्द को दूर करने के लिए समाज में नैतिक

मूल्यों का विकास करने के लिए, मैत्री, करुणा और मुदिता के गुणों को बढ़ाने के लिए वैज्ञानिक दृष्टिकोण को ही अपनाया है। आर्य आष्टांगिक मार्ग को कोई भी, कहीं भी, कभी भी आजमा कर देख सकता है। यह हर निष्पक्ष अनुसंधानकर्ता की कसौटी से एक जैसा ही निष्कर्ष लाने वाला है। बौद्ध धम्म की समस्त विश्व की और सृष्टि की पूरी व्याख्या और कल्पना वही है जो आज के वैज्ञानिकों की है।

भगवान बुद्ध ने हमेशा अपने अनुयायियों को वैज्ञानिक दृष्टिकोण अपनाने की शिक्षा दी। कालामसुत्त में **कालामों को उपदेश** देते हुए भगवान बुद्ध ने कहा :

> *'हे, कालामो ! आओ, तुम किसी बात को केवल इसलिए मत स्वीकार करो कि यह अनुश्रुत है, केवल इसलिए मत स्वीकार करो कि यह परंपरागत है, केवल इसलिए मत स्वीकार करो कि यह हमारे धर्मग्रंथ के अनुकूल है, केवल इसलिए मत स्वीकार करो कि यह तर्कसम्मत है, केवल इसलिए मत स्वीकार करो कि यह अनुमान-सम्मत है, केवल इसलिए मत स्वीकार करो कि इसके कारणों की सावधानीपूर्वक परीक्षा कर ली गई है, केवल इसलिए मत स्वीकार करो कि इस पर हमने विचार कर इसका अनुमोदन किया है, केवल इसलिए मत स्वीकार करो कि कहने वाले का व्यक्तित्व भव्य (आकर्षक) है, केवल इसलिए मत स्वीकार करो कि कहने वाला श्रमण हमारा पूज्य है। हे कालामो ! जब तुम स्वानुभव से अपने आप ही यह जानो कि ये बातें अकुशल हैं, ये बातें सदोष हैं, ये बातें विज्ञ पुरुषों द्वारा निंदित हैं, इन बातों पर चलने से अहित होता है, दुःख होता है-तब हे कालामों ! तुम उन बातों को छोड़ दो।'*

यहां भगवान ने यह तो कहा ही है कि कितनी ही सुदीर्घ परंपरा से कोई बात क्यों न आ रही हो, कितने ही लोग उसके बारे में कहने वाले क्यों न हों, यहां तक कि धर्मग्रंथ में भी यदि वह बात क्यों न हो, तर्कसम्मत, अनुमानसम्मत, परीक्षित, अनुमोदित या आकर्षक व्यक्ति या पूज्य आचार्य द्वारा उपदिष्ट क्यों न हो, उसे तब तक नहीं मानो जब तक अपने अनुभव से न जान लो कि यह कुशल है, दोषरहित है और अहित करने वाला तथा दुःख लाने वाला नहीं है। आजकल जब धर्माचार्य इस बात पर जोर देते हैं कि वे जो कहते हैं उसे बिना प्रश्न किए तथा हमारे पुराने शास्त्रों में जो लिखा है, उसे भी बिना प्रश्न किए मानना है तो वे अंधश्रद्धा या अंधभक्ति को प्रश्रय देते हैं। भगवान का कालामों को दिया गया यह उपदेश विचारों के निबिड़तमाकाश में एक ऐसी विद्युत-रेखा है जो सर्वदा प्रकाश देती ही रहेगी।[4]

बुद्ध की शिक्षाएं उनके स्वयं के प्रत्यक्ष अनुभव का परिणाम हैं। दीघनख (संजय) को उपदेश देते हुए भगवान बुद्ध ने कहा कि उनकी शिक्षाएं न तो कोई दर्शनशास्त्र हैं, न ही सिद्धांत हैं। न तो ये किसी वाद-विवाद से निकली हैं, न ही किसी कल्पना से, न ही किसी आकाशवाणी से, न ही किसी स्वप्न से और न ही किसी विश्वास या मान्यता से। उनकी सारी की सारी शिक्षाएं उनके स्वयं के प्रत्यक्ष अनुभव का परिणाम हैं। उन्होंने कहा, ''मेरी शिक्षाएं न तो कोई सिद्धांत हैं और न कोई दर्शन। यह न तो किसी वाद-विवाद के निष्कर्ष हैं और न विभिन्न दर्शनों के समान मानसिक मान्यताएं,

जिनके अनुसार हम दावा करते हैं कि अग्नि, जल, वायु, पृथ्वी और आत्मा से सृष्टि का सृजन ही आधारभूत सत्य है अथवा सृष्टि का अंत होता है, या वह अनंत है अथवा सृष्टि नित्य है या अनित्य है। इस प्रकार की ध्रुवसत्य संबंधी मानसिक मान्यताएं और विचार-विमर्शजन्य विचारधाराएं उन चीटियों के समान हैं जो कटोरी के किनारे की ही सतत परिक्रमा करती रहती हैं किन्तु पहुंचती कहीं नहीं हैं। मेरी शिक्षाएं कोई दर्शन नहीं हैं। ये तो प्रत्यक्ष अनुभूतियों के परिणाम हैं। आप मेरे कथन की अपनी अनुभूतियों द्वारा पुष्टि कर सकते हैं। मैं शिक्षा देता हूं कि सभी वस्तुएं अनित्य हैं, पटिच्चसमुप्पाद हैं और उनकी कोई पृथक सत्ता नहीं होती। मेरी शिक्षा है कि प्रत्येक पदार्थ सृजन, वर्द्धन और मरण के लिए सभी पदार्थों पर निर्भर है। कोई भी पदार्थ किसी एक मूल स्रोत से उत्पन्न नहीं होता। मैंने इस सत्य का प्रत्यक्ष अनुभव किया है जिसे आप भी अनुभव कर सकते हैं। मेरा उद्देश्य सृष्टि-रचना के विषय में बताना नहीं है, वरन् अन्य लोगों को प्रत्यक्ष अनुभूति करने में सहायता करना है। शब्दों से उस परम सत्य का वर्णन नहीं किया जा सकता। केवल प्रत्यक्ष अनुभव के द्वारा ही हम उस परम सत्य का साक्षात्कार कर सकते हैं।''[5]

आगे बुद्ध कहते हैं, मैं स्पष्ट करना चाहता हूं कि मेरी शिक्षाएं, ध्रुव सत्य की अनुभूति करने की एक पद्धति हैं, न कि स्वयं में एक ध्रुव सत्य। ठीक उसी प्रकार जैसे चंद्रमा की ओर इंगित करने वाली तर्जनी चंद्रमा नहीं हो जाती। समझदार व्यक्ति चंद्रमा को देखने के लिए तर्जनी का प्रयोग करता है। यदि कोई व्यक्ति केवल तर्जनी को देखता है और उसे ही भ्रमवश चंद्रमा मान लेता है, तो वह चंद्रमा को कभी नहीं देख सकता। मेरी शिक्षा तो साधना-अभ्यास का एक साधन मात्र है, न कि सदैव उसे पकड़े बैठे रहने या पूजा का साध्य। मेरी शिक्षा तो नदी पार जाने के लिए नौका के समान है। नदी के दूसरे तट पर पहुंचकर कोई मूर्ख ही नाव को साथ-साथ लिए फिरता होगा।

भगवान बुद्ध ने भिक्खुओं को यहां तक कहा है कि अगर कोई उनकी या उनके धम्म की आलोचना करता है तो उनको दुःखी होने की या उसके प्रति वैमनस्य जगाने की आवश्यकता नहीं है, इससे स्वयं की ही हानि होगी। इसी तरह अगर कोई प्रशंसा करता है तो उससे खुश होने की जरूरत नहीं है बल्कि हमेशा ही सच्चाई का सामना करते हुए धम्म मार्ग पर चलना चाहिए।[6] पटिच्चसमुप्पाद द्वारा जो कार्य और कारण की व्याख्या भगवान बुद्ध ने की है, वह आज के वैज्ञानिक सिद्धांत से पूरी तरह मेल खाती है।

गौतम बुद्ध ने विपस्सना साधना करते-करते अणुओं-परमाणुओं का विच्छेदन, विश्लेषण-विभाजन करते-करते देखा कि लोग बाहरी कारणों जैसे गरीबी, भुखमरी, असमानता, उंच्च-नीच, बीमारी, बुढ़ापा, मृत्यु, प्राकृतिक आपदाओं से तो दुःखी हैं ही, मनचाहा न होने पर, अनचाहा होने पर, प्रिय लोगों से बिछुड़ने, अप्रिय लोगों से मिलाप जैसी स्थितियों से भी दुःखी होते हैं। बुद्ध ने ध्यान करते-करते खोज निकाला कि हमारे दुःख का मूल कारण यह है कि हम घटने वाली घटनाओं और स्थितियों के सही स्वभाव

से अनजान हैं। दूर से भासमान या प्रत्यक्ष दिखने वाली वस्तुस्थिति को ही हम असली और वास्तविक मान बैठते हैं और उनके प्रति राग-द्वेष-मोह के गहरे-गहरे संस्कार बनाते जाते हैं। उन्होंने देखा कि जब हमें कुछ अच्छा लगता है तब हमारे शरीर पर सुखद संवेदनाएं प्रकट होती हैं। और जब कुछ बुरा लगता है या अच्छा नहीं लगता है, तो शरीर पर दुःखद संवेदनाएं पैदा होती हैं।

गौतम बुद्ध ने कहा कि विपस्सना करते-करते शरीर को सूक्ष्म से सूक्ष्मतर स्तर पर विभाजन-विश्लेषण करते हुए, अणुओं-परमाणुओं का निरीक्षण-परीक्षण करते हुए स्वयं के प्रत्यक्ष अनुभव से उन्होंने जाना है कि संसार में कुछ भी स्थिर नहीं है, सब कुछ परिवर्तनशील है जो हर पल बदल रहा है इसलिए सब कुछ अनित्य है। ऊपर से ठोस दिखने वाले इस शरीर में और इसके साथ जुड़े चित्त में और इन दोनों के मिलने से चलने वाली जीवनधारा में कहीं पर कुछ भी 'मैं' नामक चीज नहीं है और न ही इसमें 'मेरा' का कोई अस्तित्व है, पूरे अस्तित्व में किसी का भी पृथक और स्वतंत्र अस्तित्व नहीं है। सब कुछ, प्रत्येक प्राणी, वस्तु, घटना बहुत सी बातों पर, चीजों पर निर्भर है और सभी कुछ किसी न किसी कारण से उत्पन्न होता है, विकसित होता है और देखते-देखते किसी नए रूप में परिवर्तित हो जाता है। कुछ भी (बिना किसी अपवाद के), किसी एक मूल स्रोत से उत्पन्न नहीं हुआ है। एक बीज जब जमीन में बोया जाता है तो वह जल, मिट्टी हवा की मिली-जुली मदद से ही अंकुरित हो पाता है और सूर्यप्रकाश की मदद से बड़ा होता है। इस तरह पेड़ की एक पत्ती में पूरे ब्रह्मांड का प्रतिनिधित्व होता है जिसमें जल, वायु, पृथ्वी, अग्नि सभी कुछ समाया हुआ है। गौतम बुद्ध का उद्देश्य ब्रह्मांड की उत्पत्ति को समझाना नहीं था बल्कि यह था कि मनुष्य का अपना अकेले का कोई स्वतंत्र अस्तित्व नहीं है। वह जीने के लिए पर्यावरण पर, पेड़-पौधों पर, जीव-जंतुओं पर और समाज पर निर्भर है। वह किसी का पुत्र, किसी का भाई, किसी का दोस्त और किसी का रिश्तेदार है। अगर वह शील-सदाचार का जीवन जीता है तो अपनी सुख और शान्ति से समाज के अन्य प्राणियों की सुख-शान्ति में मदद करता है। प्रज्ञा जगाता है, दान-शील और करुणावान बनता है तो दूसरे लोगों के प्रति मंगल मैत्री जगाता है, करुणा जगाता है जिससे समाज में जो भी लोग जिस किसी कारण से दुःखी हैं, उनका दुःख दूर करने की कोशिश करता है।

बातों से और शब्दों से, सत्य को जो नित्य है, शाश्वत है, अमृत है, बयान नहीं किया जा सकता है। इसे केवल स्वयं के प्रत्यक्ष अनुभव से ही जाना जा सकता है। इससे लोगों को जीवन, घटनाओं, वस्तुओं के सही और वास्तविक स्वभाव, जो परिवर्तनशील हैं, हर पल बदलता जा रहा है, को समझने में मदद मिलती है।

गौतम बुद्ध ने बताया कि हमें रोज सोने से पहले अपने जीवन और चित्त के बारे में कुछ देर विचार करना चाहिए कि हमारे अंदर कौन-कौन से अच्छे गुण हैं और उन सद्गुणों को बढ़ाने की कोशिश करते रहना चाहिए। कौन-कौन से सद्गुण हममें नहीं हैं, जो नहीं हैं, उन सद्गुणों को अपने अंदर लाने का प्रयास करें। हमारे अंदर कौन से दुर्गण हैं, उनकी पहचान कर उनको दूर करने की कोशिश करें। जो दुर्गुण

हमारे अन्दर नहीं हैं, उनको अपने अन्दर आने न देने का प्रयास करें।

गौतम बुद्ध ने उपदेश दिया कि संसार में चार किस्म के लोग हैं। पहले, जो अन्धकार से अन्धकार की ओर जा रहे हैं। दूसरे, जो अन्धकार से प्रकाश की ओर जा रहे हैं। तीसरे, जो प्रकाश से अन्धकार की ओर जा रहे हैं और चौथे, जो प्रकाश से प्रकाश की ओर जा रहे हैं। पहली श्रेणी में वे लोग आते हैं जो गरीब परिवार में या विकलांगता के साथ अथवा दुराचारी परिवार में पैदा हुए जहां दुःख ही दुःख है। जीवन दुःखों और कष्टों के साथ गुजर रहा हैं। लेकिन आदतें ऐसी डाल रहे हैं, जैसे जुआ, बीड़ी-सिगरेट, शराब-पान-मसाला का सेवन, शील-सदाचार का नामोनिशान नहीं, बात-बात पर गुस्सा करते हैं। हर वक्त मार-पीट करने पर आमादा, बोली में कड़वाहट इतनी कि लगता है काट खाएंगे, गप्प और झूठ में मशगूल, ऐसे लोगों का अभी तक का जीवन तो अन्धकारमय था ही, आगे का जीवन भी अन्धकारमय ही होगा। दूसरी श्रेणी में ऐसे लोग आते हैं जिनका अभी तक का जीवन तो पहली श्रेणी के लोगों की तरह दुःखमय था लेकिन उसके बावजूद वे अपना जीवन सुधारने की कोशिश करते हैं। विद्यार्थी हैं तो खूब मन लगाकर पढ़ाई करते हैं। शील-सदाचार का जीवन जीते हैं, कोई भी फिजूलखर्ची नहीं करते। ऐसे लोगों का शेष जीवन सुखमय होगा या सुखमय होने की संभावना तो अवश्य होगी। तीसरी श्रेणी में वे लोग आते हैं जिनका अच्छे मां-बाप के घर, सुखी परिवार में जन्म हुआ होता हैं या अपनी मेहनत से पढ़कर अच्छी नौकरियों में, व्यवसाय में आ गए और इस समय उनका जीवन सुखमय है, लेकिन न अपने ज्ञान को बढ़ाने की कोशिश करते हैं न कुछ नया पढ़ते-लिखते हैं। शील-सदाचार का जीवन न जीकर दुराचार करते हैं। केवल जो पहले कुशल कर्म किए थे, उसी का फल खा रहे हैं। ऐसे लोगों का भविष्य का जीवन दुःखमय ही होने वाला है। चौथी श्रेणी में वे लोग हैं जिनका वर्तमान जीवन तो सुखमय है ही, मेहनत करके दान-पुण्य करके, शील-सदाचार का जीवन जीकर अपनी, अपने घर-परिवार और समाज की सुख-शान्ति बढ़ाने में सहायक बनते हैं। ऐसे लोग अभी तो सुखी हैं ही, उनका आगे का जीवन भी सुखमय होगा।

गौतम बुद्ध ने कहा कि हर इंसान को कोशिश यह करनी चाहिए कि वह अन्धकार से प्रकाश की ओर या प्रकाश से प्रकाश की ओर जाए लेकिन प्रकाश से अन्धकार की ओर या अन्धकार से अन्धकार की ओर बिल्कुल न जाए।

धम्म पद में भगवान बुद्ध ने कहा है, शुभ कर्म करने वाला मनुष्य सदैव प्रसन्न रहता है। अपने शुभ कर्म को देखकर वह मुदित होता रहता है, प्रमुदित होता है।[7] पापी मनुष्य हर जगह संतप्त रहता है। दुर्गति को प्राप्त हो और भी संतप्त होता है।[8] जब तक पाप कर्म फल नहीं देता तब तक मूर्ख आदमी उसे शहद की तरह मीठा समझता है, लेकिन जब पाप-कर्म फल देता है, तब उसे दुःख होता है, पुण्य करने वाले को भी तब तक बुरा लगता है जब तक पुण्य फल नहीं देता। जब पुण्य फल देता है, तब उसे अच्छा लगता है।

शील-समाधि-प्रज्ञा ही बुद्ध धम्म का सार है। *शील* का पालन करते हुए सदाचारी

जीवन जीना, *आनापान सति* द्वारा चित्त को एकाग्र और सूक्ष्म बनाकर, विपस्सना द्वारा *प्रज्ञा* जगाकर कोई भी व्यक्ति बुद्धत्व प्राप्त कर भगवान बन सकता है। *भगवान* का पालि भाषा में अर्थ है—*भग्ग रागो, भग्ग द्वेषो, भग्ग मोहो ति भगवा,* अर्थात जिसने अपने चित्त से राग, द्वेष और मोह को समूल नष्ट कर दिया वह भगवान हो गया। भगवान बुद्ध ने कहा है कि यह शील-समाधि-प्रज्ञा का रास्ता सभी के लिए खुला है। कोई भी व्यक्ति इस रास्ते पर चलकर वहां पहुंच सकता है जहां स्वयं भगवान बुद्ध पहुंचे। लेकिन इसके लिए प्रत्येक इंसान को स्वयं चलना पड़ेगा। *तथागत का अर्थ है तथता अर्थात सत्य के सहारे जिसने निर्वाण (परमसत्य) का साक्षात्कार किया हो।*[9] *प्रत्येक व्यक्ति जो दुःख से छुटकारा पाकर निर्वाण सुख प्राप्त करना चाहता है उसे स्वयं ही* **शील-समाधि-प्रज्ञा के मार्ग पर चलना पड़ेगा।** कोई दूसरा कृपा कर, अनुकंपा कर, किसी का उद्धार नहीं कर सकता है। अधिक से अधिक कोई रास्ता बता सकता है, जैसा भगवान बुद्ध ने बताया, लेकिन चलना स्वयं पड़ेगा।[10] देवता, अर्हत पद, भगवान यह सब चित्त की अवस्थाएं हैं। चित्त ज्यों-ज्यों निर्मल होता जाता है, प्रेम, मुदिता, मैत्री, बंधुत्व और क्षमाशीलता की भावना बढ़ती जाती है और मनुष्य उत्तरोत्तर उन्नति करता जाता है।

शील और सदाचार, मानव समाज में प्रेम और बंधुत्व की आवश्यकता पर जोर देते हुए भगवान बुद्ध ने बताया कि जिस तरह आग से आग नहीं बुझती, वैसे ही 'बैर से बैर कभी शान्त नहीं होता',[11] आग पानी से बुझती है, उसी तरह बैर को प्रेम व मैत्री से मिटाया जा सकता है।

भगवान बुद्ध ने बोधिसत्व बनने का सरल मार्ग दिखाया। इसके लिए भगवान बुद्ध ने दस पारिमिताओं को पूर्ण करने पर बल दिया। जिसने पारिमिताएं पूर्ण करने का संकल्प किया है, बोधि चित्तग्रहण किया है और जो महाकरुणा से भरपूर होता है, ऐसा साधक बोधिसत्व कहलाता है। इस प्रकार कोई भी व्यक्ति बोधिसत्व बन सकता है।

पारमिताः का अर्थ है **पूर्णता**। पारमिता पारमी शब्द से बना है, पारमी अर्थात् पार लगानेवाली, सद्गुणों की पराकाष्ठा। ये पारिमिताएं इस प्रकार हैं :

(1) निष्क्रमण अर्थात् घर छोड़ना,
(2) अधिष्ठान अर्थात् दृढ़ निश्चय,
(3) दान अर्थात् बदले में प्राप्ति की कतई भावना नहीं रखने वाला दान,
(4) शील अर्थात् सदाचार,
(5) शान्ति अर्थात् कितना भी अपकार होते हुए चित्त की अकोपनता, सहिष्णुता,
(6) वीर्य अर्थात् पुरूषार्थ, परिश्रम,
(7) ध्यान अर्थात् स्थूल सच्चाई से सूक्ष्मतम सच्चाई तक अपनी अनुभूति से जानना और निर्वाण के साक्षात्कार तक पहुंचना,
(8) प्रज्ञा अर्थात् यथाभूत ज्ञान दर्शन,
(9) मैत्री अर्थात् मैत्री करुणा, मुदिता का भाव पुष्ट करना,
(10) उपेक्षा अर्थात् सुख, दुःख में समता भाव।

हम इस समय जो भी हैं, जैसे भी हैं, जहां भी हैं अब तक किए गए कार्यों के

कारण हैं। जो समय बीत गया वह बीत गया, वह कभी वापस नहीं आयेगा। बीते हुए कल के बारे में सोचने से राग और द्वेष ही बढ़ते हैं। भविष्य जब भी आएगा वर्तमान बनकर ही आएगा इसलिए बुद्ध धम्म में भूत व भविष्य की कल्पना में न जीकर वर्तमान क्षण की सच्चाई में समता भाव से जीने पर बल दिया जाता है। वर्तमान की जो सच्चाई है, जैसी भी है (यथाभूत) उसे जानकर और स्वीकार कर ही उसमें बदलाव लाने की कोशिश की जा सकती है। भगवान बुद्ध ने कहा कि तुम स्वयं ही अपने स्वामी हो। भला दूसरा कौन स्वामी हो सकता है?[12] अपनी गति को, अपने मन को वश में रखो और उसे निर्मल से निर्मलतम करते रहो। भगवान बुद्ध ने मन को प्रधान माना है। जैसा मन होगा, वैसा ही फल होगा। मन को प्रेरणा का मूल मानते हुए उन्होंने कहा कि जैसा सोचोगे वैसा बन जाओगे, इसलिए वैसा सोचो जैसा बनना है।

दुश्मन, दुश्मन की जितनी हानि करता है, कुमार्ग की ओर गया हुआ चित्त मनुष्य की उससे कहीं अधिक हानि करता है।[13]

न माता-पिता, न दूसरे रिश्तेदार, आदमी की उतनी भलाई करते हैं, जितनी भलाई सन्मार्ग की ओर गया हुआ चित्त करता है।[14]

बुद्ध धम्म के अनुसार निसर्ग नियामता ही धम्म है। अर्थात प्रकृति के नियम के अनुसार आचरण करना। प्रकृति के नियम सार्वजनीन, सार्वकालिक और सार्वदेशिक होते हैं। प्रकृति नस्ल, वर्ण, रंग, रूप, लिंग, उम्र, हैसियत, स्थान, आदि में भेदभाव नहीं करती। प्रकृति या निसर्ग के नियम जैसे शरीर के बाहर काम करते हैं ठीक उसी तरह शरीर के भीतर भी काम करते हैं। क्रोध आने पर, लालच, ईर्ष्या और वासना जागने पर हर प्राणी को व्याकुल होना ही पड़ता है चाहे वह किसी भी लिंग, जाति, वर्ग, धर्म का हो या किसी भी देश का हो, या किसी भी समय में हो। जो भी व्यक्ति प्रकृति के नियमों के अनुसार जीवनयापन करता है वह सुखी व शांत रहता है और जो निसर्ग के नियमों का उल्लंघन करता है वह दुःखी व व्याकुल होता है, इसका कोई अपवाद नहीं है। भगवान बुद्ध का धम्म प्रकृति के नियमों पर आधारित है, इसलिए पूर्णतया वैज्ञानिक है, जिसे कोई भी, कभी भी, कहीं भी आजमाकर देख सकता है, परिणाम हमेशा एक जैसे ही आएंगे। बौद्ध व्यक्ति नैसर्गिक नियमों पर (सृष्टि के कानून पर) बहुत आस्था रखता है, और जीवन में उसका पालन करता है।

बौद्धों में किसी सृष्टि के राचयिता या निर्माता पर विश्वास रखने की परंपरा नहीं है। सृष्टि के ऐसे किसी निर्माता का सही ठिकाना नहीं लगता, उसकी केवल तर्कों के बल पर कल्पना ही की जाती है। यह सृष्टि भी कोई अंतिम निर्मिति नहीं है, सृष्टि का हमेशा विकास होता रहता है, निसर्ग में हमेशा परिवर्तन होता रहता है। प्रत्येक इकाई हमेशा परिवर्तित होती ही रहती है, कुछ से कुछ बनती ही रहती है। सृष्टि के चक्र का कहीं भी पूर्ण विराम नहीं है, हर जगह परिवर्तन है, इसे ही भगवान बुद्ध *भव-संसार* कहते हैं।

दुःख, यह एक सच्चाई है। मनुष्य के इन दुःखों को दूर कैसे किया जाए? इंसान को वास्तविक सुख कैसे मिले? मानव समाज दुःख-मुक्त हो और वास्तविक सुख-शांति

कैसे प्राप्त करे? इसी का हल भगवान बुद्ध ने खोज निकाला और उसे जीवनपर्यंत सिखाते रहे। उन्होंने मानवता की पूजा सिखाई, वास्तविक मानव धर्म सिखाया। आदमी, आदमी से अच्छा बर्ताव करे, एक-दूसरे के दुःख-दर्द को समझकर उन्हें मिटाने में लगे, एक-दूसरे से प्रेम भाव और करुणा मैत्री से व्यवहार करने लगे तो मानव समाज सुखी बनेगा।

कुछ लोग तर्क देते हैं कि हमारे अकेले धम्म अपनाने से क्या होगा। जब तक कि और लोग भी धम्म न अपनाएं। ऐसे लोगों को यह समझना पड़ेगा कि एक व्यक्ति समाज की एक इकाई होता है। जब एक व्यक्ति धम्म अपनाकर अपने मन को राग, द्वेष और मोह से मुक्त करके निर्मल बनाएगा तो समाज की कम से कम एक इकाई तो निर्मल होगी। समाज में एक व्यक्ति की कटुता में कमी आएगी। एक व्यक्ति के दुःखों में तो कमी आएगी। व्यक्ति से ही समाज, समाज से देश और देश से विश्व बनता है। इसीलिए भगवान बुद्ध ने कहा कि प्रसन्न व्यक्ति ही प्रसन्न विश्व का निर्माण करते हैं।

चार आर्य सत्य

आर्य किस मायने में, जिस सच्चाई के साक्षात्कार कर लेने पर अनार्य व्यक्ति आर्य हो जाए, आर्य हो जाए, मतलब निर्मल हो जाए। जो निर्मल हो, निर्विकार हो वह उन दिनों आर्य कहलाता था, और जिसमें विकार हो, जो सत्पुरुष न हो, जो निर्मल न हो वह अनार्य कहलाता था।

आर्य का अर्थ है सत्पुरुष, साधु, संत पुरुष, ज्ञानी, शीलवान और सदाचारी लोग। सत्य उसे कहते हैं जो किसी भी तर्क या युक्ति द्वारा कभी भी वैपरीत्य न लाया जा सके। श्रेष्ठ ज्ञानीजनों द्वारा अनुभव किए गए व अनुमोदित किए गए सत्य को आर्य सत्य कहते हैं। चार आर्य सत्य मनुष्य के जीवन जगत की ठोस सच्चाई हैं। भगवान बुद्ध ने मानव कल्याण के लिए चार आर्य सत्य की बात बड़े अनुसंधान के बाद कही हैं :

(1) दुःख आर्य सत्य,
(2) दुःख समुदय आर्य सत्य,
(3) दुःख निरोध आर्य सत्य,
(4) दुःख निरोधगामिनी पटिपदा आर्य सत्य।

(1) दुःख आर्य सत्य : मनुष्य जीवन में कई प्रकार का दुःख विद्यमान हैं, संसार में जन्म लेना दुःख है, हर बच्चा रोते हुए ही जन्म लेता है। कोई भी मनुष्य बीमार नहीं होना चाहता और न ही बीमारी की पीड़ा सहना चाहता है। बीमारियों से ग्रस्त होना दुःख है। बूढ़ा होना दुःखमय है। बुढ़ापे में कई बीमारियां भी साथ लग जाती हैं। कोई भी व्यक्ति बूढ़ा नहीं होना चाहता। कोई भी जीवसत्व मरना नहीं चाहता, अतः मरण भी दुःखमय है। व्याकुलता, शोकाकुल मनोदशा दुःखदायक है, बेचैनी, अशांति,

पश्चात्ताप दुःखदायक है। प्रिय व्यक्ति, वस्तु या स्थिति का वियोग होना, बिछुड़ जाना दुःखमय है। अप्रिय व्यक्ति और वस्तु या स्थिति से संयोग होना दुःखकर है। हम जो कुछ भी चाहते हैं, जिस किसी की इच्छा/कामना करते हैं, यदि हमारी वह चाहत या इच्छा पूरी नहीं हुई तो बड़ा दुःख होता है। कुछ अनचाहा होता है तो भी दुःख होता है। जैसा चाहा वैसा नहीं हुआ तो भी दुःख होता है। संक्षेप में देखा जाए तो मन के पांचों उपादान स्कंध ही दुःख हैं। प्रत्येक व्यक्ति जिसने इस संसार में जन्म लिया है, उसे ऐसे दुःखों से गुजरना ही पड़ता है। यही है पहला दुःख आर्य सत्य।

(2) दुःख समुदय आर्य सत्य : जो भी दुःख होता है, वह अपने आप, या बिना कारण नहीं होता। प्रत्येक दुःख के पीछे कुछ न कुछ कारण जरूर है। यह सत्य दूसरा आर्य सत्य कहलाता है। दुःख का मूल कारण है—तृष्णा। आसक्ति या तृष्णा ही अनेक दुःखों का निर्माण करती है। मनुष्य कभी भी अपनी वर्तमान स्थिति से संतुष्ट न होकर हमेशा उसके लिए भागता रहता है जो उसके पास नहीं है। तृष्णा के उदय के साथ ही दुःख का समुदय होता है।

(3) दुःख निरोध आर्य सत्य : जहां दुःखों का उदय होता है वहां निवारण भी होता है। जो तृष्णा निर्मित होती है उस तृष्णा को नष्ट किया जा सकता है। इस सच्चाई को दुःख निरोध आर्य सत्य कहते हैं। दुःख के कारणों के निवारण से निर्वाण सुख प्राप्त होता है।

(4) दुःख निरोधगामिनी पटिपदा आर्य सत्य, मार्ग : तथागत ने कहा है कि विषय-भोगों में मौज-मस्ती या शरीर को कष्ट देने वाली तपसाधना ये दोनों अति की बातें छोड़कर मध्यम मार्ग का अवलंबन करना चाहिए। इस मध्यम मार्ग पर चलकर दुःख के सभी कारणों को तथा सभी दुःखों को मिटाया जा सकता है और निर्वाण-सुख की प्राप्ति होती है, ऐसे मार्ग को आर्य आष्टांगिक मार्ग कहते हैं।

इन चार आर्यसत्यों को अनुभूति पर उतारना होता है, और मध्यम मार्ग पर चलने वाला व्यक्ति ही इन चार आर्य सत्यों को अनुभूति पर उतार सकता है।

आर्य आष्टांगिक मार्ग

आर्य आष्टांगिक मार्ग भगवान बुद्ध की अद्‌भुत खोज थी। सभी दुःखों से वर्तमान जीवन में ही मुक्ति पाने के लिए तथा इसी जीवन में वास्तविक सुख-शांति को प्राप्त करने के लिए भगवान बुद्ध ने आर्य आष्टांगिक मार्ग बताया है। आष्टांगिक मार्ग किसी एक संप्रदाय का न होकर सार्वजनीन मार्ग है क्योंकि यह प्रकृति के नियमों पर आधारित है। जो भी व्यक्ति इस मार्ग पर चलेगा दुःखों से मुक्त होगा ही। इसे स्वयं अनुभव कर जानना आवश्यक है। इसके आठ अंग इस प्रकार हैं :

(1) सम्यक् दृष्टि : सम्यक् दृष्टि अर्थात् सम्यक् दर्शन। यहां दर्शन शब्द का सही और वास्तविक अर्थ है—जो बात, जो वस्तु जैसी है, उसे वैसे ही उसके गुण-धर्म-स्वभाव में देखना अर्थात अनुभव से जानना। अतः सम्यक् दृष्टि अर्थात शुद्ध दर्शन, वास्तविक

दर्शन, प्रत्येक वस्तु, व्यक्ति तथा स्थिति का यथाभूत दर्शन, सत्य दर्शन, यथाभूत ज्ञान दर्शन ही सम्यक् दृष्टि कहलाती है। इसका अनुभव विपस्सना साधना द्वारा किया जा सकता है।

(2) **सम्यक् संकल्प** : संकल्प अर्थात् चिंतन, मनन। हमारा संकल्प हमारी सोच सही व सकारात्मक होनी चाहिए। अर्थात् बुरे, दूषित विचारों से मुक्त, रागरहित, द्वेष-रहित, व मोह-रहित चिंतन-मनन सम्यक् संकल्प कहलाता है। सम्यक् स्मृति का अभ्यास करते-करते विपस्सना साधना द्वारा सम्यक् संकल्प का अभ्यास किया जा सकता है।

(3) **सम्यक् वचन** : हमारी वाणी सम्यक् हो अर्थात् हम झूठ न बोलें, कड़वी (कटु) भाषा बोलकर किसी का मन न दुःखाएं, किसी की निंदा न करें, किसी की चुगली न करें, व्यर्थ बयान न करें, गाली-गलौज न करें। मधुर बोलें, सत्यवादी हों। वाणी मृदु और संयमित हो। वाणी ऐसी हो जो दो पक्षों को जोड़ने का काम करे, प्रेम भाव, मैत्री भाव, बंधुभाव बढ़ाने का काम करे, ऐसी वाणी को सम्यक् वाणी कहते हैं।

(4) **सम्यक् कर्म** : मन, वचन और शरीर द्वारा किये जाने वाले कार्य सम्यक् रहें अर्थात् ठीक रहें। मिथ्याचार, परस्त्रीगमन, व्यभिचार असम्यक् कर्म हैं। किसी दूसरे की वस्तु चुराना, चोरी करना असम्यक् कर्म है, नशा करना, गांजा, अफीम आदि लेना असम्यक् कर्म है। दूसरों को क्षति पहुंचाना, किसी प्राणी की हत्या करना असम्यक् कर्म है। शरीर, वचन और मन से इन दुष्कर्मों से विरत रहें तो ही सम्यक् कर्म होगा।

(5) **सम्यक् आजीविका** : हर व्यक्ति को अपने व परिवार के भरण-पोषण के लिए कोई न कोई कार्य करना आवश्यक है। हमारी आजीविका का रास्ता सम्यक् अर्थात् सही होना चाहिए। आजीविका के साधन में किसी व्यक्ति को हानि नहीं होनी चाहिए। किसी को धोखा नहीं देना चाहिए। दूसरों को हानि पहुंचाकर, लूट कर, चोरी कर, ठगकर या धोखा देकर यदि जीविका चलाई जाती हो तो वह असम्यक् आजीविका है। केवल पैसा कमाने के लिए ऐसे व्यापार-धंधे या कार्य न करें जो अन्य लोगों को प्रत्यक्ष या अप्रत्यक्ष नुकसान पहुंचाते हैं। नशीले व मादक पदार्थों का व्यापार, जहरीले पदार्थों का व्यापार असम्यक् है। मांस-मदिरा का व्यापार, प्राणियों का व्यापार, अस्त्र-शस्त्र का व्यापार असम्यक् है।

(6) **सम्यक् व्यायाम** : मन की कमजोरी दूर करने के लिए, उसके विकार दूर करने के लिए मन का व्यायाम आवश्यक है। मन का स्वयं परीक्षण करें। यदि इस तथ्य का अनुभव हो कि मन में कुछ बुराई या दुर्गुण हैं तो उन्हें निकालने का प्रयास करें। किसी भी तरह के अवगुण या दुर्गुण हममें न आने पाएं इस बात से स्वयं सजग रहें। मन में अच्छाइयों-सद्‌गुणों को घर करने दें। सद्‌गुणोंपार्जन के लिए हमेशा तत्पर रहें, अपने सद्‌गुणों में हमेशा वृद्धि करने का प्रयास करें। दूसरों में कुछ अच्छे गुण नजर आएं तो उसे ग्रहण करने का प्रयास करें। अपने चित्त को सद्‌गुणों की ओर अग्रसरित करने वाले इस मानसिक प्रयास को सम्यक् व्यायाम कहते हैं।

(7) **सम्यक् स्मृति** : स्मृति का अर्थ है—जागरूकता, सजगता। वर्तमान क्षण में शरीर में होने वाली संवेदनाओं के प्रति सजगता व जागरूकता। शरीर और चित्त में

स्वभावगत तौर पर होने वाली क्रियाओं-प्रतिक्रियाओं के प्रति सचेत रहकर, जागरूक रहकर उस वास्तविकता को, उस वर्तमान सच्चाई को समता भाव से देखना-परखना, यही सम्यक् स्मृति है। शरीर में जिस समय जो भी और जैसी भी संवेदना हो रही है, उसका यथाभूत ज्ञान दर्शन। विपस्सना के द्वारा ही इसका अभ्यास किया जा सकता है।

(8) सम्यक् समाधि : समाधि अर्थात् मन की एकाग्रता। चित्त की एकाग्रता लाभदायक होती है। मन किसी भी आलंबन से एकाग्र हो सकता है। विकारों से भरा मन भी एकाग्र हो सकता है। अतः मन की केवल एकाग्रता सम्यक् समाधि नहीं है, अपितु जिस आलंबन के द्वारा मन एकाग्र किया जा रहा है, उसे लेकर यदि हम राग पैदा करें, द्वेष पैदा करें, मोह पैदा करें, तो यह सम्यक् समाधि नहीं हुई। आलंबन रागविहीन, द्वेषविहीन और मोहविहीन होना आवश्यक है। यही सम्यक् समाधि है। अतः कुशल चित्त और निर्मल चित्त की एकाग्रता को ही सम्यक् समाधि कहते हैं। आनापान सति के अभ्यास से सम्यक् समाधि उपलब्ध हो सकती है। विपस्सना साधना द्वारा सम्यक् समाधि का योग्य अभ्यास किया जा सकता है।

सम्यक् का अर्थ है सही, सम्यक् का अर्थ है सचमुच।

यह आर्य आष्टांगिक मार्ग सभी दुःखों से मुक्ति पाने व वास्तविक सुख-शांति से जीवन जीने का अनमोल रास्ता है। यह वर्तमान जीवन में ही निर्वाण का साक्षात्कार करा सकता है। इसमें मन को वश में रखने और निर्मल रखने पर विशेष जोर दिया गया है, क्योंकि सभी अवस्थाएं पहले मन में उत्पन्न होती हैं। मन ही प्रधान है। मलिन व दूषित मन से बोलने पर या कार्य करने पर दुःख पीछे-पीछे ऐसे ही हो लेता है जैसे बैलगाड़ी के पहिए बैलगाड़ी के बैलों के पीछे[15]। जब मनुष्य स्वच्छ, निर्मल मन से बोलता है या कर्म करता है तो सुख उसके पीछे ऐसे ही हो लेता है, जैसे आपका अपना साया।[16]

भगवान बुद्ध ने धम्म का सार इन शब्दों में बताया है :

'सब्बपापस्स अकरणं कुसलस्स उपसम्पदा।
सचित्तपरियोदपणं एतं बुध्दान सासनं।।'[17]

अर्थात् सभी पाप कार्यों को नहीं करना चाहिए, कुशल कार्यो को हमेशा करते रहना चाहिए तथा अपने चित्त को हमेशा पूर्णतः शुद्ध निर्मल करते रहना चाहिए; यही सभी बुद्धों की शिक्षा है।

यह आर्य आष्टांगिक मार्ग अपने-आपमें पूर्णतया शुद्ध और परिपूर्ण है केवल परिपूर्ण, केवल परिशुद्ध अर्थात् इसमें कुछ भी और जोड़ने की आवश्यकता नहीं है, क्योंकि यह पहले से ही परिपूर्ण है। इसी तरह इसमें से कुछ भी निकालने की आवश्यकता नहीं है क्योंकि यह पहले से ही परिशुद्ध है।

भगवान बुद्ध ने बार-बार इस बात पर जोर दिया कि धम्म के सुत्तों को पढ़ लेने से और याद कर लेने से या गाने से तब तक कोई कल्याण नहीं होने वाला जब तक कि उस पर स्वयं अमल न किया जाए और उस पर चलकर अपने अनुभव पर न उतारा जाए। भगवान बुद्ध ने कहा कि धम्म की बातों को केवल याद करने वाले की

दशा उस ग्वाले के समान होती है जो दूसरे की गायों को चराता है और दिन भर चराकर शाम को यह गिनती करता है कि किसकी कितनी गाएं थीं और उतनी गाएं वापस पहुंची कि नहीं, लेकिन उन गायों के दूध की एक बूंद भी उस ग्वाले को नहीं मिलती। इसी प्रकार धम्म के रास्ते न चलकर सिर्फ धम्म की बातों की चर्चा करना और उन पर बहस करने वालों की हालत भी दूसरों की गाएं चराने वाले ग्वालों के समान होती है।[18] भगवान बुद्ध के जीवन की एक घटना से यह बात और पुष्ट हो जाती है :

भगवान बुद्ध श्रावस्ती में अनाथपिण्डक के जेतवन विहार में विहरते थे और लोगों को धम्म सिखाते थे। एक दिन एक उपासक भगवान से अकेले में मिलने आया और बोला कि भगवान, आपने अनगिनत लोगों को धम्मदीक्षा दी है, जिसमें तीन प्रकार के लोग हैं। एक तो ऐसे लोग हैं जो पूरी तरह धम्म के रास्ते पर चल रहे हैं, शील-सदाचार का जीवन व्यतीत कर रहे हैं और शील-समाधि-प्रज्ञा में प्रतिष्ठापित हैं। उनके चेहरे की शांति, उनका व्यवहार और उनका रहन-सहन इत्यादि देखकर कोई भी समझ सकता है कि वे लोग राग-द्वेष-मोह से मुक्त हो चुके हैं, अर्हंत पद को प्राप्त कर चुके हैं और अर्हंत हो गए हैं।

काफी लोग ऐसे हैं जो राग-द्वेष-मोह से अभी पूरी तरह मुक्त तो नहीं हुए हैं, लेकिन यथासंभव शील व सदाचार का जीवन जीते हैं। उनके चेहरे की शांति और कांति, व्यवहार में शालीनता और रहन-सहन से भी यह बात स्पष्ट दिखाई देती है कि उन्हें धम्म के रास्ते पर चलने से बहुत लाभ मिला है। तीसरे, ऐसे लोग भी हैं जिनमें से मैं भी एक हूं जो धम्मचर्चा तो रोज सुनते हैं, लेकिन धम्म पर अमल नहीं करते। इसलिए भगवान इतने दिनों तक धम्मचर्चा सुनने के बाद भी कोई खास फायदा नहीं मालूम पड़ता। इसलिए हे भगवान, आप तो सर्वज्ञानी हैं, भूत-भविष्य को जानने वाले हैं, सम्यक् सम्बुद्ध हैं, सर्वशक्तिमान हैं तो आप कृपा करके हम सभी को क्यों नहीं तार देते और मोक्ष दिला देते?

भगवान बुद्ध ने उसकी मनःस्थिति समझकर उससे प्रतिप्रश्न किया कि वह कहां का रहने वाला है। उसने जबाब दिया कि वह श्रावस्ती में ही व्यापार करता है, लेकिन रहने वाला मगध का है। भगवान ने उससे पूछा—क्या मगध में उसका आना-जाना होता है और क्या मगध जाने का रास्ता मालूम है? उसके हां कहने पर भगवान ने उससे पूछा कि श्रावस्ती में जो उसके मित्र हैं उनमें से कुछ लोग मगध जाने का रास्ता पूछते होंगे तो क्या वह बता देता है? उसने कहा—भगवान, वह तो खूब अच्छी तरह से बता देता है और समझा भी देता है कि श्रावस्ती से बनारस जाओ, बनारस से बोधगया-पटना-मगध। उसने कहा कि वह तो रास्ता खूब अच्छी तरह से समझाता है। भगवान बुद्ध ने मुस्कराकर पूछा—तो क्या वे सभी जिन्हें उसने मगध का रास्ता बताया, वे अपने आप मगध पहुंच गए। वह सकुचाते हुए बोला कि भगवान, वे सब सिर्फ रास्ता जानने भर से तो अपने आप कैसे पहुंचेगे जब तक कि उस रास्ते पर चलकर मगध तक की दूरी तय नहीं करेंगे। भगवान बुद्ध ने मुस्कराकर कहा यही बात तो मैं भी समझा

रहा हूं कि मैं *तथागत* हूं, मैं राग-द्वेष-मोह से और दुःख से मुक्त होने का मार्ग जानता हूं क्योंकि मैं स्वयं उस रास्ते पर सच्चाई के सहारे चलकर पूरी तरह मुक्त हुआ हूं, और हर कोई जो भी इस रास्ते पर चलेगा दुःख से मुक्त हो जाएगा। अब कोई इंसान मेरे बताए हुए शील-समाधि-प्रज्ञा के मार्ग पर चले नहीं, शील-सदाचार का जीवन जिये नहीं और यहीं बैठे-बैठे *बुद्धं शरणं गच्छामि* का जाप करता रहे तो वह कैसे राग-द्वेष-मोह से और दुःख से मुक्त हो पायेगा। यह सुनकर उस व्यक्ति के मन की सारी शंकाएं समाप्त हो गईं और वह धम्म के रास्ते चलकर विपस्सना करते-करते मुक्त हो गया।[19]

भगवान बुद्ध के पहले अधिकतर लोगों, विशेषतः वैदिक संस्कृति से प्रभावित लोगों का यह मानना था कि हम जो कर्म कर रहे हैं, उसका फल मरने के बाद मिलेगा और अच्छे कर्म वालों को स्वर्ग और बुरे कर्म वालों को नर्क मिलेगा। वर्तमान जीवन की सच्चाई और आम आदमी की समस्याओं तथा उसके सुख व दुःख की करीब-करीब उपेक्षा ही की जाती थी। भगवान बुद्ध का सबसे बड़ा योगदान यह है कि उन्होंने वर्तमान जीवन की सच्चाई पर बल दिया। धम्म का पूरा मार्ग ही मनुष्य की दिन-प्रतिदिन की समस्याओं और उसके जीवन के सुख-दुःख से संबंधित है। बुद्ध की पूरी शिक्षा ही लौकिक है, जिसमें कर्म करने और उसके फल आने में कोई समय अंतराल नहीं है। इसीलिए धर्म को *अकालिक* कहा जाता है। अगर हम अच्छे कर्म करते हैं तो उसका फल अच्छा ही आयेगा और तुरंत आयेगा। यदि हम बुरे कर्म करते हैं तो उसका फल बुरा ही आयेगा। इसके लिए मृत्यु के बाद किसी और पराशक्ति, दैवीय शक्ति, के फैसले की जरूरत नहीं है। क्रोध करने से, नशीले पदार्थों का सेवन करने से, दुराग्रही होने से, धर्मान्ध होने से, वंचक होने से, ईर्ष्यालु होने से, आत्मप्रशंसक होने से, पर-निन्दक होने से, घमण्डी होने से तथा बुरे इरादे रखने से आदमी अपवित्र होता है।

शील और सदाचार का जीवन जियो। सावधान रहो ताकि इन्द्रियां भली प्रकार संयत रहें। कोई भी ऐसी वेदना न हो जो तुम्हारे पैरों को भूमि पर न रहने दे। खाने-पीने में मर्यादित रहो, जागरूक रहो, सावधान रहो। एकान्त में इन्द्रिय-संयमी रहो, पांचों नीवरणों से रहित हो जाओ और ध्यानों का अभ्यास करो।

एक कमजोर और आलसी आदमी के लिए इस धर्म विनय में न फल की प्राप्ति है और न अर्हत्व की प्राप्ति है। जो सतत् साधना करते हैं, वे ही सफल होते हैं। प्रमाद सभी दूसरी नैतिक बीमारियों के मूल में है। जो अपने आप को प्रमाद से मुक्त कर सकेगा वह सभी दूसरी नैतिक बीमारियों से भी मुक्त हो जायेगा।

मनुष्य और मानव समाज का कल्याण ही बुद्ध की शिक्षाओं का केंद्र है।

श्रावस्ती के जेतवन उद्यान में मंगलसुत्त की देशना करते हुए भगवान बुद्ध ने कहा कि अज्ञानियों से दूर रहना, ज्ञानियों की संगत करना, जो पूज्य हैं उनकी पूजा करना, उपयुक्त देश में निवास करना, पूर्वकर्मों का संचित पुण्य होना, स्वयं को सम्यक् रूप से समाहित रखना, अनेक विद्याओं और शिल्पकलाओं में निपुण होना, विनय स्वभाव में सुशिक्षित होना, बातचीत में मृदुभाषी होना, माता-पिता की सेवा करना, परिवार का पालन-पोषण करना, व्याकुल न करने वाला निष्पाप व्यवसाय करना, दान देना,

धम्माचरण करना, सगे-संबंधियों की सहायता करना, दुष्कर्म न करना, तन-मन से पापों का त्याग करना, नशीले पदार्थों के सेवन से दूर रहना, कुशल धर्मों के पालन में सदा सचेत रहना, संतुष्ट रहना, कृतज्ञ रहना, उचित समय पर धर्म सुनना, सहनशील होना, आज्ञाकारी होना, भिक्खुओं का दर्शन करना, उचित समय पर धर्म चर्चा करना, ध्यान करना, ब्रह्मचर्य पालन करना, चार आर्य सत्यों को अनुभव करना, निर्वाण का साक्षात्कार करना, लाभ-हानि, यश-अपयश, निंदा-प्रशंसा, और सुख-दुःख, इन आठ प्रकार के लोकधर्मों के स्पर्श से चित्त विचलित न होने देना, निःशोक, निर्मल और निर्भय रहना श्रेष्ठ मंगल है। जो व्यक्ति उपर्युक्त मंगलधर्मों का पालन करते हुए सर्वत्र कल्याणलाभी होते हैं उन मंगलमार्गियों के लिए यही श्रेष्ठ मंगल हैं।[20]

उपर्युक्त सुत्त में धम्म का पूरा सार समाया हुआ है।

भगवान बुद्ध ने अपनी समूची शिक्षा में वैज्ञानिक दृष्टिकोण अपनाया और पटिच्चसमुप्पाद द्वारा यह सिद्ध किया कि दरअसल अहम और आत्मा का कोई अस्तित्व नहीं है। संसार में प्रत्येक वस्तु और घटना दूसरी अन्य बहुत-सी चीजों और परिस्थितियों पर निर्भर करती है और उनका परिणाम है। पटिच्चसमुप्पाद को विस्तार से अगले अध्याय में दिया जा रहा है।

चतुर्थ अध्याय

पटिच्चसमुप्पाद

पटिच्चसमुप्पाद का नियम भगवान बुद्ध की अद्‌भुत खोज है। पटिच्चसमुप्पाद का मतलब है—किसी न किसी कारण की वजह से कुछ न कुछ की उत्पत्ति। भगवान बुद्ध ने कहा :

'इमासमिम इदं होति, इमासमिम असति इदं न होति'[1]

यह होगा तो यह होगा, यह नहीं होगा तो यह भी नहीं होगा। हर किसी का निर्माण, हर किसी की उत्पत्ति, हर किसी का विनाश किसी न किसी कारण से होता है। इसीलिए पटिच्चसमुप्पाद को कारण और कार्य अथवा परस्पर संवर्धन का नियम भी कहा जाता है। इस प्रकृति में, संपूर्ण अस्तित्व में जो कुछ भी विद्यमान है, जीव-निर्जीव, छोटा या बड़ा, कुछ भी इस नियम का अपवाद नहीं है। समूचे विश्व में कहीं भी बगैर कारण के कुछ भी नहीं होतां।

दुनिया में अगर हिंसा और आतंकवाद है तो इसका मतलब है कि कुछ लोगों के दिल और दिमाग में भय, असुरक्षा, क्रोध और नफरत भरी हुई है और संबंधित सरकारें व प्रशासन प्रभावित लोगों के शिकवे-शिकायत नहीं दूर कर पा रहे हैं और उनके अंदर विश्वास नहीं पैदा कर पा रहे हैं। अगर लोग भूख से मर रहे हैं तो इसका कारण है कि उनके पास अनाज खरीदने के लिए पैसा नहीं है। अगर लोग गरीब हैं तो इसलिए कि वे बेरोजगार हैं और उनके पास आमदनी के साधन नहीं हैं या फिर जो जितना कमा रहे हैं उससे ज्यादा खर्च कर रहे हैं या फिर कोई उनका शोषण कर रहा है। इसी तरह लोग अगर बीमार हैं तो इसलिए कि वे या तो अस्वास्थ्यकर परिस्थितियों में रहने के लिए बाध्य हैं या फिर भर-पेट खाना नहीं मिल रहा है या वे शारीरिक मेहनत नहीं कर रहे हैं या फिर अपनी दिनचर्या गलत ढंग से प्रकृति के नियमों के खिलाफ जी रहे हैं या फिर किसी रोग के रोगी हैं और इलाज नहीं करवा पा रहे हैं। लेकिन हर वस्तु और घटना के पीछे कोई न कोई कारण अवश्य है। बगैर कारण के इस दुनिया में कुछ भी नहीं होता। इसलिए पटिच्चसमुप्पाद को कारण और प्रभाव का नियम भी कहते हैं। भगवान बुद्ध ने पटिच्चसमुप्पाद को अपनी शिक्षाओं का आधार बनाया।

भगवान बुद्ध ने बताया कि मन और शरीर लगातार एक-दूसरे से प्रतिक्रिया करके एक-दूसरे को प्रभावित करते हैं और प्रभावित होते रहते हैं। मन और शरीर का गहरा

संबंध है, इंद्रियों का विषयों से टकराव होता ही रहता है जिसके कारण शरीर में जैव रासायनिक और विद्युत चुंबकीय प्रतिक्रियाएं लगातार होती रहती हैं। इसके कारण शरीर पर सुखद, दुःखद और न सुखद, न दुःखद संवेदनाएं उत्पन्न होती ही रहती हैं। सुखद संवेदनाओं के प्रति राग व दुःखद संवेदनाओं के प्रति द्वेष लगातार जागता ही रहता है। अवचेतन मन लगातार राग-द्वेप जगाता रहता है और राग-द्वेष के संखार बनाता रहता है।

इंद्रियों का जब अपने विषयों से टकराव होता है जैसे कि आंख का रूप से, कान का ध्वनि से, नाक का गंध से, जीभ का स्वाद से, त्वचा का स्पर्श से और मन का विचार से तो मानस का पहला हिस्सा जिसे उन दिनों की भाषा में 'विज्ञान' कहते थे यह सूचित करता है कि कुछ टकराव हुआ और ऐसा होते ही पूरे शरीर में एक तरंग प्रवाहित होती है, जैसे कि कांसे के बरतन पर चोट करने से होता है। ऐसा होतें ही मानस का दूसरा हिस्सा जिसे उन दिनों की भाषा में 'संज्ञा' कहा जाता था इस टकराव का संग्रहित जानकारियों के आधार पर मूल्यांकन करके फैसला सुनाता है कि जो भी टकराव हुआ वह सुखद है या दुःखद या न सुखद है न दुःखद। उदाहरण के लिए हम जो भाषा जानते हैं या समझ सकते हैं उस भाषा में अगर कोई हमारी प्रशंसा करे, कोई सुखद समाचार दे तो हम पुलकित होते हैं, हमारे अंदर सुखद तरंगें प्रवाहित हाने लगती हैं और अगर गाली दे या निन्दा करे, अपमान करे या कोई ऐसी बात बोले जो हमें अच्छी नहीं लगती तो हमें बुरा लगता है और दुःखद तरंगों का प्रवाह होता है। लेकिन हमारी वही प्रशंसा या बुराई किसी ऐसी भाषा में की जाए जो हम नहीं समझते हैं तो उसके प्रति हमारी प्रतिक्रिया नहीं होती। क्योंकि 'संज्ञा' तो मूल्यांकन संग्रहित सूचनाओं के आधार पर करती है और उस भाषा का ज्ञान न होने के कारण 'संज्ञा' फैसला नहीं कर पाती। यह बिल्कुल वैसा ही है कि जैसे कम्प्यूटर में कोई ऐसी डिस्क डाली जाए, जिसका सॉफ्टवेयर कम्प्यूटर में न हो तो उस डिस्क को कम्प्यूटर पढ़ नहीं पाता। लेकिन अगर वह सॉफ्टवेयर कम्प्यूटर में मौजूद हो तो वह तुरंत पढ़ लेता है। ठीक इसी तरह, यह फैसला होते ही कि जो टकराव हुआ या जो सूचना मिली वह सुखद है या दुःखद मानस का तीसरा हिस्सा जिसे उन दिनों की भाषा में 'वेदना' कहा जाता था अपना काम करता है और शरीर में जो तरंगें उत्पन्न हुईं थीं वे दुःखद या सुखद या फिर न सुखद न दुःखद संवेदनाओं में बदल जाती हैं और इन संवेदनाओं के उत्पन्न होते ही मानस का चौथा हिस्सा जिसे उन दिनों की भाषा में 'संखार' कहा जाता था अपना काम आरंभ करता है और सुखद संवेदनाओं के प्रति राग और दुःखद संवेदनाओं के प्रति द्वेष जगाता है। अगर संवेदना सुखद होती है तो हम उसके प्रति राग पैदा करते हैं और अगर दुःखद संवेदना है तो हम उसके प्रति द्वेष पैदा करते हैं। ये जो राग-द्वेष की प्रतिक्रिया होती है, उसके कारण मानस-पटल पर एक प्रतिबिंब या छवि बन जाती है जिसे पाली भाषा में संखार कहा जाता है। ये संखार तीन प्रकार के बनते हैं :

पहली प्रकार के संखार पानी पर खींची हुई लकीर के समान होते हैं। ये संखार

बनते ही मिट जाते हैं या थोड़ी देर बाद मिट जाते हैं। इनकी अवधि लंबी नहीं होती है। उदाहरण के तौर पर हम रोज अखबार और पत्र-पत्रिकाएं पढ़ते हैं, रेडियो और टेलिविजन देखते-सुनते हैं, खाना खाते हैं, लेकिन अगर कोई याद करना चाहे कि कुछ महीने पहले किस दिन, किस पल क्या पढ़ा था, क्या सुना था, क्या देखा था या क्या खाया था तो याद करना मुश्किल होगा, क्योंकि ये संखार बहुत ही अस्थायी होते हैं।

दूसरी प्रकार के संखार बालू पर खींची हुई लकीर जैसे होते हैं, जिन्हें मिटने में थोड़ा समय लगता है। उदाहरण के तौर पर अखबार की कोई ऐसी खबर जो हमारे दिल को छू जाती है और कई दिन तक हम उसके बारे में सोचते रहते हैं या कोई ऐसी पिक्चर जो हमें कई दिन तक याद आती रहती है या कोई ऐसा उत्सव जिसे हम कई दिन तक याद रखते हैं। इस प्रकार के संखार समय बीतने के साथ-साथ मिट जाते हैं।

तीसरी किस्म के संखार पत्थर पर खींची हुई लकीर के समान होते हैं जो अंतर्मन की गहराइयों तक बस जाते हैं, और जिन्हें समाप्त होने में बहुत लंबा समय लगता है। उदाहरण के तौर पर सगे-संबंधियों की मृत्यु और उनसे बिछुड़ाव, कोई बहुत सुखद या दुःखद घटना जो भुलाए नहीं भूलती है और हमारे न चाहते हुए भी अक्सर मानस-पटल पर उभरती रहती है और याद आती रहती है। ये संखार बहुत मोटे और गहरे होते हैं और हमें सबसे ज्यादा व्याकुल करते हैं। जब-जब ये संखार अपना सर उठाते हैं त्यों-त्यों हमारे अंदर राग और द्वेष बढ़ता ही जाता है।

इन संखारों के बनने का मूल कारण इनके स्वभाव के प्रति हमारा अज्ञान होना है। अज्ञान के कारण ही हम इनके प्रति अनजाने में ही लगाव पैदा कर लेते हैं और मन उन्हीं में गोता लगाता रहता है। अज्ञान के कारण बनने वाले इन संखारों की वजह से भव चक्र अबाध गति से चलता ही रहता है। इसी सिद्धान्त को पटिच्चसमुप्पाद कहते हैं। भगवान बुद्ध ने इसे दुःख-चक्र का अनुसंधान करते हुए खोज निकाला। भगवान बुद्ध ने कहा :

अनुलोमं

अविज्जापच्चया संखारा, संखारापच्चया विञ्ञाणं,
विञ्ञाणपच्चया नाम-रूपं, नाम-रूपपच्चया सलायतनं,
सलायतनपच्चया फ़स्सो, फ़स्सपच्चया वेदना,
वेदनापच्चया तण्हा, तण्हापच्चया उपादानं,
उपादानपच्चया भवो, भवपच्चया जाति,
जातिपच्चया जरा-मरणं-सोक-परिदेव-दुक्ख-दोमनस्सुपायासा सम्भवन्ति।
एवमेतस्स केवलस्स दुक्खक्खन्धस्स समुदयो होति ।।[2]

अर्थ : अविद्या (अज्ञान) इस बात का कि शरीर के अंदर अवचेतन मन में लगातार कैसे राग और द्वेष की प्रक्रिया चल रही है और कैसे हम हर क्षण राग और द्वेष के

गहरे-गहरे संखार बनाए जा रहे हैं और भव-चक्र के जाल में फंसते ही जा रहे हैं। अविद्या के कारण संखार, संखार के कारण विज्ञान, विज्ञान के कारण नाम-रूप(चित्त और शरीर), नाम-रूप के कारण छः इंद्रिया, छः इंद्रियों के कारण स्पर्श, स्पर्श के कारण वेदना, वेदना के कारण तृष्णा, तृष्णा के कारण उपादान (गहन आसक्ति), उपादान के कारण भव, भव के कारण जाति (जन्म), जाति (जन्म) के कारण बुढ़ापा, मृत्यु, शोक करना, रोना-पीटना, दुखित, बेचैन व परेशान होना होता है। इस प्रकार सारे के सारे दुःख समुदाय का उदय होता है। इसे ही दुःख-चक्र या भव-चक्र कहते हैं। यही संसार चक्र है। यह पटिच्चसमुप्पाद चक्र, नाम रूप स्कंध के जन्म व मरण का चक्र ही है। इसे कार्य-कारण-परंपरा चक्र भी कहते हैं। इसमें कहीं भी मैं, मेरा, आत्मा कहने को कुछ नहीं है। इसलिए इसे अनात्मवाद का सिद्धान्त भी कहा जाता है।

पटिलोमं

अविज्जायत्वेव असेस विराग निरोधा संखारनिरोधो, संखारनिरोधा विञ्ञाणनिरोधो,
विञ्ञाणनिरोधा नाम-रूपनिरोधो, नाम-रूपनिरोधा सलायतननिरोधो,
सलायतननिरोधा फ़स्सनिरोधो, फ़स्सनिरोधा वेदनानिरोधो,
वेदनानिरोधा तण्हानिरोधो, तण्हानिरोधा उपादाननिरोधो,
उपादाननिरोधा भवनिरोधो, भवनिरोधा जातिनिरोधो,
जातिनिरोधा जरा-मरणं, सोक-परिदेव-दुक्ख-दोमनस्सुपायासा निरूज्झन्ति।
एवमेतस्स केवलस्स दुक्खक्खन्धस्स निरोधो होति।।[3]

अर्थ : अविद्या (अज्ञान) के पूर्णतया निरोध करने से संखारों का निरोध हो जाता है, संखारों के निरोध से विज्ञान का निरोध हो जाता है, विज्ञान के निरोध से नाम रूप (चित्त और शरीर) का निरोध हो जाता है, नाम रूप के निरोध से छः इंद्रियों का निरोध हो जाता है, छः इंद्रियों के निरोध से स्पर्श का निरोध हो जाता है, स्पर्श के निरोध से वेदना का निरोध हो जाता है, वेदना के निरोध से तृष्णा का निरोध हो जाता है, तृष्णा के निरोध से उपादान (गहरी आसक्ति) का निरोध हो जाता है, उपादान के निरोध से भव का निरोध हो जाता है, भव के निरोध से जन्म का निरोध हो जाता है, जन्म के निरोध से बुढ़ापा, मृत्यु, शोक, रोना पीटना, बेचैनी व परेशानी का निरोध हो जाता है। इस प्रकार सारे के सारे दुःख समुदय का निरोध हो जाता है। प्रतिलोम संसारचक्र या भवचक्र से धम्मचक्र में परिवर्तन है। अब सवाल यह उठता है कि भवचक्र को धम्मचक्र में परिवर्तित किया कैसे जाए? जब तक जीवन है, इंद्रियों का अपने विषयों से टकराव रहेगा ही। जब-जब जन्म होगा, शरीर के साथ-साथ इंद्रियां होंगी ही। इंद्रियों को कितना भी क्यों न रोका जाए, उनका अपने-अपने विषयों से टकराव होगा ही। पूरे विश्व में हम कहीं भी चले जाएं, कोई जगह ऐसी नहीं है जहां इंद्रियों के विषय न हों। और अगर थोड़ी देर के लिए कोई ऐसी जगह मिल भी जाए तो भी मन तो हमेशा हमारे शरीर के साथ रहेगा ही और मन के अपने विषय हैं जिससे वह लगातार

प्रतिक्रिया करता ही रहता है। कुछ अच्छा लगा तो उसके प्रति राग जगाता है, कुछ बुरा लगा तो उसके प्रति द्वेष जगाता है।

भगवान बुद्ध की अद्‌भुत खोज यह थी कि विषयों का इंद्रियों से संपर्क होने पर शरीर में दुःखद या सुखद या असुखद या अदुःखद संवेदना होती है, राग-द्वेष उस संवेदना के प्रति जागते हैं। उदाहरण के लिए नशापान करने वालों का लगाव नशापान के प्रति न होकर नशापान की वजह से होने वाली संवेदनाओं के प्रति ही होता है।

भगवान बुद्ध ने बताया कि भव-चक्र को तोड़ने के लिए वेदना से शुरुआत करनी पड़ेगी क्योंकि अज्ञान तो हर कड़ी के साथ जुड़ा हुआ है। हमारे मन की आदत ही ऐसी होती है कि वह लगातार राग-द्वेष में लोट-पलोट लगाता रहता है। अगर संवेदना सुखद होती है तो उसे और अधिक मात्रा में चाहता है और संवेदना अगर दुःखद है तो उसको दूर करना चाहता है, लेकिन अगर संवेदनाओं को हम तटस्थ भाव से या भोक्ताभाव के बजाए द्रष्टाभाव से देखें तो यह बात जल्द ही समझ में आ जाती है कि संवेदना चाहे जैसी हो, वह अनित्य ही होती है, हर संवेदना क्षणिक होती है और ज्यादा देर तक नहीं टिकती। ये संवेदनाएं क्षण-प्रतिक्षण बदलती ही रहती हैं। अगर हम इनके अनित्य स्वभाव को अपने स्वयं के प्रत्यक्ष अनुभव द्वारा पहचान लें तो हम इनके प्रति राग और द्वेष जगाना बंद कर देंगे और इन्हें भोक्ता भाव की जगह द्रष्टाभाव से देखने लगेंगे। जैसे ही हम संवेदनाओं को द्रष्टा भाव से देखने लगते हैं, इनके प्रति नया राग और द्वेष बनना बंद हो जाता है और राग-द्वेष के पुराने संखार जो कि अंतर्मन की गहराइयों में दबे पड़े होते हैं, वे मन की सतह पर आने लगते हैं, चूंकि हम उनके प्रति द्रष्टाभाव बनाए रखते हैं इसलिए वे कमजोर होकर समाप्त होते जाते हैं और ज्यों-ज्यों राग-द्वेष के संखार समाप्त होते जाते हैं, मन उतना ही निर्मल और शांत होता चला जाता है। इस सिद्धांत का व्यावहारिक पक्ष विपस्सना है जिसमें साधक स्वयं अपनी प्रत्यक्ष अनुभूति द्वारा संवेदनाओं के अनित्य स्वभाव को अनुभव कर सकता है। अनित्य के प्रत्यक्ष ज्ञान से नए संखार बनने बंद हो जाते हैं और पुराने संग्रहित संखार कमजोर होकर समाप्त होते जाते हैं :

'खीणं पुराणं नवं नत्थि सम्भवं'।

फिर एक अवस्था ऐसी आती है जहां पर चित्त सम्पूर्ण रूप से सभी संखारों से मुक्त हो जाता है :

'विसङ्खारगतं चित्तं, तण्हानंखयमज्झगा'।

जब कोई संखार ही नहीं रहेंगे तो नया विज्ञान नहीं बनेगा, नया विज्ञान नहीं बनेगा तो नया नाम-रूप (शरीर और चित्त) नहीं बनेगा, नया नाम-रूप नहीं बनेगा तो छः इंद्रियां भी नहीं बनेंगी, अगर इंद्रियां नहीं बनेंगी तो उनका विषयों से टकराव नहीं होगा, इंद्रियों का विषयों से टकराव नहीं होगा तो वेदना नहीं उत्पन्न होगी, जब वेदना नहीं उत्पन्न होगी तो फिर उस वेदना के प्रति तृष्णा भी नहीं जगेगी। जब तृष्णा नहीं पनपेगी तो उस तृष्णा के प्रति आसक्ति भी नहीं पैदा होगी, अगर आसक्ति ही नहीं होगी तो भव का निर्माण भी नहीं होगा। भव का निर्माण नहीं होगा तो नया जन्म भी नहीं होगा

और अगर नया जन्म ही नहीं होगा तो बीमारियां, बुढ़ापा, मृत्यु, प्रियजनों से बिछुड़ाव, अप्रिय लोगों से मिलाप नहीं होगा, अनचाही होने और मनचाही न होने का दुःख नहीं होगा और इस तरह सारे दुःखों से मुक्ति हो जाएगी।

विपस्सना शारीरिक संवेदनाओं के माध्यम से मानसिक विकारों को जड़ों से निकालने की अद्‌भुत वैज्ञानिक विद्या है जिसे कोई भी, कहीं भी, कभी भी आजमाकर देख सकता है। लेकिन आजमाने के लिए कम से कम एक दस दिन के विपस्सना शिविर में शामिल होकर, सुखद व दुःखद संवेदनाएं अपनी अनुभूति से जाननी पड़ेंगी। कोई भी साधक केवल पढ़कर या सुनकर धर्मचक्र प्रवर्तन को नहीं समझ पायेगा जब तक कि वह स्वयं इसे अपनी अनुभूति से न जाने। पटिच्चसमुप्पाद के ज्ञान के बिना निर्वाण की प्राप्ति असंभव है। बौद्ध ग्रंथों के अनुसार जो वस्तु अपने ज्ञान से या समझ से परे है उस पर बहस करना, चर्चा करना और समय गंवाना अनुचित माना गया है। यदि कोई ऐसा करता है तो उसे वस्तुस्थिति का सम्यक् ज्ञान न होकर मतिभ्रम ही होगा। अतः सुधी उपासक-उपासिकाओं को अपना बहुमूल्य समय इस सिद्धांत को अपनी अनुभूति पर आजमाकर देखने के लिए किसी प्रशिक्षित विपस्सना शिक्षक की देखरेख में कम से कम एक दस दिवसीय शिविर में शामिल होकर विपस्सना साधना सीखनी चाहिए।

विपस्सना साधना की विस्तृत जानकारी अगले अध्याय में दी गई है।

पंचम अध्याय

विपस्सना

विपस्सना साधना भारतवर्ष की एक अत्यंत पुरातन साधना पद्धति है। करीब 2500 वर्ष पहले भगवान गौतम बुद्ध ने इसकी खोज कर लोक कल्याण के लिए इसे सर्वसुलभ बनाया था। तकरीबन 500 वर्षों तक यह साधना-पद्धति अपने शुद्ध रूप में भारत में प्रचलित रही, परंतु उसके बाद किन्हीं अवांछित तत्त्वों के सम्मिश्रण के कारण यह विकृत हो गई और वांछित परिणाम आने बंद हो गए। कालांतर में यह विधि भारतवर्ष से सर्वथा लुप्त हो गई। परंतु सौभाग्यवश भारत के पड़ोसी देश बर्मा में गुरु-शिष्य परंपरा से यह अपने शुद्ध रूप में कायम रही।

1969 में बर्मा देश के मशहूर उद्योगपति श्री सत्यनारायण गोयनकाजी को विपस्सना के आचार्य श्री सयाजी उ बा खिन ने विधिवत् विपस्सनाचार्य घोषित किया और लोक कल्याणकारी साधना को भारत में और भारत से फिर शेष दुनिया में फैलाने का जिम्मा सौंपा। इस तरह 1969 में विपस्सना साधना अपने जन्म स्थान भारत में फिर से अपने शुद्ध रूप में वापस आई। इस समय दुनिया के पांचों महाद्वीपों के पचास से ज्यादा देशों में विपस्सना साधना के 91 केंद्र हैं और हर जाति, संप्रदाय और विभिन्न मतों के लाखों लोग इस अद्‌भुत पद्धति का लाभ उठा रहे हैं। विपस्सना साधना एक सार्वजनीन, सार्वकालिक और सार्वभौमिक साधना है, जिसे कोई भी, कभी भी, कहीं भी आजमाकर देख सकता है और इस विद्या का लाभ उठा सकता है।

विपस्सना साधना का मुख्य लक्ष्य चित्त की शुद्धि करना है। इसके माध्यम से साधक अपने अंदर संग्रहित राग-द्वेष-भय-मोह-लालच-आसक्ति इत्यादि विकारों, दैनिक जीवन के तनावों और मानसिक बंधनों से मुक्ति प्राप्त कर लेता है। वह जीवन में आने वाली समस्याओं के प्रति अभिमुख होकर उनका सफलतापूर्वक समाधान खोजने में समर्थ होता है। अप्रिय परिस्थितियों में अविचलित रहकर उनका सामना करने की क्षमता उसमें आ जाती है।

विपस्सना बुद्ध धम्म की एक महत्वपूर्ण आधारशिला है। विपस्सना से निर्वाण की अवस्था जीवनकाल में ही हासिल की जा सकती है। अर्हंत अवस्था ही निर्वाण का द्योतक है। अर्हंत पद पाने की चार अवस्थाएं हैं : (1) श्रोतापण्ण, (2) सकृदागामी, (3) अनागामी, (4) अर्हंत। यह चारों चित्त की अवस्थाएं हैं और वह जीवनकाल में ही प्राप्त की जा सकती हैं। अर्हंत सारिपुत्र, अर्हंत मोद्‌गल्यायन, अर्हत महेन्द्र, अर्हंत

आनंद आदि अनेक लोगों ने अर्हंत पद अपने जीवनकाल में ही प्राप्त कर लिया था। चित्त की यह उच्चत्तम अवस्थाएं केवल 'ध्यान समाधि' और 'विपस्सना' के द्वारा ही प्राप्त की जा सकती हैं। समाधि आर्य आष्टांगिक मार्ग का दूसरा स्कंध है, और प्रज्ञा तीसरा स्कंध है। इन दोनों के तीन-तीन अंग हैं। ये सभी विपस्सना ध्यान साधना द्वारा ही पाये जा सकते हैं।

भगवान बुद्ध ने मन को ही धम्म में प्रधान स्थान दिया है। और मन को वश में करने के लिए, मन को जीतने के लिए विपस्सना का रास्ता बताया है। विपस्सना पालि भाषा का शब्द है जिसका संधि विच्छेद होता है, *वि+पस्सना। वि* का अर्थ है सूक्ष्मतापूर्वक, वास्तव में, पूर्णतया, सकारात्मक आदि आदि और *पस्सना* का मतलब है देखना, जानना, परीक्षण-निरीक्षण करना, शोध करना, विश्लेषण करना, निष्कर्ष निकालना आदि-आदि। स्थूल हमेशा भ्रम पैदा करता है, वास्तविकता नहीं दिखलाता। स्थूल के विभाजन और विश्लेषण से उसकी वास्तविकता समझ में आने लगती है। किसी भी वस्तु, स्थिति को विपस्सना की द्रष्टि से देखना विज्ञान की उपज है। वैज्ञानिक भी किसी भौतिक वस्तु की वास्तविकता को जानने के लिए वस्तु का विभाजन करता है और सूक्ष्मता से उसका परीक्षण-निरीक्षण करता है और तब जाकर उसे वस्तु की सूक्ष्मतम सच्चाई का पता चलता है। यही प्रयोग भगवान बुद्ध ने मानवी चित्त और शरीर पर किया। विपस्सना के द्वारा ही उन्होंने चार आर्य सत्य, और शरीर-चित्त के पंच स्कंध (रूप स्कंध, विज्ञान स्कंध, संज्ञा स्कंध, वेदना स्कंध, और संखार स्कंध) बताये हैं। विपस्सना के द्वारा ही उन्होंने छह भीतरी आयतन (छह भीतरी इन्द्रियां) बताये हैं। जैसे—चक्षु इन्द्रिय, जिह्वा इन्द्रिय, घ्राण इन्द्रिय, श्रोत इन्द्रिय, स्पर्श इन्द्रिय और मनेन्द्रिय। भगवान बुद्ध की विपस्सना का ही प्रयोग कुछ मात्रा में वैज्ञानिक लोग करते हैं। वे लोग भौतिक वस्तु का पृथक्करण करके ही देखते हैं। पालि सुत्त है :

'विविधेन पस्सति ति विपस्सना, विसेसेन पस्सति ति विपस्सना,
अनेकांगेन पस्सति ति विपस्सना, विभज्जेन पस्सति ति विपस्सना'[1]

विविधता से, विशेष रूप से, अनेक अंगों से, विभाजन, पृथक्करण करके देखने को ही विपस्सना कहते हैं।

जब हम किसी वस्तु अथवा परिस्थिति के टुकड़े-टुकड़े करके साक्षी भाव से देखते हैं तब पता चलता है कि जो वस्तु अथवा स्थिति जैसी दिखती है वास्तव में वैसी होती नहीं है। ऊपरी या बाहरी तौर पर प्रतीत होने वाला उसका स्वरूप भी नकारने योग्य नहीं होता है क्योंकि वह भी एक सच्चाई ही होती है, जिसे स्थूल अथवा भासमान सत्य कह सकते हैं। परंतु गहराई में जाने पर पता चलता है कि वास्तविक सच्चाई कुछ और ही है। ऐसा साफ-साफ पता लगने लगता है कि कोई भी वस्तु अथवा स्थिति स्थिर नहीं है। बल्कि क्षण-प्रतिक्षण उसमें कुछ न कुछ परिवर्तन होता ही रहता है। जब इस स्थिति का भान होने लगता है तब साधक भासमान सत्य को निःसार जानकर अपने दैनिक व्यवहार में वास्तविक सत्य को अपनाने लगता है। ऐसा करने से वह भासमान

विपस्सना आचार्य सयाजी उ बा खीन
(मार्च 6, 1899–जनवरी 19, 1971)

विपस्सना आचार्य सत्यनारायण गोयनका
(जन्म 1924)

सत्य के कारण पैदा होने वाली उत्तेजनाओं और आशंकाओं से त्रस्त नहीं होता और होश का जीवन बिताने लगता है। जैसे ही वह होश का जीवन बिताने लगता है उसके काया, वाणी तथा चित्त के कर्म सुधरने लगते हैं और जैसे-जैसे इन कर्मों में सुधार आने लगता है वैसे-वैसे मानसिक तनावों से मुक्त होने लगता है और अपने अंतःस्थल में शांति का अनुभव करने लगता है। तब इसके फलस्वरूप चित्त से संबंध रखने वाले अनेक रोगों का शमन होने लगता है और व्यसन उखड़ने लगते हैं।

बुद्ध ने जैसे मानव शरीर का विपस्सना द्वारा दर्शन किया वैसे ही मन का बड़ा सूक्ष्म विभाजन किया। शरीर और मन हमेशा परिवर्तित होते रहते हैं, बदलते रहते हैं। भगवान बुद्ध की यह अद्‌भुत खोज थी। विपस्सना ध्यान बुद्ध धम्म की अनुपम देन है। *'चत्तारो सतिपट्ठान'* अर्थात् चार सतिपट्ठान के ध्यान हैं : (1) कायानुपस्सना (2) वेदनानुपस्सना (3) चित्तानुपस्सना और (4) धम्मानुपस्सना।

अपनी काया में क्षण-प्रतिक्षण हो रहे बदलाव को द्रष्टाभाव से देखना कायानुपस्सना कहलाता है। इसी तरह शरीर में प्रकट होने वाली दुःखद-सुखद और अदुःखद-असुखद वेदनाओं को जो अनित्य है और हमेशा बदलती रहती है, उनको द्रष्टाभाव से देखते रहना वेदनानुपस्सना कहलाता है। चित्त में उठने वाले तरह-तरह के विचारों को जो हर पल बदलते रहते हैं, उनके प्रति प्रतिक्रिया किए बगैर द्रष्टाभाव से देखते रहना चित्तानुपस्सना कहलाता है। पूरे अस्तित्व में प्रकृति के नियमों, निसर्ग की नियामता के अनुसार जो कुछ भी घट रहा है, उसका कोई कर्ता नहीं है। उस पर किसी की भी सत्ता नहीं चलती है, उसमें मैं और मेरा कहने को भी कुछ नहीं है। समस्त प्रकृति बंधे-बंधाए नियमों से अपने-आप संचालित हो रही है, इस सत्य को द्रष्टाभाव से यथाभूत देखना धम्मानुपस्सना कहलाता है।

इन चारों के मूल में ही विपस्सना है। कोई भी भिक्खु या उपासक अर्हंत्व की चारों अवस्थाओं को केवल विपस्सना मार्ग से ही हासिल कर सकता है। *स्वयं भगवान बुद्ध को भी बोधिज्ञान या बुद्धत्व विपस्सना से ही प्राप्त हुआ।* निर्वाण का अर्थ होता है क्लेशों से मुक्त हो जाना। क्लेशों से मुक्ति तभी संभव है जब चित्त से राग और द्वेष जड़ से निकल जाए। यह तो अब लगभग सभी धर्मों के प्रचारक कहते हैं कि राग-द्वेष ही दुःख का कारण है, इसलिए राग-द्वेष नहीं करना चाहिए और चित्त को निर्मल रखना चाहिए। लेकिन *चित्त को निर्मल कैसे रखा जाए, उसका व्यावहारिक पक्ष और वास्तविक विधि भगवान बुद्ध के अलावा किसी ने नहीं बताई।* भगवान बुद्ध पहले महामानव थे, जो न केवल स्वयं मुक्त हुए बल्कि लाखों-करोड़ों लोगो को विपस्सना सिखाकर उनको राग-द्वेष से मुक्त होकर निर्वाणपद पाने में सहायता की।

पालथी मारकर, आंखें मूंदकर, भगवान बुद्ध की जो भी मुद्रायें दिखती हैं वह ध्यानस्थ मुद्रायें ही हैं। और ध्यान अर्थात् किसी बाहरी ईश्वर, आत्मा-परमात्मा का ध्यान नहीं अपितु विपस्सना द्वारा स्वयं का बोध करना है। मन को वास्तविक रूप में जानना, मन के विकारों को दूर करना, मन को परिशुद्ध, निर्मल करना, यह विपस्सना द्वारा ही

संभव है। विपस्सना ध्यान वास्तविकता पर और केवल सत्य पर ही आधारित होता है।

विपस्सना का लक्ष्य पीड़ा तथा आत्मिक अनुभवातीत्व से मुक्ति है। यह अंदरूनी शांति की ओर अग्रसर करता है जिसे इसके साधक अन्यों के साथ बांटना सीखते हैं। उपचार, रोग का उपचार नहीं अपितु मानव-पीड़ा का अनिवार्य उपचार, विपस्सना का प्रयोजन है। विपस्सना नैतिक समर्पण, जीवनकालिक आत्मविश्लेषी अनुशासन, आत्मज्ञान और स्वतः उत्तरदायित्व के माध्यम से उपचार करती है। अध्यात्म के इस अभ्यास में पूरे जीवन का आलिंगन है। यहां कोई अंधी भक्ति नहीं है, कोई दैविक हस्तक्षेप नहीं है, कोई भावशून्य पराश्रित याचना नहीं है जो हमारा उद्धार करेगी। विपस्सना हमें अपने प्रति उत्तरदायी बनाती है क्योंकि यह आत्मअवलोकन द्वारा यह उजागर करती है कि हम अपनी प्रतिक्रियाओं तथा मान्यताओं को अपने जीवन में कितना अपनाते हैं। इस मार्ग में प्रत्येक पल के विचार को समचितता का बीज बनाना शामिल है जो स्नेह और शांति का फल देगा। विपस्सना के माध्यम से हम शरीर-मस्तिष्क, या पूर्व-पश्चिम, दोहरेपन से आगे जा सकते हैं तथा नैतिक जड़ों, सुविचारित विवेक तथा बुद्धिमत्ता को उनके सभी अनुरागपूर्ण रूपों में अंगीकार कर सकते हैं।'[2]

विपस्सना साधना सीखने के लिए किसी प्रशिक्षित विपस्सना शिक्षक की देख-रेख में 10 दिवसीय प्रशिक्षण शिविर में शामिल होना पड़ता है। दस दिन के प्रशिक्षण शिविर में साधक को त्रिशरण व पंचशील की याचना करनी पड़ती है और दस दिनों तक पांचों शीलों का पालन करना होता है।

ये पांच शील इस प्रकार हैं :

पहला शील है—जीव-हिंसा से विरत रहना। इस शील से करुणाभाव जागृत होता है।

सब्बे तसन्ति दण्डस्स, सब्बे भायन्ति मच्चुनो।
अत्तानं उपमं कत्वा, न हनेय्य न घातये।।

(सभी दंड से डरते हैं। सभी को मृत्यु से भय लगता है। अतः सभी को अपने जैसा समझकर न किसी की हत्या करें, न हत्या करने के लिए प्रेरित करें।)[3]

दुनिया में कोई भी जीव सत्त्व अपनी खुशी से मरना नहीं चाहता। सभी प्राणियों को मृत्यु का भय होता है। जैसे हमें अपने प्राणों का मोह होता है, उसी तरह हमें अन्य प्राणियों के प्राणों को समझना चाहिए। हमें केवल मानव-हिंसा से ही नहीं वरन् अन्य प्राणियों की हत्या करने से भी बचना चाहिए। समाज में कानून और व्यवस्था बनाए रखने के लिए यह जरूरी है कि जैसा व्यवहार हम अपने साथ चाहते हैं वैसा ही व्यवहार हम दूसरे प्राणियों के साथ करें। जीव-हिंसा से विरत रहने का यह तो भासमान कारण है लेकिन जब साधक ध्यान से अपने अंदर देखना शुरू करता है तो जल्दी ही यह बात समझ में आ जाती है कि कोई भी इंसान तब तक हिंसा नहीं कर सकता जब तक कि वह अपने अंदर क्रोध न जगाए और जैसे ही क्रोध उत्पन्न होता है, श्वास अपनी स्वाभाविक गति खो देता है और शरीर के अंदर जैव-रासायनिक और विद्युत

चुम्बकीय प्रतिक्रियाओं की वजह से हानिकारक जहरीले पदार्थ उत्पन्न होने लगते हैं जो हमें अत्यंत हानि पहुंचाते हैं। क्रोध के कारण मन अस्थिर हो जाता है और अस्थिर मन से शरीर में होने वाली संवेदनाओं को हम नहीं महसूस कर पाते। इसलिए साधना के लिए भी और सुखी जीवन के लिए भी इस शील का पालन आवश्यक है।

दूसरा शील है—चोरी से विरत रहना। दुनिया का कोई भी इंसान यह नहीं चाहता कि कोई दूसरा व्यक्ति उसकी धन-संपदा को चुरा ले। इसलिए किसी भी व्यक्ति को यह अधिकार नहीं है कि वह दूसरे की श्रम से अर्जित धन-संपदा को चुराए। जैसे हम नहीं चाहते कि हमारी किसी भी वस्तु की चोरी हो वैसे ही हर कोई चाहता है। दूसरे को धोखा मत दो या अपने प्रभाव एवं सत्ता के प्रभाव का प्रयोग करके अन्य व्यक्तियों की वस्तुएं मत छीनो। इसी प्रकार दूसरे के श्रम और गाढ़े पसीने की कमाई से स्वयं लाभ उठाना भी इस शील के प्रतिकूल है। यदि सभी नागरिक इस शील के अनुरूप आचरण करेंगे तो सामाजिक समानता का विकास होगा और लूट तथा हत्याओं की घटनाएं भी शीघ्र ही समाप्त हो जाएंगी। समाज में कानून और व्यवस्था बनाए रखने के लिए यह जरूरी है कि जैसा व्यवहार हम अपने साथ चाहते हैं वैसा ही व्यवहार हम दूसरे प्राणियों के साथ करें। चोरी से विरत रहने का यह तो भासमान कारण है लेकिन जब साधक ध्यान से अपने अंदर देखना शुरू करता है तो जल्दी ही यह बात समझ में आ जाती है कि कोई भी इंसान तब तक चोरी नहीं कर सकता जब तक कि वह अपने अंदर लालच न जगाए और जैसे ही लालच उत्पन्न होता है श्वास अपनी स्वाभाविक गति खो देता है और शरीर के अंदर जैव-रासायनिक और विद्युत चुम्बकीय प्रतिक्रियाओं की वजह से हानिकारक जहरीले पदार्थ उत्पन्न होने लगते हैं जो हमें अत्यंत हानि पहुंचाते हैं। लालच के कारण मन अस्थिर हो जाता है और अस्थिर मन से शरीर में होने वाली संवेदनाओं को हम नहीं महसूस कर पाते इसलिए साधना के लिए भी और सुखी जीवन के लिए भी इस शील का पालन आवश्यक है।

तीसरा शील है—ब्रह्मचर्य का पालन करना और व्यभिचार से विरत रहना। इस शील का पालन करने से परिवार में विश्वास और हर्ष बढ़ता है और दूसरे लोगों को अनावश्यक कष्ट से बचाया जा सकता है। कोई भी इंसान यह नहीं चाहता कि उसके सगे-संबंधी व्यभिचार करें, यहां तक कि अति उन्नत और अतिविकसित देशों में भी इससे जहां अपने सगे-संबंधियों के प्रति विश्वासघात होता है, वहीं आत्मग्लानि की ग्रंथियां विकसित होती हैं। समाज में कानून और व्यवस्था बनाए रखने के लिए यह जरूरी है कि जैसा व्यवहार हम अपने साथ चाहते हैं वैसा ही व्यवहार हम दूसरे प्राणियों के साथ करें। व्यभिचार से विरत रहने का यह तो भासमान कारण है लेकिन जब साधक ध्यान से अपने अंदर देखना शुरू करता है तो जल्दी ही यह बात समझ में आ जाती है कि कोई भी इंसान तब तक व्यभिचार नहीं कर सकता जब तक कि अपने अंदर कामवासना न जगाए और जैसे ही कामवासना उत्पन्न होती है, श्वास अपनी स्वाभाविक गति खो देता है और शरीर के अंदर जैव-रासायनिक और विद्युत चुम्बकीय प्रतिक्रियाओं की वजह से हानिकारक जहरीले पदार्थ उत्पन्न होने लगते हैं जो हमें अत्यंत

हानि पहुंचाते हैं। कुंछ लोगों के होंठ और मुंह सूखने लगते हैं, दिल की धड़कन तेज हो जाती है और ब्लड-प्रेशर बढ़ जाता है। कई लोगों को स्नायुतंत्र की बीमारियां, डिप्रेशन, नर्वसनेस इत्यादि होने लगता है। कामवासना के कारण मन अस्थिर हो जाता है और अस्थिर मन से शरीर में होने वाली संवेदनाओं को हम नहीं महसूस कर पाते। इसलिए साधना के लिए भी और सुखी जीवन के लिए भी इस शील का पालन आवश्यक है।

चौथा शील है—असत्य भाषण से दूर रहना। कोई भी इंसान यह नहीं चाहता कि लोग उसके खिलाफ चुगली करें और गलत बातें फैलाएं जिससे लोगों में विभाजन हो या घृणा बढ़े। हर इंसान की बातें सत्य और यथार्थ पर आधारित होनी चाहिए। हां कहने का अर्थ 'हां' हो और नहीं कहने का अर्थ 'नहीं'। शब्द ही गलतफहमी और घृणा पैदा कर सकते हैं, इसलिए हम जो भी बोलें अति सावधानी से और सोच-समझकर बोलें। समाज में प्रेम और भाईचारा बनाए रखने के लिए यह जरूरी है कि जैसा व्यवहार हम अपने साथ चाहते हैं वैसा ही व्यवहार हम दूसरों के साथ भी करें। झूठ बोलने व चुगली करने से विरत रहने का यह तो भासमान कारण है लेकिन जब साधक ध्यान से अपने अंदर देखना शुरू करता है तो जल्दी ही यह बात समझ में आ जाती है कि कोई भी इंसान तब तक झूठ नहीं बोल सकता या चुगली नहीं कर सकता जब तक कि अपने अंदर भय और ईर्ष्या न जगाए और जैसे ही भय और ईर्ष्या उत्पन्न होती है, श्वास अपनी स्वाभाविक गति खो देता है और शरीर के अंदर जैव-रासायनिक और विद्युत चुम्बकीय प्रतिक्रियाओं की वजह से हानिकारक जहरीले पदार्थ उत्पन्न होने लगते हैं जो हमें अत्यंत हानि पहुंचाते हैं। भय और ईर्ष्या के कारण मन अस्थिर हो जाता है और अस्थिर मन से शरीर में होने वाली संवेदनाओं को हम नहीं महसूस कर पाते। इसलिए साधना के लिए भी और सुखी जीवन के लिए भी इस शील का पालन आवश्यक है।

वैज्ञानिक अनुसंधान करके इस नतीजे पर पहुंचे हैं कि 80 प्रतिशत से ज्यादा बीमारियां हमारे मन से उत्पन्न होती हैं। दिल की बीमारियां, डायबिटीज, कमर-दर्द, पीठ-दर्द, तनाव और त्वचा की अधिकतर बीमारियां हमारे मन में पैदा होने वाली घृणा, क्रोध, ईर्ष्या, भय और लालच के कारण उत्पन्न होती हैं। दवाइयों से थोड़े समय के लिए आराम तो मिल जाता है, लेकिन जड़ें वैसी ही रह जाती हैं। वैज्ञानिकों को मानना है कि जैसे ही हम क्रोध, घृणा और मानसिक तनाव पैदा करते हैं, तो इसका सबसे पहला असर मस्तिष्क के बाहरी हिस्से *सिरेबल कार्टेक्स* पर पड़ता है। करीब 13 अरब स्नायु कोशिकाएं क्रियाशील हो जाती हैं, जिसमें 10 अरब कोशिकाएं मस्तिष्क के भीतर होती हैं। क्रोध और घृणा का संदेश 400 कि.मी. प्रति घंटे की तेज रफ्तार से स्नायु तंत्र में दौड़ने लगता है। यह संदेश हाइपोथैलेमस में पहुंचता है जहां से इसको गुर्दों के ऊपर मौजूद एड्रिल ग्लैंड में भेज दिया जाता है और वहां पहुंचते ही शरीर को बीमार करने वाले चार प्रकार के हारमोंस बनने शुरू हो जाते हैं। ये हारमोंस जो हमें लड़ने या भागने की शक्ति देते हैं, घृणा और क्रोध के उत्पन्न होते ही बनने शुरू हो

जाते हैं। इन हारमोंस के बनते ही कलेजे (लिवर) से ग्लूकोज निकलना शुरू हो जाता है, जिससे लड़ने और भागने की ताकत आती है। इसके साथ ही दिल तेज गति से धड़कने लगता है जिससे शरीर को अधिक खून भेजा जा सके। रक्त को तेजी से पम्प करने के लिए उसके गाढ़ेपन को कम करके पतला करने के लिए होंठों और त्वचा से पानी रक्त में खींच लिया जाता है, इसलिए गुस्सा और घृणा पैदा होने के थोड़ी देर बाद हमारे होंठ, मुंह और गला सूखने लगता है। पाचन क्रिया के लिए रक्त का जाना रूक जाता है और पाचन क्रिया या तो पूरी तरह बंद हो जाती है या बहुत धीमी हो जाती है। ब्लड-प्रेशर बढ़ जाता है। रक्त में थक्के बढ़ने लगते हैं। शरीर का पूरा रासायनिक संतुलन बिगड़ जाता है और रोगों से लड़ने की शरीर की अवरोधक क्षमता कम हो जाती है। बार-बार होने वाले क्रोध, घृणा और ईर्ष्या के कारण बार-बार एड्रीनिल और कार्टीसोल हारमोंस बनते हैं और शरीर के रासायनिक सन्तुलन को बिगाड़ कर रोगों से लड़ने की अवरोधक क्षमता को कम कर देते हैं। हार्ट अटैक (दिल का दौरा), हाई कोलेस्ट्रोल, कैंसर, इन्फ्लूएंजा, चिकन पॉक्स (चेचक) जैसी बीमारियां लग जाती हैं। हारमोंस के श्राव से पेप्सिन नामक एंजाईम अधिक मात्रा में बनने लगता है जिसके बनने से पेट का म्यूकस सूख जाता है और पेट में अल्सर हो जाते हैं।

हमारे मस्तिष्क का आकार हमारे शरीर का केवल दो प्रतिशत होता है लेकिन जो ऑक्सीजन हम श्वास से लेते हैं, उसका बीस प्रतिशत उपयोग मस्तिष्क करता है। क्रोध, घृणा और ईर्ष्या उत्पन्न होते ही मस्तिष्क की क्रियाशीलता बढ़ जाती है, जिससे मस्तिष्क को और अधिक आक्सीजन और रक्त की जरूरत पड़ती है, जिससे दिल पर और अधिक रक्त भेजने के लिए दबाव पड़ता है। बार-बार ऐसा होने से दिल का दौरा पड़ जाता है। साथ ही बुढ़ापा जल्दी आ जाता है।

हमारा मस्तिष्क कम्प्यूटर की तरह काम करता है। मन के विकार जैसे, क्रोध, लालच, वासना, ईर्ष्या, मोह, घृणा, राग और द्वेष कम्प्यूटर वाइरस की तरह हमारे मस्तिष्क पर हमला करते हैं और जैसे वाइरस कम्प्यूटर की सामान्य कार्यप्रणाली को तहस-नहस कर देता है, उसी प्रकार मन के विकार रूपी वाइरस हमारे मस्तिष्क और शरीर दोनों को प्रभावित करते हैं। जिस तरह कम्प्यूटर को सामान्य कार्यप्रणाली में लाने के लिए हम वाइरस रोधी सॉफ्टवेयर लगाते हैं, उसी तरह शील-सदाचार का पालन करके अपने अंदर करुणा और मैत्री जगाकर हम मन के विकारों का उपचार कर सकते हैं।

पांचवां शील है—मद्यपान या नशीले पदार्थों के सेवन से दूर रहना। मद्यपान और उत्तेजक पदार्थों के सेवन से चित्त की स्पष्टता समाप्त हो जाती है और साधक शरीर में होने वाली सूक्ष्म संवेदनाओं को महसूस नहीं कर पाता। नशे में रहकर वह स्वयं अपने लिए, अपने परिवार तथा अन्य लोगों के लिए अनेक मुश्किलें पैदा करता है। मद्यपान और नशीले पदार्थों के सेवन से तन-मन-धन, मान-सम्मान, बुद्धि, समय और पारिवारिक शांति—सभी का नुकसान होता है। इस शील का पालन करने से शरीर और मन स्वस्थ रहता है। जब शरीर और मन स्वस्थ रहता है तो इंसान सही सोच

पाता है और सही फैसले ले पाता है।

इन शीलों का पालन इसलिए आवश्यक समझा गया है क्योंकि ऐसा करने से मन की उत्तेजना कम हो जाती है और उत्तेजना रहित मन से साधना का अभ्यास बेहतर ढंग से किया जा सकता है। यदि शील भंग करते हैं तो विकारों से अभिभूत होकर मन उत्तेजित हो उठता है और अंतःकरण की गहराइयों तक पहुंचना संभव नहीं हो पाता है। शीलों का व्रत लेने के बाद मन को एकाग्र करना सिखाया जाता है जिसे *आनापान* कहते हैं। आनापान के लिए विपस्सनाचार्य से आनापान सिखाने की याचना करने की औपचारिकता करनी पड़ती है। *आनापान* पालि शब्द है जो *आन+अपान* से बना है। *आन* अर्थात् आने वाला श्वास, *अपान* अर्थात् जाने वाला श्वास। श्वास के आने-जाने को अपने ही अनुभव से अपनी ही नासिका के दोनों द्वारों पर देखना सिखाया जाता है। प्रशिक्षित मार्गदर्शक की देख-रेख में, साधक पालथी मारकर बैठकर आंखें बंद कर अपने मन को अपनी नासिका के दोनों द्वारों पर केन्द्रित करके, नासिका द्वारा आने-जाने वाले हरेक स्वाभाविक, नैसर्गिक श्वास को देखना सीखता है। इससे चंचल मन स्थिर और स्थूल मन सूक्ष्म हो जाता है जो कि शरीर में होने वाली सूक्ष्म संवेदनाओं को महसूस करने लायक बन जाता है। आनापान से मन की एकाग्रता और याददाश्त बढ़ती है।

साढ़े तीन दिनों तक आनापान के द्वारा समाधि का अभ्यास करने के पश्चात चौथे दिन विपस्सनाचार्य से विपस्सना सिखाने की याचना की औपचारिकता करनी होती है जिससे विपस्सना के जरिए अपने अंदर प्रज्ञा जागृत होती है। उससे ही अनित्य, परिवर्तन का बोध हाने लगता है। मन को श्वास के आधार से एकाग्र करते हुए श्वास को सामान्य व नैसर्गिक रूप में लेते हुए शरीर के भीतर क्षण-प्रति-क्षण उत्पन्न होने वाली तथा परिवर्तित होते रहने वाली वेदना-संवेदना को द्रष्टाभाव से, तटस्थ भाव से, उपेक्षा भाव से, यथाभूत जानना सिखाया जाता है। देखते-देखते, जानते-जानते अपने भीतर लगातार वेदना-संवेदनाओं का वास्तविक नैसर्गिक स्वभाव समझ में आने लगता है। साधक अपने प्रत्यक्ष अनुभव से जान लेता है कि कोई भी वेदना चाहे दुःखद हो या सुखद हो या अदुःखद और असुखद हो, स्थायी न होकर परिवर्तनशील होती है और हर पल बदलती ही रहती है। हम चाहें भी तो उसका बदलना रोक नहीं सकते। शरीर पर प्रकट होने वाली वेदना अपने आप प्रकट होती है और देखते ही देखते समाप्त हो जाती है, बदल जाती है। इसी तरह मन में प्रकट होने वाला हर विचार देखते ही देखते समाप्त हो जाता है, बदल जाता है। जब साधक अपने स्वयं के प्रत्यक्ष अनुभव से यह जान लेता है कि हर वेदना परिवर्तनशील है, नश्वर है, अनित्य स्वभाव वाली है, हर पल बदलते रहने वाली है तो वेदनाओं के प्रति तटस्थ भाव बनने लगता है। वेदनाओं के प्रति जो राग-द्वेष जगता रहता था, वह कम होने लगता है और धीरे-धीरे समाप्त होने लगता है। जो वेदना अज्ञान में मन को बांधे जा रही थी, वही वेदना ज्ञान के प्रकाश में मन को विमुक्त करने लगती है। शरीर का वास्तविक दर्शन, चित्त का वास्तविक दर्शन, उनका अनित्य, अनात्म और हमेशा बदलते रहने वाला स्वरूप, विपस्सना द्वारा ज्ञात

होने लगता है।

बार-बार विपस्सना करने से अनित्य का बोध निरंतर बना रहता है जिसके फलस्वरूप वीतरागता, वीतद्वेषता, और वीतमोहता की ओर अग्रसर होने लगते हैं। जैसे-जैसे राग-द्वेष और मोह के बंधन शिथिल पड़ने लगते हैं वैसे-वैसे पहले से संचित विकारों की उदीर्णा होने लगती है और उनकी निर्जरा होने लगती है। परिणामस्वरूप मन में अपूर्व शांति का संचार होने लगता है। इस तरह *काया* और *चित्त* के अनित्य स्वभावी प्रपंच का साक्षी भाव से दर्शन करते-करते तत्संबंधी आसक्तियों से छुटकारा पाता हुआ साधक काया और चित्त के परे इंद्रियातीत परम सत्य का साक्षात्कार कर लेता है जो कि नित्य है, शाश्वत है, ध्रुव है, अमृत है।

'विपस्सना का पथ, जैसाकि बुद्ध ने सिखाया है, गलत व क्षणिक मैं की रक्षा से उत्पन्न लालच, घृणा और मोह की नकारात्मकताओं से दूर, एक अनम्य आत्म-अवधारणा से उत्पन्न लालसा तथा विद्वेष से दूर ले जाता है। यह पथ अनुभवी अंतर्दृष्टि से उत्पन्न सद्‌गुणों और गुणों में जाकर खुलता है। अनित्य का एहसास स्वयं अपने तथा अपने चारों ओर मौजूद विश्व के भीतर एक गहरी अंतर्दृष्टि है। यह एक क्षणभंगुर विश्व में एक क्षणभंगुर जीवन से चिपके रहने की मूर्खता को उजागर करता है। यह आत्मासक्ति की मुट्ठी में जकड़ी गलत आशाओं को विश्राम देता है और अन्य सभी क्षणभंगुर जीवनों के साथ स्वतः पहचान के प्रवाह को सुसाध्य बनाता है। अनुभव से उत्पन्न एहसास कि सभी वस्तुएं अनित्य हैं, कि मैं अनित्य हूं, से यथासंभव गूढ़ समानुभूति उत्पन्न होती है : सभी प्राणियों के साथ कुटुम्ब की भावना जो अलग मैं के भ्रम से उत्पन्न वेदना से समान रूप से पीड़ित हैं; सभी प्राणियों के साथ भाईचारे की भावना जो अलगाव, मरण और मृत्यु की व्यथा से उद्धार के लिए तरसते हैं।'[4]

दसवें दिन मंगल मैत्री की साधना का अभ्यास कराया जाता है जिसमें साधक संपूर्ण विश्व के मंगल की भावना करता है।

वैज्ञानिकों ने अनुसंधान करके यह सिद्ध किया है कि क्रोध, घृणा और ईर्ष्या के कारण शरीर का बिगड़ा हुआ रासायनिक सन्तुलन मंगल मैत्री की साधना करने से ठीक किया जा सकता है। मंगल मैत्री के अभ्यास से बढ़ा हुआ कोलेस्ट्रोल कम हो जाता है, रोगों से लड़ने की शरीर की प्रतिरोधक क्षमता बढ़ जाती है। यदि रोजाना थोड़ी देर के लिए विपस्सना करके चित्त को निर्मल कर मंगल मैत्री की साधना की जाए तो बहुत सी बीमारियां ठीक हो जाती हैं।

रोज के अभ्यास से मंगल मैत्री की तरंगें हमारे आस-पास के वातावरण को मंगल तरंगों से भर देती हैं जिससे हमारा मन-मस्तिष्क-वाणी और कर्म—सभी प्रभावित होते हैं। लोगों के प्रति हमारे नजरिए में बदलाव आता है और परस्पर संबंध सुधरते हैं। समस्त जीवों के प्रति हमारे अंदर दया, करुणा और मैत्री बढ़ती है जिससे जैव रासायनिक प्रतिक्रियाएं और विद्युत चुम्बकीय तरंगें संतुलित रहती हैं। हमारा जीवन सुखमय बनता है और समाज तथा विश्व को हम खुशियां बांट सकते हैं। पेड़-पौधों समेत समस्त प्रकृति के प्रति मंगल मैत्री से पर्यावरण सुधरता है। भगवान

बुद्ध ने मंगल मैत्री के द्वारा ही डाकू उंगलिमाल और हाथी नालागिरी को अपने वश में किया था।

लगातार विपस्सना करने से कुछ लोगों को असाधारण शक्तियां और रिद्धियां भी प्राप्त होती हैं जैसे कि महामोग्गालन[5], उप्पलवण्णा[6], अनुरुद्ध[7], और सारिपुत्त[8] को प्राप्त थी। भगवान बुद्ध ने असाधारण शक्तियों से अभिभूत होने को हतोत्साहित किया है।[9] असाधारण शक्तियों का प्रदर्शन कर लोगों में श्रद्धा जगाना बौद्ध धम्म के नियमों के प्रतिकूल है,[10] क्योंकि विपस्सना का अंतिम लक्ष्य चित्त को राग-द्वेष से सम्पूर्ण रूप से मुक्त करना है। असाधारण शक्तियों और चमत्कार दिखाने के चक्कर में पड़कर साधक पूर्ण मुक्ति के लक्ष्य से भटक सकता है, क्योंकि 'पूर्ण मुक्ति' तो चित्त और शरीर में घटित होने वाली प्रक्रियाओं की अनित्यबोध से ही संभव है।[11]

विपस्सना पूर्णतः वैज्ञानिक ध्यान विधि है। और सभी संप्रदायों के लोग इसका अभ्यास कर लाभ उठा रहे हैं। विपस्सना साधना के अभ्यास से अनेक मानसिक एवं शारीरिक रोग ठीक हो जाते हैं, मन की एकाग्रता और याददाश्त बढ़ती है, कार्यकुशलता में वृद्धि होती है, रचनात्मक गुणों में निखार आता है, नैतिकता और अनुशासन तथा आत्मविश्वास के सद्‌गुणों में वृद्धि होती है। नशीले पदार्थों के आदी लोगों को इन व्यसनों से मुक्त होने में सहायता मिलती है। मनोविकारों के दूर होने से मन निर्मल, शांत और प्रसन्न होता है तथा परिवार में सुख और शांति बढ़ती है। विपस्सना साधना द्वारा शील-सदाचार के पालन और करुणा, मैत्री, मुदिता और समता जैसे उच्च मानवीय गुणों को विकसित करके हम शान्ति और सुख का जीवन जी सकते हैं।

प्रत्येक उपासक, उपासिका और सुख-शांति चाहने वाले हर इंसान को किसी प्रशिक्षित विपस्सना शिक्षक की देख-रेख में दस दिन के विपस्सना शिविर में शामिल होकर यह अद्‌भुत विद्या अवश्य सीखनी चाहिए। विपस्सना शिविर में शामिल होने के लिए कोई शुल्क या फीस नहीं ली जाती। विपस्सना साधना केंद्रों का खर्च पुराने साधकों द्वारा दिए दान पर चलता है। रहने और खाने की व्यवस्था मुफ्त होती है। इसलिए गरीब से गरीब व्यक्ति भी विपस्सना साधना केंद्रों में जाकर यह अद्‌भुत विद्या सीख कर लाभ उठा सकता है। शिविरों में विपस्सना सीखने के लिए प्रत्येक संप्रदाय, प्रत्येक जाति, प्रत्येक देश, प्रत्येक भाषा के लोग शामिल हो सकते हैं। सबके साथ समान व्यवहार किया जाता है और किसी के साथ कोई भेद-भाव नहीं किया जाता है। सामान्यतः उपासक की उम्र 18 वर्ष या उससे अधिक होनी चाहिए। शिविर समाप्त होने पर साधक अपनी सुविधा और सामर्थ्य के अनुसार चाहे तो दान दे सकता है लेकिन व्यवस्थापकों की तरफ से किसी से भी कोई दान मांगा नहीं जाता और जो दान लिया जाता है उसकी रसीद दी जाती है। चूंकि विपस्सना शिविर में शामिल होने वालों की संख्या काफी होती है इसलिए साधक को असुविधा से बचने के लिए साधना केंद्रों पर जाने से पहले पत्राचार या अन्य माध्यमों से उपलब्ध स्थानों की जानकारी प्राप्त कर अपना स्थान सुरक्षित करा लेना चाहिए। उपासकों की सुविधा के लिए भारत के कुछ चुने हुए प्रमुख विपस्सना केंद्रों की जानकारी परिशिष्ट नं. 2 में दी गई है।

भगवान बुद्ध का जीवनकाल अस्सी वर्ष का रहा। पैंतीस वर्ष की उम्र में उन्हें बुद्धत्व प्राप्त हुआ और वे सम्यक संबुद्ध बने। उसके बाद पैंतालीस वर्षों तक अनन्त करुणा व मैत्री के साथ लोगों पर अनुकम्पा करके उन दिनों की जनभाषा,पालि में धम्म सिखाते रहे। उनकी धम्म सिखाने की विधि बहुत सरल और अनोखी थी। भगवान बुद्ध की उपदेश पद्धति और उपदेश-अगले अध्याय में दिए गए हैं।

षष्टम अध्याय

बुद्ध के उपदेश

भगवान बुद्ध ने करोड़ों लोगों को धम्म सिखाया, उन्होंने यश कुल पुत्र व उसके साथियों, काश्यप बंधुओं, सारिपुत्र तथा मौद्‌गल्यायन, राजा बिम्बिसार, अनाथपिण्डक, राजा प्रसेनजित, जीवक, रट्ठपाल, सहित अनेक कुलीनों तथा धर्मज्ञों को धम्म-दीक्षा दी। उन्होंने गंवार ब्राह्मणों, उत्तरवती के ब्राह्मणों, नाई उपाली, भंगी सुणीत, सोपाक तथा सुप्पिय अछूतों, सुमंगल, कुष्ठ रोगी सुप्रबुद्ध, अंगुलिमाल व अनेक स्त्रियों, प्रकृति नामक चंडालिका, नगरवधू आम्रपाली सहित अनेक लोगों को धम्म-दीक्षा दी जो हर वर्ग के थे, हर संप्रदाय के थे, हर उम्र के थे। उनके द्वारा दीक्षित होने वालों में स्वयं उनके पिता राजा शुद्धोदन, माता गौतमी, पत्नी यशोधरा और पुत्र राहुल समेत कपिलवस्तु के अनेक शाक्यवंशी थे।

उनके अनुयायियों में भिक्खुओं की संख्या तो कुछ लाख ही थी लेकिन गृहस्थ अनुयायियों की संख्या करोड़ों में थी जिनमें गरीब-अमीर, स्त्री-पुरुष, बूढ़े-जवान, विख्यात और सामान्य, राजा और रंक, कर्मचारी और अधिकारी, मालिक और नौकर, उच्च और निम्न सभी वर्गों के लोग शामिल थे, लेकिन सभी को समान दर्जा प्राप्त था। धम्म में किसी के साथ किसी तरह का कोई भेदभाव नहीं किया जाता था।

उपदेश पद्धति

45 वर्षों तक धम्मचारिका करते हुए भगवान बुद्ध ने 82 हजार उपदेश दिए। भगवान बुद्ध की धम्म सिखाने की पद्धति बहुत अद्‌भुत तथा आसान थी। सबसे पहले वह श्रोताओं की मानसिक स्थिति को समझते और श्रोताओं के मानसिक स्तर को ध्यान में रखकर कुछ दिन-प्रतिदिन की सामान्य घटनाओं की चर्चा करते थे। जब सुननेवाले थोड़ा गम्भीर हो जाते और भगवान बुद्ध के साथ तारतम्य स्थापित कर लेते, तब वे धम्म के सामान्य और मूलभूत सिद्धांतों जैसे दान, नैतिकता, शील, सदाचार की चर्चा करते और जब श्रोताओं की मनःस्थिति धम्म से सराबोर हो जाती तब अनित्य, प्रतीत्य समुत्पाद, प्रज्ञा और आर्य आष्टांगिक मार्ग समझाते थे कि कैसे दुःख पैदा होता है, कैसे दुःख से छुटकारा पाया जा सकता है और कैसे परम शान्ति और परम सुख प्राप्त किया जा सकता है। भगवान बुद्ध हमेशा स्थानीय लोक भाषा पालि में उपदेश देते थे

और विशेष बातों को कई-कई बार दुहराते थे जिससे मुख्य बातें सुनने वालों के दिलोदिमाग में पूरी तरह से बैठ जाएं। अपने उपदेश को सरल और जनता के समझने लायक बनाने के लिए जीवन में दिन-प्रतिदिन घटित होने वाली सामान्य घटनाओं को उदाहरण और माध्यम बनाते थे।

भगवान बुद्ध के कुछ उपदेश यहां दिया जा रहे हैं :

पायेक्का हाथी की कहानी

कोशल नरेश प्रसेनजित के पास पायेक्का[1] नामक हाथी था जो अपने बल, बहादुरी और साहस के लिए मशहूर था। हाथी देखने में बहुत विशाल था तथा बुद्धि और चालाकी में बेजोड़ था। यह हाथी राजा की शान माना जाता था और राजा को उस पर बहुत गर्व था। कहा जाता था कि अगर महाराज प्रसेनजित पायेक्का की पीठ पर सवार हैं, तो युद्ध वही जीतेंगे और कोई भी सेना उनको हरा नहीं सकती थी। पायेक्का की चिंघाड़ सुनकर दुश्मनों की सेना में भगदड़ मच जाती थी। अतः दुश्मनों की सेना ने पायेक्का को मारने के लिए तरह-तरह के षड्यंत्र किए, युद्ध में भी मारने की कोशिश की, लेकिन पायेक्का को नहीं मारा जा सका।

समय बीतता गया और धीरे-धीरे हाथी बूढ़ा हो गया। उसका पुराना महावत भी बूढ़ा होकर सेवानिवृत्त हो चुका था। एक दिन हाथी तालाब में नहाने गया और कीचड़ में फंस गया। कीचड़ से निकलने के लिए हाथी ने काफी जोर लगाया लेकिन वह बाहर आने के लिए जितना ज्यादा जोर लगाता उतना ही दलदल में और धंसता जाता। हाथी को दलदल से निकालने के लिए उसके नए महावत ने तरह-तरह के उपाय किए। हाथी को गन्ने और केले दिखाए, जैसे पण्डे-पुजारी लोगों को स्वर्ग का लालच देते हैं कि शायद लालच में आकर ज्यादा जोर लगाए और बाहर आ जाए, कुछ ने हाथी को डराने-धमकाने के लिए भाले और जंजीरें फेंके, जैसे पण्डे-पुजारी लोगों को नरक से डराते हैं, लेकिन कोई तरकीब काम नहीं आई। अपनी दुर्दशा को देखकर हाथी रोने लगा। खबर सुनकर राजा प्रसेनजित भी तालाब पर पहुंचे। अपने सबसे प्यारे हाथी की दुर्दशा देखकर राजा भी बहुत दुःखी हुए। शाम होते-होते यह खबर पूरी श्रावस्ती में आग की तरह फैल गई और लोगों की भीड़ तालाब पर उमड़ पड़ी।

भगवान बुद्ध उन दिनों श्रावस्ती में ही अनाथपिण्डक के जेतवनाराम में विहार कर रहे थे और हाथी का पुराना महावत सरकारी नौकरी से निवृत्त हो भगवान बुद्ध की शरण में धम्म सीख रहा था। हाथी की खबर जब भगवान बुद्ध तक पहुंची तो उन्होंने पुराने महावत को हाथी की मदद करने के लिए भेजा। आदेश पाकर महावत तालाब पर पहुंचा। दलदल में फंसे हाथी की ओर देखकर पहले तो वह खूब जोर से हंसा, फिर युद्ध का बिगुल बजवाने का आदेश दिया। युद्ध का बिगुल सुनते ही हाथी इतनी जोर से चिंघाड़ा कि पूरी श्रावस्ती में चिंघाड़ गूंज गई। लोगों को उसकी चिंघाड़ सुने बरसों बीत गए थे। चिंघाड़ते हुए ही हाथी फुर्ती के साथ ऐसी सहजता और मस्ती से

दलदल से बाहर निकल आया जैसे कि तालाब में न कोई दलदल हो, न ही वह फंसा हो।

भीड़ में कुछ भिक्खु भी थे। शाम की सभा में उन्होंने भगवान बुद्ध को पूरी घटना बताकर महावत के हंसने और बिगुल बजवाने का कारण पूछा। बुद्ध ने उस दिन के प्रवचन में इसी घटना को आधार बनाया। उन्होंने साधकों को समझाया कि हाथी से कुछ सीखो। महावत इसलिए हंसा कि इतना महान हाथी, जिसकी शोहरत सैकड़ों मीलों तक है, फंसा भी तो तालाब के दलदल में, यह कैसे भूल गया कि वह एक महान हाथी है, जिसने अनेक युद्ध जीते हैं। और बिगुल इसलिए बजवाया जिससे कि हाथी को अपना स्वभाव याद आ जाए और वही हुआ। बिगुल सुनते ही हाथी भूल गया कि वह दलदल में है। पलभर के लिए उसे युद्ध याद आने लगा और उसने अपनी सारी ताकत, सारा ध्यान युद्ध की तरफ लगा दिया और दलदल से बाहर आ गया। बुद्ध ने कहा कि हाथी से कुछ सीखो कि कैसे बलवान से बलवान जवान एक दिन बूढ़ा होकर शक्तिहीन हो जाता है, कैसे अमीर से अमीर लोग एक दिन निर्धन हो जाते हैं। इस संसार में कुछ भी हमेशा एक जैसा नहीं रहता। हम वासनाओं की जो भी आदतें जवानी में डालते हैं, बुढ़ापे में वह और मजबूती के साथ सिर उठाती हैं। यह हाथी जवानी में भी उस तालाब में नहाने जाता रहा होगा लेकिन उस समय जवानी की ताकत थी इसलिए दलदल में नहीं फंसा। बूढ़े होने पर भी तालाब की आदत नहीं बदली, इसलिए कभी इस भ्रम में नहीं पड़ना चाहिए कि जवानी में ऐश कर लो, बुढ़ापे में छोड़ देंगे। बुद्ध ने कहा कि महावत ने बिगुल बजवाकर हाथी को उसका स्वभाव याद दिलाया कि वह एक महान हाथी है। हाथी भूल गया कि वह दलदल में है और युद्धोन्माद में चिंघाडता हुआ दलदल से बाहर आ गया। बुद्ध ने कहा कि मैं भी तो अनित्यता का बिगुल बजा रहा हूं, तुम लोग भवसंसार की कीचड़ से बाहर आ सकते हो। जन्म-मरण, रोग-बुढ़ापे के दुःखदायी दलदल से बाहर निकल सकते हो अगर अपना सारा ध्यान, सारी ताकत राग-द्वेष, मोह और भय के संखार मिटाने में लगा दो। इच्छाशक्ति को मजबूत करो और भवसंसार रूपी दलदल से बाहर निकलो।

इस घटना से यह भी पता लगता है कि सच्चे मार्गदर्शक अपने अनुयायियों को न स्वर्ग का लालच देते हैं न नर्क का भय। वे तो केवल उन्हें उनके असली स्वभाव से परिचित करा देते हैं और सही और सच्चा मार्ग दिखा देते हैं, जिस पर चलकर लोग स्वयं निर्वाण के परम आनंद को प्राप्त कर सकें और जीवन को दुःखों से मुक्त कर सकें।

धम्म का फल धम्म मार्ग पर चलने से ही सम्भव

एक समय भगवान बुद्ध श्रावस्ती में मिगारमाता विशाखा के पुब्बाराम में विहार कर रहे थे।[2] धम्म सीखने और सुनने वाले काफी लोग प्रतिदिन वहां आते थे, उनमें मोग्गालन नामक ब्राह्मण लेखाकार भी आता था। एक दिन वह जल्दी आ गया और भगवान को

अकेले पाकर उनके पास जाकर बोला कि उसके मन में एक प्रश्न उठता रहता है कि भगवान के पास जो लोग आते हैं उनमें कुछ लोग तो चरम ज्ञान प्राप्त हैं, कुछ लोग हैं जो इसके नजदीक हैं लेकिन कुछ लोग ऐसे भी हैं जिनको इस सुख की प्राप्ति नहीं हुई है। तो भगवन, आप जैसा अद्‌भुत शिक्षक और पथप्रदर्शक है, निर्वाण का अद्‌भुत मार्ग है तो फिर क्या कारण है कि कुछ साधकों को निर्वाण सुख प्राप्त होता है और कुछ को नहीं होता? तो भगवन, आप अपनी अपार करुणा से क्यों नहीं सबको निर्वाण सुख दे देते और भवसंसार के बंधनों से मुक्त कर देते?

भगवान बुद्ध सवाल पूछने वाले की मनःस्थिति देखकर कभी-कभी प्रतिप्रश्न पूछ देते थे। उन्होंने मोग्गालन से कहा, ''ब्राह्मण मैं तुम्हारे इस प्रश्न का उत्तर दूंगा, लेकिन पहले तुम जैसा तुम्हें लगे, वैसे मेरे इस प्रश्न का उत्तर दो। ब्राह्मण, अब यह बताओ कि क्या तुम राजगृह आने-जाने का मार्ग अच्छी तरह जानते हो?''

मोग्गालन ने कहा, ''श्रमण गौतम! मैं निश्चय ही राजगृह आने-जाने का मार्ग अच्छी तरह जानता हूं।''

''अब कोई एक आदमी आता है और राजगृह जाने का मार्ग पूछता है, लेकिन उसे जो रास्ता बताया जाता है, उसे छोड़कर वह दूसरा रास्ता पकड़ लेता है, वह गलत मार्ग पर चल देता है, पूर्व की बजाय पश्चिम की ओर चल देता है। तब एक दूसरा आदमी आता है और वह भी रास्ता पूछता है और तुम उसे भी ठीक-ठीक वैसे ही रास्ता बता देते हो, वह तुम्हारे बताए रास्ते पर चलता है और सकुशल राजगृह पहुंच जाता है।'' ब्राह्मण बोला, ''तो मैं क्या करूं, मेरा काम रास्ता बता देना है।''

भगवान बुद्ध बोले, ''तो ब्राह्मण, मैं भी क्या करूं, तथागत का काम भी केवल रास्ता बता देना है।''

जैसी करनी वैसी भरनी

पाथमा महानाम सुत्त[3] में भगवान बुद्ध ने घी और कंकड़-पत्थर से भरे दो घड़ों का उदाहरण देकर समझाया कि जैसे हमारे कर्म होंगे वैसा ही फल मिलेगा। एक समय भगवान बुद्ध नालंदा में विहार कर रहे थे। एक दिन असिबंधक ग्रामणी रोता हुआ भगवान बुद्ध के पास आया। भगवान बुद्ध ने उससे पूछा, ''क्या हुआ बेटा, क्यों रो रहे हो?''

''भगवन, कल मेरे बूढ़े पिता की मौत हो गई।''

''लेकिन रोने से तो वह वापस नहीं आ सकते।''

''मैं समझता हूं भगवन कि रोने से कुछ नहीं होगा लेकिन मैं आपके पास आया हूँ कि आप मेरे दिवंगत पिता के लिए कुछ कीजिए।''

''मैं क्या कर सकता हूं तुम्हारे दिवंगत पिता के लिए?''

''भगवन, आप जरूर कुछ कर सकते हैं, आप तो करुणासागर और शक्तिमान हैं। पण्डे-पुजारी, जादू-टोना, तंत्र-मंत्र करने वाले बाजीगर तो मरे लोगों के लिए तरह-

तरह से क्रिया कर्म करवाते हैं, जिससे मरने वाले को स्वर्ग में जगह मिल जाती है। आप तो इतने महान हैं, आप मेहरबानी कर मेरे पिता के लिए कोई क्रिया-कर्म कर दीजिए, जिससे वे भवसागर तर जाएं।''

भगवान बुद्ध ने उसकी दशा देखकर समझ लिया कि केवल शब्दों से समझाने से यह नहीं समझेगा। भगवान बुद्ध ने उस युवक से दो मिट्टी के घड़े लाने को कहा, युवक ले आया। बुद्ध ने उससे कहा कि एक घड़े में कंकड-पत्थर और दूसरे में मक्खन भर दो। युवक ने वैसा ही किया। भगवान बुद्ध ने कहा, अब इन दोनों घड़ों को बंद करके तालाब में डाल दो। युवक ने वैसा ही किया। दोनों घड़े पानी में डूब गए। भगवान बुद्ध ने कहा, अब एक बांस ले आओ और बांस से दोनों घड़े फोड़ दो।

युवक खुश था कि इधर घड़े फूटे और उधर उसके पिता के लिए स्वर्ग का दरवाजा खुला। युवक ने बांस से घड़े फोड़ दिए। घड़े फूटते ही घी और मक्खन पानी के ऊपर तैरने लगे और कंकड़ पत्थर तालाब की तह में चले गए।

भगवान बुद्ध ने युवक से कहा, ''इतना क्रिया-कर्म तो मैंने करवा दिया। अब अपने पण्डे-पुजारियों को बुलाकर उनसे मंत्र-तंत्र के जरिए घी को पानी के नीचे और कंकड़-पत्थर को पानी के ऊपर लाने को कहो। मैं भी देखूं वे कैसे कर पाते हैं।''

''भगवन, आप तो मजाक कर रहे हैं, ऐसा कैसे हो सकता है? कंकड़-पत्थर पानी से भारी हैं इसलिए नीचे ही रहेंगे और घी-मक्खन पानी से हल्के हैं इसलिए पानी के ऊपर तैरेंगे, नीचे नहीं जा सकते, यह प्रकृति का नियम है,'' युवक ने कहा।

भगवान बुद्ध बोले, ''नवयुवक, तुम प्रकृति के नियम को तो इतनी अच्छी तरह जानते हो लेकिन यह नहीं जान पाए कि तुम्हारे पिता ने अगर अच्छे और पुण्यकर्म किए होंगे तो उनकी सद्गति ही हुई होगी, कोई उनको नीचे के लोक में नहीं भेज सकता और अगर कंकड़-पत्थर की तरह से दुष्कर्म और पाप किए होंगे तो दुर्गति ही हुई होगी, कोई उन्हें सद्गति नहीं दिला सकता। इसलिए प्रकृति के नियम को समझो और प्रकृति के नियमों के अनुसार शील और सदाचार का जीवन जीयो।''

युवक समझ गया कि **जैसी करनी होगी, वैसी ही भरनी** होगी, कोई उसे बदल नहीं सकता। हमें भी पण्डे-पुजारियों, ज्योतिषियों और देवी-देवताओं के चक्कर में न पड़कर, शील-सदाचार का जीवन जीकर पुण्यकर्म करने चाहिए और पापकर्मों से बचना चाहिए।

बुद्ध के प्रमुख अनुयायी

भगवान बुद्ध की शिक्षा से प्रभावित होकर हर वर्ग और तबके के लोग, करोड़ों की संख्या में उनके अनुयायी बने। भगवान बुद्ध के कुछ अनुयायियों की कहानियां संक्षिप्त में आगे दी जा रही हैं :

मगध नरेश बिम्बिसार

बिम्बिसार मगध के सम्राट थे। भगवान बुद्ध के प्रथम राजसी शिष्य व प्रमुख संरक्षक बने। महाभिनिष्क्रमण के बाद जब सिद्धार्थ गौतम मगध साम्राज्य की राजधानी राजगृह आये थे तो राजा बिम्बिसार ने उन्हें गृहस्थ जीवन में वापस लाने के लिए अपना आधा राज्य देने की पेशकश की थी, जिसे सिद्धार्थ ने सादर ठुकरा दिया था और राजा बिम्बिसार से कहा था कि "मैं संसार के कलहों से आहत हूं। मैं शांति की खोज में हूं। मैं इस दुःख का अंत करने के बदले में इस पृथ्वी का राज तो क्या दिव्य लोक का राज्य भी न चाहूंगा।"

महाराज बिम्बिसार सिद्धार्थ के वचनों से काफी प्रभावित हुए और उनसे वचन ले लिया कि जब कभी उनको बुद्धत्व मिल जायेगा, वे राजगृह अवश्य आयेंगे और उन्हें भी दीक्षा देने की कृपा करेंगे। अपने इसी वचन को पूरा करने के लिए भगवान बुद्ध काश्यप भाइयों और भिक्खु संघ समेत राजगृह पहुंचे। महाराज बिम्बिसार ने अपने दरबारियों और हजारों प्रजाजनों के साथ भगवान बुद्ध और भिक्खुओं का स्वागत किया। भगवान बुद्ध और उरुवेला काश्यप को देखकर कुछ लोग असमंजस में पड़ गए कि दोनों में से कौन गुरु और कौन चेला? काश्यप ने लोगों की समस्या को भांपते हुए कहा कि उन्होंने सारहीन और क्षणिक काम-भोगों को त्यागकर भगवान बुद्ध के शील, सदाचार, करुणा, मैत्री, बंधुत्व और समता वाले मार्ग को, जो निर्वाण सुख तक ले जाता है अपनाया है। यह कहते हुए काश्यप ने भगवान बुद्ध के चरणों में सिर झुकाकर बुद्ध के गुरू होने का प्रमाण दिया।

भगवान बुद्ध ने उपस्थित लोगों को धम्म का उपदेश दिया जिसको सुनकर और समझकर महाराज बिम्बिसार और अनेक लोगों को निर्वाण की पहली अवस्था, श्रोतापण्ण प्राप्त हुई। सम्राट ने भगवान बुद्ध और भिक्खु संघ को भोजनदान के लिए अपने महल में आने का निमंत्रण दिया। भगवान ने मौन रहकर निमंत्रण स्वीकृति का संकेत दिया।

निश्चित समय पर भगवान बुद्ध, काश्यप बंधुओं, सारिपुत्र और मोग्गालन सहित 1250 भिक्खुओं के साथ उनके यहां भोजनदान के लिए राजमहल पहुंचे। सम्राट बिम्बिसार ने छः हजार मेहमानों और दरबारियों के साथ महल के मुख्य द्वार पर उनका स्वागत किया। राजसी स्वागत के साथ भिक्खु संघ को महल के आंगन में ले जाया गया जहां पर आलीशान शामियाना और कनातें लगाए गए थे। भगवान बुद्ध को पंडाल के बीचोबीच उच्च आसन पर बिठाया गया। उनके बैठने के बाद सब लोग अपनी-अपनी जगहों पर बैठ गए। सम्राट ने स्वयं अपने हाथों से भगवान बुद्ध के लिए शुद्ध शाकाहारी भोजन परोसा।[4] सभी लोगों ने पूर्ण मौन रहकर शान्ति से खाना खाया। भगवान बुद्ध और भिक्खु संघ की शान्ति और सौम्यता भरे मौन से सभी उपस्थित मेहमान बहुत प्रभावित हुए। भोजन समाप्त होने पर भिक्खु संघ के भिक्षापात्र धोकर उन्हें वापस लौटा दिए गए। भगवान बुद्ध ने उपस्थित लोगों को पंचशील के बारे में उपदेश दिया।

प्रवचन समाप्त होने पर सम्राट ने भिक्खु संघ को वेलुवन (बांसों का वगीचा) दान में दिया, जिसे भगवान बुद्ध ने मौन रहकर स्वीकार किया। भिक्खु संघ को मिलने वाला इस तरह का यह पहला दान था। वेलुवन में तरह-तरह के छायादार पेड़, बांसों के झुरमुट थे। गिलहरियों की काफी'संख्या के कारण इसे गिलहरी पार्क भी कहा जाता था। पार्क नेगर से न बहुत नजदीक था न बहुत दूर था। लोग आराम से नगर से आ-जा सकते थे इसलिए साधना के लिए काफी उपयुक्त था। भगवान बुद्ध ने दूसरा, तीसरा, चौथा लगातार तीन वर्षावास और बाद में तीन और वर्षावास वेलुवन में बिताए और अनेक उपदेश दिए।

महाराज बिम्बिसार ने अपने पुत्र युवराज अजातशत्रु और महारानी विदेही के साथ बुद्ध, धम्म और संघ की शरण ली। अपने राजवैद्य जीवक को बुद्ध और भिक्खु संघ की सेवा के लिए तैनात किया। भगवान बुद्ध की शिक्षा से अभिभूत जीवक भी उपासक बन गया। समूचे मगध में धम्म का प्रचार-प्रसार हुआ और लाखों लोगों को धम्म लाभ हुआ और उनको दुःखों से छुटकारा मिला।

बिम्बिसार ने अपने बगीचे में बुद्ध के बाल और नाखून लेकर एक बुद्ध विहार बनवाया था।

अनाथपिण्डक (सुदत्त)

सुदत्त कोशल जनपद की राजधानी श्रावस्ती का निवासी था।[5] कोशल नरेश प्रसेनजित का वह श्रेष्ठी(खजांची) था। वह गरीबों को बहुत दान देता था इसलिए उसका नाम अनाथपिंडक था। अनाथपिण्डक की पत्नी पुण्यलक्षणा सुंदर एवं गरिमामयी महिला थी। उनके तीन पुत्रियां और एक पुत्र था।

सुदत्त किसी काम से राजगृह अपने बहनोई के यहां गया था, वहीं वह भगवान बुद्ध के सान्निध्य में आया। अनाथपिण्डक ने भगवान से कुछ उपदेश सुनने की इच्छा जाहिर की। तब भगवान ने उसे उपदेश दिया—'जो भी चीजें अस्तित्व में आती हैं वे सब सहेतुक होती हैं। न वे ईश्वर द्वारा निर्मित होती हैं न ब्रह्म द्वारा न आत्मा द्वारा और न बिना कारण के अस्तित्व में आती हैं। हमारे अपने कर्म ही हैं जो अच्छे और बुरे परिणाम को जन्म देते हैं।'

सारा संसार पटिच्चसमुप्पाद के नियम से संचालित होता है और जितने भी कारण हैं, वे अचेतसिक नहीं हैं। जिस सोने से सोने का प्याला निर्मित होता है, वह आदि से अंत तक सोना ही सोना होता है।

''हम आत्मा और आत्मार्थ से मुक्त हों क्योंकि सभी चीजें कारण और कार्य के नियम से बंधी हैं। इसलिए हम कुशल-कर्म करें ताकि उनका परिणाम भी कुशल ही हो।''

अनाथपिण्डक बोला, ''तथागत के वचनों का सत्य मैं हृदयंगम कर रहा हूं। मैं अपने अज्ञान को और भी अधिक दूर करना चाहता हूं।''

मानव सेवा की उत्कट इच्छा जाहिर करते हुए उसने भगवान से पूछा—क्या यह उचित होगा कि मैं अपनी संपत्ति, अपने घर और अपने कारोबार का त्याग कर दूं और धम्ममय जीवन का सुख प्राप्त करने के लिए बेघर हो जाऊं?

तथागत का उत्तर था—धम्ममय जीवन का सुख हर उस व्यक्ति के लिए उपलब्ध है जो आर्य आष्टांगिक मार्ग पर चलता है। जिसकी धन में आसक्ति नहीं है, जिसके पास धन है लेकिन वह उसका उचित उपयोग करता है। ऐसा इंसान अपने मानव बंधुओं के लिए एक वरदान है। इंसान का जीवन, ऐश्वर्य और अधिकार उसे अपना दास नहीं बनाते किंतु जीवन, ऐश्वर्य और अधिकार के प्रति इंसान की आसक्ति ही उसे अपना दास बना लेती है...इंसान चाहे जो करें, चाहे वे शिल्पी रहें, चाहे व्यापार करें, चाहे सरकारी नौकरी करें अथवा संसार त्यागकर ध्यान भावना में रत रहें उन्हें अपना काम पूरे दिल से करना चाहिए। उन्हें परिश्रमी और उत्साही रहना चाहिए और यदि वे उस कमल की तरह जो पानी में रहकर भी पानी से अछूता रहता है, जीवन संघर्ष में रहने पर भी अपने मन में ईर्ष्या और घृणा को जगह नहीं देते, यदि वह संसार में रहते हुए भी स्वार्थ भरा नहीं बल्कि परमार्थ भरा जीवन व्यतीत करते हैं तो इसमें कुछ भी संदेह नहीं कि उनका मन आनन्द, शांति और सुख से भर जाएगा।

अनाथपिण्डक को यह एहसास हो गया कि यह सत्य का धम्म है, सरलता का धम्म है और प्रज्ञा का धम्म है। उसकी सद्धम्म में प्रगाढ़ आस्था हो गई और उसने प्राणांत तक शरणागत उपासक रहने की प्रार्थना की।

अनाथपिण्डक ने भगवान बुद्ध से प्रार्थना की कि वह श्रावस्ती में एक विहार की स्थापना करना चाहता है और भगवान वहां पधारकर विहार का दान स्वीकार करें। भगवान ने मुस्कराकर स्वीकृति प्रदान की।

श्रावस्ती आकर अनाथपिण्डक ने राजकुमार जेत का उद्यान (पार्क) देखा जो शहर से थोड़ी ही दूरी पर था और साधना केंद्र के लिए उपयुक्त था। अनाथपिण्डक ने राजकुमार जेत से वह उद्यान खरीदने की इच्छा प्रकट की लेकिन राजकुमार ने बेचने से मना कर दिया। अनाथपिण्डक के जिद करने पर राजकुमार ने झुंझलाकर कह दिया कि लेना ही है तो सारी जमीन पर सोना बिछाना पड़ेगा। अनाथपिण्डक ने सोना बिछवाना शुरू कर दिया। बैलगाड़ियां भर-भरकर सोने के सिक्के लाता था और उद्यान की जमीन पर बिछाता था। एक-एक कर उसने 18 करोड़ सोने के सिक्के बिछा दिए।

जब राजकुमार को पता चला कि इस जगह पर साधना केंद्र बनेगा और भगवान बुद्ध लोगों को धर्म सिखाएंगे तो उसने बाकी जमीन अपनी तरफ से दान दे दी। अनाथपिण्डक ने और 18 करोड़ सोने के सिक्के खर्च कर वहां पर एक विशाल विहार का निर्माण कराया जिसे *अनाथपिण्डक का जेतवनाराम* के नाम से जाना जाता था। भगवान बुद्ध ने अनेक वर्षावास यहीं पर बिताए।

पटाचारा

कोशल जनपद की राजधानी श्रावस्ती में एक अत्यंत धनवान दंपति रहता था जिसके एक छोटा पुत्र व पुत्री थी। मां-बाप पैसा कमाने व दूसरे कामों में व्यस्त रहते थे। पुत्र व पुत्री के लिए अलग-अलग नौकर रखे हुए थे। जवानी की उम्र पर पांव रखते ही लड़की भटक गई। 20 वर्ष की हुई तो मां-बाप ने एक सुखी-संपन्न परिवार में शादी तय कर दी। बारात आने के पहले ही वह लड़की नौकर के साथ भाग गई। दो वर्ष बाद उसे एक पुत्र हुआ। कुछ समय बाद उसे फिर गर्भ ठहरा। दोनों बहुत ही गरीब हो चुके थे इसलिए मायके लौटनें का फैसला किया। रास्ते में ही आंधी उठी व घनघोर वर्षा होने लगी। उसी समय उसे प्रसव पीड़ा शुरू हो गई। पति ने सोचा कुछ लकड़ियां काट लाऊं व पत्ते बटोरकर एक कुटिया बना दूं। लेकिन वह पूरी रात लौटा ही नहीं। उस भयावह रात में कीचड़ भरे रास्ते में युवती अकेली कराहती रही और एक बच्चे को जन्म दिया। जब सुबह तक भी पति नहीं लौटा तो दोनों बच्चों को लेकर पति को ढूंढ़ने निकली। थोड़ी ही दूर पर पति की लाश मिली जो सांप के डसने से नीली हो गई थी। रोती-बिलखती बच्चों को छाती से चिपकाए वह श्रावस्ती की ओर चल दी। रास्ते में अचिरवती नदी पड़ती थी, बरसात के कारण उसमें भी बाढ़ आई हुई थी। एक साथ दोनों बच्चों को लेकर नदी पार करना उसे मुश्किल लग रहा था। उसने सोचा कि पहले छोटे बच्चे को उस पार पहुंचाकर फिर बड़े बेटे को ले जाएगी। नन्हे बच्चे को कपड़े में लपेट नदी के उस पार एक झाड़ी के नीचे लिटाकर वह बड़े बच्चे को लेने चली। अभी वह नदी की मझधार में पहुंची ही थी कि देखा, एक बहुत बड़ा गिद्ध नन्हें बच्चे पर झपट रहा है। वह नदी में खड़ी-खड़ी बच्चे को बचाने के लिए शू-शू! करके दोनों हाथ हिलाने लगी लेकिन गिद्ध पर इसका कोई असर नहीं हुआ और वह बच्चे को पंजे में दबोचकर उड़ गया। बड़े बच्चे ने मां को आवाज निकालते और हाथ हिलाते देखा तो समझा मां उसे बुला रही है और वह नदी में उतर गया। देखते-ही-देखते वह तेज बहाव में बह गया। उस बेचारी के दुःख का कोई ठिकाना नहीं रहा। रोती-बिलखती वह श्रावस्ती के श्मशान घाट से गुजरी तो पता लगा कि रात के तेज आंधी-तूफान व बारिश में उसके पिता का सात-मंजिला महल गिर गया और परिवार के सभी सदस्य उसमें दबकर मर गए। श्मशान में उन्हीं की लाशें जलाई जा रही थीं। अब संसार में उसका कोई नहीं रह गया था। दुःख के मारे वह अपना होश गंवा बैठी और वहीं पछाड़ खाकर गिर पड़ी। मन इतना विक्षिप्त हुआ कि वह पागल हो गई। एक-एक कर शरीर के सारे कपड़े फाड़कर निर्वस्त्र हो गई। पूर्ण नग्न वह श्रावस्ती की गलियों में सिर धुनती, छाती पीटती और रोती-बिलखती। बच्चे पगली-पगली कह कर उसके पीछे दौड़ते, उस पर पत्थर फेंकते। ऐसी ही अवस्था में एक दिन वह जेतवन विहार के पास से गुजरी। वहां भगवान बुद्ध एक बड़ी सभा को धम्म समझा रहे थे। लोगों ने उसे आते देखा तो इस आशंका से कि कहीं वह अशांति न पैदा कर दे, उसे भगाना चाहा। परंतु भगवान बुद्ध की करुण नजर उस

पर पड़ी तो उन्होंने उसे अपने पास बुलवाया और करुणा भरे शब्दों में कहा, ''मेरी दुखियारी बेटी! होश संभाल!'' वाणी में अमृत भरा था, सुनते ही उस दुखियारी को जरा सा होश आया। उसका ध्यान अपने सर्वथा नग्न शरीर पर गया तो लाज के मारे सिकुड़ गई। वहीं उकडूं बैठ गई। समीप खड़े किसी भाई ने उस पर अपनी चादर डाली। उसने तुरंत चादर ओढ़ ली। चादर ओढ़ी इस दुखियारी का नाम 'पटाचारा'[6] पड़ गया।

पटाचारा ने भगवान बुद्ध को अपना हाल बताया। अपने दुःखों को याद कर पटाचारा फिर फूट-फूटकर रोने लगी। भगवान ने कहा—''बेटी होश में आ! माता-पिता, भाई-बंधु, पति-पुत्र शरण नहीं दे सकते। सही शरण तो अपना धारण किया हुआ धम्म ही देगा।...समझदार को चाहिए कि इस असीम दुःखमय भवसागर की सच्चाई को समझकर शीघ्र से शीघ्र मुक्ति का मार्ग खोजे। सदा के लिए दुःख विमुक्त हो जाए।''

भगवान की वाणी सुनते-सुनते उस दुखियारी का चित्त एकाग्र हुआ। थोड़ी देर के लिए स्वमुखी हुआ, अंतर्मुखी हुआ। शरीर के अणु-अणु में उदय-व्यय की प्रत्यक्ष अनुभूति हुई। वहीं बैठे-बैठे पटाचारा ने निर्वाण अवस्था का साक्षात्कार किया। श्रोतापण्ण हुई। उसने भगवान से प्रव्रज्या की याचना की। भगवान ने उसे भिक्खुणियों के पास भेजकर प्रव्रजित करवाया और पटाचारा मुक्ति के मार्ग पर दृढ़तापूर्वक आरूढ़ हुई।

पटाचारा भगवान की प्रमुख शिष्याओं में से एक हुई। उसने अपना शेष जीवन अपने जैसी दुखियारी नारियों को धम्म के मार्ग पर परिचालित कर दुःख-मुक्त कराने में ही बिताया। अपने कल्याण के साथ-साथ अनेक के कल्याण का कारण बनी।

किसा गौतमी

श्रावस्ती के एक अत्यंत निर्धन और समाज में नीच माने गए कुल में गौतमी तिस्सा नाम की युवती थी। अत्यंत दुबली होने के कारण उसका नाम किसा (कृशा) गौतमी हो गया। उसका विवाह एक धनी परिवार में हुआ था। गरीब घर से आने के कारण पति के अलावा ससुराल के बाकी लोग उसका आदर नहीं करते थे। लेकिन जब उसने एक सुंदर पुत्र को जन्म दिया तो परिवार के सभी लोगों की चहेती हो गई। एक दिन बगीचे में खेलते समय सर्पदंश के कारण बच्चे की अकाल मृत्यु हो गई। इससे वह मानसिक रूप से विक्षिप्त हो गई। बच्चे की लाश को छाती से चिपकाए वह बिलखने लगी।

रोती-बिलखती वह भगवान बुद्ध के पास आई। और कहने लगी—भंते भगवान! लोग मुझसे मेरा लाल छीन लेना चाहते हैं। यह मरा नहीं है। भगवन! यह सो गया है! बेहोश हो गया है! आप इसे जगा दें! आप इसे होश में ला दें!

भगवान बुद्ध—बेटी यह निष्प्राण है।

किसा—यदि यह निष्प्राण है तो भी भगवन आप तो महाभिषक हैं, किसी ने कहा

है कि आपके पास संजीवनी औषधि है, मेरे बच्चे में नया प्राण फूंक दें, इसे औषधि अवश्य दें।

भगवान ने देखा, ऐसी अवस्था में यह कुछ समझने में असमर्थ है। भगवान ने कहा कि जाकर चुटकी भर सरसों ऐसे परिवार से मांग ला जिसमें आज तक कोई न मरा हो। बच्चे को छाती से चिपकाए वह सरसों मांगने चल दी। किसा पूरे दिन श्रावस्ती में भटकती रही लेकिन एक भी घर ऐसा नहीं मिला जिसमें कोई मरा न हो। वह लौटकर भगवान के पास आई।

भगवान ने देखा, अब इसकी मनःस्थिति समझाने लायक है। भगवान ने उसे समझाया,''मृत्यु सभी प्राणियों का अनिवार्य धम्म स्वभाव है। केवल गांव वालों का नहीं, केवल नगर वालों का नहीं, केवल एक कुल के लोगों का ही नहीं, यह तो देवताओं समेत सभी लोगों का धम्म स्वभाव है। सभी अनित्यधर्मा हैं, सभी मरणधर्मा हैं। इस सच्चाई को जो नहीं समझते, वे पुत्रों, पशुओं और धन-संपत्तियों के प्रति आसक्त रहते हैं। मोह-मूढ़ता में आसक्त रहते हैं। जैसे नदी में एकाएक आई हुई बाढ़ गहरी नींद में सोए हुए गांव को बहा ले जाती है, वैसे ही इन प्रमत्त आसक्त लोगों को मृत्यु बहाकर ले जाती है। कोई इस मोह-निद्रा से जागे, अपने भीतर अनित्यबोध जगाए, उदय-व्यय का दर्शन करे तो ही मृत्यु-दुःख से सदा-सदा के लिए मुक्त हो सकता है।''[7]

सौ वर्षों तक बिना उदय-व्यय का अनुभव किए जीने की अपेक्षा उदय-व्यय का अनुभव करते हुए केवल एक दिन का जीवन ही अधिक श्रेष्ठ है, श्रेयस्कर है। किसा गौतमी को तथागत के धम्मज्ञान को सुनकर उदय-व्यय, उदय-व्यय इस अनित्य धर्म का अपने भीतर सम्यक् दर्शन हुआ। उदय-व्यय, उदय-व्यय का दर्शन करते-करते उत्पाद निरोध का दर्शन हुआ। वहीं उसी अवस्था में निर्वाण का साक्षात्कार हुआ। श्रोतापण्ण अवस्था में प्रतिष्ठित हुई। नितांत दुःख विमुक्ति के मार्ग पर प्रतिष्ठित हुई। और भगवान बुद्ध की एक प्रमुख शिष्या बनी। अपने दुःखों से तो मुक्त हो ही गई और बहुत सी दुखियारी नारियों को दुःख से छुटकारा पाने में मददगार हुई और अनेकों को धम्म लाभ करवाने में सहायक बनी।

अंगुलिमाल

अंगुलिमाल के पिता गार्ग्य व माता मैत्रायणी थीं। अंगुलिमाल का असली नाम अहिंसक था।[8] उसके पिता कोशल नरेश के दरबारी थे। पढ़ने के लिए उसे तक्षशिला भेजा गया था जहां राजकुमारों व धनाढ्य परिवारों के बच्चे आते थे। अंगुलिमाल एक शीलवान और कुशाग्र बुद्धि का बालक था और गुरुमाता के स्नेहपात्र छात्रों में था। इस ईर्ष्यावश एक राजकुमार ने गुरुमाता से नजदीकी संबंधों का लांछन लगा कर गुरु के कान भरे। गुरु ने इस मिथ्यारोपण की जांच किए बगैर अहिंसक को मौत की सजा देने के लिए षड्यंत्र रचा और गुरुदक्षिणा के रूप में दाहिने हाथ की एक हजार अंगुलियां लाने का

आदेश दिया। गुरु-आज्ञा के पालन के लिए अहिंसक कोशल राज्य के जालिनी जंगल में रहने लगा और लोगों की हत्या कर उनके दाहिने हाथ की अंगुली काटने लगा। इस तरह वह हत्यारा बन गया। गिनती याद रखने के लिए जिस किसी आदमी की वह हत्या करता था, उसकी एक अंगुली काटकर अपनी माला में पिरोकर गले में पहन लेता था, इसलिए उसका नाम अंगुलिमाल पड़ गया था।

बुद्धत्व प्राप्ति के बीसवें वर्ष में जब भगवान बुद्ध श्रावस्ती के जेतवनाराम में थे। उन्होंने डाकू अंगुलिमाल की कहानी सुनी। 'एक बेचारा रास्ते से भटका दिया गया है और दुःख के गर्त में फंसता जा रहा है' यह विचार कर तथागत ने उसे धम्म के रास्ते पर लाने का निश्चय किया और एक दिन भोजन के बाद चीवर धारण कर अंगुलिमाल की दिशा में चल दिए। तथागत को उस मार्ग की तरफ बढ़ते देख लोगों ने उन्हें रोकने की कोशिश की, लेकिन तथागत अपने पथ पर आगे बढ़ते ही गए। अंगुलिमाल ने कुछ दूर से ही तथागत को अपनी ओर आते देखा। उसने मन ही मन सोचा इस तरफ लोग इकट्ठे आने का भी साहस नहीं करते और यह श्रमण अकेला ही चला आ रहा है। श्रमण की हत्या का विचार कर, उसने चिल्लाकर तथागत से कहा—'रुको !'

जब दोनों मिले, तथागत ने मंगल मैत्री और करुणा-भरे शब्दों में कहा :

'अंगुलिमाल मैं तो रुका हूं। अब तू भी पाप कर्म करने से रुक। मैं इसलिए यहां तक आया हूं कि तू भी सत्यपथ का अनुगामी बन जाए। तेरे अंदर का कुशल अभी मरा नहीं है। यदि तू इसे केवल एक अवसर देगा तो यह तेरी कायापलट कर देगा।'

अंगुलिमाल पर प्रभाव पड़ा। उसने कहा, 'आखिर इस मुनि ने मुझे जीत ही लिया।'

अंगुलिमाल ने अपने गले में से अंगुलियों की माला उतार फेंकी और तथागत के चरणों पर गिर कर धम्म दीक्षा की याचना करने लगा। तथागत बोले—'भिक्खु आ!'

और अंगुलिमाल उसी समय भिक्खु बन गया।

अंगुलिमाल ने व्रत ले लिया था कि वह अरण्य में ही रहेगा, भिक्षा पर ही निर्वाह करेगा और तीन से अधिक चीवरों का व्यवहार नहीं करेगा और तीन चीवर भी पंसूकूलिक होंगे अर्थात कूड़े-कचरे के ढेर पर पड़े मिले कपड़े के बने होंगे।

भिक्खु अंगुलिमाल भिक्षा के लिए नगर में जाता, कुछ लोग उसे पत्थर मारते, उसके शरीर से खून बहता तो भी उसके हृदय से मंगल मैत्री ही निकलती। वह लोगों को समझाता कि उसने अनजाने में जो पाप किए, उसकी सजा को उसने खुद भी भोगा है, लेकिन आप लोग कोई पाप न करें जिससे कि आप को दुःख भोगना पड़े।

अंगुलिमाल विपस्सना करते-करते अर्हंत पद को प्राप्त हुए।

विशाखा व मिगार

विशाखा एक अत्यंत धनवान व्यक्ति धनंजय की पुत्री थी और उसकी माता का नाम सुमनादेवी था। 7 वर्ष की अवस्था में ही भगवान बुद्ध के शरण में आई और श्रोतापण्ण अवस्था को प्राप्त हुई। 16 वर्ष की आयु में उसका विवाह एक अति धनवान व्यक्ति मिंगार के पुत्र पुन्नवधन से हुआ।

विशाखा के श्वसुर निगण्ठों के अनुयायी थे। एक दिन उसके श्वसुर भोजन कर रहे थे तब एक बौद्ध भिक्खु भिक्षा के लिए आए। मिगार भिक्खु को अनदेखा कर भोजन करते रहे। विशाखा ने नम्र निवेदन करते हुए भिक्खु से कहा कि आप जाएं क्योंकि उसके श्वसुर बासी खा रहे हैं।[9]

मिगार ने इसे अपना अपमान समझा और विशाखा को घर से निकालने के लिए पंचायत बुलाई। विशाखा ने अपनी सफाई देते हुए कहा कि उसके श्वसुर इस समय कुछ दान-पुण्य तो करते नहीं हैं। उन्होंने जो दान-पुण्य पहले कभी किया था उसी का फल अभी खा रहे हैं। इसलिए मैंने भिक्खु को कहा कि उसके श्वसुर बासी खा रहे हैं। पंचायत ने विशाखा को निर्दोष माना और उसके श्वसुर को दोषी ठहराया। पंचायत ने विशाखा को ससुराल में अपनी धार्मिक श्रद्धानुसार आचरण की आजादी दी।

विशाखा ने भगवान बुद्ध को भोजनदान के लिए अपने घर आमंत्रित किया। भोजन के पश्चात, भगवान बुद्ध ने धम्मोपदेश दिया। उपदेश सुनकर मिगार के अंदर धम्म जागृत हुआ वह श्रोतापण्ण अवस्था में पहुंच गया। वह इतना अभिभूत था कि विशाखा को अपनी धम्ममाता मान लिया। तब से विशाखा का नाम मिगारमाता विशाखा हो गया। विशाखा ने 27 करोड़ स्वर्ण मुद्राएं खर्च करके श्रावस्ती के पूर्व में पुब्बाराम नामक बड़ा विहार बनवाया व भिक्खु संघ को दान किया।

जीवक

जीवक कौमार भृत्य, ने तक्षशिला विश्वविद्यालय में सात वर्षों तक की पढ़ाई की थी। राजगृह लौटकर उसने लोगों का इलाज करना शुरू किया और जल्दी ही मशहूर हो गया। राजा बिम्बिसार का भगन्दर रोग ठीक कर देने पर राजा की सभी रानियों ने अपने सभी गहने जीवक को दे दिए थे, और जीवक मगध नरेश का राजवैद्य बन गया। जीवक ने राजगृह के एक सेठ के सिर की सफल शल्यचिकित्सा (आपरेशन) की, बनारस के एक व्यापारी की आंत का ऑपरेशन किया, इस तरह अनेक आपरेशन जीवक ने किए थे।

जीवक भी भगवान बुद्ध की शिक्षा से अभिभूत था। भगवान बुद्ध में उसकी अटूट श्रद्धा थी। वह भगवान बुद्ध का उपासक बना। भगवान बुद्ध चाहते थे कि जीवक इलाज द्वारा रोगियों की सेवा करता रहे, इसलिए उसे भिक्खु न बनाकर केवल उपासक बनाया।

लेकिन महापरिनिर्वाण के तीन साल पहले बुद्ध ने जीवक को भिक्खु बनने की अनुमति दे दी और उसका नाम विमल कौंडन्न रखा। जीवक पूरे जीवन लोगों की सेवा करते रहे।

भगवान बुद्ध जब भी राजगृह आते, राजवैद्य जीवक दिन में दो बार मिलने जाते। जीवक को लगा कि वेलुवन उनके घर से काफी दूर है। राजगृह में जीवक का आमों का आम्रवन नामक बहुत बड़ा बाग था जो उनके घर से नजदीक था। जीवक ने आम्रवन में एक बहुत बड़ा विहार बनवाकर विहार और आम्रवन भिक्खु संघ को दान दिया।

आम्बपाली

आम्बपाली वैशाली राज्य में रहने वाले एक ऋषि की पुत्री थी। आम के बाग में जन्म होने के कारण उसका नाम आम्बपाली रखा गया था। वह इतनी सुंदर थी कि दूर-दूर के राज्यों तक उसकी सुंदरता के चर्चे थे। अनेक राजकुमार उससे विवाह का प्रस्ताव भेजने लगे। लड़की एक, चाहने वाले अनेक। नौबत युद्ध तक आ पहुंची। अंततोगत्वा आम्बपाली को वैशाली की नगरवधू बना दिया गया। युद्ध से होने वाले नरसंहार और खून-खराबे को रोकने के लिए अपने दिल पर पत्थर रखकर मजबूरी में आम्बपाली ने यह आदेश मान लिया। लेकिन इस शर्त के साथ कि उसके पास किसी को तभी आने की इजाजत होगी जव वह चाहेगी और वही आ सकेगा जिसे वह चाहेगी। सुंदरता के साथ वह नाच-गाने के लिए भी मशहूर थी लेकिन किसी भी व्यक्ति के कहने से अपनी कला का प्रदर्शन नहीं करती थी। यदि किसी का तौर-तरीका उसको अच्छा नहीं लगता था तो वह अपनी कला का प्रदर्शन करने से मना कर देती थी, फिर कोई उसको कितना भी सोने-चांदी का लालच क्यों न दे। इस तरह कई मायनों में वह सम्राज्ञी थी।

वैशाली में आम्बपाली का आमों का एक बहुत बड़ा बाग था। एक बार भगवान बुद्ध भिक्खु संघ के साथ उसी बाग में रुके थे। आम्बपाली को जब पता चला तो वह तथागत का प्रवचन सुनने आई। भगवान बुद्ध की करुणामयी दृष्टि से आम्बपाली के दुःख कम हुए और खुशी के मारे उसकी आंखें छलछला आईं। आम्बपाली ने बताया कि अपार धन-सम्पदा होने के बाद भी वह अंदर से कितनी दुःखी है। भगवान बुद्ध ने उसको धम्म समझाते हुए कहा—किसी अन्य वस्तु के समान ही सुंदरता भी आती है और चली जाती है। शोहरत और दौलत भी इसी तरह आती-जाती है। विपस्सना करने से जो शांति, खुशी और आजादी मिलती है, उसी से सच्चा आनंद मिलता है। आम्बपाली इस जीवन के जो क्षण शेष रह गए हैं, उनको जियो और उनका पूरा ख्याल रखो, अपनी जिन्दगी को झूठे भुलावे और ऐशो-आराम में बर्बाद मत करो।

प्रवचन सुनने के बाद आम्बपाली ने बुद्ध और भिक्खु संघ को अगले दिन के भोजन

के लिए अपने यहां निमंत्रण दिया जिसे तथागत ने मौन रहकर स्वीकार कर लिया। वैशाली के लिच्छिवी भी भिक्खु संघ को भोजनदान देना चाहते थे, उन्होंने आम्बपाली को कहा कि वह उनसे एक लाख रुपए ले ले लेकिन अगले दिन का भोजनदान लिच्छवियों को करने दे। आम्बपाली ने कहा कि एक लाख तो क्या, अगर वे लोग उपनगरों सहित पूरी वैशाली भी देना चाहें तो भी वह अगले दिन का भोजनदान वही देगी। हारकर लिच्छिवी बुद्ध के पास गए और अगले दिन भोजन उनके यहां करने की प्रार्थना की। तथागत ने यह कहकर अस्वीकार कर दिया कि वह आम्बपाली का निमंत्रण पहले ही स्वीकार कर चुके हैं। वे लोग चाहें तो उसके अगले दिन भोजनदान कर सकते हैं। लिच्छिवियों ने वैसा ही किया।

अगले दिन आम्बपाली ने समस्त भिक्खु संघ के लिए स्वादिष्ट भोजन बनवाया। निश्चित समय पर तथागत भिक्खु संघ के साथ भोजन करने पहुंचे। भोजन समाप्त होने पर आम्बपाली ने अपना आमों का बाग भिक्खु संघ को दान दिया जिसे तथागत ने मौन रहकर स्वीकार कर लिया और दान का अनुमोदन करते हुए प्रवचन किया।

शील-समाधि और प्रज्ञा के मार्ग पर चलते-चलते आम्बपाली अर्हंत पद को प्राप्त हुई।

मगध और कोंशल साम्राज्य सहित अनेक राज्यों के लाखों लोग धम्म मार्ग अपनाते जा रहे थे। भिक्खुओं ने भगवान बुद्ध को सूचित करते हुए कहा कि यह तो सुखद समाचार है। भगवान बुद्ध ने उनको समझाते हुए कहा कि यह बात इतनी महत्त्वपूर्ण नहीं है कि कितने लोग इस धम्म में शामिल हो रहे हैं, जितना कि भिक्खुगण कितनी मेहनत और मन से धम्म साधना करते हैं। सफलता-असफलता दोनों को हमें समताभाव से देखना चाहिए।

भगवान बुद्ध का विरोध

मिथ्यारोपी चिंचा

भगवान बुद्ध की शिक्षा का प्रभाव दिन-प्रतिदिन बढ़ता ही गया और करोड़ों लोग धम्म के अनुयायी बन गए। पंडे-पुरोहितों की आमदनी कम होने लगी क्योंकि लोगों ने आडम्बरयुक्त पूजा-पाठ, यज्ञ इत्यादि करने बंद कर दिए थे। इसलिए अन्य संप्रदायों के अनुयायी भगवान बुद्ध का महत्त्व जनता की नजरों में कम करने के लिए षड्यंत्र करने लगे। उन लोगों ने सोचा कि पद, यश और पैसे का आरोप तो लग नहीं सकता क्योंकि भगवान स्वयं राजपाट त्यागकर आए हैं। इसलिए चिंचा नाम की एक सुंदर ब्राह्मणी परिव्राजिका को तैयार किया कि ऐसी अफवाह फैलाए जिससे भगवान बुद्ध की लोकप्रियता कम हो। चिंचा माणविका, रूपवती युवती थी।

योजना के मुताबिक चिंचा रोज शाम, जब लोग धम्मकथा सुनकर जेतवन से समूह

में निकलते थे, सज-संवरकर जेतवन की ओर जाती, और जेतवन के समीप तीर्थिकाराम में रात बिताकर सुबह शहर की ओर लौटती। लोगों के मन में शंका उत्पन्न हो, इस तरह का व्यवहार करती। लोगों से गर्वोक्ति-भरे अंदाज में कहती कि श्रमण गौतम के साथ उनकी गंधकुटी में विहार करती हूं। कुछ दिन बाद वह कहीं छिप गई और नौवें महीने में अपने पेट पर लकड़ी का एक गोल टुकड़ा (कठौती) बांधकर जेतवन पहुंची।

भगवान उपदेश दे रहे थे। तभीं वहां शिथिल वेदना चिंचा आ गई और सबके सामने भगवान से कहा कि अपने होने वाले बच्चे के बारे में सोचो और अपने किसी शिष्य से कहकर उसके पालन-पोषण की व्यवस्था करवा दो।

भगवान बुद्ध चाहते तो अपने शिष्य कोशल नरेश प्रसेनजित को आदेश देकर चिंचा को सजा दिलवा सकते थे कि वह झूठ बोल रही है। लेकिन भगवान बुद्ध ने मुस्कुराकर बड़ी करुणा भरे शब्दों में कहा—बहन! तूने जो कहा है, उसके सत्यासत्य का ज्ञान केवल मुझे है और तुझे है।

षड्यंत्रकारियों ने ऐसी प्रतिक्रिया की कल्पना नहीं की होगी। उन्होंने सोचा होगा कि चिंचा का आरोप सुनकर भगवान बुद्ध नाराज होकर कुछ बोलेंगे, फिर चिंचा गाली-गलौज शुरू करेगी, इस तरह विवाद बढ़ जायेगा। लेकिन भगवान बुद्ध की संयत व करुणा भरी प्रतिक्रिया सुनकर चिंचा घबरा गई और खांसने लगी। उसके खांसने से रस्सी की वह गांठ जिससे उसने पेट पर कठौती बांध रखी थी, ढीली पड़ गई और कठौती पेट से खिसककर उसके पांव पर गिर पड़ी। गर्भ जैसा फूला पेट पचक गया। चिंचा की पोल खुलते ही लोगों ने उसे डण्डे और पत्थर मार-मारकर वहां से भगा दिया।

मिथ्याचारी सुन्दरी

भगवान बुद्ध की बढ़ती लोकप्रियता से खिन्न कुछ और लोगों ने भी ऐसी ही एक साजिश रची। तैर्थिक सम्प्रदाय की सुन्दरी नामक युवती की हत्या करवाकर उसका शव जेतवन विहार में बुद्ध की कुटी के पास गड़वाकर पुलिस को शिकायत कर दी। पुलिस ने कब्र खुदवाकर लाश बरामद की। विरोधियों ने लाश का जुलूस निकालकर पूरी श्रावस्ती में, बुद्ध को बदनाम किया, जिससे बहुत से अनुयायियों को धक्का लगा। कुछ तो छोड़कर चले भी गए। भिक्खुओं को भी भिक्षा की जगह ताने और गालियां मिलने लगीं। बुद्ध ने भिक्खुओं से कहा कि वे अपनी जागरूकता बनाए रखें और बदनामी से दुःखी न हों। बुद्ध ने कहा—अनुचित आरोप कहीं भी और कभी भी लगाए जा सकते हैं। आप लोगों को लज्जित होने की जरूरत नहीं है। लज्जा का एक ही कारण हो सकता है जब आप लोग शुद्ध जीवनयापन की साधना के प्रयासों से भटक जाएं। झूठे आरोप कुछ दिनों तक फैलेंगे और फिर समाप्त हो जाएंगे। कल जब आप भिक्षाटन के लिए जाएं और कोई भी इस घटना की चर्चा करे तो कह देना—जो भी इस काम के लिए

जवाबदेह है, वह इसका फल पायेगा।

और यही हुआ। हत्यारे रात को शराबखाने में शराब पीकर पैसे के बंटवारे को लेकर झगड़ा करते हुए पकड़े गए। अदालत में हत्यारों ने अपना अपराध कबूल किया और यह भी बताया कि सुन्दरी के सम्प्रदाय वालों ने ही काफी पैसे देकर बुद्ध को बदनाम करने के लिए उसकी हत्या करवाई थी।

राजा प्रसेनजित ने जब जेतवन जाकर भगवान बुद्ध को यह खबर सुनाई तो तथागत ने उनको परामर्श दिया कि अपराधियों को क्षमा कर दिया जाए क्योंकि जब तक लोग अपने द्वेष और घृणा को नहीं जीतेंगे, ऐसे अपराध बारंबार होते रहेंगे। सच्चाई पता लगने पर भिक्खुओं को फिर से आदर-सत्कार मिलने लगा।

देवदत्त

देवदत्त सिद्धार्थ गौतम का चचेरा भाई था। वह आनंद और अन्य शाक्य राजकुमारों के साथ ही भिक्खु बना था। देवदत्त अर्हत की किसी भी अवस्था को नहीं पहुंच पाया था, लेकिन उसको कई रिद्धियां प्राप्त हो गई थीं।[10]

देवदत्त बहुत प्रतिभावान और अच्छा वक्ता था। भिक्खु बनने के शुरुआती दिनों में देवदत्त ने एक आदर्श भिक्खु का जीवन जिया। लेकिन बाद में सांसारिक मान-सम्मान और बुद्ध के प्रति बढ़ती ईर्ष्या ने देवदत्त को तथागत का सबसे बड़ा दुश्मन बना दिया। ईर्ष्या और दूसरे मानसिक विकारों के कारण देवदत्त के पास जो भी रिद्धि-सिद्धि थीं, वे सब समाप्त हो गईं।

देवदत्त ने स्वयं को भिक्खु संघ का प्रमुख बनाने के लिए बुद्ध से कहा। बुद्ध के मना करने पर देवदत्त ने इसे अपना अपमान समझा और भिक्खु संघ में फूट डालने की साजिश रचने में लिप्त हो गया।

एक बार तथागत संघ के साथ राजगृह में वेलुवन में विहार कर रहे थे। प्रवचन समाप्त होने के बाद देवदत्त उठ खड़े हुए और बुद्ध को नमस्कार करने के बाद सुझाव दिया कि भिक्खुओं को इच्छारहित सादगीपूर्ण जीवन बिताने के लिए यह पांच नियम बनाए जाएं :

एक : भिक्खु सदैव वन में रहें और गांव या नगर में उन्हें सोने की अनुमति न हो।

दो : भिक्खु भिक्षाटन करें और उपासकों के यहां भोजन करने का निमंत्रण कभी स्वीकार न करें।

तीन : भिक्खु फटे-पुराने कपड़ों से अपने चीवर सिलें और उपासकों से चीवर वस्त्र उपहारस्वरूप न स्वीकार किया करें।

चार : भिक्खु वृक्षों के नीचे सोयें, कुटिया या भवनों में न सोयें।

पांच : भिक्खुओं को केवल शाकाहारी भोजन ही करना चाहिए।

प्रभु, यदि भिक्खु इन पांच नियमों का पालन करेंगे तो न्यूनतम इच्छाओं के साथ

सादगी भरा जीवन व्यतीत करने में सफल होंगे।

भगवान बुद्ध ने इन पांचों नियमों को अनिवार्य करने से मना कर दिया। बुद्ध ने कहा कि जो भिक्खु वन में रहना चाहें, रह सकते हैं लेकिन जो भिक्खु विहार, कुटी, नगर में रहना चाहें वे वहां रह सकते हैं। इसी तरह भिक्खु भिक्षाटन द्वारा भी भोजन कर सकते हैं और उपासकों का निमंत्रण भी स्वीकार कर सकते हैं, इससे भिक्खु और उपासकों के बीच विचार-विमर्श का अवसर मिलता है। चीवर के बारे में भी तथागत ने कहा कि वह उपासकों द्वारा दिए गए चीवरदान को स्वीकार कर सकते हैं अगर उनके पास तीन जोड़े से अधिक चीवर न हों। जो भिक्खु पेड़ के नीचे सोना चाहें, सो सकते हैं और जो कुटिया या विहार में सोना चाहें सो सकते हैं। शाकाहारी भोजन के बारे में बुद्ध ने कहा कि उन्हें कोई आपत्ति नहीं है लेकिन जिन भिक्खुओं को सामिष भोजन भिक्षापात्र में मिलता है, वे स्वीकार कर सकते हैं बशर्ते उनके लिए जीवहत्या न की गई हो।

इसके बाद देवदत्त ने भिक्खु संघ में फूट डाल दी और 500 भिक्खुओं का अपना संघ बनाकर गयाशीर्ष चला गया। लेकिन सारिपुत्र और मोग्गालन गयाशीर्ष जाकर अधिकतर भिक्खुओं को वापस ले आए।

भगवान बुद्ध ने सारिपुत्र और मोग्गालन को धम्म सेनापति बना रखा था, इस कारण भी देवदत्त भगवान बुद्ध से नाराज था। उसकी इच्छा स्वयं प्रधान बनने की थी। ईर्ष्यावश देवदत्त ने भगवान बुद्ध को तीन बार मारने का भी प्रयास किया।

एक बार भगवान बुद्ध गृधकूट पर्वत की छाया में टहल रहे थे, तब देवदत्त ने ऊपर से एक बड़ा पत्थर लुढ़का दिया ताकि बुद्ध का प्राणांत हो जाए, लेकिन वह पत्थर दूसरी चट्टान पर जा गिरा। पत्थर का एक छोटा-सा टुकड़ा बुद्ध की पैर की अंगुली से टकराया और अंगुली में घाव हो गया जो इलाज से ठीक हो गया।

दूसरी बार, देवदत्त राजकुमार अजातशत्रु के पास गया और उससे कहा, मुझे कुछ आदमी दो। देवदत्त के इरादों से अनभिज्ञ अजातशत्रु ने अपने कुछ आदमी देवदत्त के साथ लगा दिए और देवदत्त की आज्ञा मानने का आदेश दिया। देवदत्त ने इनमें से एक को भगवान बुद्ध को जान से मारने की आज्ञा दी, लेकिन उसने यह कुकृत्य करने से इनकार कर दिया।

इसी तरह तीसरी बार उसने नालागिरी नामक एक नर हाथी से भगवान बुद्ध को मरवाने का प्रयास किया। देवदत्त राजगृह पहुंचा और महावतों को उच्चपद और वेतन का लालच देकर कहा कि जब श्रमण गौतम इस सड़क से गुजरें तो नालागिरी को छोड़ दो। महावत ने ऐसा ही किया, लेकिन भगवान बुद्ध के सामने पहुंचते ही वह मदमस्त हाथी बुद्ध की मंगलमैत्री के प्रभाव से अपने पैरों पर बैठ गया और भगवान बुद्ध को प्रणाम किया। इस तरह देवदत्त का तीसरा प्रयास भी असफल रहा।

लोगों को उसके दुष्ट प्रयासों की जानकारी हो गई और जनता ने उसका आदर-सम्मान बंद कर दिया। राजा अजातशत्रु ने भी उससे मिलना-जुलना और राजकीय संरक्षण देना बंद कर दिया।

अपनी करतूतों से बदनाम हो जाने के कारण वह राजगृह छोड़ने पर मजबूर हो गया, वह कोशल पहुंचा लेकिन राजा प्रसेनजित ने भी उसे शरण नहीं दी। देवदत्त गंभीर रूप से बीमार पड़ा, उसको पानी देने वाला कोई नहीं था। जीवन के अंतिम क्षणों में उसने फिर से बुद्ध की शरण ली और 'बुद्धं शरणं गच्छामि' कहते हुए प्राण त्यागे।

सप्तम अध्याय

बुद्ध की प्रासंगिकता

भगवान बुद्ध की शिक्षाओं का मुख्य उद्देश्य मानव जीवन को सुखमय बनाना है। बुद्ध ने प्रकृति के नियमों का गहन अध्ययन किया और इस नतीजे पर पहुंचे कि जो नियम बाहर वातावरण में काम कर रहे हैं, वही हमारे शरीर के अन्दर भी काम कर रहे हैं। मानव शरीर में सभी लोक समाए हुए हैं। मानव जीवन की मूल समस्या है कि राग, द्वेष, मोह, घृणा, लालच और भय के विकारों से कैसे छुटकारा पाया जाए। यही विकार आपसी लड़ाई, एक-दूसरे के साथ युद्ध, आर्थिक असमानता, शोषण-अत्याचार, भेद-भाव, हिंसा और आतंकवाद को जन्म देते हैं। यह ऐसी मूलभूत समस्याएं हैं जो हर युग में रहेंगी। केवल उनका रूप और स्थान बदलते है। ये समस्याएं जितनी बुद्ध के समय में थीं, आज उससे भी ज्यादा हैं। दुनिया को आज युद्ध की नहीं, बुद्ध की जरूरत है। कुछ लोगों को भ्रम है कि बुद्ध ने केवल अहिंसा की बात की है। ऐसा नहीं है। भगवान बुद्ध ने मानव-जीवन और उसके आस-पास के वातावरण से सम्बन्धित हर पहलू का विवेचन किया है और उपदेश दिया है। बुद्ध के विचारों की प्रासंगिकता आज पहले से भी अधिक है। भगवान बुद्ध के कुछ ऐसे उपदेश और उनकी शिक्षाएँ यहां दी जा रही हैं :

सामाजिक समानता में योगदान

भगवान बुद्ध ने अपने धम्म में समता और बराबरी पर बहुत जोर दिया। उन्होंने समाज में लोगों के बीच समानता की न केवल शिक्षा दी बल्कि स्वयं उस पर अमल किया। उन्होंने महिलाओं को दीक्षा का अधिकार देकर भिक्खुणी बनने का मौका दिया और दुनिया के इतिहास में पहली बार एक पृथक और स्वतंत्र भिक्खुणी संघ की स्थापना की। स्त्रियों को बराबरी का हक देने वाले भगवान बुद्ध विश्व के पहले धम्म गुरु बने।[1] भिक्षुणी संघ की स्थापना कर गौतम बुद्ध ने नारी स्वतंत्रता को अभिव्यक्ति दी और उनके चहुंमुखी विकास का रास्ता प्रशस्त किया। यह ऐसा क्रांतिकारी कदम था जिससे स्त्रियों के स्वतंत्र अस्तित्व, उनके व्यक्तित्व को अभिव्यक्त करने का मौका मिला और दुनिया के इतिहास में पहली बार स्त्रियों को यह सिद्ध करने का मौका मिला कि आध्यात्मिक मार्ग पर चलने में और आध्यात्मिक शक्तियां प्राप्त करने में

स्त्रियां किसी भी तरह पुरुषों से पीछे नहीं हैं। दीक्षित होने का अधिकार मिलने से स्त्रियों को पहली वार घर के चौका-बर्तन करने के अलावा अपनी आत्म-उन्नति करने के लिए साधना करने का मौका मिला और अपने मानवीय गुणों के चहुंमुखी और सर्वांगीण विकास का अवसर मिला। भगवान बुद्ध भिक्खुणियों की उपलब्धियों की दिल खोलकर तारीफ करते थे। 'भगवान बुद्ध का मानना था कि स्त्रियां भी ज्ञान प्राप्त कर सकती हैं और ज्ञान के द्वारा निर्वाण सुख का साक्षात्कार कर सकती हैं।'[2] गौतम बुद्ध के पहले, वैदिक व्यवस्था में स्त्रियों को बराबरी का अधिकार नहीं था। उनको यज्ञोपवीत का भी अधिकार नहीं था (आज भी नहीं है)। ऐसे में गौतम बुद्ध ने उनको बराबरी का दर्जा देकर समाज में उनको अपना महत्त्व अनुभव करने का मौका दिया जिससे स्त्रियों में अपने प्रति गौरव और आदर का भाव तो जागा ही, सामाजिक दृष्टिकोण में भी उनके प्रति परिवर्तन आया। गौतम बुद्ध ने स्त्रियों की शिक्षा और राजनीतिक जागरूकता पर भी बल दिया। महिलाओं को भिक्खुणी बनने का अधिकार देकर सामाजिक और धार्मिक क्रांति की, जबकि उस समय की वैदिक संस्कृति में स्त्रियों को केवल भोग-विलास की वस्तु समझा जाता था, और उनके लिए धार्मिक कार्य निषिद्ध था।

भिक्षुणी संघ में दीक्षित होने का मौका मिलते ही हजारों की संख्या में स्त्रियां भिक्खुणी बनीं। भिक्षुणी संघ में हर वर्ग, संप्रदाय, जगह की महिलाएं, महाप्रजापति गौतमी जैसी राज-रानियां, प्रकृति जैसी चाण्ड़लिका, आम्बपाली जैसी नर्तकी, खेमा जैसी राजकुमारी, हर वर्ग की महिलाएं थीं, सुमंगला, मथिका,वासंती जैसी 'अनगनित महिलाओं ने आध्यात्मिक जीवन की ऊंचाइयों पर पहुंचकर अपने साथ भिक्खुणी संघ का नाम रोशन किया और निर्वाण सुख को प्राप्त हुईं।'[3] उन्होंने कला-संस्कृति और साहित्य के क्षेत्र में अभूतपूर्व प्रगति हासिल की। थेरीगाथा भिक्खुणियों ने ही लिखी। वास्तव में थेरीगाथा नारी स्वतंत्रता को प्रकट करने वाला प्रथम ग्रंथ है। 'भिक्खुणी सुमंगलमाता ने अपने उद्‌गार कुछ इस तरह प्रकट किए हैं :

सुमुत्तिका सुमुत्तिका, साधुमुत्तिकाम्हि मुसलस्स।
अहिरिको मे छत्तकं वा पि, उक्खलिका मे देड्डुभं वा ति ।।23।।

(अहो, मैं मुक्त नारी हूं। मेरी मुक्ति कितनी धन्य है, पहले मैं मूसल लेकर धान कूटा करती थी, आज मैं उससे मुक्त हो गई हूं। मेरी दरिद्रावस्था के वे छोटे-छोटे भांडे-बरतन, जिन्के बीच मैं मैली-कुचैली बैठती थी और मेरा निर्लज्ज पति मुझे उन छातों से भी तुच्छ समझता था, जिन्हें वह अपनी जीविका के लिए बनाता था।)'[4]

थेरीगाथा से भिक्खुणियों की प्रतिभा और राजनीतिक सोच का स्पष्ट पता चलता है। सारिपुत्त ने ब्राह्मण जाति में पैदा होकर भी पहले ही ब्राह्मण धर्म और ब्राह्मणी संस्कारों से विद्रोह किया था। वे ज्ञान और विमुक्ति की चाह में बुद्ध की शरण में चले गए थे। चाला(सारिपुत्त की छोटी बहन) ने भी सोचा कि ब्राह्मण धर्म में न ज्ञान है, न विमुक्ति है और न मानवता नाम की कोई चीज है। चाला कहती है :

इतो बहिद्धा पासण्डा, दिट्ठियो उपनिस्सिता ।
न ते धम्मं विजानन्ति, न ते धम्मस्स कोविदा ।।184।।

अत्थि सक्यकुले जातो, बुद्धो अप्पटिपुग्गलो।
सो मे धम्ममदेसेसि, दिट्ठिनं समतिक्कमं।।185।।

(मिथ्या मार्ग का अवलंबन करने वाले, मिथ्या दृष्टियों में फंसे हुए साधुओं से मेरा कोई संबंध अथवा लेन-देन नहीं है। वे इस मार्ग से बहुत दूर हैं। सत्-धम्म के संबंध में वे कुछ नहीं जानते। किन्तु शाक्य-कुल में एक बुद्ध ने जन्म लिया है, वह अप्रतिम पुरुप हैं। उन्होंने मुझे धम्म का उपदेश दिया है, जिसे सुनकर मैंने मिथ्या दृष्टियों को पार कर लिया है।)

दुक्खं दुक्खसमुप्पादं, दुक्खस्स च अतिक्कमं।
अरियं च अट्ठङ्गिकं मग्गं, दुक्खूपसगामिनं।।186।।
तस्साहं वचनं सुत्वा, विहरिं सासने रता।
तिस्सा विज्जा अनुप्पत्ता, कतं बुद्धस्स सासनं।।187।।

(दुःख क्या है, दुःख की उत्पत्ति कैसे होती है और दुःख का अतिक्रमण कैसे किया जाता है? इसके लिए बुद्ध ने मुझे दुःख उपशम की ओर ले जाने वाले आर्य आष्टांगिक मार्ग का उपदेश मुझे दिया है। उन भगवान बुद्ध के उपदेश को सुनकर मैं उनके शासन के अनुशरण में लग गई। मैंने तीनों विद्याओं को प्राप्त कर लिया है, बुद्ध के शासन को पूरा कर लिया है।)

अनाथपिण्डक के घर की दासी की पुत्री पुण्णिका भगवान बुद्ध के उपदेश में प्रतिष्ठित होकर एक तथाकथित ब्राह्मण को वास्तविक विशुद्धि के मार्ग के बारे में बताते हुए कहती है :

को नु ते इदमक्खासि, अजानन्तस्स अजानको।
दकाभिसेचना नाम, पापकम्मा पमुच्चति।।240।।
सग्गं नून गमिस्सन्ति, सब्बे मण्डूककच्छपा।
नागा च सुसुमारा च, ये चञ्ञे उदके चरा।।241।।

(गंगा-स्नान-शुद्धि से पाप-मुक्ति होती है, यह तुझसे किसने कहा? यह तो अज्ञानी, मूर्ख व्यक्ति का अज्ञानी मूर्ख के प्रति उपदेश है। यदि गंगाजल से ही शुद्धि होती, तब तो मेढ़क, कछुए, जल के सर्प, मगर और अन्य जलचरों का स्वर्ग में जाना सुनिश्चित है।)

भिक्खुणी मित्रा अपने पूर्व जीवन पर अनुचिन्तन करती हुई, ज्ञान के प्रकाश के उल्लास में कहती है :

चातुद्दसिं पञ्चदसिं, या च पक्खस्स अट्ठमी।
पाटिहारियपक्खञ्च, अट्ठङ्गसुसमागतं।।31।।
उपोसथं उपागच्छिं, देवकायभिनन्दिनी।
साजज एकेन भत्तेन, मुण्डा सङ्घाटिपारुता।
देवकायं न पत्थहं, विनेय्य हृदये दरंति।।32।।

(मैं हर चतुर्दशी(अमावस्या) को, पूर्णमासी को और प्रत्येक पक्ष की अष्टमी को व्रत रखती थी और आठ प्रकार के संकल्पों वाला व्रत रखती थी। किसलिए? यह सोचकर

कि देव-योनि को प्राप्त कर मैं स्वर्ग में वास करूंगी। वही मैं आज रोज एक समय आहार ग्रहण करने वाली हूं, मुंडे हुए सिर वाली हूं, चीवर(संघाटी आदि काषाय वस्त्र) पहनने वाली हूं। किन्तु आज मुझे देव-योनि की कामना नहीं है, स्वर्ग में वास करने की अभिलाषा नहीं है। कारण, मैंने हृदय(मन) की चिंताओं (पीड़ाओं) को ही दूर फेंक दिया है।)'[5]

पटाचारा, सुजाता, सीसूपचाला, आम्रपाली, इसिदासी, मित्ताकाली, भद्रा कापिलायिनी कितनों ने ही अपनी आत्मकथा को बड़े सुन्दर काव्यों में वर्णित किया। भिक्षुणी शुभा ने भिक्खुणी बनने के और बाद के जीवन का जितना बढ़िया और रोचक विवरण दिया है और अपने जीवन का मूल्यांकन लिखा है; वह एक बेहद सचेत, जागरूक, शिक्षित, प्रतिभावान और संवेदनशील इंसान ही कर सकता है।[6]

भिक्खुणी संघ में भिक्खुणियों को लगातार शिक्षा-संस्कृति और ध्यान-साधना सिखाई जाती थी जिससे उनके व्यक्तित्व का चहुंमुखी विकास हुआ।

भगवान बुद्ध का बनाया हुआ भिक्खुणी संघ श्रीलंका में 1017 ईसवी तक फला-फूला, उसके बाद अनुराधापुरा पर चोल आक्रमण के कारण धीरे-धीरे भिक्खुणी संघ छिन्न-भिन्न हो गया। लेकिन सन् 1996 में भिक्खुणी संघ की पुनर्स्थापना कर दी गई। गौरतलब यह भी है कि अगर बुद्ध ने ऐसा कहा होता कि उनका धर्म 500 सालों में समाप्त हो जाएगा तो चीन, जापान, तिब्बत, कोरिया, भूटान, बर्मा में क्यों नहीं समाप्त हुआ? आज भी बौद्ध धर्म न सिर्फ इन देशों में फल-फूल रहा है बल्कि अमेरिका और यूरोप में बहुत तेजी से फैल भी रहा है।

कुछ निहित स्वार्थी लोगों ने जो महिलाओं को दीक्षा देने के पक्ष में नहीं थे, गौतम बुद्ध पर आरोप लगाया और कहा कि पहले उनका धम्म एक हजार साल चलता लेकिन स्त्रियों के भिक्खुणी बनने से केवल पांच सौ वर्ष ही चलेगा। यह आरोप बेबुनियाद और सच्चाई से बहुत दूर है। गौतम बुद्ध जैसा महामानव कभी ऐसा नहीं कह सकता। ऐसा प्रतीत होता है कि त्रिपिटक में ऐसी भ्रामक बातें बाद में लिखी गईं। जब कि वस्तुस्थिति यह है कि भगवान बुद्ध ने महिलाओं को पुरुषों के बराबर का दर्जा दिया और समाज में उनको उचित स्थान दिलवाया। बुद्ध ने स्त्रियों को राजनैतिक अधिकार दिया और भिक्खुणी संघ को स्वतंत्र रूप से चलाने का अवसर प्रदान कर उनकी संगठनात्मक क्षमता, राजनीतिक सोच और अपनी अलग पहचान विकसित करने का अवसर प्रदान किया। गौतम बुद्ध ने इस अवधारणा को तोड़ा कि स्त्रियां सिर्फ बच्चे पैदा करने के लिए होती हैं। उन्होंने इस अवधारणा को भी तोड़ा कि लड़का पैदा होना; लड़की पैदा होने से बेहतर है। इससे समाज में स्त्रियों का मान-सम्मान काफी बढ़ा। बहुत सी भिक्खुणियों ने निर्वाण सुख का साक्षात्कार किया और अर्हंत पद को प्राप्त हुईं। मानव इतिहास में आज तक स्त्रियों की स्वतंत्रता, शिक्षा, समानता और मान-सम्मान के लिए किसी ने भी उतना योगदान नहीं दिया, जितना कि अकेले गौतम बुद्ध ने।

गौतम बुद्ध ने जो सामाजिक संगठन का ढांचा बनाया, भिक्खु संघ उसका एक आदर्श नमूना था। यह संघ पूरी तरह प्रजातान्त्रिक था। बुद्ध ने संघ के लिए जो नियम

वनाए, खुद भी उनका पालन किया। पंचशील और अष्टशील भिक्खु-भिक्खुंणी और गृहस्थ उपासक-उपासिकाएं सभी पालन करते थे।

सामाजिक समरसता

ई.पू. 515 में, भगवान बुद्ध श्रावस्ती के जेतवनाराम में विहार कर रहे थे। भगवान बुद्ध के सामाजिक समानता के उपदेश से ब्राह्मण नाराज थे। एक दिन आश्वलायन माणवक नाम के ब्राह्मण को ब्राह्मणों ने शास्त्रार्थ करने के लिए भगवान बुद्ध के पास भेजा। आश्वलायन ब्राह्मणों को लेकर भगवान के पास पहुँचा। और बोला—हे गौतम! ब्राह्मणों का कहना है कि ब्राह्मण ही श्रेष्ठ वर्ण हैं, दूसरे वर्ण छोटे हैं। ब्राह्मण ही शुक्ल वर्ण हैं, दूसरे वर्ण कृष्ण हैं। ब्राह्मण ही शुद्ध होते हें, अब्राह्मण नहीं। ब्राह्मण ही ब्रह्मा के औरस पुत्र हैं, मुख से उत्पन्न, ब्रह्मज, ब्रह्मनिर्मित, ब्रह्मा के दायाद हैं, इस विषय में आप क्या कहते हैं?

भगवान ने कहा—आश्वलायन! ब्राह्मणों की ब्राह्मणियां ऋतुमती, गर्भिणी, जनन करती, देखी जाती हैं। वे भी और मनुष्यों की तरह योनि से उत्पन्न होते हैं, इस तरह ब्राह्मण ही श्रेष्ठ वर्ण नहीं है।

भगवान ने आश्वलायन से प्रतिप्रश्न किया, आश्वलायन ! क्षत्रिय, प्राणि-हिंसक, चोर, दुराचारी, झूठा, चुगलखोर, कटुभाषी, बकवादी, लोभी, द्वेषी, मिथ्या-दृष्टि हो तो क्या काया छोड़ मरने के बाद दुर्गति को प्राप्त नहीं होगा? ब्राह्मण प्राणि हिंसक हो तो क्या नरक में उत्पन्न नहीं होगा? वैश्य, शूद्र नरक में उत्पन्न होगा या नहीं?

आश्वलायन का उत्तर था—क्षत्रिय भी प्राणिहिंसक हो तो नरक में उत्पन्न होगा, ब्राह्मण भी, वैश्य भी, शूद्र भी। सभी चारों वर्ण के लोग प्राणिहिंसक होने पर नरक में उत्पन्न होंगे।

भगवान ने आश्वलायन से फिर प्रतिप्रश्न किया, आश्वलायन ! क्या ब्राह्मण ही प्राणिहिंसा, चोरी, दुराचार, झूठ, चुगली, कटुवचन, अपवाद से विरत हो, अलोभी, अद्वेषी, सम्यक् दृष्टि हो, शरीर छोड़ मरने के बाद, सुगति स्वर्गलोक में उत्पन्न होता है, क्षत्रिय नहीं, वैश्य नहीं, शूद्र नहीं?

आश्वलायन का उत्तर था—नहीं गौतम। क्षत्रिय भी प्राणिहिंसा विरत सुगति स्वर्ग-लोक में उत्पन्न हो सकता है। ब्राह्मण भी, वैश्य भी, शूद्र भी। सभी चारों वर्ण के लोग।

भगवान ने आश्वलायन से फिर प्रतिप्रश्न किया, आश्वलायन ! यदि एक क्षत्रिय एक ब्राह्मण कन्या से सहवास करे तो संतान मानव-संतान ही होगी?

आश्वलायन का उत्तर था—हां।

भगवान ने आश्वलायन से फिर प्रतिप्रश्न किया, आश्वलायन ! क्या तुमने सुना है कि यवन और कम्बोज देश में तथा अन्य पड़ोसी देशों में भी दो ही तरह के वर्ग होते हैं, एक आर्य (स्वामी), दूसरे दास(गुलाम), और एक आर्य दास बन सकता है,

तथा एक दास आर्य?

आश्वलायन का उत्तर था—हां, मैंने सुना है।

यदि तुम्हारा चातुर्वर्ण्य, एक आदर्श समाज है तो फिर यह सभी देशों में क्यों नहीं?

आश्वलायन निरुत्तर था। आश्वलायन और उसके साथ ब्राह्मणों ने बुद्ध, संघ और धम्म की शरण ली।

भगवान बुद्ध ने उपदेश दिया कि ऊंचे आदर्श का महत्व है, ऊंची जाति में जन्म ग्रहण करने का नहीं। जाति नहीं, असमानता नहीं, ऊंच-नीच नहीं—यही तथागत की देशना थी। इस प्रकार बुद्ध ने समतामूलक समाज की स्थापना करने में महत्वपूर्ण योगदान दिया।

जाति का कोई स्थान नहीं

एक दिन बुद्ध भिक्खु संघ के साथ गंगा तट पर स्थित एक गांव में भिक्षाटन के लिए जा रहे थे। रास्ते में बुद्ध ने एक व्यक्ति को मल-मूत्र ले जाते देखा जिसका नाम सुनीत था। बुद्ध और भिक्खु संघ को देखकर वह गंगा के किनारे की ओर बढ़ गया। सुनीत के रास्ता बदलने पर बुद्ध भी उसकी ओर बढ़ गए, वह मैले की बाल्टियां एक तरफ डाल नदी में उतर गया और हाथ जोड़कर खड़ा हो गया। वह इस अपराधबोध से ग्रस्त था कि उसके अस्पृश्य होने के कारण बुद्ध और भिक्खु अपवित्र न हो जाएं। बुद्ध पानी के निकट गए और कहा—मित्र मेरे समीप आओ, ताकि हम एक-दूसरे से बात कर सकें। सुनीत ने कहा—प्रभु मैं ऐसा करने का साहस कैसे कर सकता हूं?

बुद्ध ने उत्तर दिया—हमारे सद्धर्म मार्ग में जाति-पाति का कोई भेदभाव नहीं है। तुम भी हमारी भांति एक मानव हो। हमें अपवित्र होने का भय नहीं है। केवल लोभ, घृणा और ईर्ष्या ही हमें अपवित्र कर सकते हैं। तुम जैसा बढ़िया व्यक्ति तो हमारे लिए आनंद के अतिरिक्त किसी बात का कारण बन ही नहीं सकता। संबोधि के मार्ग में जाति का कोई स्थान नहीं। जिस प्रकार गंगा, जमुना, अचिरवती, माही और रोहिणी नदियां समुद्र में मिल जाने पर अपना पृथक अस्तित्व खो देती हैं, ऐसे ही जो व्यक्ति सद्धर्म अपना लेता है, उसकी जन्म-जात जाति छूट जाती है। भले ही वह ब्राह्मण, क्षत्रिय, वैश्य, शूद्र अथवा अस्पृश्य जाति में ही क्यों न जन्मा हो। सुनीत, यदि तुम चाहो तो शेष लोगों की भांति तुम भी भिक्खु बन सकते हो।

बुद्ध ने सुनीत को वहीं प्रवज्या दी और भिक्खु संघ में शामिल किया।

राजधानी में उच्चवर्ण के लोगों में खलबली मच गई। कोसल राज्य के इतिहास में अब तक किसी अस्पृश्य को धार्मिक संप्रदाय में सम्मिलित नहीं किया गया था। धार्मिक नेताओं ने राजा से भेंट कर इस पर चिंता व्यक्त की, और राजा प्रसेनजित को भी विचलित कर दिया। कुछ दिन बाद राजा प्रसेनजित स्वयं ही जेतवन जाकर बुद्ध से मिले।

भगवान बुद्ध ने राजा प्रसेनजित से कहा—आत्म-मुक्ति के मार्ग में जाति का कोई भेद नहीं। चेतनावस्था प्राप्त व्यक्ति के समक्ष सभी समान होते हैं। हर व्यक्ति का खून लाल होता है और हर व्यक्ति के आंसू खारे। हम सभी मानव हैं। हमें ऐसा मार्ग खोजना होगा, जिससे प्रत्येक व्यक्ति अपने सम्मान और संभावनाओं की पूर्ण प्राप्ति कर सके, इसलिए मैंने सुनीत को भिक्खु संघ में सम्मिलित किया है।

राजा ने अपनी ओर से बुद्ध की सत्य शिक्षाओं का समर्थन करने के लिए अपनी शक्ति भर पूर्ण प्रयत्न करने का वचन देकर विदा ली।

आज भी जब भारत में संवैधानिक रूप से अस्पृश्यता खत्म हो चुकी है तो भी अस्पृश्यता के कारण समाज के एक विशेष तबके को अधिकारों से वंचित किया जाना, संभावनाओं और अवसरों से वंचित किया जाना है। ऐसे में बुद्ध के ये अनमोल उपदेश जन-जन तक पहुंचना नितांत आवश्यक है तभी देश प्रगति कर सकेगा।

धर्मनिरपेक्षता

भगवान बुद्ध सर्वधर्म समभाव के पक्षधर थे। उन्होंने कभी अपनी शिक्षाओं की प्रशंसा को न तो जरूरत से ज्यादा महत्व दिया और न ही उसकी आलोचना करने वालों की निन्दा की। अम्बालथ्थिका में ब्रह्मजाल सुत्त का उपदेश देते हुए उन्होंने कहा, ''भिक्खुओ, जब भी आप लोग मेरी या सद्धर्म मार्ग की आलोचना सुनें, तो उस पर न तो क्रोध करने की, न परेशान होने और न ही अमर्ष अनुभव करने की आवश्यकता है। ऐसी भावनाओं से आपकी अपनी ही हानि होगी। जब भी कोई मेरी या सद्धर्म मार्ग की प्रशंसा करे, तब भी प्रसन्न, हर्षित अथवा संतोष की भावनाएं मन में मत आने दीजिए। इनसे भी आपकी स्वयं की ही हानि होगी। इस सम्बन्ध में सही दृष्टिकोण यह है कि आलोचना में क्या बात सत्य है और क्या असत्य, ऐसा विश्लेषण करने से ही आप अपने अध्ययन में प्रगति कर सकोगे और साधना अभ्यास मार्ग पर आगे बढ़ सकोगे। जिन्होंने धर्म की सूक्ष्मता और मुख्य तत्त्वों को समझ लिया है, वे प्रशंसा के चंद शब्द ही कहेंगे, वे चेतना-जागृति के सच्चे ज्ञान को समझते हैं। ऐसा ज्ञान प्रगाढ़, सूक्ष्म और अनिर्वचनीय होता है। यह सामान्य विचारों और शब्दों से परे की बात होती है। भिक्खुओ, इस संसार में अगणित दर्शन, सिद्धांत और मत हैं। लोग इन सब पर अनन्त समय तक आलोचना-प्रत्यालोचना कर सकते हैं। किन्तु मैंने इनका जो सार समझा है, उसके अनुसार मुख्य 62 सिद्धांत हैं जिनमें हजारों दर्शनों और धार्मिक मत-मतान्तरों को समाहित किया जा सकता है। चेतना जागृति और आत्ममुक्ति के मार्ग के अनुसार इन सभी सिद्धान्तों में त्रुटियां हैं और उनसे बाधाएं उत्पन्न होती हैं।''[7]

राजगृह में गृद्धकूट शिखर पर दो हजार भिक्खुओं और भिक्खुणियों को समझाते हुए उन्होंने संघ में एकता बनाए रखने और विघटन से बचाए रहने के लिए

कहा—दल बनाकर आपस में मिलते रहो, धम्म चर्चा करते रहो, मिलने और विदा होने के समय सहयोग-एकता की भावना रखो, निर्धारित शीलों का पालन करो, संघ के गुणी और अनुभवी वरिष्ठ भिक्खुओं का आदर करो और उनके मार्ग निर्देशों का पालन करो, आकांक्षाओं से मुक्त शुद्ध एवं सादगी भरा जीवन बिताओ, उद्वेगरहित शांतिपूर्ण जीवन का आनंद उठाओ, शांति, आनंद और मुक्ति प्राप्त करने के लिए आत्मचेतना को जागृत रखो, जिससे मित्रों को धम्म मार्ग पर शरण दे सको और उनकी सहायता कर सको। यदि ऐसा करोगे तो धम्म फले-फूलेगा और कभी इसका पतन नहीं होगा। बाहर की कोई ताकत संघ को नहीं तोड़ पायेगी। आंतरिक कलह और मतभेद से ही संघ विभाजित हो सकता है। गप्पें मारने, अत्यधिक सोने, नाम, यश और प्रसिद्धि बटोरने की लालसा मत करो; कामनाओं के पीछे मत भागो और घटिया चरित्र वाले लोगों की संगत में समय मत बर्बाद करो। सजग अवस्था में यात्रा करो, धम्म का विश्लेषण करते रहो, सजग और शांत चित्त से ध्यान करते रहो और संखारों की अनित्यता को हमेशा ध्यान में रखो जिससे पूर्ण मुक्त होकर निर्वाण तक पहुँच सको।

प्रजातंत्र में योगदान

भगवान बुद्ध ने प्रजातान्त्रिक मूल्यों को बहुत महत्त्व दिया। विभिन्न राज्यों के राजाओं और शासन के अधिकारियों को उन्होंने सलाह दी कि कामकाज निश्चित कानून और नियमों के अनुसार चलना चाहिए और अगर नियम और कानून बदलने हों तो बाकायदा जनप्रतिनिधि सभा (जैसे आज संसद है, विधानसभा है) में उस पर बहस होकर वहां से मंजूर होना चाहिए। उन्होंने सलाह दी कि राज्य के विभिन्न विभागों में बराबर तालमेल होना चाहिए और परस्पर अविश्वास की स्थिति नहीं रहनी चाहिए।

उनके द्वारा स्थापित भिक्खु संघ और भिक्खुणी संघ दोनों का संगठन और संचालन पूरी तरह प्रजातान्त्रिक ढंग से होता था। संघ के कायदे-कानून और उनको चलाने की प्रक्रिया से पता चलता है कि ब्रिटेन में प्रजातंत्र आने से दो हजार साल पहले बुद्ध ने भिक्खु और भिक्खुणी संघ में प्रजातंत्र की प्रणाली लागू कर दी थी। संघ की भाषा इस बात का उदाहरण है। गौतम बुद्ध चौदह भाषाओं में दक्ष थे, फिर भी उन्होंने सारे उपदेश उन दिनों की लोकभाषा पालि में ही दिए जिससे आम जनता धम्म को समझ सके और अपने जीवन में अपना सके।

गौतम बुद्ध की शिक्षाओं के केन्द्र में जातिगत भेदभाव खत्म करके सामाजिक समानता की स्थापना करना था। बुद्ध ने बारंबार कहा कि जन्म से न कोई ब्राह्मण होता है और न कोई शूद्र। इंसान का मूल्य उसकी जाति से नहीं, उसके कामों से आंका जाता है। उन्होंने कहा कि कर्म से ही इंसान ब्राह्मण बनता है और कर्म से ही चाण्डाल। ब्राह्मण जन्म से श्रेष्ठ होता है, इस वैदिक मान्यता को बुद्ध ने पूरी तरह नकार दिया। बुद्ध का समानता का सिद्धांत लोगों के दिलों को छू जाता था क्योंकि

उससे उनका स्वाभिमान और आत्मसम्मान बढ़ता था तथा भौतिक जीवन जीने की प्रेरणा मिलती थी, जो कि हर इंसान की मूलभूत जरूरत है।

दबे, पिछड़े लोगों और आम जनता को बुद्ध की शिक्षाओं में एक आदर्श जीवन और समाज नजर आता था जो उनकी आर्थिक और राजनीतिक परेशानियों तथा सामाजिक शोषण से मुक्ति दिलाने में सहायक थीं। पहली बार लोगों को अपने जीवन का असली मकसद समझ में आ रहा था। उनको लग रहा था कि निर्वाण का आनंद जीते जी प्राप्त किया जा सकता है; हर एक इंसान इस लायक है कि अगर वह चाहे और मन और लगन से मेहनत करे तो निर्वाण तक इसी जीवन में पहुंच सकता है। इसके लिए किसी की कृपा की आशा में ना बैठे रहकर खुद मेहनत करनी होगी।

गरीबी, अपराध, हिंसा और आतंकवाद से निपटने के उपाय

भगवान बुद्ध ने अपने आर्थिक और राजनीतिक विचार चक्कवत्ती सिंहनाद सुत्त और कूटदन्त सुत्त में व्यक्त किए हैं। उन्होंने कहा, ''चोरी, हिंसा, नफरत, निर्दयता जैसे अपराधों और अनैतिक कार्यों का कारण गरीबी है।''[8] इन अपराधों को सजा देकर नहीं रोका जा सकता है।

अलवी गांव में भोजन करने के बाद गौतम बुद्ध का उपदेश शुरू होने ही वाला था कि एक किसान आ गया जो भूखा था। भगवान बुद्ध ने कहा पहले इस किसान को खाना खिलाओ, उसके बाद ही उपदेश शुरू होगा। भगवान बुद्ध ने कहा, ''भूखे आदमी का मन उपदेश सुनने में कैसे लगेगा? भूख से बड़ा कोई दुःख नहीं होता। भूख हमारे शरीर की ताकत को खत्म कर देती है जिससे हमारी खुशी, शांति, स्वास्थ्य सभी समाप्त हो जाते हैं। हमको भूखे लोगों को कभी नहीं भूलना चाहिए। अगर हमें एक समय का खाना न मिले तो परेशानी होने लगती है, तो उन लोगों के कष्ट की कल्पना कीजिए जिनको दिनों और हफ्तों तक बराबर खाना नहीं मिलता। हमें ऐसा इन्तजाम करना चाहिए जिससे इस दुनिया में एक भी व्यक्ति को भूखा रहना न पड़े।''

श्रावस्ती में कोशल नरेश प्रसेनजित को उपदेश देते हुए बुद्ध ने कहा, 'राज्य की अर्थ-व्यवस्था और न्याय-प्रणाली सुधारो। सजा देने, जेल में रखने और शारीरिक दंड देने से अपराधों पर काबू नहीं पाया जा सकता। अपराध और हिंसा तो भूख और गरीबी के स्वाभाविक परिणाम होते हैं। अतः जनता की सहायता करने तथा उनकी सुरक्षा का सर्वोत्तम उपाय करने के लिए स्वस्थ अर्थव्यवस्था के निर्माण करने पर ध्यान केन्द्रित करना उचित होगा। गरीब किसानों को भोजन, बीज और खाद-उर्वरकों पर तब तक आर्थिक सहायता दी जाए जब तक वे आत्मनिर्भर न हो जाएं। छोटे व्यापारियों को पूंजी उधार दी जाए। सरकारी कर्मचारियों को पर्याप्त वेतन दिया जाए। लोगों से बेगार कराना बंद किया जाए। लोगों को अपना व्यवसाय-धंधा चुनने का अवसर दिया जाए। लोग जो काम करना चाहें, उसकी तकनीकी शिक्षा

का इन्तजाम किया जाए। जव लोग अपने-अपने काम धन्धे में लग जाएंगे, कोई एक दूसरे को परेशान नहीं करेगा, अर्थ-व्यवस्था में सुधार आयेगा और राज्य की आमदनी बढ़ेगी। जनता में अमन-चैन और खुशहाली आयेगी। लोग बच्चों को अपनी गोद में लेकर खुशी से नाचें-गाएंगे और दरवाजे खुले छोड़कर सोएंगे।' इस तरह बुद्ध ने कानून-व्यवस्था और अमन-चैन कायम करने के लिए भय और दण्ड का सहारा न लेकर लोगों की समस्याओं को समझकर उन्हें सुलझाने को कहा जिससे समस्या की जड़ को समाप्त किया जा सके। आज जब भारतवर्ष में कश्मीर से लेकर उत्तर-पूर्व के विभिन्न राज्य हिंसा और आतंकवाद से जूझ रहे हैं, बुद्ध की कूटदंत सूत्त में दी गई शिक्षा और अधिक प्रासंगिक जान पड़ती है।

राजनीति में धम्म

भगवान बुद्ध् कहते हैं : जब राजनीतिज्ञ पर्याप्त प्रज्ञा-संपन्न और प्रेम-भाव से युक्त होगा तो वह निर्धनता, कष्टों और उत्पीड़न विषयक सत्य स्थिति को समझ सकेगा। ऐसा व्यक्ति शासन-व्यवस्था में ऐसे सुधार कर सकता है, जिससे अमीरी और गरीबी के बीच की खाई कम हो सके और अन्य लोगों के साथ बल-प्रयोग की आवश्यकता ही समाप्त हो जाए। राजनीतिज्ञों और शासकों को स्वयं एक उदाहरण बन जाना चाहिए। विलासतापूर्ण जीवन की गोद में मत पड़े रहो क्योंकि धन ही आप लोगों एवं प्रजाजनों के बीच सर्वाधिक बाधाएं बनकर उपस्थित होता है। सादा और सर्वांग जीवन जियो, अपना समय लोगों की सेवा में लगाओ, न कि भोग-विलास में। यदि नेता स्वयं अच्छा उदाहरण प्रस्तुत नहीं करता तो वह लोगों का प्रेम और सम्मान कैसे अर्जित कर सकता है। सदाशयता का शासन कानून और व्यवस्था के नियमों से सर्वथा भिन्न होता है। सदाशयता का शासन दण्ड पर आधारित नहीं होता। चेतना जागृति के मार्ग के अनुसार सच्ची प्रसन्नता या आनंद सदाशयता अथवा दया-भाव में ही प्राप्त किया जा सकता है।[9]

शासन में धम्म

राजधर्म समझाते हुए गौतम बुद्ध कहते हैं, 'राजा को कोई निर्णय जल्दबाजी में नहीं लेना चाहिए। खूब विचार करके करना चाहिए।'[10] इसी तरह एक अन्य प्रसंग में भगवान ने कहा—'राजा को मुकदमों का फैसला धर्म से, न्याय से करना चाहिए। राग, द्वेष आदि विकारों के वशीभूत होकर नहीं।'[11]

कपिलवस्तु में राजा शुद्धोधन और शाक्यवंश के लोगों को उपदेश देते हुए गौतम बुद्ध ने कहा कि शासन और राजनीति में धम्म का प्रयोग करके शासन व्यवस्था को सुधारा जा सकता है। सामाजिक समानता लाई जा सकती है और सबको न्याय दिया जा सकता है। जातक कथा में भगवान बुद्ध ने राजा, (आज के संदर्भ में राजनेता व

सरकारी अधिकारी) के दस कर्त्तव्य बताए हैं।

1. पहला कर्त्तव्य है उदारता, विशाल हृदय और दानशीलता। शासन में बैठे लोगों को धन और संपत्ति से मोह न करके सरकारी आमदनी को जनता की भलाई के लिए इस्तेमाल करना चाहिए।
2. शील और सदाचार का जीवन जीना चाहिए।
3. जनता की भलाई के लिए अपनी सुख-सुविधाएं त्यागकर, नाम और शोहरत के चक्कर में न पड़ते हुए जनता के हित में काम करना चाहिए।
4. शासन को ईमानदारी और तन्मयता के साथ बगैर किसी दबाव व पक्षपात के चलाना चाहिए।
5. सौम्य और मेहरबान(दयालु) होना चाहिए।
6. जीवन सादा और साधारण, भोग-विलास से रहित होना चाहिए।
7. किसी के प्रति ईर्ष्या, बैर-भाव और द्वेष से मुक्त होनां चाहिए।
8. अहिंसात्मक होना चाहिए। देश में शांति के लिए प्रयासरत रहना चाहिए।
9. सहनशीलता, धैर्य और सहिष्णुता के साथ, अपना आपा खोये बगैर दुःख तकलीफ सहने का सामर्थ्य होना चाहिए।
10. जनता की राय के सामने उसको नतमस्तक होना चाहिए।

कुल मिलाकर उन्हें कोई भी ऐसा काम नहीं करना चाहिए जिससे जनता को नुकसान पहुंचता हो और लोगों की सुख-शांति और एकता में बाधा पड़ती हो। महान सम्राट अशोक ने अपने शासनकाल में उपर्युक्त सभी बातों को ध्यान में रखकर शासन चलाया जो भारत का सर्वोत्तम शासन माना जाता है और जिसकी वजह से अशोक को *'देवानामप्रिय अशोक'* और *'अशोक महान'* की उपाधियों से विभूषित किया गया।

गणराज्य की सुरक्षा

वैशाली गणराज्य की खुशहाली से आस-पास के राज्यों को ईर्ष्या होती थी। इस कारण वैशाली पर आक्रमण होने का खतरा सतत बना रहता था। मगध और वैशाली के बीच पारस्परिक मनमुटाव भी था। एक बार भगवान वैशाली आए, वहां के सारंदद चैत्य में ठहरे थे, वहां उन्होंने बज्जी गणराज्य की सुरक्षा के लिए लिच्छिवियों को सात व्यावहारिक उपदेश दिए। ये सप्तांगिक उपदेश हैं :

(1) लिच्छिवियों, जब तक वज्जी एकता कायम रखते हुए बार-बार इकट्ठे बैठते रहेंगे, तब तक वे अजेय रहेंगे।

एकत्र होकर देश की सुरक्षा पर विचार-विमर्श करते रहना ताकि सीमापार के दुश्मनों को आक्रमण का प्रोत्साहन न मिले। सांसदों को बेखबर देखकर वे चोरों की भांति जनपद में घुसपैठ करके लूटपाट करने लगते हैं। लेकिन सांसद सजग रहें तो किसी भी घुसपैठ को रोक सकते हैं, और शत्रु का मर्दन कर सकते हैं।

ततो बलं पेसेत्वा अमित्तनद्दनं करोन्ति।
न सक्का अम्हेहि वग्गबन्धेहि विचरितुन्ति-भिज्जित्वा-पलायन्ति।

(2) लिच्छिवियो, जब तक वज्जी एकमत होकर उठते रहेंगे, और एकमत होकर जो करणीय है उसे करते रहेंगे, तब तक वे अजेय रहेंगे।

राष्ट्र की सुरक्षा के लिए सारे राष्ट्र में उत्साह जगाएं।
असुकट्ठानेसु गामसीमा वा निगमसीमा वा
को गत्वा इमं अमित्तमद्दनं करिस्सति, अहं पठमं, अहं पठमं।

(जब राज्य की ओर से घोषणा हो कि अमुक स्थान पर, गांव की या निगम की सीमा पर दुश्मन चढ़ आए हैं और इस स्थिति में जब प्रजा से पूछा जाए कि कौन वहां जाकर दुश्मनों का मर्दन करेगा, तो पहले मैं-पहले मैं की वीरोक्ति से सारा गणराज्य गूंज जाए)

संकट आने पर सभी देशवासी देश की सुरक्षा में सहयोग देना अपना कर्तव्य समझें।

(3) लिच्छिवियों, जब तक वज्जी अपने परंपरागत राज्य-विधान और न्यायसंहिता का अतिक्रमण नहीं करेंगे, तब तक वे अजेय रहेंगे।

नियमानुसार प्रजा से जो कर लिया जाना निश्चित है, उसे कोई अपनी मनमानी से बढ़ा दे अथवा जो कर नहीं लिया जाना चाहिए उसे जबरन लागू कर दे, तो यह विधान का अतिक्रमण होगा। इससे असंतोष फैलेगा, असंतुष्ट प्रजा संकट के समय सहयोग नहीं देगी। इसी तरह न्यायसंहिता का जरा भी उल्लंघन किए बिना शासन चलाया जाए तो प्रजा प्रसन्न रहेगी, देश की सुरक्षा में सहर्ष भागीदार बनेगी। इसलिए संविधान को अक्षुण्ण रखना आवश्यक है।

(4) लिच्छिवियों, जब तक वज्जी वयोवृद्धों का आदर-सत्कार, सम्मान-पूजन और गौरव प्रदान करते रहेंगे, उनके कथन पर ध्यान देते रहेंगे, तब तक वे अजेय रहेंगे।

देश के अनुभववृद्ध, वयोवृद्ध, अवकाशप्राप्त सांसदों का मान-सम्मान बना रहेगा, उनकी उपेक्षा नहीं की जाएगी तो शासन-संबंधी अथवा सुरक्षा-संबंधी उनके लंबे अनुभवों का लाभ मिलता रहेगा। उनकी अवहेलना होगी तो उनके दीर्घकालीन अनुभवों के लाभ से राष्ट्र वंचित रह जाएगा।

(5) लिच्छिवियों, जब तक वज्जी प्रजा की बहू-बेटियों को उचित संरक्षण देते रहेंगे, किसी का अपहरण नहीं करेंगे, तब तक वे अजेय रहेंगे।

सत्ता का मद बड़ा प्रबल होता है, कोई सांसद मदमस्त होकर पराई बहू-बेटियों पर अत्याचार करेगा तो उसके परिवार के लोग दुःखित होकर राज्यद्रोही बन सकते हैं और राज्य पर संकट के समय दुश्मनों का साथ दे सकते हैं। इसलिए सांसदों को दुराचार से बचना चाहिए, प्रजा की बहू-बेटियों को उचित संरक्षण देना चाहिए।

(6) लिच्छिवियों, जब तक वज्जी राजनगरी के भीतर और बाहर जितने भी चैत्य हैं, देवस्थान हैं, उनका मान-सम्मान करते रहेंगे, राज्य की ओर से उन्हें

जो आर्थिक अनुदान मिलता रहा है, उसे कायम रखेंगे, तब तक वे अजेय रहेंगे।

समझदार राज्य को चाहिए कि वह सबको प्रसन्न रखे, संतुष्ट रखे, दुर्व्यवहार करके उन्हें देशद्रोही न बना ले। उनके देवस्थानों को पूरा संरक्षण प्रदान करे, उनके अनुदान बंद कर उन्हें रुष्ट न करे, ताकि वे राज्य पर संकट के समय दुश्मनों से न मिलें।

(7) लिच्छिवियों, जब तक वज्जी संतों, अर्हंतों के लिए सुरक्षा की सुव्यवस्था कायम रखेंगे, तब तक वे अजेय रहेंगे।

राज्य में संतों, अर्हंतों को उचित मान-सम्मान और सुरक्षा व्यवस्था मिलने से संत, अरहंत राज्य में रहते हैं इससे लोग सत्धर्म के उपदेशों से वंचित नहीं होते अन्यथा सत्धर्म के उपदेशों से वंचित लोग सदाचारविहीन होते जाते हैं और दुराचार बढ़ता जाता है। चरित्रवान लोगों का अभाव हो जाता है और सुख-शांति सौहार्द नष्ट हो जाता है। इस तरह देश दुर्बल बन जाता है। अतः संतों, अर्हंतों की सुरक्षा नितांत आवश्यक है।

भगवान बुद्ध के ये सप्तांगिक उपदेश आज भी किसी भी देश की सुरक्षा के लिए नितांत आवश्यक हैं। प्रजातंत्र में विश्वास रखते हुए और प्रजातांत्रिक ढंग से शासन चलाया जाए, प्रजा का हितसंवर्द्धन किया जाए तो किसी गणराज्य को खतरा नहीं है।

अंतर्राष्ट्रीय संबंध

पूरी दुनिया में आजकल हिंसा, डर और आतंक का माहौल बना हुआ है और हम तनाव में जी रहे हैं। हर देश दूसरे देश को शक की निगाह से देख रहा है। विज्ञान का भीषण नरसंहारक हथियार बनाने में दुरुपयोग किया गया है। पूरी मानव जाति विनाश के कगार पर खड़ी हुई है। बड़े और शक्तिशाली देश छोटे और कमजोर देशों पर अपनी धौंस जमा रहे हैं और अपनी मर्जी की सरकारें बनवा रहे हैं और बड़ी बेशर्मी से अपनी सामरिक संहारक क्षमता का प्रदर्शन कर रहे हैं। जो देश उनकी दादागीरी मानने से इनकार करेगा वही मानवता का दुश्मन करार दे दिया जाएगा। लोग एक अजीब से डर और आतंक के माहौल में जीने को मजबूर किए जा रहे हैं। ऐसे में बुद्ध की शिक्षाएं पहले से भी ज्यादा प्रासंगिक हो गई हैं। "वैर से वैर कभी शान्त नहीं होता, अबैर से ही बैर शान्त होता है। यही संसार का सनातन नियम है।"[12] भगवान बुद्ध का यह उपदेश विश्व में शान्ति बनाए रखने के लिए अति आवश्यक है।

एक आदमी युद्ध में लाखों आदमियों को जीत ले और एक दूसरा अपने आपको जीत ले। बुद्ध कहते हैं, यह दूसरा आदमी ही सच्चा युद्ध विजयी है। दूसरों को जीतने की अपेक्षा अपने को जीतना श्रेष्ठ है। जिसने अपने आपको जीत लिया, जो अपने को नित्य संयत रखता है, उसकी जीत को न देवता, न गंधर्व, न ब्रह्मा सहित मार ही, हार में परिणत कर सकते हैं।

विजय से बैर पैदा होता है, पराजित दुःखी रहता है। विजय, पराजय दोनों को

छोड़कर शान्त मनुष्य सुखपूर्वक सोता है।

बुद्ध ने युद्ध का हर सम्भव विरोध किया है। उन्होंने बार-बार कहा कि युद्ध किसी भी समस्या का हल नहीं होता है क्योंकि हर युद्ध में जन-धन की अपार हानि होती है। दुनिया में 'धर्म युद्ध' या 'उचित युद्ध' या 'न्याय के लिए युद्ध' जैसे शब्द जनता को गुमराह करने और मूर्ख बनाने के लिए गढ़े गए हैं। कोई भी युद्ध उचित या न्याय के लिए नहीं कहा जा सकता क्योंकि हर युद्ध (बगैर किसी अपवाद के) अपने पीछे बर्बादी और तबाही ही छोड़कर जाता है। जो शक्तिशाली हैं उनके द्वारा किया गया युद्ध उचित और जो कमजोर हैं उनके द्वारा किया गया युद्ध अनुचित? हम जो करें वह उचित, दूसरे जो करें अनुचित, यह कैसे चलेगा? इसलिए बुद्ध ने कहा कि हर राष्ट्र की विदेश नीति पंचशील और परस्पर शांतिपूर्ण सह-अस्तित्व पर आधारित होनी चाहिए।

श्रावस्ती में कोशल नरेश प्रसेनजित को धम्म का उपदेश देते हुए बुद्ध ने कहा कि एक देश की समृद्धि और सुरक्षा दूसरे देशों की गरीबी और असुरक्षा की कीमत पर नहीं होनी चाहिए। स्थायी शांति और समृद्धि तभी संभव है, जब राष्ट्र सभी के कल्याणार्थ एकजुट होकर निष्ठापूर्वक कार्य करें। यदि आप वास्तव में चाहते हैं कि आपके राज्य में शांति हो और युद्ध में आपके राज्य के युवक न मारे जाएं तो आप अन्य राज्यों को भी शांति प्राप्त करने में सहायता कीजिए। विदेश नीति और आर्थिक नीतियों में भी यदि करुणा का मार्ग अपनाएं तो सच्ची शांति होनी संभव होगी। इसके साथ ही आप अपने राज्य के नागरिकों को प्रेम करते हुए अन्य राज्यों यथा मगध, काशी, विदेह, शाक्य और कोलिय के प्रति भी प्रेम रख सकेंगे। उपर्युक्त उपदेश वर्तमान युग में खासकर केवल एक महाशक्ति वाले युग में और भी प्रासंगिक हो गया है। कोई भी देश कितना भी शक्तिशाली क्यों न हो जाए लेकिन उसकी सुरक्षा तब तक स्थिर नहीं कही जा सकती जब तक दूसरे देश असुरक्षित हैं।

गृहस्थ एवं पारिवारिक जीवन के लिए उपदेश

भगवान बुद्ध ने परिवार के लोगों में उनके आपसी संबंध कैसे हों, दोस्तों और रिश्तेदारों से संबंध कैसे हों, लोगों के आपसी सामाजिक संबंध कैसे हों, इस पर विस्तार से उपदेश दिया है।

माता तथा पिता को, भिक्षुओ, सौ वर्ष तक एक कंधे पर ढोने और उनकी उबटन मलने, मर्दन करने, नहलाने तथा हाथ-पैर दबाने आदि से सेवा करने, और वे भी उसके कंधे पर ही मल-मूत्र कर दें, तो भी भिक्षुओ, यह माता-पिता के किए का प्रत्युपकार नहीं होता। भिक्षुओ, यदि इस रत्न-बहुल पृथ्वी का ऐश्वर्य-राज्य भी माता-पिता को सौंप दिया जाय तब भी यह माता-पिता के किए का प्रत्युपकार नहीं होता। यह किसलिए? भिक्षुओ, माता-पिता का पुत्रों पर बहुत उपकार है। वे उनकी देखभाल करते हैं, पोषण करते हैं, वे उन्हें यह लोक दिखाते हैं। अर्थात् वे उन्हें इस लोक से परिचित कराते

हैं। भिक्षुओ, जो कोई अश्रद्धावान माता-पिता को श्रद्धासंपदा में प्रेरित करता है, स्थापित करता है, प्रतिष्ठापित करता है, दु:शील माता-पिता को शीलसंपदा में प्रेरित करता है, स्थापित करता है, प्रतिष्ठापित करता है, दुष्प्रज्ञ माता-पिता को प्रज्ञा-संपदा में प्रेरित करता है, स्थापित करता है, प्रतिष्ठापित करता है—तब कहीं माता-पिता के किए का प्रत्युपकार होता है।[13]

दीघ निकाय के सिगाला सुत्त से पता चलता है कि भगवान बुद्ध राजगृह में एक बार वेलुवन में विहार कर रहे थे। भिक्षाटन के लिए निकले बुद्ध की श्रेष्ठिपुत्र सिगाल से मुलाकात हुई जो छहों दिशाओं को झुककर नमस्कार कर रहा था। बुद्ध के पूछने पर उसने बताया कि उसके पिता ने वचपन में उसे छहों दिशाओं का नमन करना सिखाया था, लेकिन इसका मतलब उसे मालूम नहीं है।

भगवान बुद्ध ने सिगाल को उपदेश देते हुए कहा कि उनके धम्म में पूरब का मतलब माता-पिता, दक्षिण का मतलब गुरु और शिक्षक, पश्चिम का मतलब पत्नी और बच्चे, उत्तर का मतलब मित्र और रिश्तेदार और समाज, धरती का मतलब कर्मचारी, नौकर-चाकर और आसमान का मतलब साधु, संत, महापुरुष तथा आदर्श व्यक्ति होता है। बुद्ध ने कहा कि छः दिशाओं की पूजा इस ढंग से करनी चाहिए। भगवान बुद्ध ने माता-पिता की सेवा करना सिखाया। उन्होंने किसी काल्पनिक ईश्वर को नहीं बल्कि माता-पिता को ही ब्रह्म कहा। 'ब्रह्मा ति मातापिंतरो' बुद्धिमान आदमी को माता-पिता का उचित आदर-सत्कार करना चाहिए, उनकी पूजा करनी चाहिए। ब्रह्म का मतलब है अनंत मैत्री, अनंत मुदिता, अनंत करुणा और अनंत उपेक्षा(समभाव) से भरा हुआ व्यक्ति। बुद्ध ने माता-पिता को ही ब्रह्म का दर्जा दिया। उन्होंने कहा कि माता-पिता ही जन्म देने वाले और बच्चों का पालन-पोषण करने वाले होते हैं। इसलिए हर इंसान को अपने माता-पिता का आदर करना चाहिए, बुढ़ापे में उनकी देखभाल करनी चाहिए और उनके लिए जो भी संभव हो वह अवश्य करना चाहिए। बुद्ध ने कहा कि अपने परिवार के मान-सम्मान को अक्षुण्ण रखना चाहिए और बच्चों को अपने माता-पिता द्वारा कमाई गई संपत्ति की रक्षा करनी चाहिए। उन्होंने कहा कि कोई भी इंसान दिन-रात अपने माता-पिता की सेवा करे तो भी वह उनके ऋण से मुक्त नहीं हो सकता। उनके ऋण से मुक्त होने का एक ही तरीका है कि अगर माता-पिता शीलवान नहीं हैं तो उन्हें शीलवान बनने में सहायता करें, शीलवान हैं मगर समाधि में प्रतिष्ठापित नहीं हैं तो समाधि में प्रतिष्ठापित करने में मदद करें। अगर शीलवान हैं और समाधि में प्रतिष्ठित हैं लेकिन प्रज्ञा में प्रतिष्ठित नहीं हैं तो उन्हें प्रज्ञा में प्रतिष्ठित करें। बुद्ध ने आगे कहा कि माता-पिता का भी अपने बच्चों के प्रति उत्तरदायित्व होता है, उनकी जिम्मेदारी है कि वे अपने बच्चों को बुरी आदतों और अकुशल कामों से बचाकर रखें, उन्हें अच्छी से अच्छी शिक्षा दिलाएं, उन्हें अच्छे व आय वाले काम-धंधे में लगाएं, विवाह योग्य हो जाने पर उनका अच्छा रिश्ता करें और उचित समय आने पर पारिवारिक संपत्ति उनके सुपुर्द कर दें।

शिष्य को अपने गुरु का आदर-सम्मान करना चाहिए, उनकी आज्ञा का पालन

करना चाहिए, उनकी आवश्यकताओं को पूरा करना चाहिए तथा मेहनत और लगन से पढ़ाई करनी चाहिए। शिक्षक को भी अपने शिष्य को सही और समुचित शिक्षा/ज्ञान देनी चाहिए, उसे उचित रूप से पढ़ाना चाहिए, अच्छी संगत के लिए उसे प्रेरित करना चाहिए, शिक्षा समाप्त होने पर रोजगार प्राप्त करने में सहायक होना चाहिए।

पति और पत्नी के बीच के प्यार को उन्होंने पवित्र प्यार की संज्ञा दी। उसे सादर ब्रह्मचर्या (पवित्र गृहस्थ जीवन) कहा। उन्होंने पति और पत्नी के संबंध को सर्वोच्च सम्मान दिया। उन्होंने कहा कि पति और पत्नी एक-दूसरे के विश्वासपात्र रहें, एक-दूसरे का सम्मान करें, एक-दूसरे के प्रति पूरी तरह समर्पित रहें, एक-दूसरे के प्रति अपने उत्तरदायित्व का पालन करें। उन्होंने कहा कि पति-पत्नी एक-दूसरे के पूरक होते हैं। पति का कर्त्तव्य है कि वह अपनी पत्नी के मान-सम्मान की रक्षा करे, कभी न अपमान करे, न अपमान होने दे, अनैतिक मिथ्याचार से दूर रहे, अपनी आय के हिसाब से धन-दौलत से पत्नी को संतुष्ट रखे और समय-समय पर पत्नी को वस्त्र-आभूषण का उपहार देता रहे। पत्नी का भी यह कर्त्तव्य है कि घर के कामकाज ठीक से करे, घर के कामकाज में आलस न करे, परिवार के सभी व्यक्तियों का आदर करे, रिश्तेदारों का उचित आदर-सत्कार करे, अनैतिक मिथ्याचार से दूर रहे, पति की आय की सुरक्षा करे, सतर्क और दक्ष रहे।

भगवान बुद्ध ने कहा कि मित्रों-पड़ोसियों-रिश्तेदारों का उचित सादर-सत्कार करना चाहिए, उनसे प्यार और प्रसन्नता से बात करनी चाहिए, उनकी भलाई की कामना करनी चाहिए, उनसे बराबरी का व्यवहार करना चाहिए, और समय आने पर उनकी मदद करनी चाहिए, संकट के समय कभी साथ नहीं छोड़ना चाहिए।

मालिक का अपने नौकरों और कर्मचारियों के प्रति भी उत्तरदायित्व है। उनकी यह जिम्मेदारी बनती है कि वे उन्हें उनकी योग्यता और क्षमता के अनुसार ही काम दें, काम के बदले समुचित वेतन और पारिश्रमिक दें। उनकी चिकित्सा का ख्याल रखें, समय-समय पर उन्हें अनुदान-बख्शीश और बोनस देते रहें। नौकर और कर्मचारी की भी जिम्मेदारी है कि वह आलस्य को त्यागकर मेहनत-लगन और पूरी निपुणता से अपना काम करे, ईमानदार रहे, आज्ञाकारी रहे और कभी भी मालिक को धोखा न दे।

उपासक और भिक्खु के सम्बन्धों के बारे में बुद्ध ने कहा कि उपासक-उपासिकाओं को अपने धम्मगुरु, भिक्खुओं की भौतिक आवश्यकताओं को प्यार और सम्मान के साथ पूरा करना चाहिए। धम्मगुरु को करुण-हृदय से उपासक-उपासिकाओं को धम्म सिखाना चाहिए, जिससे कि वो धम्ममार्ग पर चलकर नैतिक व आध्यात्मिक जीवन जी सकें।

इतना ही नहीं उन्होंने सिगाल को कहा कि लालच, गुस्सा, वासना, भय और ईर्ष्या के वशीभूत होकर कोई काम नहीं करना चाहिए। उन्होंने आगे कहा कि नशा मत करो, सड़कों पर देर रात मत घूमो-फिरो, जुआखाने में मत जाओ, वेश्यावृत्ति और नाच-तमाशे से दूर रहो, चरित्रहीन लोगों की संगत मत करो और आलसी मत बनो क्योंकि ये आदतें विनाश की ओर ले जाने वाली हैं। इतना ही नहीं उन्होंने यह भी बताया

कि कैसे व्यक्ति से दोस्ती करनी चाहिए, उन्होंने कहा कि अच्छा दोस्त वही है जिसकी दोस्ती में स्थिरता हो, जो अमीरी-गरीबी, सुख-दुःख, सफलता-असफलता सभी परिस्थितियों में एक-सा व्यवहार करे, जिसकी भावना आपके प्रति डगमगाती न रहे, आपकी बात सुने, मुसीबत के दिनों में साथ दे, अपने सुख-दुःख में शामिल करे और आपके सुख-दुःख़ को अपना समझे।

सद्‌गुणी लोगों से संबंध बढ़ाओ और घटिया लोगों की संगत और घटिया मार्ग त्याग दो, आत्म-साधना और सच्चरित्रता बढ़ाने वाले वातावरण में रहो, सद्धर्म एवं शील अपनाने और अपना कार्य गहनता से कर सकने के अवसरों को बढ़ाते रहो, अपने माता-पिता, पति या पत्नी और बच्चों की अच्छी तरह देखभाल करें, उनके लिए समय निकालें। अपने समय, साधनों और प्रसन्नता में औरों को भी भागीदार बनाओ। सद्‌गुण अपनाने के लिए अवसर जुटाओ और मद्यपान एवं जुए से बचो। विनम्रता, कृतज्ञता और सादा जीवनयापन की कला सीखो। भिक्खुओं के निकट आने के अवसर में रहो जिससे सद्धर्म का अध्ययन कर सको। चार आर्य सत्यों के आधार पर जीवनयापन करो। ध्यान-साधना सीखो जिससे दुःखों और चिंताओं का नाश हो सके।

भगवान बुद्ध के बताए इन सूत्रों का पालन कर हम अपना गृहस्थ और पारिवारिक जीवन सुखी बना सकते हैं।

पुत्र या पुत्री

एक बार भगवान बुद्ध श्रावस्ती के जेतवन में विहार कर रहे थे। कोसलराज प्रसेनजित वहां उपस्थित थे। कोसलराज के पास एक संदेश वाहक आया और उसने राजा को प्रणाम कर उनके कान में संदेश बताया—देव, मल्लिका देवी ने कन्या प्रसव किया है। कन्या का जन्म सुनकर राजा खिन्न हो गया। भगवान बुद्ध राजा के मनोभाव समझ गए और बोले—राजन! कतिपय स्त्रियां पुरुषों से श्रेष्ठ होती हैं। मेधावी होती हैं। शीलवती होती हैं। श्वसुर-सेवक होती हैं। पतिव्रता होती हैं। राजन उनसे दिशाओं पर विजय करने वाला महाशूरवीर पुत्र जन्म लेता है। दिशापति होता है। उस सुयोग्य स्त्री का पुत्र राज्य शासन करता है।

आज जब गर्भपरीक्षण कराकर लोग कन्या की भ्रूण-हत्या कराते हैं, आज भी कन्या पैदा होने पर कई लोग दुःखी हो जाते हैं। ऐसे लोगों के लिए भगवान बुद्ध का राजा प्रसेनजित को दिया गया धम्मोपदेश अनुकरणीय है।

आमदनी और खर्च का संतुलन

भगवान बुद्ध अच्छी तरह जानते थे कि इंसान की भौतिक सुख-सुविधाओं के लिए आर्थिक स्थिरता का होना जरूरी है। इसलिए उन्होंने लोगों को खूब मेहनत और

ईमानदारी से, दूसरों का शोषण किए बगैर, वैसे ही पैसे कमाने को कहा जैसे कि 'मधुमक्खी फूलों को कोई नुकसान पहुंचाए बगैर उनमें से शहद निकालती है।'[15] उन्होंने कहा—"एक गृहस्थ के पास न्यायतः बड़े परिश्रम से, बाहुबल से, पसीना बहाकर कमाया हुआ धन होना चाहिए।"[16]

उन्होंने बताया कि धन कमाने के लिए आलस्य नहीं करना चाहिए और सर्दी-गर्मी, धूप-छांव आदि की परवाह न कर अपने परिवार के भरण-पोषण के लिए धन कमाना चाहिए।[17] लेकिन अनैतिक तरीकों से, नाजायज ढंग से नहीं। ऐसे धंधों से जो शील-सदाचार के बजाए कुटिल और दुराचार में सहायक होते हैं जैसे शराब और नशीले पदार्थों का व्यापार, बीड़ी-सिगरेट, तंबाकू, पान-मसाला, गुटखा, हथियारों की खरीद-फरोख्त, जहरीले पदार्थ और मांस का व्यापार नहीं करना चाहिए।[18] आजीविका जायज तरीकों से और अहिंसात्मक ढंग से ही कमानी चाहिए।[19]

नैतिक मूल्यों के विकास के प्रति सचेत रहना चाहिए और लालच को काबू में रखना चाहिए। काम-भोगों में लिप्त नहीं रहना चाहिए। अपनी इच्छाओं को काबू में रखने का प्रयास हमेशा करते रहना चाहिए। अपनी आमदनी को चार भागों में बांटकर एक हिस्सा रोजमर्रा के घर के खर्च में लगाना चाहिए, दूसरा-तीसरा हिस्सा अपने व्यापार-धंधे को बढ़ाने में लगाना चाहिए, चौथा हिस्सा वक्त-जरूरत के लिए बचाकर रखना चाहिए। आज के युग में जब आर्थिक वातावरण काफी बदल गया है, तब भी बुद्ध की उपर्युक्त शिक्षा उतनी ही प्रासंगिक है जितनी उनके समय में थी। केवल उपभोग और बचत का प्रतिशत बदल सकता है, मूलभूत सिद्धांत वही है। बुद्ध ने धन कमाने और खर्च करने, दोनों में ही नैतिक मूल्यों पर बहुत जोर दिया है। बुद्ध ने गृहस्थ उपासकों को सलाह दी कि आमदनी को परिवार, कर्मचारियों, रिश्तेदारों, सगे-संबंधियों, मित्रों और आध्यात्मिक साधना में लगे लोगों में बांटना चाहिए।[20] धन कमाने का उद्देश्य पारिवारिक और सामाजिक जिम्मेदारियों को निभाने के लिए होना चाहिए न कि धन बटोरने के लिए। बुद्ध ने ऐसे गृहस्थ की तुलना गांव-शहर के निकट स्थित स्वच्छ नीले और शीतल जल वाली ऐसी झील से की जिसके पानी को लोग पी सकते हैं, उससे नहा सकते हैं और अन्य उपयोगों में ला सकते हैं।[21] इस तरह गृहस्थों को पंचशील का पालन करते हुए धन कमाने की सलाह दी गई थी।

बुद्ध ने गृहस्थ और भिक्खुओं को एक जैसी ही नैतिक शिक्षाएं दीं, अन्तर केवल शील की मात्रा का था। जहां गृहस्थ के लिए पंचशील और अष्टशील पर्याप्त हैं, वहीं भिक्खुओं को ढाई सौ शीलों का पालन करना होता है।

श्रम का महत्व

भगवान बुद्ध श्रम को बहुत महत्व देते थे। श्रमिकों को वे सम्मान की दृष्टि से देखते थे। भगवान बुद्ध श्रमण संस्कृति के थे। श्रमण का अर्थ ही होता है कि किसी की कृपा के भरोसे न जीकर, खुद के श्रम द्वारा मुक्त अवस्था तक पहुंचना।

भगवान बुद्ध को शारीरिक श्रम से भी किसी तरह की अरुचि नहीं थी। वप्रमंगल उत्सव (धान वोने के प्रथम दिन मनाया जाने वाला उत्सव जिसमें हर शाक्य को अपने हाथ से हल जोतना पड़ता है) के समय वे स्वयं हल जोता करते थे। उनके पिता राजा शुद्धोदन के पास बहुत खेत थे। एक दिन अपने कुछ मित्रों सहित सिद्धार्थ अपने पिता के खेत पर गए। वहां उन्होंने देखा कि मजदूर खेतों में काम कर रहे हैं, किंतु उनके तन पर पर्याप्त कपड़े भी नहीं हैं। वे तपती दोपहरी में सूरज की धूप से जल रहे हैं। इस दृश्य का सिद्धार्थ के कोमल मन पर गहरा प्रभाव पड़ा। उनके मन में यह प्रश्न कौंधा कि मजदूर मेहनत करे और मालिक उसकी मजदूरी पर गुलछर्रे उड़ायें, यह कैसे ठीक हो सकता है? एक आदमी दूसरे आदमी का शोषण करे, क्या इसे ठीक कहा जाएगा?

बुद्धत्व-प्राप्ति के ग्यारहवें वर्ष में गौतम बुद्ध मगध में थे।

''एक समय भगवान मगध के दक्षिणागिरि में एकनाला नामक ब्राह्मणों के ग्राम में विहार कर रहे थे। उस समय कासिभारद्वाज ब्राह्मण के पांच सौ हल बोने के समय जोताई के कार्य में लगे हुए थे। तब भगवान पूर्वाह्ण समय में कपड़े पहन, पात्र और चीवर ले जहां कासिभारद्वाज ब्राह्मण का कार्यस्थान था, वहां गए, उस समय कासिभारद्वाज ब्राह्मण के यहां भोजन परसा जा रहा था। कासिभारद्वाज ब्राह्मण ने भगवान को भोजन के लिए खड़ा देखा। देखकर भगवान से यह कहा, 'हे श्रमण, मैं जोतता और बोता हूं, जोत और बोकर खाता हूं। हे श्रमण, तुम भी जोतो और बोओ, जोत और बोकर खाओ।'

भगवान बुद्ध ने कहा, 'ब्राह्मण, मैं भी जोतता और बोता हूं, जोत और बोकर खाता हूं।'

'हम लोग आपके जुआठ, हल, फार, छेकुनी अथवा बैलों को नहीं देखते हैं, फिर भी आप गौतम ऐसा कह रहे हैं—ब्राह्मण, मैं भी जोतता और बोता हूं, जोत और बोकर खाता हूं।'

'आप अपने को कृषक बतलाते हैं, किन्तु आपकी कृषि को हम नहीं देख रहे हैं। हम पूछने वालों को अपनी कृषि बतलाइए, जिससे कि हम लोग आपकी कृषि को जानें।'

भगवान बुद्ध बोले, 'श्रद्धा मेरा बीज है, तप वृष्टि है, प्रज्ञा मेरी जुआठ और हल है, लज्जा हरीष (हल का दण्ड) है, मन नधना है, स्मृति मेरा फाल और छेकुनी है। शरीर से संयत हूं। वचन से संयत हूं। भोजन और पेट के प्रति संयत हूं। मैं सत्य की निराई करता हूं। अर्हत्व की प्राप्ति ही मेरा फसल काटना है। मेरा वीर्य बैल है और निर्वाण की गाड़ी है। वह बिना रुके चलती है और वहां चली जा रही है जहां जाकर शोक नहीं करना होता। इस प्रकार की यह की गई कृषि अमृतफलदायी होती है, इस कृषि को करके मनुष्य सारे दुःखों से मुक्त हो जाता है।'

तब, कासिभारद्वाज ब्राह्मण एक बहुत बड़े कांसे की थाल में खीर परसकर भगवान के पास लाया और खीर खाने का आग्रह करने लगा। लेकिन भगवान ने कहा :

गाथाभिगीतं मे अभोजनेय्यं, संपस्सतं ब्राह्मण नेस धम्मो । गाथाभिगीतं पनुदन्ति बुद्धा, धम्मे सति ब्रह्मण वुत्तिरसा।।

(धर्मोपदेश करने से प्राप्त भोजन मेरे लिए अभोज्य है। ब्राह्मण, भली प्रकार जानकारों का यह नियम नहीं है। बुद्ध धर्मोपदेश से प्राप्त भोजन को त्याग देते हैं। ब्राह्मण, धर्म के विद्यमान रहते यह रीति है।

ज्ञानी, महर्षि, क्षीणाश्रव और चंचलता-रहित मेरे लिए दूसरे अन्न और पेय को लाओ। पुण्य को चाहने वाले के लिए यह उत्तम क्षेत्र होता है।''[22]

इस प्रकार भगवान बुद्ध ने मानसिक और शारीरिक दोनों प्रकार के श्रम को बराबर महत्त्व दिया है।

प्रेम और सौहार्द का महत्त्व

गौतम बुद्ध एक बार श्रावस्ती में अनाथपिण्डक जेतवनाराम में विहार कर रहे थे। एक दिन कोशल नरेश प्रसेनजित ने पूछा, भगवन सुना है कि आप प्रेम करने को मना करते हैं। आप कहते हैं कि प्रेम से दुःख उत्पन्न होता है और प्रेम से भय, जो प्रेम से मुक्त हैं, उसे शोक नहीं भय कहां से होगा, भगवन तो क्या प्रेम के बिना जीवन सूना नहीं हो जायेगा?

बुद्ध ने कहा, ''प्रेम कई तरह के होते हैं, प्रेम के स्वभाव को जानिए। प्रेम जीवन में बहुत जरूरी है लेकिन प्रेम कामवासना के वशीभूत होकर, आकर्षण, भेद-भाव और पूर्वाग्रहों पर आधारित नहीं होना चाहिए। प्रेम, मैत्री और करुणा पर आधारित होना चाहिए। साधारणतया, लगाव या पूर्वाग्रह के कारण ही लोग स्वयं भी दुःखी होते हैं तथा दूसरों को भी दुःखी करते हैं। राजन्, सभी लोग जिस प्रेम के भूखे होते हैं, वह है मैत्री और करुणा। मैत्री ऐसा प्रेम है जो दूसरों को भी हर्षित कर सकता है। करुणा ऐसा प्रेम है जिससे दूसरों के दुःख दूर करना संभव होता है। मैत्री और करुणा को किसी प्रतिफल की अपेक्षा नहीं होती। प्रेमपूर्ण मैत्री और करुणा अपने माता-पिता, पति या पत्नी, बच्चों, संबंधियों, जाति के सदस्यों या देश के लोगों तक ही सीमित नहीं होती। इसमें मैं और मेरे का कोई भेद नहीं होता। जब किसी प्रकार का भेद-भाव नहीं होता तो तदनुरूप कोई लगाव भी नहीं होता। इससे कोई दुःख या निराशा नहीं होती। मैत्री और करुणा के बिना जीवन अर्थहीन और खोखला होता है। मैत्री और करुणा से जीवन शांति, उल्लास और संतोष से भर जाता है। आप एक देश के राजा हैं, यदि आप प्रेमपूर्ण मैत्री और करुणा का भाव अपनाएंगे तो आपके समस्त प्रजाजनों को लाभ होगा।''[23]

भगवान बुद्ध ने कहा कि प्रेम और स्वतंत्रता दोनों साथ-साथ चलते हैं। वही प्रेम सच्चा प्रेम है जिसमें दोनों प्रेमियों को स्वतंत्रता हो। बगैर स्वतंत्रता के प्रेम जेलखाने की कैद जैसा हो जाता है। उन्होंने प्रसेनजित से पूछा कि क्या उस बूढ़ी औरत की कहानी सुनी है जिसने अपने ही बेटे को जहर दे दिया?

उत्पलवर्णा ने अपनी जीवनगाथा बताई कि सोलह वर्ष की आयु में विवाह होने के बाद उसके ससुर मर गए और उसकी सास अपने पुत्र से ही शरीर-संपर्क रखने लगी। उत्पलवर्णा ने एक पुत्री को जन्म दिया किन्तु अपनी सास और पति के संबंधों से तंग आकर पुत्री को छोड़कर घर से भाग गई। कुछ सालों बाद उसने एक व्यापारी से विवाह कर लिया। उसे पता चला कि उसका पति भी एक रखैल को रखे हुए है। गुप्त रूप से खोजबीन करने पर ज्ञात हुआ कि वह रखैल और कोई नहीं, बल्कि उसकी अपनी वह बेटी थी जिसे वह वर्षों पहले छोड़कर भाग आई थी। उसका कष्ट और कटुता इतनी तीव्र थी कि वह समस्त संसार से ही घृणा करने लगी थी। न वह किसी को प्रेम करती थी और न ही किसी का भरोसा। वह नर्तकी बन गई थी। लेकिन भिक्खुणी बनने पर वह धम्म मार्ग पर आरूढ़ हुई और हृदय से राग-द्वेष पूरी तरह निकाल कर अर्हंत पद को प्राप्त हुई।

भगवान बुद्ध के अनुसार सहृदयता और प्रेम एक ही हैं। सहृदयता के बिना प्रेम हो ही नहीं सकता। प्रत्येक प्राणी की प्रकृति उसकी भौतिक रचना, भावनात्मक और सामाजिक स्थितियों के अनुरूप निर्मित होती है। इस तथ्य को समझ लेने पर वह निर्दयतापूर्ण व्यवहार करने वाले के प्रति भी घृणा नहीं कर सकता। सहृदयता से करुणा और प्रेम के भावों का उदय होता है जिससे व्यक्ति सद्कर्मों की ओर प्रवृत्त होता है। प्रेम करने के लिए पूर्ण सत्य समझ लेने की आवश्यकता होती है इसलिए मुक्ति की कुंजी सहृदयतापूर्ण ज्ञान है। भगवान बुद्ध ने कहा कि प्रेम के स्वभाव को समझो। इस दुनिया में कुछ भी हमेशा एक जैसा नहीं रहता। परिवर्तन ही संसार का नियम है।

सामाजिक क्रांति

शील, सदाचार से अपने साथ-साथ दूसरे लोगों का भी कल्याण अनिवार्य रूप से होता ही है। इसीलिए यदि मनुष्य का कल्याण हो रहा है तो समाज का कल्याण होगा ही। चित्त में ब्रह्मवृत्तियां जागेंगी ही, समाधि और प्रज्ञा बलवती होगी तो दूसरों के प्रति मंगलमैत्री, करुणा और मुदिता की भावना जागेगी ही। बैर-वैमनस्य मिटेगा तो समाज में शांति बढ़ेगी ही। चित्त की सजगता और जागरूकता से हम अपने चारों ओर घटने वाली घटनाओं के प्रति संवेदनशील बनते हैं और सामयिक आर्थिक समस्याएं गरीबी, भुखमरी, रोगों से लड़ने में लोगों की मदद करने के लिए अधिक तत्पर होते हैं। व्यक्ति की कोई स्वतंत्र सत्ता नहीं होती, उसका कोई स्वतंत्र अस्तित्व नहीं होता। वह बहुत सी चीजों के लिए दूसरों पर निर्भर करता है। व्यक्ति और समाज की पारस्परिक निर्भरता अपनी और दूसरों की पारस्परिक निर्भरता को पटिच्चसमुप्पाद की मदद से समझा जा सकता है।

धार्मिक क्रांति

गौतम बुद्ध के पहले जो वर्णाश्रम व्यवस्था प्रचलन में थी, उसमें यह माना जाता था कि जीवन के पहले पच्चीस वर्ष ब्रह्मचर्य, छब्बीस से पचास वर्ष गृहस्थ, इक्यावन से पचहत्तर तक वानप्रस्थ और उसके बाद संन्यास लेना चाहिए। बुद्ध ने इस व्यवस्था को पूरी तरह नकार दिया। उन्होंने बताया कि अगर सही मायनों में संन्यास लेना है और सही मायनों में मनोविकारों से मुक्त होना है तो शील-सदाचार का पालन नवयुवक से और जवानी के दिनों से ही करना पड़ेगा। उन्होंने कहा कि जो लोग इस मार्ग पर चलकर पूर्ण मुक्त अवस्था तक पहुंचना चाहते हैं उन्हें पचहत्तर वर्ष की आयु तक इंतजार करने की जरूरत नहीं है, उन्होंने समझाया कि शारीरिक शक्ति एक ही है चाहे उसे कामवासनाओं में नष्ट करो या अपने मनोविकारों को दूर करने में उसका सदुपयोग करो। जो आदतें हम जवानी में डालते हैं बुढ़ापे तक वह कायम रहती हैं। बुढ़ापे में हमारी शक्ति तो क्षीण हो जाती है लेकिन वासनाओं के मनोविकार बढ़ते ही जाते हैं इसलिए जो अपनी जवानी के दिनों से ही धम्म का जीवन शुरू कर देते हैं, उनकी तुलना बादलों से मुक्त चंद्रमा के समान होती है जो पूरी दुनिया को उजाले से भर देते हैं।

बुद्ध की शिक्षाएं लोगों के दिल और दिमाग को छू जाती थीं जिससे हजारों पुरुष और महिलाएं भिक्खु और भिक्खुणी बने और करोड़ों की संख्या में गृहस्थ लोग बुद्ध धम्म के अनुयायी बने। इस तरह बुद्ध ने मानव इतिहास में पहली बार इतनी बड़ी धार्मिक क्रांति कर दिखाई जिसमें कहीं पर भी और कभी भी किसी भी प्रकार का बल, लोभ, लालच का इस्तेमाल नहीं किया गया था। लोग अपनी मर्जी से चुंबक की तरह खिंचे चले आते थे। बुद्ध ने कहा कि वे भी हम लोगों की तरह एक सामान्य रीति से जन्मे, एक सामान्य बच्चे की तरह बचपन बिताते हुए, बच्चे से नवयुवक हुए, स्कूल गए, विवाह किया और तेरह साल तक गृहस्थ जीवन बिताया, एक बच्चे के पिता बने और उन्तीस साल की परिपक्व उम्र में गृहत्याग किया। उनका पूरा जीवन ऐतिहासिक है और ऐतिहासिक दस्तावेजों से प्रमाणित है। उनके जीवन की किसी घटना में कहीं कोई पौराणिकता, असामान्यता और कल्पना नहीं है। उन्होंने यह प्रमाणित कर दिया कि कैसे एक सामान्य व्यक्ति आर्य आष्टांगिक मार्ग पर चलकर, शील-समाधि-प्रज्ञा का जीवन जीकर मुक्त हो सकता है और मानव जीवन के सर्वोच्च लक्ष्य निर्वाण को प्राप्त हो सकता है।

भगवान बुद्ध की कथनी और करनी में कभी कोई अंतर नहीं रहा। उन्होंने वही सिखाया जैसा जीवन उन्होंने खुद जिया। इसीलिए उनको ''यथावादी तथाकारी, तथाकारी यथावादी'' कहा जाता है। दुनिया में ऐसे बहुत से धर्मशिक्षक और प्रचारक हुए जिन्होंने बातें तो बहुत आदर्श की कही हैं लेकिन उन आदर्शों को स्वयं के जीवन में लागू नहीं किया, लेकिन बुद्ध की कथनी और करनी में कभी कोई अंतर नहीं रहा। उनके संपूर्ण जीवन में कभी कोई रहस्य और शंका वाली बात नहीं रही। गौतम बुद्ध से संबंधित

सारी घटनाएं उनका जन्म-बचपन-शिक्षा-गृहस्थ जीवन-महाभिनिष्क्रमण-बुद्धत्व प्राप्ति-उपदेश-महापरिनिर्वाण सभी कुछ ऐतिहासिक दस्तावेजों से प्रमाणित है। भगवान बुद्ध पैंतालीस वर्षों तक लगातार गांव-गांव, कस्बे-कस्बे, शहर-शहर जाकर धर्मदेशना करते रहे और अनंत करुणा और मैत्री के साथ किसी भी प्रकार के भेदभाव के बगैर सबको मुक्त हृदय से धम्म बांटते रहे। भारतवर्ष में पहली बार स्त्रियों और वैदिक व्यवस्था में नीच समझे जाने वाले शोषित और दबे-कुचले लोगों को बराबरी का हक मिला। बुद्ध ने सबको अपने संघ में शामिल कर, दुनिया में पहली बार बगैर किसी हिंसा या बल प्रयोग के सामाजिक क्रांति कर दिखाई। भगवान बुद्ध दुनिया के पहले मिशनरी थे जिन्होंने बौद्ध भिक्खुओं और भिक्खुणियों को चारों दिशाओं में धम्म सिखाने के लिए भेजा और पैंतालीस वर्षों तक स्वयं भी धम्मोपदेश देते रहे।

आज, जब दुनिया में असमानता बढ़ रही है, एक नए किस्म का आर्थिक साम्राज्यवाद पनप रहा है और शक्तिशाली देश कमजोर देशों के ऊपर धौंस जमा रहे हैं, राजनेता नियम और कानूनों को धता बता रहे हैं। लोगों के आपसी रिश्तों में तनाव आ रहा है, संयुक्त परिवार टूट रहे हैं, बूढ़े और कमजोर लोगों के प्रति उपेक्षा भाव बढ़ रहा है, ऐसे में भगवान बुद्ध की शिक्षाएं पहले से भी ज्यादा प्रासंगिक हो गई हैं।

भगवान बुद्ध के उपदेशों को पालि भाषा में संग्रहित किया गया है। पंद्रह हजार पृष्ठों में पालि भाषा में संग्रहित मूल बुद्ध वाणी फिर पैंतीस हजार पृष्ठों में अट्ठकथाएं और उन पर लिखी गई टीकाएं संग्रहित हैं। धम्मपथ पर चलने वाले प्रत्येक साधक के लिए बौद्ध वाङ्मय का ज्ञान अत्यावश्यक है क्योंकि धम्म के व्यावहारिक पक्ष को सुदृढ़ करने के लिए सैद्धांतिक पक्ष का ज्ञान होना जरूरी है। बौद्ध वाङ्मय की जानकारी अगले अध्याय में दी जा रही है।

अष्टम अध्याय

बौद्ध वाङ्मय

मानव जीवन के सांस्कृतिक विकास में साहित्य एक बहुत ही महत्त्वपूर्ण भूमिका अदा करता है। साहित्य धम्म संस्थापकों के जीवन और उनके द्वारा दिए गए उपदेशों के बारे में प्रकाश डालता है और अनुयायियों को धम्म मार्ग पर चलने के लिए प्रेरित करता है। बौद्ध वाङ्मय दुनिया का सबसे विशाल और विस्तृत साहित्य है। मूल बुद्ध वाणी पंद्रह हजार पृष्ठों में संग्रहित है। बुद्ध वाणी पर आधारित अट्ठकथाएं और अट्ठकथाओं की टीकाएं लगभग पैंतीस हजार पृष्ठों में संग्रहित हैं। इस प्रकार लगभग पचास हजार पृष्ठों का विशाल पालि साहित्य है। भगवान बुद्ध ने 45 वर्षों तक धम्म चारिका की और जीवन के हर पहलू पर उपदेश दिए। उपदेशों को उनके जीवनकाल में कलमबद्ध नहीं किया गया क्योंकि लेखन विद्या तब तक बड़े पैमाने पर प्रचलन में नहीं थी। थोड़ा-बहुत जो लिखा जाता था, वह बड़ी मुश्किल से ताम्र-पत्रों पर या ताड़-पत्रों पर लिखा जाता था। इसलिए बुद्ध की शिक्षाओं को उनके शिष्यों ने कंठस्थ करके गुरु-शिष्य परंपरा के द्वारा एक पीढ़ी से दूसरी पीढ़ी तक मौखिक रूप से पहुंचाया। भगवान बुद्ध के उपदेशों का संकलन और अनुमोदन अर्हंत पद प्राप्त भिक्खुओं की सभा, जिसको धम्म संगीति कहते हैं, में किया जाता था। पहली धम्म संगीति का आयोजन बुद्ध के महापरिनिर्वाण के तीन महीने बाद, राजगृह के निकट सप्तपर्णी गुफा में किया गया था, जिसमें पांच सौ अर्हंत पद प्राप्त भिक्षुओं ने भाग लिया था। अर्हंत महाकाश्यप की अध्यक्षता में संपन्न हुई इस पहली धम्म संगीति में पूज्य भंते आनंद ने धम्म सुत्तों तथा पूज्य भंते उपालि ने विनय सुत्तों का संगायन किया था। इस पहली धम्म संगीति ने पूरे त्रिपिटक का संकलन और अनुमोदन किया।

पहली धम्म संगीति के लगभग सौ वर्षों के बाद (ई.पू. 383) दूसरी और 236 वर्षों के बाद तीसरी धम्म संगीति का आयोजन किया गया जिनमें त्रिपिटक को संगायन करके दुहराया गया। चौथी धम्म संगीति का आयोजन श्रीलंका के आलूविहार में 83 ईसा पूर्व में किया गया और पहली बार त्रिपिटक को लिखा गया, जिसे अर्हंत पद प्राप्त भिक्खुओं के संघ ने संगायन करके अनुमोदित किया।[1] ताइवान के ताइपेई स्थित बुद्धा एजूकेशन फाउंडेशन ने संपूर्ण त्रिपिटक को 126 भागों में प्रकाशित किया है। ये सभी 126 भाग विपस्सना विशोधन विन्यास धम्मगिरी से प्राप्त किए जा सकते हैं।

'भगवान बुद्ध के वाद 400 वर्प तक सारा धम्म साहित्य कंठस्थ रखा गया था। चौथी धम्म संगीति के दौरान इन्हें ताड़पत्रों पर लिखा गया। ताड़पत्रों पर लिखे जाने पर भी कई भिक्षुओं ने इसे कंठस्थ रखने की परंपरा कायम रखी। जो भिक्षु सुत्त पिटक को कंठस्थ रखते थे वे सुत्तधर, जो विनय पिटक को कंठस्थ रखते थे वे विनयधर और जो अभिधम्म को कंठस्थ रखते थे वे अभिधम्मधर कहलाए। जो तीनों को कंठस्थ रखते थे वे त्रिपिटकधर कहलाते थे।'[2] 200 वर्ष पहले मांडले के बरमी राजा मिं डों मिं के राज्यकाल में पांचवें संगायन का आयोजन हुआ, और बुद्धवाणी की प्रामाणिकता को पुनः जांच कर उसे संगमरमर के पट्टों पर खुदवा दिया गया, ताकि यह चिरस्थायी रह सके। भगवान बुद्ध के परिनिर्वाण के पश्चात उनकी शिक्षा के पहले 2500 वर्ष पूरे होने पर 2500 भिक्षुओं को एकत्र कर रंगून (बर्मा) के कबाये पगोडा के विशाल परिसर में छठी धम्म संगीति का आयोजन किया गया, जो 1954 की बुद्धपूर्णिमा को शुरू हुआ और 1955 की बुद्धपूर्णिमा को समाप्त हुआ। आज कंप्यूटर का युग है, इसे देखते हुए छठी संगायन का सीडी रोम वर्जन विपश्यना विशोधन विन्यास, ईगतपुरी द्वारा निकाला गया है। इस सीडी में संपूर्ण त्रिपिटक देवनागरी, रोमन, म्यांमार, थाई, सिंहली, खमेर और मंगोल लिपि में उपलब्ध है।

त्रिपिटक वौद्धों के मूल ग्रंथ हैं, जिनमें बुद्ध की शिक्षाओं का सार लिखा है। 'पिटक टोकरी को नहीं, उस साहित्य या वाङ्मय को कहते थे जिसमें धर्मवाणी संग्रहीत हो। अतः सुत्त, विनय और अभिधम्म ये तीन उपदेश जिस साहित्य में संग्रहीत हैं वे पिटक कहलाए।'[3]

त्रिपिटक के तीन विभाग हैं : विनय पिटक, सुत्त पिटक और अभिधम्म पिटक।

विनय पिटक

विनय पिटक में भिक्खु और भिक्खुणियों के रहन-सहन के नियम (विनय) और अनुशासन से संबंधित उपदेश हैं। विनय पिटक को 'आणा (आज्ञा) देसना' कहते हैं। विनय पिटक में प्रत्येक नियम के बारे में विस्तार से उल्लेख किया गया है कि कौन सा नियम और कायदा किस पृष्ठभूमि में और क्यों बनाया गया है। अलग-अलग पृष्ठभूमि से आए हुए भिक्खु और भिक्खुणियां अपने-अपने संघों में कैसे एक प्रेम और सौहार्द के वातावरण में रहकर अपनी आध्यात्मिक यात्रा पूरी करें। विनय पिटक में पांच ग्रंथ है :

(1) महावग्ग (2) चुल्लवग्ग (3) पाचित्रिय
(4) पाराजिका (5) परिवार

सुत्त पिटक

सुत्त पिटक को 'वोहार (व्यवहार) देसना' कहते हैं। सुत्त पिटक में मुख्यतः भगवान

बुद्ध द्वारा अलग-अलग समयों पर अलग-अलग लोगों को दिए गए उपदेश हैं। इसमें महास्थविर सारिपुत्र, मोग्गलायन और आनंद द्वारा दिए गए उपदेश, जिन्हें भगवान बुद्ध ने भी मान्यता प्रदत्त की थी, शामिल हैं। सुत्त पिटक में पांच निकाय हैं :

(1) दीघ निकाय (2) मज्झिम निकाय (3) संयुक्त निकाय
(4) अंगुत्तर निकाय (5) खुद्दक निकाय।

दीघ निकाय

इस निकाय में चौंतीस प्रवचनों का समावेश है और उनको तीन भागों में इस प्रकार बांटा गया है :

(1) शीलखण्ड वग्ग (नैतिकता से संबंधित विभाग)
(2) महावग्ग (विस्तृत विभाग)
(3) पथिक वग्ग (पथिक नामक नंगे तपस्वी से संबंधित विभाग)।

मज्झिम निकाय

मज्झिम निकाय में एक सौ बावन सुत्तों का संकलन है जिन्हें 'पन्नस' नाम के तीन ग्रंथों में संग्रहित किया गया है, 'पन्नस' का अर्थ होता है पचास। प्रथम ग्रन्थ 'मूल पन्नस' में पचास सुत्त हैं जिनको पांच वग्गों में बांटा गया है। दूसरे ग्रन्थ 'मज्झिम पन्नस' में भी पचास सुत्त हैं जिन्हें पांच वग्गों में बांटा गया है। तीसरे ग्रन्थ उपारि पन्नस (जिसका अर्थ है पचास से अधिक)में बावन सुत्त हैं और उनको भी पांच वग्गों में बांटा गया है। इस निकाय के सुत्तों से उस समय की सामाजिक विचारधाराओं, सामाजिक संस्थाओं, आर्थिक व राजनीतिक जीवन के बारे में पता चलता है।

संयुत्त निकाय

संयुत्त निकाय में विभिन्न प्रकार के छोटे-छोटे सात हजार सात सौ बासठ सुत्त हैं जिनको विषयवस्तु के हिसाब से पांच मुख्य भागों में इस प्रकार वर्गीकृत किया गया है :

(1) सगठ वग्ग (2) निदान वग्ग (3) खंध वग्ग
(4) सलायतन वग्ग (5) महावग्ग

प्रत्येक वग्ग को छप्पन समूहों में विभक्त किया गया है। संबंधित विषयों को एक समूह में वर्गीकृत करने के कारण इनको संयुत्त कहा जाता है।

अंगुत्तर निकाय

अंगुत्तर निकाय में नौ हजार पांच सौ सत्तावन सुत्त संकलित किए गए हैं, जिनको ग्यारह

निपातों में विभक्त किया गया है। प्रत्येक निपात को दस-दस सुत्तों के वग्गों में बांटा गया है।

खुद्दक निकाय

सबसे ज्यादा सुत्त खुद्दक निकाय में संकलित किए गए हैं। इस निकाय में भगवान बुद्ध के उपदेश और उनसे संबंधित विचारों को पदों के रूप में संकलित किया गया है। भगवान बुद्ध के जन्म से संबंधित घटनाएं और उनके जीवन से संबंधित ऐतिहासिक घटनाओं को पदों के रूप में संकलित किया गया है। इसके अलावा अनेकों बौद्ध भिक्खुओं (जिनको थेरा कहा जाता था) के और भिक्खुणियों (जिनको थेरी कहा जाता था) के व्यक्तिगत संघर्ष, उनकी आध्यात्मिक उपलब्धियों और उनके व्यक्तिगत प्रत्यक्ष अनुभवों को भी पद के रुप में संकलित किया गया है।

खुद्दक निकाय के 15 ग्रंथ इस प्रकार हैं :

(1) खुद्दक पाठ (2) धम्मपद (3) उदान
(4) इतिवुत्तक (5) सुत्तनिपात (6) विमानवत्थु
(7) पेतवत्थु (8) थेरीगाथा (9) थेरगाथा
(10) जातक (11) निद्देस (12) पटिसम्भिदामग्ग
(13) अपदान (14) बुद्धवंस (15) चरियापिटक।

अभिधम्म पिटक

अभिधम्म पिटक तीनों पिटकों में सर्वाधिक महत्वपूर्ण हैं, क्योंकि इसमें भगवान बुद्ध द्वारा बताए गए धम्म की व्यापक शिक्षा है, उनकी शिक्षाओं व दर्शन का संपूर्ण सार है। भिक्खु और भिक्खुणियों के लिए तो अभिधम्म का ज्ञान अनिवार्य है ही, सत्य की शोध में लगे साधकों के लिए भी अभिधम्म की जानकारी अत्यावश्यक है, क्योंकि धम्म से संबंधित हर पहलू की और गूढ़ से गूढ़तम प्रश्नों के उत्तर अभिधम्म में दिए गए हैं। अभिधम्म पिटक को 'परमत्थ देसना' कहते हैं, क्योंकि अभिधम्म पिटक में परमार्थ सत्य से संबंधित बातें हैं। अभिधम्म के अनुसार परमार्थ चार हैं— चित्त, चैतसिक, रूप और निर्वाण।

धम्म के मार्ग पर चलनेवाले हर उपासक-उपासिका के लिए अभिधम्म पिटक अत्यंत ही उपयोगी है। अभिधम्म की जानकारी के बगैर बुद्ध की धम्म शिक्षा को सही और पूर्ण रूप से नहीं समझा जा सकता, क्योंकि धम्म-शिक्षा की कुंजी अभिधम्म में निहित है।

अभिधम्म पिटक में मूल सात ग्रंथ इस प्रकार हैं :

(1) धम्मसंगिनी (2) विभंग (3) धातुकथा (4) पुग्गलपञ्ञति
(5) कथावत्थु (6) यमक (7) पट्ठान।

इन मुख्य त्रिपिटकों के बड़े-बड़े एकतालिस महाकाय मूल ग्रंथ हैं। उसके बाद इन ग्रंथों पर अट्ठकथाएं और अट्ठकथाओं पर नाम से टीकाएं लिखी गई हैं जो सौ ग्रंथों से अधिक हैं व दो हजार पांच सौ से अधिक वर्षों से बौद्ध परंपरा को सहेजे हुए हैं।

बौद्ध ध्यान साधना पर लिखा गया ग्रंथ ***विशुद्धीमग्ग*** है।

मिलिन्द प्रश्न, धम्मपद मूल त्रिपिटक पर आधारित डॉ. बाबासाहेब आम्बेडकर द्वारा लिखा गया ग्रंथ *'दि बुद्धा अण्ड हिज धम्मा' व उसका अनुवाद 'बुद्ध और उनका धम्म', 'बुद्धा और कार्ल मार्क्स', 'रिवोल्यूशन एण्ड काउंटर रिवोल्यूशन' (क्रांति और प्रतिक्रांति) तथा पी. लक्ष्मी नरसु द्वारा लिखित 'इसेंस ऑफ बुद्धिज्म'* प्रसिद्ध हैं।

विपस्सना विद्यापीठ, धम्मगिरी, इगतपुरी के विपस्सना विशोधन विन्यास की ओर से मूल पालि त्रिपिटक और अट्ठकथाओं का संकलन किया गया है जिसमें लगभग एक सौ चौवन ग्रंथ छप चुके हैं। विपस्सना विशोधन विन्यास धम्मगिरी इगतपुरी जिला नासिक, महाराष्ट्र से यह सभी ग्रंथ प्राप्त किए जा सकते हैं।

त्रिपिटक में भगवान बुद्ध की बुद्धत्व-प्राप्ति के बाद के पैंतालीस वर्षों की धम्मचारिका की विस्तृत जानकारी संग्रहित है। भगवान बुद्ध और उनके प्रमुख अनुयायियों ने जिन-जिन स्थानों पर धम्मचारिका की वहां पर धम्मतरंगों का होना स्वाभाविक है। श्रद्धालुओं को उन स्थानों पर ध्यान करने से धम्म-संवेग जागता है, अतः भगवान बुद्ध और उनके प्रमुख अनुयायियों की धम्मचारिका से संबंधित महत्त्वपूर्ण स्थानों और तीर्थस्थलों की जानकारी अगले अध्याय में दी जा रही है।

नवम अध्याय

बौद्ध तीर्थस्थल

तीर्थस्थलों का जीवन में महत्त्वपूर्ण स्थान होता है क्योंकि वे धर्म शास्ता, और उस मुक्ति के मार्ग पर चलकर मुक्त हुए लोगों की और उनके जीवन से जुड़े स्थानों की याद दिलाकर हमें शील, समाधि और प्रज्ञा के मार्ग पर चलने की प्रेरणा देते हैं। धर्म संस्थापक व प्रवर्तकों के प्रति आदर, श्रद्धा और कृतज्ञता प्रकट करने का माध्यम बनते हैं। अंधविश्वास की अपेक्षाओं के साथ इन स्थानों पर नहीं जाना चाहिए और यह गलत धारणा भी नहीं होनी चाहिए कि इन स्थानों पर जाकर ही मुक्ति मिल जायेगी तथा शुद्धि मिल जायेगी।

भगवान बुद्ध एक ऐतिहासिक महामानव थे। बुद्ध का जीवनकाल 80 वर्ष का रहा। महापरिनिर्वाण के समय भगवान बुद्ध ने स्वयं आनंद से कहा था कि धम्म के रास्ते विश्वास से चलने वाले धर्मावलंबियों को चार स्थलों का भ्रमण अवश्य करना चाहिए जिससे कि उन्हें धम्म मार्ग पर चलने की प्रेरणा मिले, ये चार स्थल हैं :

'जहां तथागत का जन्म हुआ था।...।।
जहां तथागत को बोधि प्राप्त हुई थी।...।।
जहां तथागत ने धम्म चक्र प्रवर्तन की शुरुआत की।...।।
जहां तथागत ने महापरिनिर्वाण प्राप्त किया।...।।'[1]

कुछ लोग पूछ सकते हैं कि भगवान बुद्ध ने अनुयायियों को यहां आने को क्यों कहा था, जबकि बौद्ध धम्म में व्यक्ति-पूजा के लिए कोई स्थान नहीं है। यह बताए जाने की आवश्यकता है कि शरीर व मन एक-दूसरे से सतत प्रतिक्रिया करते रहते हैं, एक-दूसरे को प्रभावित करते हैं, जिससे विद्युत चुम्बकीय व जैव रासायनिक प्रतिक्रियाएं तथा तरंगें उत्पन्न होती हैं। वे तरंगें ब्रह्माण्ड की तरंगों के अनुरूप होती हैं। मोबाइल फोन, टेलीविजन, लैपटॉप, कम्प्यूटर, वायरलेस सिस्टम व रेडियो जैसे उपकरणों का उपयोग करने वाले आसानी से समझ सकते हैं कि किस तरह उनके ये इलेक्ट्रानिक उपकरण एक खास फ्रिक्वेंसी पर कार्य करते हैं तथा उस विशेष कवरेज क्षेत्र से बाहर ले जाए जाने पर काम करना बंद कर देते हैं। कॉस्मिक तरंगों के लिए मानव शरीर व मन एक विशाल ट्रांसमीटर व रिसीवर है। जिन स्थानों पर बुद्ध ने ध्यान किया तथा वर्षों तक धम्म शिक्षा दी, वहां धम्म की तरंगें निश्चित होंगी। धम्म के मार्ग पर चलने वाला कोई भी साधक इन स्थानों पर इन तरंगों को अनुभव कर

सकता है। धम्म की तरंगों से उनके मन ट्यून्ड हो जाते हैं तथा चार्ज हो जाते हैं। लेखक ने बौद्ध तीर्थस्थानों पर ध्यान किया है और इन स्थानों पर अद्‌भुत तरंगों का स्वयं अनुभव किया है। इसलिए इन स्थानों पर तीर्थयात्रा और वहां ध्यान करना सदैव लाभदायी होता है।

भगवान बुद्ध तथागत हैं अतः उनके जीवनकाल से जुड़े लुंबिनी, बोधगया, सारनाथ, कुशीनगर, श्रावस्ती, संकाश्य, वैशाली, राजगृह, कौशाम्बी, साकेत, मथुरा, नालन्दा, तक्षशिला, पाटलिपुत्र, सांची, नेशनल म्यूजियम कलकत्ता ये ऐतिहासिक स्थल बौद्धों के तीर्थस्थल हैं। इसके साथ ही बाबासाहब डॉ. आंबेडकर जो कि बोधिसत्व हैं, उनसे जुड़े ऐतिहासिक स्थल जन्मभूमि, दीक्षाभूमि व चैत्यभूमि बौद्धों के तीर्थस्थल हैं। बौद्धों को श्रद्धा से इन तीर्थस्थलों पर जाकर वहाँ के स्तूपों का, चैत्यों का दर्शन करना चाहिए ताकि भगवान बुद्ध के बताए गए और बाबासाहब द्वारा अपनाए गए मार्ग पर चलने की प्रेरणा मिले।

बौद्ध तीर्थयात्रा के आठ मुख्य पवित्र स्थल हैं, जिन्हें महातीर्थों के नाम से जाना जाता है।

लुम्बिनी

यह नेपाल में भारत की सीमा से 9-10 किलोमीटर की दूरी पर स्थित है। लुम्बिनी में महामाया देवी ने वैशाख पूर्णिमा के दिन सिद्धार्थ को जन्म दिया जो तथागत बुद्ध हुए। उनका जन्म राज-उद्यान शालवन में शालवृक्ष की छाया में हुआ था। लुम्बिनी को नेपाल में रूम्मिनदेई के नाम से पुकारा जाता है।

कमल सरोवर, लुम्बिनी

लुम्बिनी लगभग दो हजार साल तक जंगलों में खोया रहा और 1896 में इसे ढूंढ़ा गया। 1967 में एक बौद्ध व संयुक्त राष्ट्रसंघ के महासचिव यू. थांट यहां आए। लुम्बिनी, सामान्यतया एक शांत व कम भीड़-भाड़ वाला स्थान है। 'वर्षा के मौसम में तीर्थ यात्री लुम्बिनी से धवलगिरि व अन्नपूर्णा की पहाड़ियों का शानदार व सुंदर नजारा देख सकते हैं।'[2] यहां एक प्राचीन विहार है, जिसमें भगवान बुद्ध के राजकुमार सिद्धार्थ के जन्मस्वरूप एक प्रतिमा है।

सम्राट अशोक 250 ईसा पूर्व यहां तीर्थाटन करने के लिए आए और यहां एक प्रस्तर स्तंभ बनवाया। अपने राज्यारोहण के 20 वर्ष बाद अशोक ने स्वयं इस स्थल पर आकर आदर प्रकट किया जहां शाक्यमुनि ने जन्म लिया था। उन्होंने इस स्थल के चारों ओर पत्थर की दीवार बनवाई और स्मारक के रूप में एक स्तंभ का निर्माण करवाया। सम्राट अशोक द्वारा बनवाया गया ऐतिहासिक अशोक स्तंभ आज भी है।

यहां सम्राट अशोक के समय के कुछ विहारों के खंडहर हैं। अशोक के स्तंभ के निकट एक स्तूप है। यह उत्खनन द्वारा प्राप्त पुरातन पाषाण प्रतिमा स्थापित एक महामाया मंदिर है जिसमें माता महामाया एक शाल वृक्ष की डाली को पकड़े हुए उत्कीर्ण की गई हैं, शिशु सिद्धार्थ जन्म ले चुका है। इस स्तूप के थोड़ा दक्षिण में एक तालाब है, जिसमें महामाया ने सिद्धार्थ गौतम को जन्म देने के बाद स्नान किया था।

इसके अलावा इस तालाब में स्तूपों के भी कुछ खंडहर हैं, जिनसे पता चलता है कि लुम्बिनी दसवीं सदी तक बौद्ध धम्म का एक प्रमुख केंद्र रहा है। स्तूपों के खंडहर के कुछ पूर्व में दो आधुनिक विहार हैं। पहला नेपाल के थेरवाद बौद्ध समुदाय द्वारा बनवाया गया, थेरवादी बुद्ध विहार जो 1956 में कुशीनगर के भिक्खु चंद्रमणी महाथेरजी द्वारा निर्मित है। दूसरा, शाक्यप समुदाय का एक तिब्बती विहार भी है।

अशोक स्तंभ, लुम्बिनी

लुम्बिनी

लुम्बिनी सिद्धार्थ नगर से 18 किलोमीटर पश्चिम में है जो नेपाल में सबसे निकटवर्ती शहर है। भारत से उत्तर प्रदेश के गोरखपुर जिले से रेल या सड़क मार्ग से अथवा सोनौली से सीमा पार करके सिद्धार्थ नगर होकर यहां जाया जा सकता है। उत्तर प्रदेश के दो नगरों नौगढ़ और नौतनवा रेल स्टेशन से यहां आसानी से पहुंचा जा सकता है। लुम्बिनी से लगभग 22 किलोमीटर पश्चिम में तौलीहवा गांव है और इसके उत्तर में तिलौरकोट के कुछ खंडहर हैं। इन गांवों में लुम्बिनी के अनेक अवशेष हैं।

निगलीहवा व गोठीहवा

तौलीहवा से लगभग 6 किलोमीटर उत्तर में एक गांव निगलीहवा है। इस गांव के बाहर ही पश्चिम की ओर एक तालाब है, जहां एक अशोक स्तंभ के टुकड़े हैं। छोटे टुकड़े पर अभिलेख है,'अपने राज्याभिषेक के 14 वर्ष के बाद देवानांपिय पियदस्सी ने इसके आकार से दोगुने आकार का कोनकामना बौद्ध स्तूप बनवाया था और अपने राज्याभिषेक के 20 वर्ष बाद यहां आकर उपासना की थी तथा एक प्रस्तर स्तंभ लगवाया था।'[3]

कोनकामना, कोनगामना का ही दूसरा नाम है जो कि गौतम बुद्ध से पहले वाले बुद्ध थे। अशोक के स्तंभ में एक स्तूप का उल्लेख है और ह्वेनत्सांग भी ऐसे स्तूप का उल्लेख करते हैं। हालांकि आज यह कहीं नहीं दिखता। बहुत संभावना है कि इस स्तंभ के टुकड़ों को इसके मूल स्थान से कहीं और ले जाया गया हो।

तौलीहवा से 4 कि.मी. दक्षिण-पश्चिम में गोठीहवा है, जिसके मध्य में एक ओर अशोक स्तंभ का टूटा अंश है। माना जाता है कि सम्राट अशोक ने इस स्तंभ को गौतम

से पहले के तीसरे अंतिम बुद्ध की स्मृति में बनवाया था। चूंकि इस आशय का कोई शिलालेख नहीं पाया गया है, इसलिए इसकी पुष्टि नहीं होती। गांव के बाहर ही एक विशाल स्तूप के भी अवशेष हैं।

बोधगया

बोधगया वह स्थान है, जहां गौतम बुद्ध को सम्यक् संबोधि प्राप्त हुई थी और वे बुद्ध कहलाए।

निरंजरा नदी के किनारे पर परम पावन बोधिवृक्ष के तले उरूवेला (जिसे अब बोधगया कहते है) में ही सिद्धार्थ गौतम को बुद्धत्व की प्राप्ति हुई थी। यहां वह बोधिवृक्ष (पीपल का पेड़) विद्यमान है जिसके तले बुद्ध को बुद्धत्व लाभ हुआ था। सम्यक् सम्बुद्ध होने पर भगवान ने सात सप्ताह ध्यान सुख में सात स्थानों पर व्यतीत किये।

जिस पीपल के वृक्ष के नीचे उन्हें बुद्धत्व प्राप्त हुआ था, उसे बोधिवृक्ष कहते हैं। ज्ञानप्राप्ति के बाद बुद्ध ने अपनी सुखद व दिव्य अनुभूति के साथ एक सप्ताह इसी बोधिवृक्ष के नीचे बिताया था। उन्होंने दूसरा सप्ताह संबोधि प्राप्त करने के स्थान के दर्शन करते हुए अनिमेष लोचन में बिताया था। इस स्थान पर अन्मिसा चैत्य बनाया गया, जो मुख्य प्रतिमा के मार्ग पर प्रवेश के दाईं ओर है। तीसरा सप्ताह बुद्ध ने वहां ऊपर-नीचे आते-जाते बिताया, जहां अब रतनकंकम चैत्य है। इस चैत्य में वज्रासन, बोधिवृक्ष व रेलिंग बोधगया का एक पुराना मंदिर था। आज इसकी नींव के पत्थर निकल आए हैं और केवल एक पंक्ति के आधार के पत्थर देखे जा सकते हैं। पत्थरों की दूसरी पंक्ति महाबोधि महाविहार उत्तरी दीवार के नीचे दब गई है। बुद्ध ने चौथा सप्ताह रत्नघर में अभिधम्म के बारे में ध्यान करते हुए बिताया। अब इसे रत्नघर चैत्य के रूप में जाना जाता है। यह पार्क के उत्तर-पश्चिम कोने पर स्थित है। उन्होंने पांचवां सप्ताह अजपाल निग्रोध वृक्ष के नीचे बिताया, जहां उन्होंने यह बताते हुए एक ब्राह्मण को ब्रह्म सुत्त की शिक्षा दी कि जन्म से न तो कोई ब्राह्मण होता है और न चांडाल। केवल कर्म ही मानव को ब्राह्मण या चांडाल बनाते हैं। बुद्ध ने छठा सप्ताह मुछलिंद सरोवर पर बिताया। यह मुख्य मंदिर के दक्षिण-पूर्व में अशोक स्तंभ के दक्षिण में स्थित है। बर्मा के राजा ने हाल ही में इस सरोवर के मध्य में नागराज मुछलिंद द्वारा बुद्ध की रक्षा करने की एक प्रतिमा लगवाई है। इस सरोवर में अनेक प्रकार की मछलियां हैं। तीर्थयात्री, विशेषकर बच्चे इन मछलियों को नजदीक से चारा खिलाकर आनंदित होते हैं। फूलों के मौसम में इस सरोवर में सुंदर कमलों व जलकुंभियों की भी बहार आ जाती है। कुछ विद्वानों का मानना है कि असली मुछलिंद सरोवर आज कीचड़ से भरा एक तालाब है और यह यहां से डेढ़ किलोमीटर दक्षिण की ओर है, इसे मछालिन कहा जाता है। बुद्ध ने सातवां सप्ताह राजायतन वृक्ष के नीचे बिताया, जहां बर्मा के तपस्सु और भल्लिक नाम के दो व्यापारियों ने उन्हें चावल के व्यंजन भेंट किये तथा बुद्ध व धम्म की शरण में आ गए, तब तक संघ की स्थापना नहीं हुई थी और वे

प्रथम गृहस्थ उपासक बने। बुद्धत्व-प्राप्ति के बाद भगवान बुद्ध का यह पहला आहार था।

अनेक बौद्ध देशों के बुद्ध विहार वहां बनाये गये हैं। बुद्धत्व प्राप्ति के पहले सिद्धार्थ गौतम जहां कठिन तपस्या करते थे वह डुंगेश्वरी गुफा भी निरंजरा नदी के दूसरे किनारे पर विद्यमान है। यहां सम्राट अशोक द्वारा निर्मित दो-मंजिला बुद्ध विहार है जो 170 फुट ऊंचा है जिसकी पहली मंजिल के गर्भगृह में भूमि स्पर्श मुद्रा में भगवान बुद्ध की एक अत्यंत भव्य मूर्ति स्थापित है। ऊपरी मंजिल पर बोधिसत्त्व की खड़ी मूर्ति स्थापित है। वहां आम्रपालि स्तूप भी है।

मुछलिन्द सरोवर

बोधगया में पहला तीर्थस्थल बोधिवृक्ष है, जिस पर एक रेलिंग से घिरा एक प्रस्तर अभिलेख है। पहला विहार सम्राट अशोक महान ने बनवाया था। 100 ईसा पूर्व में भारहुत स्तूप की रेलिंग के एक हिस्से से यह पता चलता है कि बोधगया में आरंभिक विहार एक दो-मंजिला भवन था। बोधिवृक्ष के चारों ओर जिसकी छत सुंदर थी और उसे अनेक स्तंभों पर खड़ा किया गया था। अंदर वज्रासन की एक प्रस्तर प्रतिमा बोधिवृक्ष की सज्जा के साथ देखी जा सकती है, जिसके पीछे दो त्रिरत्न प्रतीक हैं। विहार के चारों ओर, एक रेलिंग है और इसके ऊपर सम्राट अशोक का एक स्तंभ है। इस विहार की मरम्मत की जा रही है और इसमें समय-समय पर नया निर्माण किया जाता रहता है।

महाबोधि विहार सबसे पवित्र और दुनिया के बौद्ध शिल्पों में सबसे सुंदर निर्माणों में से एक है। इस विहार का आधार आयताकार है और अंदर की ओर एक शिख्रर है, जो 52 मीटर ऊंचा है और इस पर एक अमालक है, जो गोलाकार है। पोर्टिको के चार स्तंभों के अलावा, द्वार के फ्रेम, सीढ़ियां व फर्श, पूरा ढांचा ईंटों का बना हुआ है।

तीर्थयात्री मंदिर के मुख्य ढांचे के बाईं ओर खड़े होकर गैलरी में देखते हुए पूरे मंदिर में घूम सकते हैं। मंदिर के पीछे के दो शिखरों तक भी जा सकते हैं और बोधिवृक्ष

महाबोधि महाविहार और भगवान बुद्ध की स्वर्णप्रतिमा

तक भी जा सकते हैं। मंदिर के पूर्वोत्तर कोने पर आकर तीर्थयात्री सीढ़ियों पर चढ़ते हैं जहां खड़े बुद्ध की एक विशाल प्रतिमा है। इस आकर्षक प्रतिमा के हाथ आशीर्वाद देने की मुद्रा में उठे हुए हैं और इसके बाईं ओर अवलोकितेश्वर व दाईं ओर मैत्रेय है। इस प्रतिमा पर अनेक अभिलेख हैं। नीचे दाईं ओर एक अभिलेख है जो बांग्लादेश के एक भिक्खु द्वारा दान दिया गया था, जिस पर लिखा है : 'वरिष्ठ भिक्खु वीर्येंद्र का यह उपहार, जो विनय के अच्छे ज्ञाता हैं तथा सोमपुरा के महान बौद्ध विहार के निवासी हैं। समतल देश के वासी हैं और उत्कृष्ट महायान शाखा के अनुयायी हैं।'

महाबोधि महाविहार के पीछे बोधिवृक्ष है, जिसके नीचे गौतम बुद्ध ने सम्यक् संबोधि प्राप्त किया था। किंवदंती है कि अशोक ने बौद्ध बनने से पहले बोधिवृक्ष कटवा दिया था, पर यह फिर से उग आया। किंवदंती यह भी कहती है कि धर्मांतरण के बाद अशोक इस वृक्ष के प्रति इतने समर्पित हो गये कि उनकी रानी तिष्यरक्षिता को ईर्ष्या हो गई और उसने इसे कटवा दिया, लेकिन यह रहस्यपूर्ण ढंग से फिर उग आया। इस कथा का कुछ ऐतिहासिक आधार है कि सम्राट अशोक की पुत्री संघमित्रा बोधिवृक्ष की एक शाखा श्रीलंका ले गई थी। उस शाखा से उगा वृक्ष श्रीलंका की पुरानी राजधानी अनुराधापुर में आज भी विद्यमान है और यह दुनिया का सबसे पुराना ज्ञात वृक्ष है। इतिहास यह भी बताता है कि राजा शशांक ने जब बौद्धों पर अत्याचार किए और सन् 600 के आसपास हर बौद्ध श्रमण के कटे हुए सिर पर 100 स्वर्णमुद्राओं का पुरस्कार घोषित किया तब उसने इस बोधिवृक्ष को भी कटवा दिया था।

बोधिवृक्ष मूल रूप से इसकी मौजूदा स्थिति से थोड़ा पूरब दिशा में था, पर जब महाबोधि महाविहार बनवाया गया तो इसे यहां रोप दिया गया। मौजूदा बोधिवृक्ष 19

वीं सदी में रोपा गया था और यह संभवतः मूल वृक्ष से कुछ दूर है। कनिंघम ने 1892 में लिखा, 'दिसंबर 1862 में मैंने इस वृक्ष को वहुत खराव स्थिति में देखा था, पश्चिम की ओर तीन शाखाओं का एक वड़ा तना तव भी हरा था। पर अन्य शाखाएं सूखी हुई व मृत थीं। अगली बार इस वृक्ष को मैंने 1871 में देखा और फिर 1875 में, जब यह पूरी तरह जीर्ण-शीर्ण हो गया था। फिर इसे 1876 में देखा तब वृक्ष का एकमात्र बचा हिस्सा एक तूफान के दौरान पश्चिमी दीवार पर गिर गया था और पुराना पीपल वृक्ष खत्म हो चुका था। पर इसके अनेक बीज एकत्र कर लिए गए थे और मौजूदा वृक्ष के छोटे पौधे उन्हीं से तैयार किए गए।'

1880 में कनिंघम ने नए वृक्ष के निकट खुदाई कराई और लगभग एक मीटर की गहराई पर बहुत पुरानी लकड़ी के दो हिस्से पाए, जिनके बारे में उनका विश्वास था कि वे राजा शशांक द्वारा नष्ट कराए गए बोधिवृक्ष के अवशेष थे। बोधिवृक्ष के चारों ओर स्थित रेलिंग पर एक प्राचीन द्वार है। यह कोनेदार आकर्षक नक्काशी के पत्थर से बना है और इसके नीचे हाथी, शेरों, घोड़ों व एक हाथ में तलवार तथा दूसरे में एक कटोरा लिए हुए चित्रों वाला एक बड़ा पत्थर लगा है। ये उत्कीर्ण पत्थर बुरी तरह खराब हो गए हैं और ये गुप्त वंश के अंत के हो सकते हैं।

म्यांमार के भिक्खुओं व उपासकों ने 13वीं से 19वीं सदी तक महाबोधि विहार की मरम्मत करवाने तथा इसे नष्ट होने से बचाने के कई प्रयास किए। इस उद्देश्य से म्यांमार से विशेष मिशन सन 1295, 1472, 1810 व 1877 में आए। इससे पता चलता है कि लगभग छः सौ वर्ष तक महाबोधि विहार का अस्तित्त्व केवल म्यांमार के बौद्धों के प्रयासों के कारण ही बचा रह सका।

महाबोधि महाविहार को 1855 में खुदाई करवाकर ढूंढ़ निकाला, इसे एक विशाल

बोधिवृक्ष

ढांचा दिया गया। श्रीलंका के एक विख्यात बौद्ध भिक्खु के रुप में आए अनागरिक धम्मपाल 19वीं सदी के अंत में बोधगया आये और उन्होंने महाबोधि महाविहार बौद्धों का होने को दावा किया, परंतु ब्राह्मण महंत ने दावा किया कि यह उसका है। मामला अदालत में गया और धम्मपाल 1906 में मुकदमा हार गये। परंतु उन्होंने अपनी बाकी जिंदगी, तकरीबन 27 वर्ष तक इस महाविहार पर बौद्धों के नियंत्रण के लिए संघर्ष जारी रखा। महाकवि रवीन्द्रनाथ टैगोर ने भी धम्मपाल का समर्थन किया।

1949 में बोधगया मंदिर कानून बनाया गया (8 फरवरी 1955 को संशोधित)जिसमें प्रावधान किया गया कि इस मंदिर की व्यवस्था के लिए चार हिंदूओं व चार बौद्धों की एक समिति बनाई जाए, जिसका अध्यक्ष जिलाधिकारी व जिला मजिस्ट्रेट को बनाया जाये, यदि वह हिंदू हो। यदि जिलाधिकारी व जिला मजिस्ट्रेट हिन्दू न हों तो उनके नीचे का जो भी अधिकारी हिंदू हो, उसे बोधगया प्रबंधन समिति का अध्यक्ष बनाया जाए। जब तक यह कानून बदला नहीं जाता, तब तक इस मंदिर पर बौद्धों का पूरा अधिकार नहीं हो सकता।

महाबोधि महाविहार सुबह 6 से रात 9 बजे तक दर्शनार्थियों के लिए खुला रहता है, लेकिन जो साधक महाविहार में रात को ध्यान करना चाहें, उन्हें लिखित आवेदन करने पर महाविहार नियंत्रण समिति अनुमति देती है।

आज दुनियाभर के तीर्थयात्री बोधगया आते हैं। जब लेखक 26 मई 2002 को बुद्धपूर्णिमा के अवसर पर बोधगया पहुंचा तो दुनिया भर के हजारों तीर्थयात्री वहां मौजूद थे, जिनमें तिब्बत की निर्वासित सरकार के प्रधानमंत्री श्री रिन्पोछे भी थे। वे बोधिवृक्ष के नीचे दुनिया की शांति के लिए की गई सभी प्रार्थनाओं में शामिल हुए। जापान के भंते सुरई ससई के नेतृत्व में अनेक जुलूस निकाले गए और भीम सेना ने भी जुलूस निकाले। 'बुद्धं शरणं गच्छामि', 'धम्मं शरणं गच्छामि', 'संघं शरणं गच्छामि' के घोष के साथ उन्होंने महाबोधि महाविहार की मुक्ति की मांग की और इसे बौद्धों को देने को कहा। महाबोधि महाविहार को एक जुलाई, 2002 को यूनेस्को ने विश्व विरासत सूची में शामिल कर लिया है। फरवरी, 2004 में महाबोधि महाविहार दुनिया के समस्त बौद्धों को समर्पित किया गया, लेकिन आज भी उसका प्रबन्धन बौद्धों के हाथों में नहीं है।

बोधगया में तथा उसके निकट और भी अनेक रुचिकर स्थल हैं, इनमें कुछ इस प्रकार हैं :

बुद्ध की 90 फीट ऊंची प्रतिमा

यह दुनिया में बुद्ध की दूसरी सबसे ऊंची प्रतिमा है। यह महाबोधि महाविहार से लगभग डेढ़ किलोमीटर दूर स्थित है। जापानियों द्वारा बनाई गई इस प्रतिमा का अनावरण 18 नवंबर, 1999 को परम पावन दलाई लामा द्वारा किया गया था। प्रतिमा बैठी हुई मुद्रा में है। यह प्रतिमा एक सुंदर पार्क में स्थापित की गई है, जिसका

बोधगया स्थित 90 फीट ऊंची बुद्ध प्रतिमा के पास लेखक

डिजाइन दोतरफा औपचारिक है। प्रतिमा को एक रेलिंग से सुरक्षित किया गया है और इसके चारों ओर एक गैलरी है, ताकि तीर्थयात्री प्रतिमा के चारों ओर परिक्रमा कर सकें।

प्रतिमा के चारों ओर बुद्ध के विख्यात अनुयायियों की प्रतिमाएं खड़ी हुई मुद्रा में हैं। बुद्ध प्रतिमा के दाईं ओर पूज्य अर्हंत आनंद, सारिपुत्त, पुन्ना, महाकाय्यन व राहुल की तथा बाईं ओर सुभुति, उपाली, महाकाश्यप, महामोग्गालन व अनिरुद्ध की प्रतिमाएं हैं।

महंत का महल

निरंजरा नदी के तट पर स्थित यह महल ब्राह्मण पुजारी के लिए उस समय बनाया गया था, जब बोधगया में कोई बौद्ध नहीं था। इस महल में उत्कृष्ट कला की अनेक बौद्ध मूर्तियां हैं, इसलिए इनमें बौद्धों की गहन रुचि है। महल के भीतर बुद्ध की कुछ बहुत मूल्यवान व दुर्लभ प्रतिमाएं उपेक्षित पड़ी हैं। स्थानीय लोग कहते हैं कि ये प्रतिमाएं महाबोधि महाविहार की खुदाई के समय प्राप्त हुईं थीं, पर इन्हें चोरी से महंत के महल में ले जाया गया।

निरंजरा नदी

सबसे आकर्षक प्राकृतिक स्थल है निरंजरा नदी। हालांकि यह नदी गर्मियों में सूख जाती है पर बरसात के मौसम में यह पानी से उमड़ती हुई बहती है। चौड़ा, रेतीला व सुंदर यह स्थल दोपहर बाद की ठंडक में बैठने व घूमने के लिए अच्छा स्थल है। भगवान बुद्ध ने बोधगया जाते समय कई बार निरंजरा नदी में स्नान किया था। अब बरसात के मौसम में इस नदी को पार करने तथा प्रागबोधि या डूंगेश्वरी गुफा में जाने के लिए जापानी सहायता से इस पर एक पुल बना दिया गया है।

सुजाता का गांव

महाबोधि महाविहार से लगभग डेढ़ किलोमीटर दूर लगभग 500 परिवारों का एक बड़ा गांव है। गांव के आखिरी छोर पर भारतीय पुरातत्त्व सर्वेक्षण विभाग ने खुदाई का काम शुरू किया है, जहां सुजाता का घर होने का दावा किया जाता है। इसका लगभग तीन-चौथाई हिस्सा खोदा जा चुका है, जिसमें ईंटों से बनी पुरानी दीवारें मिली हैं। इस स्थल से कुछ चीजें भी मिली हैं।

इस गांव से लगभग एक किलोमीटर दूर एक छोटा सा मंदिर है, जिसे वह स्थान माना जाता है जहां सुजाता ने सिद्धार्थ गौतम को खीर का दान किया था। इसलिए स्थानीय लोग इसे 'खीरदान' का स्थान भी कहते हैं। पर उनके दावे की पुष्टि के लिए कोई ऐतिहासिक साक्ष्य नहीं है।

प्रागबोधि

प्रागबोधि को अब डूंगेश्वरी कहा जाता है। यह बोधगया से लगभग साढ़े 6 किलोमीटर पूर्वोत्तर में है। गौतम बुद्ध ने बोधगया जाने से पहले यहीं साधना की थी। यहां एक ढलान पर कुछ तिब्बती भिक्खुओं ने एक छोटा सा विहार बना रखा है। यह पहाड़ी के आधे रास्ते पर है। विहार से ठीक ऊपर एक छोटी गुफा है, जिसमें कहा जाता है कि बोधिसत्त्व रहते थे। इस गुफा में बुद्ध की ध्यानमुद्रा में एक प्रतिमा है। इस गुफा

में श्रद्धालु मोमबत्तियां व अगरबत्तियां जलाते हैं। गुफा के आधार तल पर कोरियाई श्रद्धालुओं ने एक अस्पताल व एक स्कूल बनवाया है। माना जाता है कि पर्वत के नीचे, एक पेड़ के नीचे बैठकर गौतम बुद्ध अपने नाखून काटा करते थे। इसलिए अनेक श्रद्धालु वहां अपने नाखून काटते हैं।

प्रागबोधि के आसपास का शांत वातावरण, इसका दर्शनीय सौंदर्य व गुफा में अनुभव होने वाली सशक्त उपस्थिति के कारण यहां जाना अच्छा लगता है।

गया शीर्ष

यह गया शहर के निकट स्थित एक पहाड़ी है। इसे ब्रह्मयोनि के नाम से भी जाना जाता है। गौतम बुद्ध के समय में इसे गयासिया के नाम से जाना जाता था। बुद्ध ने ज्ञानप्राप्ति के पहले वर्ष में आदित्य पर्याय सुत्त का उपदेश (अग्नि उपदेश) तीन काश्यप बंधुओं व एक हजार नव भिक्खुओं को यहीं दिया था। यहां ब्राह्मण अपने मृत परिजनों के लिए पिंडदान की रस्म करते हैं। बुद्ध ने गयासिया पर्वत से लोगों को इस आशा से नदी में नहाते देखा कि इससे उनके पाप धुल जायेंगे, तब उन्होंने कहा—'जल से कोई शुद्ध नहीं हो सकता, हालांकि अनेक लोग यहां स्नान कर सकते हैं। पर जिसमें सत्य व धम्म है, वही शुद्ध है, वही ब्राह्मण है।' बुद्ध ने यहां तीन महीने विहार किया, धम्म की शिक्षा दी और विपस्सना सिखाई।

बोधगया नदी की ओर गया शहर से जाने वाली सड़क पर गयाशीर्ष अंतिम पहाड़ी है और इसे इसके शिखर पर लगे रेडियो टावर से आसानी से पहचाना जा सकता है।

बोधगया बिहार में गया से 6 मील दक्षिण में है। गया रेलवे स्टेशन से करीब 11 कि.मी. की दूरी पर स्थित है। यहां पहुंचने के लिए रेल मार्ग व बस मार्ग दोनों ही सुविधाजनक हैं। हवाई मार्ग से यात्रा के लिए पटना हवाई अड्डे पर उतरना होगा व आगे की यात्रा रेल, बस या टैक्सी द्वारा करनी होगी। चीन, जापान, कोरिया, थाईलैण्ड, म्यांमार, भूटान, श्रीलंका, तिब्बत, वियतनाम, नेपाल, ताइवान जैसे सभी बौद्ध देशों

(आंतरिक) प्रागबोधि (बाह्य) लेखक

की मोनेस्ट्री यहां हैं। तीर्थयात्री इन देशों के बुद्धविहारों के गेस्ट हाऊसों या होटलों में ठहर सकते हैं। बुद्ध पूर्णिमा के अलावा अधिकतम तीर्थयात्री अक्टूबर से मार्च के बीच आते हैं, जब बोधगया में अच्छा मौसम होता है। बुद्ध पूर्णिमा के दिन भिक्खु संघ और उपासक-उपासिकाएं सुबह महाबोधि महाविहार तक एक बड़ा जुलूस निकालते हैं।

सारनाथ

सारनाथ बौद्ध धम्म के लिए एक पवित्र स्थान है, क्योंकि बुद्ध ने अपना पहला धम्म प्रवचन यहीं दिया था। वाराणसी रेलवे स्टेशन से 5 कि.मी. की दूरी पर सारनाथ का महाधम्मेक स्तूप विद्यमान है। सारनाथ के मृगदायवन में बुद्ध ने पहले धम्मचक्र प्रवर्तन का उपदेश पंचवर्गीय परिव्राजकों को दिया था।

बोधगया में ज्ञानप्राप्ति के बाद बुद्ध ने सबके कल्याण के लिए लोगों पर करुणा कर धम्म उपदेश देने का निर्णय लिया। उन्हें पता चला कि उनके पांच पुराने परिव्राजक साथी सारनाथ के पास मृगदायवन इसिपत्तन में रह रहे हैं। इसलिए उन्होंने वहां जाकर उन्हें पहली बार बताया कि उन्होंने आर्य आष्टांगिक मार्ग ढूंढ़ निकाला है। शील, समाधि, प्रज्ञा के इस मार्ग को उन्होंने विस्तार से उन पांचों परिव्राजकों को समझाया। 'इस प्रथम उपदेश को धम्मचक्र प्रवर्तन कहा जाता है।'[4]

जीवन की दो अतियों, अतिशय भोगविलास की जिंदगी व शरीर को अतिशय कष्ट न देकर मध्यम मार्ग का अनुसरण करते हुए आर्य आष्टांगिक मार्ग का उपदेश भगवान ने दिया था। आशु फलदायी विपस्सना विधि के सैद्धांतिक पक्ष को उन्होंने उजागर किया तथा व्यावहारिक पक्ष का अभ्यास कराया। शील, समाधि और प्रज्ञा ही

भगवान बुद्ध पंचवर्गीय भिक्खुओं को उपदेश देते हुए, सारनाथ

बुद्ध की व्यावहारिक शिक्षा है जो विपस्सना साधना के अभ्यास से पुष्ट होती है। धर्म को धारण कर उसे अपने जीवन में उतारना ही बुद्ध की शिक्षा का चरम लक्ष्य है। *अनत्तलक्खणसुत्त का उपदेश* भगवान बुद्ध ने यहीं पर दिया था।

पहली बार भगवान बुद्ध सहित 6 अर्हतों का संघ स्थापित किया। इस तरह यहीं पर भिक्खु संघ की स्थापना की। यश और उसके 54 साथियों को भी यहीं संघ में शामिल किया गया। सारनाथ में ही भगवान बुद्ध समेत 60 अर्हतों ने पहला वर्षावास किया था। इसके समापन पर उन साठ अर्हतों को धर्मदूत बनाकर, ''चरथ भिक्खवे, चारिकं'' का ऐतिहासिक मार्गदर्शन उपदेश देकर स्थान-स्थान पर शुद्ध धर्म सिखाने के लिए भेजा।

धम्मेक स्तूप, सारनाथ

सारनाथ से ही धम्म ने दुनिया के सुदूर स्थानों के लिए अपनी यात्रा आरंभ की। बुद्धत्व-प्राप्ति के बाद पहला वर्षावास बुद्ध ने सारनाथ में ही बिताया, उसके बाद भी वे अनेक अवसरों पर यहां आए। बुद्ध के अंतिम निर्वाण के बाद की सदियों में सारनाथ बौद्ध धम्म की शिक्षा व कला का एक प्रमुख केंद्र बन गया। ह्वेनसांग के समय में, यहां असंख्य विहार व पवित्र स्थल और 1500 से अधिक भिक्खु थे।

पुरातत्त्व खोजबीन से सारनाथ में मौर्यकाल से 12वीं सदी के उत्तरार्ध तक बौद्ध गतिविधियों के साक्ष्य मिले हैं। इस स्थान को संभवतः 1017 में महमूद गजनी के वाराणसी पर हमले से बहुत नुकसान हुआ। हालांकि यह उससे उबरकर कम से कम एक सदी तक और सक्रिय रहा। पर इसका अंत आग से हुआ। इस पर टिप्पणी करते हुए कनिंघम ने लिखा है, 'यह देखा गया कि सारनाथ के निकट हुई हर खुदाई से आग का पता चला है : खुद मैंने जली हुई लकड़ियां देखी हैं।' मेजर किट्टू को कुछ

मुलगंधकुटी विहार और विहार में भगवान बुद्ध की प्रतिमा

स्तंभों, छत्रों व प्रतिमाओं पर आग के निशान मिले। उन्होंने अपना निष्कर्ष कुछ इस तरह व्यक्त किया : 'सब कुछ जलकर राख हो गया। पुजारी, मंदिर, प्रतिमाएं सब कुछ। कुछ स्थानों पर हड्डियां, लोहा, लकड़ी, प्रतिमाएं आदि बड़े ढेर के रूप में मिलीं और ऐसा एक बार से अधिक हुआ।'

पहली धम्मचक्क पवत्तन सुत्त की देशना बुद्ध द्वारा जिस जगह पर हुई थी वहां विशाल *धम्मेक स्तूप* बनाया गया है। सम्राट अशोक द्वारा बनवाए गए इस स्तूप की ऊंचाई 104 फुट थी। सम्राट अशोक ने यहां *धम्मराजिक स्तूप* बनवाया था। इसी के समीप अशोक ने एक 50 फुट ऊंचा स्तंभ खड़ा किया, अशोक स्तंभ। यही वह स्तंभ था जिसके सिरे पर चार सिंहों की अनुपम कलापूर्ण मूर्तियां व अशोकचक्र स्थापित थे जो कि इस समय सारनाथ की म्यूजियम में रखे हुए हैं। सम्राट अशोक ने इस पर यह शब्द उत्कीर्ण कराए थे—'कोई व्यक्ति संघ-भेद का दोषी न बने।'

चूंकि सारनाथ किसी अन्य बौद्ध स्थल से पहले जनता की दृष्टि में आया और चूंकि वहां की खुदाइयां अवैज्ञानिक थीं, इसलिए सारनाथ की काफी कला विरासत नष्ट हो गई। जगतसिंघे ने 1794 में धर्मराजिका स्तूप नष्ट कर दिया और धम्मेख स्तूप का काफी पत्थर हटा लिया। वाराणसी की अनेक मस्जिदों की दीवारों में चिने हुए सारनाथ के नक्काशीदार पत्थर मिले हैं, हालांकि यह नहीं पता कि ऐसा कब किया गया। जब 1950 में वाराणसी से लगभग 80 किलोमीटर दूर खलसीपुर गांव में एक पुल ढह गया तो उसके मलबे से सारनाथ के माने जाने वाले अनेक पत्थर मिले और वे अब भी वहीं पड़े हैं। कनिंघम ने 1835-36 के दौरान अनेक खुदाइयों में ऐसे पाए गए कुछ पत्थर कलकत्ता भिजवा दिए, जहां वे अब भी इंडियन म्यूजियम में देखे जा सकते हैं।

सारनाथ म्यूजियम और अशोक स्तंभ

पर जो पुरातत्त्व वस्तुएं उन्होंने नहीं हटाईं, उनमें 60 बैलगाड़ियों में भरे पत्थरों का इस्तेमाल वाराणसी के एक पुल में कर लिया गया। जिस समय मेजर किट्टू सारनाथ में खुदाई करवा रहे थे तो वे वाराणसी में क्वींस कॉलेज के निर्माण के कार्य का निरीक्षण भी कर रहे थे। और ऐसा माना जाता है कि इस कॉलेज का एक भाग सारनाथ विहारों के पत्थरों से बना है। सारनाथ में उचित तरीके से खुदाई 1904, 1907 व 1914-15 में की गई। सम्राट अशोक ने यहां कई शिलालेख लगवाए थे। इनमें धम्मेख स्तूप भी शामिल है, जो लगभग 150 फुट की ऊंचाई पर लगा था। इसके प्रभावशाली अवशेष आज भी देखे जा सकते हैं। महाबोधि समाज द्वारा बनवाया गया मूलगंधकुटी विहार आधुनिक रुचि का एक स्थान है।

पुराने ऐतिहासिक विहारों के खंडहर यहां विद्यमान हैं जिनमें प्रमुख हैं—प्राचीन मूलगंधकुटी विहार (भगवान बुद्ध ने जहां कुछ समय निवास किया था), नवीन मूलगंधकुटी विहार (1922 ई में अनागरिक धर्मपालजी द्वारा निर्माण कराया गया। तक्षशिला से प्राप्त भगवान की पवित्र शरीर-धातु सुरक्षित रखी गई है)। सारनाथ म्यूजियम में धम्म से संबंधित सूचनाओं का विशाल खजाना है, जिसे हर बौद्ध को देखना चाहिए।

सारनाथ उत्तर प्रदेश में वाराणसी से 5 किलोमीटर की दूरी पर स्थित है। यहां रेल मार्ग, बस मार्ग, हवाई मार्ग से जाया जा सकता है। हवाई मार्ग से जाने के लिए वाराणसी हवाई अड्डे पर उतरना होगा। सारनाथ में कई बुद्ध विहार हैं, तीर्थयात्री इन बुद्ध विहारों में भी रह सकते हैं।

कुशीनगर

कुसीनारा (कुशीनगर) बौद्धों के लिए पवित्र स्थल है, क्योंकि यह भगवान बुद्ध का महापरिनिर्वाण स्थल है। कुसीनारा में दो साल वृक्षों के बीच में लेटकर भगवान बुद्ध ने महापरिनिर्वाण प्राप्त किया था। आनंद के पूछने पर कि महापरिनिर्वाण के लिए उन्होंने

कुशीनगर ही क्यों चुना, भगवान ने बताया कि किसी समय वहां महासुदर्शन राजा की राजधानी थी और उस नगरी का नाम केशवती था।

'वयधम्मा संखारा अप्पमादेन संपादेथ'[5] (संस्कार व्यय धर्मा हैं, कृतवस्तु नाशवान है, अप्रमाद के साथ इस सच्चाई का संपादन करो, आलस्य न कर जीवन की सच्चाई का संपादन करो)यहीं पर तथागत ने देशित किया। *वयधम्मा संखारा अप्पमादेन संपादेथ,* भगवान बुद्ध के अंतिम शब्द थे। इसके निकट ही एक स्थान रामाभार में एक विशाल स्तूप है, जहां बुद्ध का अंतिम दाह संस्कार किया गया था और उनके अवशेषों को आठ समान भागों में विभाजित किया गया था।

यहां हुई महत्वपूर्ण घटनाओं के कारण कुसीनारा में काफी तीर्थयात्री आते हैं। जब ह्वेनसांग कुसीनारा आया तो यहां के अनेक विहार छिन्न-भिन्न अवस्था में थे, शायद राजनीतिक अस्थिरता की स्थिति के कारण। ह्वेनसांग ने बुद्ध की प्रतिमा का एक विहार देखा। इसके पीछे एक स्तूप था, जो हालांकि छिन्न-भिन्न था, फिर भी 61 मीटर ऊंचा था और इसके सामने एक बड़ा स्तंभ था। चुन्द के घर के भी कुछ छोटे स्तूप थे और शुभद्रा ने जहां निर्वाण प्राप्त किया था वहां भी। यह शहर वीराना है और यहां कम लोग रहते हैं। ह्वेनसांग ने भी लिखा है कि यहां कभी-कभी बाघ व गैंडा हमला कर देते थे।

स्तूप उस स्थल पर बनवाया गया, जहां बुद्ध को महापरि निर्वाण प्राप्त हुआ था। यहां एक ध्यान साधना के आचार्य हैं, जो इस स्थान को साफ रखते हैं। हर वर्ष, आठवें महीने के आठवें दिन भिक्खु, भिक्खुणियां, उपासक और उपासिकाएं यहां एकत्र होकर पूजा व धम्म साधना करते हैं।

1876 में कनिंघम के सहायक कार्लाइल ने कुसिया के चारों ओर गहन खुदाई कराई और हालांकि उन्हें प्राप्त वस्तुओं से यह साफ हो गया कि यही स्थान वास्तव में कुसीनारा था, पर उन्हें इसे सिद्ध करने के लिए कोई अभिलेख नहीं मिला। 1904 से 1912 के बीच हुई खुदाई से मोहरें, जस्ते पर लिखा एक अभिलेख जिस पर महापरिनिर्वाण का उल्लेख था और एक परिनिर्वाण चैत्य का भी उल्लेख था। इससे अंततः यह सिद्ध हो गया कि कुसिया ही कुसीनारा था।

यहां पर *महापरिनिर्वाण नामक विशाल स्तूप* विद्यमान है। जहां बुद्ध ने अंतिम सांस ली थी वह स्थान भी विद्यमान है। पुराने विहारों के खंडहर भी विद्यमान हैं। कई बौद्ध देशों ने यहां अपने बुद्ध विहार भी बनवाये हैं। बर्मीज बुद्ध विहार प्रसिद्ध है। 1990 के दशक में एक बर्मी भिक्खु यू चंद्रमणि एक तीर्थयात्रा पर कुसीनारा आये और उन्होंने वहीं रुकने का निर्णय किया। उन्होंने एक छोटा विहार बनवाया और आगामी वर्षों में वहां आने वाले तीर्थयात्रियों की देखभाल करने लगे। तब से इन अवशेषों के निकट एक गांव बस गया और आज तीर्थयात्री उद्यानों में घूम सकते हैं, निर्वाण मंदिर में पूजा कर सकते हैं। *मुख्य स्तूप* जो क्षत-विक्षत हो चुका था, 1927 ई. में इस स्तूप का पुनरुद्धार हुआ बर्मीज संस्थाओं द्वारा। मुख्य स्तूप से लगकर ही *निर्वाण मंदिर* है।

निर्वाण मंदिर, कुशीनारा

निर्वाण मंदिर

पार्क के मध्य में और अवशेषों के बीच भारत सरकार द्वारा 1956 में बनाया गया आधुनिक निर्वाण मंदिर है। 'खुदाई से पता चला है कि इस स्थल पर मूल मंदिर में पश्चिम के प्रवेश द्वार के निकट एक ध्यान कक्ष था।'[6] काफी संख्या में नक्काशीदार ईंटें यहां मिली हैं, जिससे पता चलता है कि प्राचीन मंदिर में आधुनिक मंदिर जैसी

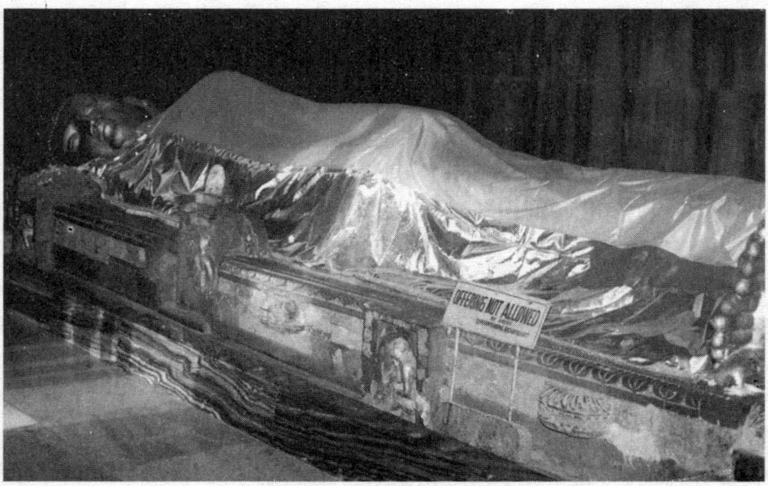

महापरिनिर्वाण के बाद बुद्ध (निर्वाण मंदिर)

मुख्य स्तूप, कुशीनारा

छत नहीं थी।

इस मंदिर में बुद्ध की 6.1 मीटर ऊंची प्रस्तर प्रतिमा है और यह लाल रंग के एक ही पत्थर से बनी है। इस प्रतिमा में बुद्ध दाईं करवट शांति से लेटे हैं और उनका सिर उत्तर की ओर है, दायां हाथ सिर के नीचे है और बायां हाथ जांघ पर रखा हुआ है। जिस आधार पर यह प्रतिमा रखी है, उसके पश्चिमी सिरे पर तीन आकृतियां हैं। बाईं ओर लंबे बालों वाली एक महिला की आकृति है, जो संभवतः मल्लों के शोक की प्रतिनिधि है। मध्य आकृति दर्शकों की ओर कमर करके बैठे एक ध्यानमग्न श्रमण की है। दाईं ओर की आकृति भी एक श्रमण की है, पर इसमें उसका सिर परेशानी में उसके

अंत्येष्टि स्तूप, रामाभार

दाएं हाथ पर टिका है। ये दोनों प्रतिमाएं बुद्ध के महापरि निर्वाण के समय उन श्रमणों को दिखाती हैं, जो उस समय शांत रहे व जो रोये। इस आकृति के ठीके नीचे केंद्र में एक अभिलेख है, जो आंशिक रूप से क्षतिग्रस्त है, इस पर लिखा है—'यह प्रतिमा महान मोनेस्ट्री के श्रमण हरिबाला की एक विलक्षण भेंट है और इसे दीन ने बनाया।'

यह प्रतिमा अपनी यात्रा के दौरान ह्वेनसांग ने भी देखी थी। अभिलेख के अक्षरों की शैली से यह पांचवीं शताब्दी की लगती है। जब कार्लाइल ने 1876 में निर्वाण मंदिर की खुदाई की तो उन्होंने बौद्ध प्रतिमा को पूरी तरह टूटी हुई और इसे ठीक करने के प्रयास के साक्ष्य पाये। यह रोचक है कि यह उत्तर भारत में बुद्ध के अंतिम निर्वाण की मिली चंद प्रतिमाओं में से एक यह भी है।

निर्वाण स्तूप

निर्वाण मंदिर के ठीक पीछे उसी स्थान पर एक स्तूप है, जहां भगवान बुद्ध ने दो साल वृक्षों के बीच महापरि निर्वाण प्राप्त किया था। अधिकांश स्तूपों की तरह यह भी अनेक स्तूपों से बना है। एक के अंदर एक स्तूपों से। सबसे पहले स्तूप के भीतर, जिसे पूरी तरह संरक्षित कर लिया गया है, में चारकोल व काली मिट्टी के अंश पाए गए, जो निःसंदेह अग्निसंस्कार के बाद के अवशेषों के हैं। हरिबाला ने निर्वाण मंदिर के भीतर यह स्तूप दान किया और उन्होंने ही लगभग पांचवीं शताब्दी में इसे और बड़ा किया।

इसी मार्ग पर डेढ़ किलोमीटर आगे, वह स्थान है जहां बुद्ध का अंतिम दाह-संस्कार किया गया था। इस स्तूप का आधार आरंभ में 34.14 मीटर व्यास था और यह 47.24 मीटर व्यास के आधार पर बैठा था। अनेक बौद्ध देशों ने यहां बौद्ध विहार बनवाए। थाईलैंड के राजकुमार द्वारा बनवाया गया बौद्ध विहार बहुत प्रसिद्ध है। इसमें एक बड़ा गेस्ट हाउस है। लोटस-निकोलो होटल, राज्य सरकार का निरीक्षण बंगला और बौद्ध विहारों में तीर्थयात्रियों को रहने के लिए जगह भी मिलती है। कुसीनारा उत्तर प्रदेश के गोरखपुर जिले से लगभग 55 किलोमीटर दूर है। यहां भारत के प्रमुख शहरों से बस, टैक्सी व रेल से पहुंचा जा सकता है।

माथा कुअर मंदिर

पुरातत्त्व पार्क से निकलकर मुख्य सड़क पर दक्षिण की ओर चलने पर तीर्थयात्रियों को सड़क पर मुड़ते ही एक आधुनिक मंदिर मिलेगा। यह मंदिर यहां मिली बुद्ध की एक विशाल प्रतिमा रखने के लिए 1927 में बर्मी तीर्थयात्रियों ने बनवाया था। कार्लाइल की खुदाई में यह प्रतिमा प्राप्त हुई तो इसके दो टुकड़े हो गए थे और यह मूलतः एक बड़े बौद्ध विहार में रही होगी। इसका आधार अब भी देखा जा सकता है। 'उस प्रतिमा की ऊंचाई 3.05 मीटर है और इसमें बुद्ध को भूमि स्पर्श मुद्रा में दिखाया गया है।'[7]

माथा कुअर मंदिर और अंदर प्रस्थापित बुद्ध प्रतिमा

प्रतिमा के आधार पर अस्पष्ट सा हो चुका एक लेख है, जिससे लगता है कि यह प्रतिमा 10वीं से 11वीं सदी के बीच की होगी। इसके नाम माथा कुअर के मूल में कुछ रहस्य है। कनिंघम ने इसका मतलब लगाया 'मृत राजकुमार' (माथा, मृत और कुअर, राजकुमार)।

माथा कुअर से महज 1.61 किलोमीटर पूर्व की ओर एक जलाशय है, जिसे रामाभार झील या रामाभार ताल कहते हैं, जो कि गर्मी में सूख जाता है। यह वह स्थान है जहां भगवान बुद्ध की अंत्येष्टि क्रिया की गई थी। उत्खनन में प्राप्त कलात्मक ईंटों को आपस में जोड़ने पर अनेक प्रकार की प्रतिमाओं के चित्र उभर आते हैं। यहां वह स्तूप अब भी है। स्तूप के नजदीक एक म्यूजियम भी है।

बाबासाहेब डॉ. आम्बेडकर ने जिन महास्थविर चंद्रमणीजी के हाथों से धम्म दीक्षा नागपुर की दीक्षा भूमि पर ली थी और लाखों लोगों को दीक्षा दी थी उनका बर्मीज बुद्ध विहार कुशीनगर में विद्यमान है।

श्रावस्ती

श्रावस्ती को प्राचीनकाल में सावत्थी कहा जाता था। यह कोसल जनपद की राजधानी थी और इसके राजा प्रसेनजित (पाली भाषा में *पसेंदी*) थे। यह उन दिनों के भारत की सबसे घनी आबादी वाली नगरी थी। उस समय के 6 प्रमुख महानगरों में इसकी गिनती होती थी। यह अचिरवती नदी (राप्ती नदी) के तट पर स्थित है। 'अनाथपिण्डक महाउपासक ने जमीन पर 18 करोड़ स्वर्णमुद्राएं बिछाकर जेतकुमार से जेतवन खरीदकर और 18 करोड़ स्वर्णमुद्राएं खर्च कर वहाँ एक सात-मंजिला बुद्ध विहार बनवाया था जिसे अनाथपिण्डक के जेतवन विहार के नाम से जाना जाता था।'[8] अपने पुत्र जेत से प्रभावित होकर कोसल नरेश प्रसेनजित भगवान बुद्ध से मिलने गए और एक सुत्त सुनकर उन्होंने धम्म को अपना लिया। यहीं पर कोसल नरेश प्रसेनजित

की पत्नी महारानी मल्लिका ने भी भगवान बुद्ध से धम्मदीक्षा ली थी। सावत्थी में ही भगवान बुद्ध ने अंगुलिमाल को धम्मदीक्षा दी थी। महाउपासिका मिगारमाता विशाखा ने 27 करोड़ स्वर्णमुद्राएं खर्च करके जेतवन से पूरब की ओर एक पूर्वाराम (पुब्बाराम) नामक भव्य विहार बनवाया था, जो अब खानबारी गांव में है। राजकाराम एक और विख्यात विहार था। श्रावस्ती में भगवान बुद्ध ने अपने 45 वर्षावास में से 25 वर्षावास किये थे। जेतवन विहार में 19 व पूर्वाराम में 6। भगवान बुद्ध के 25 वर्षावास में उन्होंने

मूलगंधकुटी और मोनेस्ट्री के अवशेष, जेतवन विहार

बहुत महत्त्वपूर्ण धर्मोपदेश यहीं दिए थे। बीसवें वर्षावास के दौरान भिक्खुसंघ ने निर्णय लिया कि बुद्ध अब से प्रत्येक वर्षावास श्रावस्ती में ही किया करेंगे, इस तरह श्रावस्ती भिक्खुसंघ का मुख्य केंद्र बन गया। इसीलिए सावत्थी बौद्ध धम्म का एक पवित्र स्थल है।

भगवान बुद्ध ने मंगलसुत्त व करणीयमेत्तसुत्त की देशना यहीं की थी। जहां बुद्ध निवास करते थे उसे मूलगंधकुटी कहते थे। वहां से नैसर्गिक ढंग से अच्छी सुगंध हमेशा आती रहती थी।

जेतवन (सहेठ)

बलरामपुर-बहराइच मार्ग पर उत्तर में एक फर्लांग दूर सुप्रसिद्ध जेतवन विहार के अवशेष हैं। अवशेषों पर जाने के लिए एक सड़क है। अपर्याप्त सुरक्षा के कारण अवशेषों की देखभाल ठीक से नहीं हो पाती। जब लेखक 17 मई 2002 को वहां गया, तो कुछ स्थानीय लोग पेड़ों से अवैध रूप से लकड़ी काट रहे थे। मुख्य द्वार से जेतवन में प्रवेश करके तीर्थयात्रियों को मुख्य मार्ग के बायीं ओर एक छोटे विहार के अवशेष मिलते हैं जो अब मंदिर 11 व 12 कहे जाते हैं। इसमें एक मुख्य मंदिर है, इसके गलियारे के दोनों ओर दो छोटे मंदिर हैं। मार्ग के अंत में मोनेस्ट्री 19 है, जिसमें कुएं सहित एक परिसर है जिसकी 21 इकाइयां हैं। पूर्वी ओर एक गलियारे वाला एक

मोनेस्ट्री के 'एफ' और 'जी' के अवशेष, जेतवन विहार

मंदिर है। मोनेस्ट्री 19 से थोड़ी दूर उत्तर में ईंटों के 8 स्तूपों का एक समूह है, जो शायद सदियों से जेतवन में रहने वाले भिक्खु-भिक्खुणियों की अस्थियों के चारों ओर है।

दक्षिण-पश्चिम की ओर थोड़ी दूर पर एक कुआं है, जिसे स्थानीय लोग 'लोना का कुआं' कहते हैं। उनका मानना है कि इस कुएं के जल में त्वचा रोगों खासकर कुष्ठ रोग को ठीक करने के गुण हैं। लोना संत रविदास की पत्नी का नाम था। स्थानीय लोग उनका नाम कई मंत्रों में भी लेते हैं, जिनके बारे में उनका मानना है कि उनमें रोगों को ठीक करने की शक्तियां हैं। संत रविदास वाराणसी में तथा उसके आसपास रहते थे। संभवतया संत रविदास अपनी पत्नी लोना के साथ जेतवन गए होंगे और उन्होंने लोना के नाम पर वहां यह कुआं बनवाया होगा। हालांकि उसके बारे में बहुत कम ज्ञात है, पर लगता है कि उनमें आध्यात्मिक शक्ति और सिद्धियां रही होंगी, जिससे स्थानीय लोग प्रभावित हुए होंगे। परंतु उनके इस दावे को पुष्ट करने के लिए कोई ऐतिहासिक साक्ष्य नहीं है। इस दिशा में और शोध करने की जरूरत है।

मुख्य मार्ग पर आगे एक दोहरे स्तूप की आधारशिलाएं हैं। स्तूप से कुछ कदम पूर्व में तीर्थयात्री आनंदबोधि वृक्ष तक पहुंचते हैं, जिसका आधार एक आधुनिक प्लेटफार्म से घिरा है। आनंद ने बोधगया से बोधिवृक्ष का एक बीज लाकर जेतवन में रोपा था। इसलिए इसे 'आनंदबोधि वृक्ष' कहा जाता है। बोधिवृक्ष से थोड़ा उत्तर में और मार्ग के बाईं ओर कोसाम्बकुटी के अवशेष हैं। जो जेतवन में बुद्ध के दो प्रिय आवासों में से एक था। मार्ग पर थोड़ा और आगे प्राचीन बौद्ध विश्व की सबसे प्रमुख इमारत गंधकुटी है।

बुद्ध का पहला स्थायी आवास जेतवन में बनाया गया था। चूंकि लोग यहां फूल, चंदन व सुगंधियां चढ़ाने आते थे इसलिए इसका नाम गंधकुटी रख दिया गया। बुद्ध गंधकुटी में ही भोजन करते और सोते थे। गंधकुटी से थोड़ा उत्तर में और मार्ग के बाईं ओर स्तूप 9 के अवशेष हैं, जो गुप्तकाल के हैं। इनमें बुद्ध की एक प्रतिमा मिली है। स्तूप से मार्ग के दूसरी ओर विहार संख्या 1 है। यह जेतवन में पाया गया सबसे बड़ा निर्माण है। इसे दसवीं शताब्दी में बनवाया गया था। जेतवन में अवशेषों के पिछले द्वार से निकलकर और उत्तर की ओर चलने पर तीर्थयात्रियों को सावत्थी का प्राचीन नगर मिलेगा, जिसे अब महेठ कहा जाता है। इस नगर के अवशेष आज भी हैं। इसकी कुल लंबाई 5 कि.मी. है। यहां हाल में की गई खुदाई से मौर्यकाल से लेकर गुप्तकाल के बाद छठी शताब्दी तक के सांस्कृतिक प्रभाव मिलते हैं। मिले हुए अवशेष महल, सुनियोजित ड्रेनेज प्रणाली, ईंटों की दीवारों, गोल कुंओं आदि के हैं। अचिरवती नदी, जिसे अब राप्ती के नाम से जाना जाता है, कभी इस नगर के बीच से होकर बहती थी। अब यह डेढ़ किलोमीटर उत्तर की ओर सरक गई है।

बलरामपुर-बहराइच मार्ग पर जेतवन से लगभग एक किलोमीटर दूर ओराझार है। इसे उस स्थान के रूप में पहचाना गया है, जहां बुद्ध ने सावत्थी का महान चमत्कार

किया था। माना जाता है कि इस स्थान पर प्रतिहारी चैत्य बनवाया गया था। पालि साहित्य से हमें पता चलता है कि बुद्ध चमत्कारों के विरुद्ध थे लेकिन किंवदंती ऐसी है कि जब विरोधियों ने उन्हें चमत्कार दिखाने की चुनौती दी तो उन्होंने घोषणा की कि वे आषाढ़ी पूर्णिमा के दिन उस स्थान पर एक आम्रवृक्ष के नीचे एक चमत्कार करेंगे। विरोधियों ने इस स्थान के सारे आम्रवृक्ष नष्ट कर दिए। निर्धारित दिन बुद्ध इस स्थान पर पहुंचे। राज उद्यानकर्मी ने उन्हें एक आम भेंट किया। बुद्ध ने वह फल खाया। उन्होंने गुठली जमीन में गाड़ दी और उस पर अपने हाथ धोए। तुरंत वहां एक बड़ा आम्रवृक्ष खड़ा हो गया। बुद्ध के शरीर से पांच रंगों में जल व अग्नि की दो धाराएं निकलने लगीं। बुद्ध अन्तर्धान हो गए और अपनी मां महामाया को धम्म की शिक्षा देने के लिए तुषित लोक में प्रकट हुए। वे वहां तीन महीने रहे और आश्विन पूर्णिमा के दिन संकिसा में प्रकट हुए। इस स्थान को आंशिक रूप से ही खोदा गया है, जिसमें ईंट की दीवारें मिली हैं। यह बिना किसी सुरक्षा के उपेक्षित पड़ा है। स्थानीय लोगों ने अपने घर बनाने के लिए यहां से काफी ईंटे उठा ली हैं। तीर्थयात्री आधा किलोमीटर उत्तर में प्राचीन सावत्थी नगर की बाहरी दीवार देख सकते हैं, जो ओराझार के शीर्ष से पूर्व से पश्चिम की ओर है।

सम्राट अशोक ने अपनी धर्मयात्रा के दौरान जेतवन विहार के पूरब वाले द्वार पर दो विशाल स्तंभ बनवाए थे। एक स्तंभ के ऊपर धम्म-चक्र व दूसरे पर बैल

बेल पार्क

बना था। दोनों स्तंभों के खण्डहर और भगवान के चक्रमण पथ अभी भी विद्यमान हैं। कुषाणों के शासनकाल में जेतवन विहार का पुनर्निर्माण और अनेक विहारों का निर्माण किया गया था। आज जेतवन खण्डहर है फिर भी पता चलता है कि उस समय यह कितना भव्य रहा होगा। जेतवन का खण्डहर आज भी ध्यानियों के लिए प्रेरणादायी स्रोत है।

आधुनिक मोनेस्ट्रियां

सावत्थी का महत्व समझकर अनेक बौद्ध देशों ने यहां अपने-अपने विहार बनवाए हैं। जिनमें श्रीलंका, थाईलैंड, बर्मा, जापान व कोरिया के विहार प्रमुख हैं। श्रीलंका का विहार नव-जेतवन महाविहार के रूप में जाना जाता है, यह जेतवन विहार पार्क के ठीक सामने है। इस विहार की आंतरिक दीवार पर भारत में पाई गई श्रेष्ठ सम-सामयिक बौद्ध पेंटिंग हैं। बुद्ध के जीवन, जेतवन खरीदने, आनंदबोधि वृक्ष रोपने आदि की घटनाओं की यहां 31 पेंटिंग हैं। पुब्बाराम का निर्माण व उनके समर्थकों व विरोधियों के जीवन की घटनाओं पर भी पेंटिंग हैं। जापानियों ने बलरामपुर-बहराइच मार्ग पर एक खूबसूरत घंटा पार्क बनवाया है, जिसे 'बेल पार्क' कहते हैं। एक बड़ा घंटा इस पार्क में लगा है और जब यह बजता है तो इससे काफी तरंगें पैदा होती हैं, जो धीरे-धीरे फैलती हैं। माना जाता है कि ये तरंगें धम्म के प्रसार में सहायक होती हैं।

श्रावस्ती उत्तर प्रदेश में स्थित है। एक नये जिले के रूप में स्थापित कर उत्तर प्रदेश सरकार ने श्रावस्ती को 'पुनर्जीवित' किया। श्रावस्ती बौद्ध परिपथ से जुड़ा है, जिसके चारों ओर बौद्ध स्थल हैं। यहां जाने के लिए रेल मार्ग व बस मार्ग दोनों ही उपलब्ध हैं। सबसे नजदीक का रेलवे स्टेशन बलरामपुर है जो केवल 17 कि.मी. दूर है। गोंडा रेलवे स्टेशन से बस से पहुंचा जा सकता है। लखनऊ से महज 160 कि.मी. की दूरी पर है।

संकाश्य (संकिसा)

संकाश्य अर्थात् संकिसा, बुद्धकालीन संकस्स है। इसकी गणना बौद्ध धम्म के अट्ठ महाठानानि अर्थात् बुद्ध के जीवन-प्रसंगों से जुड़े आठ प्रमुख स्थलों में होती है। बुद्धत्व-प्राप्ति के सात वर्ष बाद ही यहां पर बुद्ध ने अभिधम्म की देशना दी थी। भगवान बुद्ध यहां श्रावण पूर्णिमा के दिन आए थे और इसीलिए श्रावण पूर्णिमा के दिन यहां उत्सव मनाया जाता है और मेला लगता है।

बुद्ध के जमाने में इसने चरमोत्कर्ष प्राप्त किया था, जिसका सबसे पहला उल्लेख पहले चीनी यात्री फाह्यान के यात्रा वृतांत में मिलता है जिसने बुद्ध के लगभग आठ सौ साल बाद संकिसा को देखा था। यहां छोटे-छोटे सैकड़ों स्तूप हैं। एक संघाराम (बौद्ध विहार) है, उसमें लगभग छह-सात सौ भिक्खु होंगे। जिस स्थल पर भिक्खुणी उत्पला ने बुद्ध

का अभिवादन किया था वहां स्तूप बना है। जहां बुद्ध आकर बैठे, जहां केश-नख छेदन किया, वहां स्तूप बने हैं।

जिन सीढ़ियों से भगवान बुद्ध उतरे थे उनके केवल सात आरोह देखने के लिए बचे थे। बाद में महान सम्राट अशोक ने वहां खुदाई कराई लेकिन सीढ़ियों की नींव नहीं मिली। सम्राट अशोक ने आरोह पर विहार बनवाया और मध्य के आरोह पर सोलह हाथ की मूर्ति स्थापित की। विहार के पीछे तीस हाथ ऊंचा स्तंभ बनवाया, जिसके ऊपर सिंह बना है। स्तूप के चारों ओर भगवान बुद्ध की प्रतिमाएं बनवाईं। इस स्थान के पास एक श्वेतकर्ण नाग है वही भिक्खु संघ का दानपति है।...इसके प्रत्युपकार में भिक्खु संघ ने नागविहार का निर्माण कराया। फाह्यान ने लिखा है कि वह मथुरा से पूनी नदी के किनारे-किनारे अठारह योजन चलकर यहां पहुंचा। यहां नागविहार में वर्षावास कर दक्षिण-पूर्व में सात योजन चलकर कान्यकुब्ज (कन्नौज) पहुंचा।

फाह्यान के लगभग दो शताब्दी बाद चीन का एक दूसरा प्रमुख बौद्ध यात्री ह्वेनसांग भी संकाश्य आया था, और उसने भी अपने यात्रा वृत्तांत में संकाश्य का गरिमामय वर्णन किया है। फाह्यान के अनुसार ह्वेनसांग ने भी त्रिविध सोपानों (सीढ़ियों) की और सम्राट अशोक द्वारा बनवाए गए बौद्ध स्तूप और अशोक स्तंभ का जिक्र किया है। ह्वेनसांग के अनुसार सोपानों के निकट उस स्थल में एक स्तूप था, जिस स्थल में चार पूर्व बौद्धों के आसनों एवं चक्रमण के अवशेष थे। उसके समीप एक स्तूप वहां खड़ा था जहां बुद्ध ने स्नान किया था। ह्वेनसांग ने यह भी उल्लेख किया है कि एक वृहद स्तूप के दक्षिण-पूर्व में एक ताल में नागराज इस तीर्थ की रक्षा करते थे। कालांतर में यह तीर्थ ध्वस्त होता चला गया। ह्वेनसांग ने यह भी उल्लेख किया है कि यहां चार संघाराम थे और करीब एक हजार भिक्खु रहते थे।

अंग्रेजी शासनकाल में पुरातत्त्व विभाग के निदेशक सर एलेक्जेंडर कनिंघम जब बौद्ध स्थलों की खोज कर रहे थे, तो उन्होंने चीनी यात्री फाहियान और ह्वेनसांग के विवरणों के आधार पर 1876 में इस स्थान को संकाश्य के रूप में चिह्नित किया। कनिंघम ने संकिसा को चिह्नित तो कर लिया लेकिन सुनियोजित तौर पर उत्खनन नहीं करा सके, फिर भी यहां जो साक्ष्य मिले हैं, वह इसकी प्राचीनता को प्रमाणित करते हैं। साढ़े तीन मील वृत्ताकार दायरे में फैले भग्नावशेष यहां पर मिलते हैं।

1956 में श्रीलंका के बौद्ध भिक्खु भदंत विजय सोम ने एक बौद्ध विहार की स्थापना की। गांव के प्रवेश द्वार पर मुख्य सड़क के किनारे ही बौद्धों ने नया बौद्ध विहार और भवन बनाया है, श्री देवावरोहण मैत्रेय बौद्ध विहार।

संकिसा आज उत्तर प्रदेश में फरुर्खाबाद जिले में स्थित एक छोटा सा गांव है जो अतीत के वैभवशाली भव्य भवनों, बौद्ध विहारों के जमींदोज ढूहों और टीलों के ऊपर बसा है। किलानुमा यह टीला 455 मीटर पूर्व-पश्चिम तथा 303 मीटर उत्तर-दक्षिण लंबा-चौड़ा और 15 मीटर ऊंचा क्षेत्र है।

राजगृह

राजगृह भारत के विहार राज्य में है। वर्तमान में इसे राजगीर नाम से जाना जाता है, न्यू राजगीर, अजातसत्तु का स्तूप, वेलुवन, तपोधर्म (गर्म जल उद्यान), पिपली गुफा, सप्तपर्णी गुफा, सोन भंडार गुफा, बिम्बिसार की जेल, जीवकाम्बवन, प्रसिद्ध जापानी बौद्ध श्रमण निचिदात्सू फूजी द्वारा 1969 में बनवाया गया शांति स्तूप, गिज्झकूट प्राचीन राजगृह की दीवारें व कलाशीला देखने योग्य स्थल हैं।

बुद्ध के समय राजगृह को राजगह और राजगढ़ भी कहा जाता था। पांच पर्वतों से घिरा होने के कारण इसे गिरिभजा भी कहा जाता था। यह मगध राज्य की राजधानी थी और उन दिनों भारत के बड़े नगरों में से एक था। बुद्ध के समय राजा बिम्बिसार का वहां शासन था।

महाभिनिष्क्रमण के बाद राजकुमार सिद्धार्थ राजपरिवार से मिलने राजगृह आए। पांडव पहाड़ी (अब रत्ना पहाड़ी) पर, राजा बिम्बिसार ने सिद्धार्थ को गृहस्थ जीवन बिताने का आग्रह करते हुए अपना आधा राज्य देने की इच्छा जाहिर की थी जिसे सिद्धार्थ ने विनम्रतापूर्वक अस्वीकार कर दिया था और अपने लक्ष्य की ओर बढ़ गए थे। आगे चलकर राजा बिम्बिसार भगवान बुद्ध के शिष्यों में शामिल हो गए। मगध नरेश बिम्बिसार भगवान बुद्ध के प्रथम राजसी शिष्य थे और प्रमुख संरक्षक बने।

बोधि-प्राप्ति के बाद बुद्ध ने अपना दूसरा, तीसरा और चौथा वर्षावास राजगृह में बिताया। वे यहां 13वें व 15वें साल और महापरिनिर्वाण से एक साल पहले भी आए। महामोगल्लायन व सारिपुत्त ने राजगह में ही धम्म को अपनाया। राजा बिम्बिसार ने अपना उद्यान 'वेलुवन' (बांस का वन) बुद्ध को दान दिया था। राजगृह के इस 'वेलुवन' में ही बुद्ध ने अभय राजधम्म सुत्त, महावक्चागोत्त सुत्त और अनेक सुत्तों की देशना की।

देवदत्त, बुद्ध के उत्तराधिकारी बनना चाहते थे, जब बुद्ध ने इंकार कर दिया तो देवदत्त ने बुद्ध की हत्या करने की साजिश रची। जब बुद्ध गिज्झकूट पर्वत पर जा रहे थे, तो उसने उन पर चट्टान लुढ़का दी, जिससे उनका पैर जख्मी हो गया। देवदत्त के कहने पर एक पागल हाथी नालागिरी बुद्ध पर छोड़ा गया, जिसे उन्होंने वश में कर लिया।

जीवकाम्बवन, जीवक का दान दिया आम्रवन, जिसका पता 1954 में खुदाई करने पर पता चला। यह आम्रवन मगध के राजवैद्य जीवक (विमल कौंडन्न) का था, जीवक ने आम्रवन में एक बहुत बड़ा विहार बनवाकर विहार और आम्रवन भिक्खु संघ को दान दिया था। बुद्ध ने यहां समन्नफलसुत्त व जीवकासुत्त की देशना की। पहली धम्म परिषद, 483 ईसा पूर्व में बुद्ध के महापरिनिर्वाण के 3 महीने बाद यहीं सप्तपर्णी गुफा में आयोजित की गई थी।

वेलुवन जो राजा बिम्बिसार ने बुद्ध को धम्मदान दिया था व वहां विशाल विहार बनवाया था वह आज भी विद्यमान है। जीवक का आम्रवन, जीवकाराम, के

खण्डहर हैं। जापान के फ्युजी गुरुजी ने राजगृह के गृज्झकूट पर्वत पर विशाल विश्व शांतिस्तूप व भव्य बुद्ध विहार बनवाया है, जहां हमेशा गरम पानी बहते रहने वाले दो कुंड हैं।

राजगीर स्तूप

पुरातत्त्वविदों को दुनिया का सबसे बड़ा स्तूप राजगीर नगर के दक्षिण-पूर्व कोने पर मिला है। राजा अजातशत्रु द्वारा बनवाया गया पत्थर का यह ढांचा प्राचीन बौद्ध लेखों में उल्लेखित है और विदेशी यात्रियों के संस्मरणों में भी, पर हजारों वर्ष तक समय के गर्त में दबा रहा। इस स्तूप का उल्लेख फाह्यान जैसे विदेशी यात्रियों के भ्रमण वृत्तान्तों में भी मिलता है। फाह्यान ने इस स्तूप का विस्तार से विवरण दिया है। परंतु हाल तक

राजगीर स्तूप

पुरातत्त्वविद मानते रहे हैं कि यह स्तूप नगर के उत्तर ओर कहीं रहा होगा। भारतीय पुरातत्त्व विभाग ने यहां 1997 में खुदाई शुरू की। जल्द ही एक ढांचा मिला, इससे खुदाई करने वालों में आशा जगी। आज जो ढांचा निकाला गया है, वह ईंटों से बना है और इसकी 29 फीट गुणा 25 फीट की दो छतें हैं। ऊपर की छत पर एक ढांचा पाया गया है जो एक प्राचीन बौद्ध लेख जीवकारामवन के विवरण से मेल खाता है।

नया राजगीर, अजातशत्रु का स्तूप, वेलुवन, तपोदाराम (गर्म जल का उद्यान), पिपली गुफा, सप्तपर्णी गुफा, स्वर्णभंडार गुफा, बिम्बिसार की जेल, जीवकाम्बवन और विश्व शांतिस्तूप, गिज्झगुफा, रथ के पहिये, प्राचीन राजगृह की दीवारें व कलाशीला

मुख्य स्तूप प्रांगड में प्रस्थापित बुद्ध प्रतिमा, राजगीर

भी दर्शनीय स्थल हैं। राजगृह पटना से 100 कि.मी. और गया से 65 कि.मी. दूर है। यहां सड़क से पहुंचा जा सकता है। पटना व गया से नियमित टैक्सी व बस सेवा उपलब्ध है। इंदसाल गुफा, जेठियान, कुरकिहार, नवादा म्यूजियम भी राजगीर से सड़क द्वारा जाया जा सकता है।

वेसाली (वैशाली)

वेसाली, भगवान बुद्ध के समय लिच्छिवी वंश के लोगों की राजधानी थी। यह संसार का पहला प्रजातांत्रिक राज्य था।[9] लिच्छिवी उन आठ जातियों में से एक थे जिन्होंने वज्जियों का संघ बनाया था और वैशाली को उस संघ की राजधानी माना जाता था। लिच्छिवी नागवंशी थे। हालांकि वज्जियान विभिन्न जातियों का मिश्रण था, पर उनमें काफी समन्वय व एकता थी। उनकी परिषद की बैठकें सहमति से होती थीं, सहमति से खत्म होती थीं और सारी कार्रवाई सहमति से होती थी। बुद्ध ने कहा कि यदि संघ ने इस उदाहरण को अपनाने में सफलता पाई, तो वह भी वज्जियान की तरह फले-फूलेगा।

बुद्धत्व-प्राप्ति के बाद पांचवें वर्ष में भगवान बुद्ध पहली बार वैशाली आए, पांचवां वर्षावास यहीं किया। उसके बाद भी अनेक बार भगवान बुद्ध यहां आए। बुद्ध ने तेवज्ज सुत्त, महाली सुत्त, तेविज्जा वच्छागोत्त सुत्त, रतन सुत्त व अनेक अन्य सुत्तों की देशना यहां की। वैशाली में ही भिक्खुणी संघ की स्थापना हुई। यहां वैशाली की प्रसिद्ध नगरवधू आम्रपाली रहती थी, जो बुद्ध की शरण आकर भिक्खुणी बनी। आम्रपाली ने अपना आम्रवन भिक्खु संघ को दान किया था और वहां विशाल विहार बनवाया था जो समय के साथ एक लोकप्रिय विहार के रूप में विकसित हो गया। बुद्ध ने यहीं आनंद से कहा था कि 'धम्म की दीक्षा देते हुए वे कुछ भी अपने पास गुप्त नहीं रखते तथा धम्म शिक्षा में कुछ भी गोपनीय नहीं होता है।' यही वह स्थान है जहां बुद्ध ने अपने महापरि निर्वाण की पूर्व घोषणा की थी। बुद्ध के

वैशाली स्तूप के अवशेष

महापरिनिर्वाण के लगभग 100 साल बाद यहां दूसरी धम्म परिषद का आयोजन किया था और धम्म व विनय का पाठ किया गया।

बुद्ध की अस्थिधातु को आठ समान भागों में विभाजित किया गया था, जिनमें से एक भाग लिच्छिवियों को मिला था। लिच्छिवी लोगों द्वारा यहां एक ऐतिहासिक स्तूप बनवाया गया था जिसमें भगवान बुद्ध की अस्थिधातु रखी हुई थीं जिनका पता 1958 में की गई खुदाई से पता चला। अब ये अस्थिधातु पटना म्यूजियम में हैं। इस स्तूप के खण्डहर अभी भी विद्यमान हैं।

राजा विसाला का गढ़ (वैशाली नरेश का घर), खरौना पोखर, पुरातत्त्व म्युजियम, लिच्छिवी स्तूप, अशोक स्तंभ आदि दर्शनीय हैं।

वैशाली वर्तमान में बसराह के नाम से जाना जाता है जो बिहार के मुजफ्फरपुर जिले में आता है। यह मुजफ्फरपुर रेलवे स्टेशन से मात्र 35 कि.मी. की दूरी पर है। यह पटना से 40 किलोमीटर उत्तर में स्थित है।

केसरिया स्तूप

पटना से लगभग 105 किलोमीटर दूर चंपारन जिले में स्थित यह दुनिया के सबसे बड़े स्तूपों में से एक है। यह 104 फीट ऊंचा है। भारतीय पुरातत्त्व सर्वेक्षण ने हाल ही में इसकी खुदाई की है। केसरिया में ही, भगवान बुद्ध ने कुसीनारा के लिए अपनी यात्रा शुरू करने से पहले अपना भिक्षापात्र वैशाली के लोगों को भेंट किया था। बुद्ध अपने महापरिनिर्वाण से पहले यहां ठहरे थे। उस स्मृति में महान सम्राट अशोक ने यहां केसरिया स्तूप का निर्माण कराया था।

बुद्ध ने पहले चापाल चैत्य व फिर कूठागारशाला (दोनों वैशाली में) में घोषणा की थी कि तीन महीने बाद वे महापरिनिर्वाण प्राप्त कर लेंगे। भावनात्मक रूप से उनसे

केसरिया स्तूप

जुड़े वैशाली के लोग उनके महापरिनिर्वाण की बात को वर्दाश्त न कर सके। जब बुद्ध वहां से चले तो वे भी रोते-बिलखते उनके पीछे चलने लगे। अपने जीवन की अनेक महत्त्वपूर्ण घटनाओं की साक्षी रही वैशाली को छोड़ते हुए बुद्ध ने पीछे मुड़कर कहा, 'मैं अंतिम बार वैशाली देख रहा हूं।' जब वे केसरिया पहुंचे, तो उन्होंने वैशाली के लोगों से लौटने का आग्रह किया और उन्हें अपना भिक्षापात्र दे दिया। इसकी स्मृति में लोगों ने इस स्थान पर एक छोटा-सा स्तूप बनवा दिया। समय के साथ बुद्ध के अनुयायी कुछ न कुछ इसका विस्तार करते रहे और इसकी ऊंचाई बढ़ती गई। कुषाण काल तक यह निर्माण ईंटों का स्तूप बन चुका था, अतिरिक्त सुविधाओं से सजी। छठी शताब्दी में गुप्तकाल में इसका और विस्तार किया गया और सैकड़ों भित्तियों से सजी भी।

वर्तमान समय में इसे वास्तुकला का एक उत्कृष्ट नमूना माना जाता है और इसने भूटान, म्यांमार व तिब्बत सहित अनेक देशों के स्थापत्यों को प्रभावित किया है। इसकी प्रतिकृति के रूप में बने स्तूपों में हैं—भूटान में कोर्टेनकोरा व स्वेसंडाव पैगोडा, तिब्बत में टोलिंग चेरतन तथा म्यांमार में मिंगला चेती व पिंगला जेदी। केसरिया स्तूप सांची के विख्यात स्तूप से भी ऊंचा है, जिसकी ऊंचाई केवल 77।5 फीट है। यहां यह बताना आवश्यक है कि सांची स्तूप और बोरोबदर स्तूप दोनों ही अब विश्व विरासत स्थल हैं। रोचक बात यह है कि केसरिया स्तूप व बोरोबदर स्तूप दोनों की ही छह-छह छतें हैं। केसरिया स्तूप का व्यास अभी तक मापा नहीं जा सका है, क्योंकि इसके कुछ हिस्से अभी भी जमीन में दबे हैं और उनकी खुदाई की जानी है।

कपिलवत्थु (कपिलवस्तु)

कपिलवस्तु शाक्यों का मुख्य नगर था। राजकुमार सिद्धार्थ ने अपने जीवन के आरंभिक 29 वर्ष यहीं बिताए थे।[10] सम्यक् संबोधि-प्राप्ति के बाद बुद्ध का अपने गृहनगर लौटना बहुत महत्त्वपूर्ण था। उन्होंने सड़क पर भिक्षा मांगी, बड़े जनसमुदायों को उपदेश दिए और अनेक शाक्यों को भिक्खु बनाया।[11] कपिलवत्थु के एक अन्य दौरे में बुद्ध को नए सभागार का उद्घाटन करने के लिए बुलाया गया। जमीन पर कालीन बिछाए गए, बैठकें तैयार की गईं, जलपात्र भरकर रखे गए और तेल के दीपक दीवारों पर लटकाए गए। बुद्ध ने प्रवेश करने से पहले अपने पैर धोये, पूर्व की ओर देखते केंद्रीय स्तंभ के निकट बैठे और देर रात तक उपदेश दिया।[12] बुद्ध के अनेक उत्साही मेजबानों में से एक महानाम थे, जिन्हें बुद्ध के कई उपदेश संबोधित हैं। एक बार महानाम निग्रोधाराम नाम के विहार में बुद्ध से मिलने गए, चूंकि बुद्ध उस समय अस्वस्थ थे, अतः उनकी ओर से आनंद ने बात की।

1973 में पीपरहवा में खुदाई से एक मुहर मिली, जिस पर 'कपिलवत्थु' शब्द अंकित है। बाद में ऐसी और भी मुहरें प्राप्त हुईं। कपिलवस्तु के अवशेष दो स्थानों पर हैं—गनवरिया व पिपरहवा। ये एक-दूसरे से एक किलोमीटर के अंतर पर हैं।[13]

गनवरिया ही वास्तविक कपिलवत्थु नगर है। पिपरहवा धार्मिक केंद्र है, जो स्तूप के निकट चारों ओर बनाया गया था। कपिलवत्थु में सबसे महत्वपूर्ण निर्माण है शाक्यों का स्तूप। यह स्तूप पहले, ईसा पूर्व पांचवीं शताब्दी में बनाया गया था और बाद में दो बार इसका विस्तार किया गया। स्तूप के मध्य में जली हुई मानव अस्थियों के दो अस्थिधातु रखे हैं, जो बुद्ध के हैं। दूसरा स्तूप पहले स्तूप के गुम्बद को समतल करने के बाद तकरीबन 150 वर्ष बाद बनाया गया। प्रसिद्ध अवशेष इसी स्तूप से मिले। तीसरे स्तूप के गुम्बद का व्यास 23 मीटर है। यह पहले के स्तूपों से बड़ा है और इसका चौकोर आधार 23.5 मीटर है। अस्थियों के कुछ अवशेष इस स्तूप से भी मिले हैं। यह तीसरा स्तूप है, जिसे आज तीर्थयात्री देखते हैं। इस स्तूप में विकास के कई चरण दिखते हैं, जो इनके निर्माण के दौरान किए गए। सबसे पहला ढ़ांचा छोटा व सामान्य था, जिस पर और निर्माण होता रहा तथा यह बाद में बड़ा व अधिक जटिल बन गया। स्तूप के थोड़ा पूर्व में, एक विशाल बुद्ध विहार के अवशेष हैं। इस बुद्ध विहार में पाई गई एक मोहर पर 'कपिलवत्थु भिक्खु संघ' शब्द अंकित थे। इससे सिद्ध होता है कि पिपरहवा व उसके चारों ओर के अवशेष ही गौतम बुद्ध का गृहनगर है। यह भी कहा जाता है कि यह बुद्ध विहार राजा कनिष्क ने बनवाया था। इस बुद्ध विहार में एक गलियारे के दोनों ओर 31 कक्ष हैं। पूर्वी ओर से बड़े कक्ष संभवतः भिक्षुओं के लिए थे। कपिलवत्थु का वास्तविक नगर अब गनवरिया के नाम से जाना जाता है, जहां अब केवल अवशेष बचे हैं। यह एक विशाल नगर था। इस नगर में ईसा पूर्व 800 से लेकर कुषाणकाल 300 ईस्वी तक लोग रहते थे। अब यहां दो विशाल बुद्ध विहार व कुछ निरपेक्ष ढांचों के अवशेष हैं, जिनमें से अधिकांश पहली शताब्दी के बाद बनाए गए थे।

कपिलवत्थु, बिर्दपुर से 8 किलोमीटर दूर है, जो सड़क द्वारा नौगढ़ से जुड़ा है। उत्तर प्रदेश के गोरखपुर से रेल व बस द्वारा नौगढ़ जाया जा सकता है।

कोसाम्बी

बुद्ध अनेक बार कोसाम्बी आए। उन्होंने बोधि-प्राप्ति के बाद नवां वर्षावास कोसाम्बी में और दसवां वर्षावास उसके निकट पारिलेया में बिताया। बुद्ध तीन व्यापारियों घोसित, कुक्कुट व पावारिका के आमंत्रण पर पहली बार कोसाम्बी आए थे। उन्होंने संघ के उपयोग के लिए तीन उद्यान घोसिताराम, कुक्कुटाराम व पावारिकाराम दान किए। घोसिताराम 1951 में खुदाई में मिला। बुद्ध ने उपाक्किलेस सुत्त, कोसम्बिया सुत्त, जलिया सुत्त व अन्य अनेक सुत्तों की देशना यहां पर की थी। घोसिताराम के अवशेष, अशोक स्तंभ, प्रभास पर्वत आज भी देखे जा सकते हैं।

कोसाम्बी, उत्तर प्रदेश में इलाहाबाद से 38 किलोमीटर दूर है और यहां बस व टैक्सी से पहुंचा जा सकता है।

नालंदा

बुद्ध कई बार नालंदा आए। उपालि सुत्त, केवद्ध सुत्त, ब्रह्मजाल सुत्त व अम्बालथिका राहुलोवाद सुत्त की देशना बुद्ध ने नालंदा में ही की थी। नालंदा, बुद्ध के प्रमुख अनुयायियों में से एक धम्म सेनापति अर्हंत सारिपुत्त का जन्मस्थल है।

यहां विश्वविख्यात नालंदा महाविहार तथा बौद्धों का विशाल विद्यापीठ था। 185 ईसा पूर्व पुष्यमित्र शुंग ने व 1193 में मोहम्मद बख्तियार द्वारा नष्ट किए जाने से पहले यह सात शताब्दियों तक शिक्षा का वहुत बड़ा केंद्र रहा। आक्रमणकारियों के द्वारा उसे जला दिया गया था। कहते हैं, इस पुस्तकालय में रखी अनेक पुस्तकें ताड़पत्रों पर लिखी हुई थीं, जो 6 माह तक धू-धू करके जलती रहीं। उसके खंडहर आज भी विद्यमान हैं और उनमें आग से जलने के निशान देखे जा सकते हैं। उस समय वहां डेढ़ हजार शिक्षक व दस हजार छात्र रहा करते थे। विहारों, स्तूपों व मंदिरों के अवशेष काफी विशाल क्षेत्र में फैले हैं। इनमें प्रमुख हैं मोनेस्ट्री 1 से 12, मोनेस्ट्री 11 के सामने की बुद्ध प्रतिमा और पुरातात्त्विक म्यूजियम।

नालंदा महाबिहार के उपखनन में प्राप्त अवशेषों का योजनाबद्ध चित्र

नालंदा

अभी भारत सरकार ने वहां नव नालंदा महाविहार भदन्त जगदीश काश्यपजी के प्रयास से बनाया है। इसको केन्द्रीय विश्वविद्यालय का दर्जा प्राप्त है और इसके निदेशक को उप-कुलपति का दर्जा प्राप्त है। देश-विदेश के विद्यार्थी वहां रहते हैं और अध्यापन करते हैं। नालंदा से अनेक प्रतिभाशाली विद्वान, शिक्षक व दार्शनिक हुए हैं। नागार्जुन, आर्यदेव अनेक अन्य आरंभिक महायान विचारक, दिनंग (जिन्होंने तर्क पर 100 से अधिक पुस्तकें लिखीं), धर्मकीर्ति (जिन्हें भारत का कांट कहा जाता है)। चंद्रगोवि, नाटककार-कवि व तर्कशास्त्री तथा महान दार्शनिक धर्मपाल, संतरा सितू, पद्मसंभव व कमलसित (जिन्होंने तिब्बत में बौद्ध धम्म के प्रचार में काफी महत्त्वपूर्ण भूमिका निभाई), ये सभीं नालंदा में पढ़े थे।

नालंदा, बिहार में है। पटना से मात्र 90 कि.मी. दक्षिण पूर्व में है, जबकि राजगृह से 11 कि.मी. उत्तर में है। यहां बस व टैक्सी से पहुंचा जा सकता है।

सांसी (सांची)

सांची के स्तूप में बुद्ध के दो प्रमुख अनुयायी धम्म सेनापति अर्हंत सारिपुत्त व अर्हत मोगल्लायन के अवशेष हैं। यह स्तूप अपनी स्थापत्य विशिष्टता के लिए विश्व-विख्यात है। यह स्तूप 77.5 फीट ऊंचा है और इसका व्यास 100 मीटर है। चार छोरों पर सुंदर

मुख्य स्तूप व पूर्वी द्वार, सांची

चित्रकारी उत्कीर्ण की गई है जो जातक कथाओं व बुद्ध के जीवन-प्रसंगों के बारे में है। यह विश्व विरासत स्थल है।

यह मध्य प्रदेश में भोपाल के निकट स्थित है। यहां रेल, सड़क व हवाई मार्ग से पहुंचा जा सकता है।

मधुरा (मथुरा)

बुद्ध के समय मथुरा मधुरा के नाम से जाना जाता था। यमुना नदी के तट पर स्थित यह नगर सुषेण जनपद की राजधानी था। 'बुद्ध दो बार मथुरा आए थे।'[14] इसे बुद्ध के उपदेशों के लिए चुना गया, तत्पश्चात बौद्ध धम्म का यहां से काफी प्रचार-प्रसार हुआ। उत्खनन से यहां बुद्ध प्रतिमाएं मिली हैं।

150 सालों में मथुरा में कराई गई खुदाई में 33 बौद्ध विहार मिले। महाकाक्कना ने अपने 500 अनुयायियों के साथ उर्मंड पर्वत पर आषाढ़ी पूर्णिमा के दिन बौद्ध धम्म अपनाया था। चूंकि उन्होंने इस अवसर पर अपने सिर मुंडवाये थे, इसलिए स्थानीय लोग इसे मुंडिया पूर्णिमा के रूप में भी मानते हैं। महाकाक्कना ने यहां के राजा को मधुरा सुत्त का उपदेश दिया था, जिसमें उन्होंने ब्राह्मणों के दूसरी जातियों पर श्रेष्ठता के दावे को खंडित किया था। पूरी मथुरा में बुद्ध तथा बौद्ध धम्म से संबंधित अनेक कलाकृतियां प्राप्त हुई हैं। अनेक प्रतिमाओं को लखनऊ म्यूजियम में भेजा गया है जहां उन्हें संरक्षित किया गया है। अनेक विश्व-विख्यात बौद्ध प्रतिमाएं यहीं से मिलीं, जिन्हें नई दिल्ली में

मथुरा से प्राप्त मूर्तियां

कटरा केशवदेव से प्राप्त बुद्ध की अभिलेखित प्रतिमाएं

राष्ट्रपति भवन तथा कोलकाता में इंडियन म्यूजियम में रखा गया है। कुछ कलाकृतियां व वस्तुएं 1998 व 2000 में भी यहां खुदाई के दौरान मिलीं। बुद्ध की अभिलेखित प्रतिमाएं 1943 व 1952 में कटरा केशव देव से मिली थीं। प्रतिमा पर 'यश विहार' का अभिलेख है, जो मथुरा का विख्यात बौद्ध विहार है। परंतु, 1950 में गठित कृष्ण जन्मभूमि ट्रस्ट इसे महाभारत के पौराणिक नायक कृष्ण की जन्मभूमि बताता है। लेकिन बौद्ध विहार मुक्ति समिति के झंडे तले स्थानीय बौद्ध इस स्थान को मुक्त कराने के लिए संघर्ष कर रहे हैं।

राजा कनिष्क की सिरविहीन प्रतिमा, मथुरा

मथुरा के सरकारी म्यूजियम में बुद्ध व बौद्धकला का विशाल संग्रह है। इस म्यूजियम में जाने पर काफी कुछ देखने को मिलता है। बिना सिर की एक खड़ी प्रतिमा है जो कि राजा कनिष्क की पूरे विश्व में एकमात्र प्रतिमा है, वह कुषाणवंश के वीमा के उत्तराधिकारी थे। यह प्रतिमा दुनिया में एकमात्र ऐसी प्रतिमा है जिस पर कि ब्राह्मी लिपि में एक पंक्ति लिखी मिलती है—'महाराज राजाधिराज देवपुत्र कनिष्क'।[15]

सरकारी म्यूजियम मथुरा रेलवे स्टेशन से महज एक किलोमीटर दूर है, परंतु सोमवार को बंद रहता है। मथुरा उत्तर प्रदेश में है।

यह दिल्ली से 145 किलोमीटर और आगरा से 58 किलोमीटर दूर मुख्य राजमार्ग पर स्थित है। यह शहर रेल मार्ग से भी जुड़ा है।

अमरावती स्तूप

आंध्र प्रदेश के ही गुंटूर जिले में अमरावती स्तूप है। अमरावती स्तूप वह स्थान माना जाता है जहां से स्तूप उपासना आरंभ हुई। यह भारत में बना सबसे बड़ा स्तूप था, हालांकि अब इसके अवशेष ही बचे हैं। एक श्रुति के अनुसार, यह बौद्ध धम्म के विख्यात आचार्य बुद्ध घोष का भी स्थान है। राज्य में कुल 140 बौद्ध स्थलों की खुदाई की जा चुकी है। इनका काल दूसरी शताब्दी ईसा पूर्व से लेकर 14वीं शताब्दी तक है। आंध्र

अमरावती स्तूप

को महान महायान विचारक, आचार्य नागार्जुन का भी घर माना जाता है। आंध्र में अब एक बुद्ध प्रतिमा है, जौं दुनिया में सबसे विशाल मोनोलिथिक (एक ही पत्थर से निर्मित) प्रतिमा है। आंध्र प्रदेश पर्यटन विभाग इन बौद्ध स्थलों तक जाने के लिए लोगों को विशेष बस सेवा उपलब्ध कराता है।

आंध्र प्रदेश में नागार्जुन कोंडा भी एक प्रमुख बौद्ध पर्यटन स्थल है।

चंदावरम स्तूप

अनेक मामलों में दुर्लभ चंदावरम स्तूप आंध्र प्रदेश के प्रकाशम जिले के चंद्रवरम में स्थित है। यह स्तूप मध्यप्रदेश के सांची स्तूप की तरह ऊपर उठी छतों के आधार पर बनाया गया है। यह प्राचीन भारत में उत्तर से दक्षिण कांचीपुरम जाने के लिए एक पड़ाव होता था और इसीलिए यहां एक बौद्ध विहार बनाया गया। इसे लगभग 800 वर्ष पूर्व सतवाहनों के समय बनाया गया था। इस स्थल का पता 1964 में चला। चार द्वारों के साथ सज्जित रेलिंग, जिन्हें सांची व भरहुत शैली में उत्कीर्ण किया गया था, के साक्ष्यों से पता चलता है कि यह थेरवादी बौद्धों का प्रमुख स्थल था। स्तूप के स्थल से मिली कलाकृतियों से पता चलता है कि बौद्ध धम्म आंध्र प्रदेश में 300 ईसा पूर्व तथा 700 ईस्वी के बीच, मौर्यों, सतवाहनों, इक्ष्वाकु व विष्णु कुंडिन राजाओं के काल में प्रसारित हुआ तथा पूरे दक्षिण भारत में फैल गया।

सोंथी (सनाती)

स्थानीय लोगों द्वारा सोंथी कहा जाने वाला सनाती ईसाई युग की शुरुआती सदियों के दौरान बौद्ध धम्म का एक बहुत ही महत्त्वपूर्ण केंद्र था। कर्नाटक के गुलबर्गा जिले

के चित्तापुर तालुका में स्थित सनाती, गुलवर्गा के उपनगरीय इलाकों में उत्खनित एक अत्यधिक समृद्ध स्थल है। सनाती, बौद्ध कला और वास्तुशिल्प के उत्कृष्टतम स्थलों में से एक है। भीमा नदी के तट पर स्थित सनाती सर्वप्रथम वर्ष 1954 में दिवंगत कपात्राल कृष्णा राव द्वारा पहचाना गया था। तब सनाती केवल शक संबंधों के लिए प्रसिद्ध था। सन् 1964 से 1966 के दौरान अन्वेषणकर्ताओं द्वारा सनाती का सुव्यवस्थित सर्वेक्षण पूरा हुआ। सनाती के चारों ओर का क्षेत्र पुराप्रस्तर युग से लेकर प्रारंभिक आदिकाल के सांस्कृतिक अवशेषों से भरपूर है, इसलिए यह अनेक अनुसंधानकर्ताओं तथा पुरातत्त्वविदों को आकर्षित करता है।

सनाती का इतिहास प्रागैतिहासिक काल से शुरू होता है। अन्वेषण से पुराप्रस्तरयुगीन, नवप्रस्तरयुगीन और माइक्रोबिथिक औजार अच्छी संख्या में उजागर हुए हैं जो सावित करते हैं कि कर्नाटक में सनाती प्रागैतिहासिक आबादियों के लिए एक महत्वपूर्ण भूमिका निभाया करता था। इन अन्वेषणों के दौरान शिलालेख, पक्की मिट्टी की भृत्तिकाएं और उनके पुरातत्त्वीय अवशेष काफी संख्या में मिले हैं। बौद्ध धम्म के साथ इस स्थल के संबंधों को इस इलाके में मौजूद अनेक स्तूपों से बल मिलता है और यह विल्कुल स्पष्ट है कि उत्खनन के बाद से बौद्ध भारत के नक्शे पर, कर्नाटक और विशेषकर सनाती के महत्व की पुष्टि होती है।

सनाती के विस्तार में लगभग 5 किलोमीटर का क्षेत्रफल शामिल था जो रणमंडला स्थल के पूर्व से कंगनाहल्ली तक फैला हुआ था। तीर्थयात्रियों और पर्यटकों के लिए यहां का स्तूप एक प्रमुख आकर्षण है। भीमा नदी के दूसरी ओर हरसगुंडगी और श्रीवल नाम के दो गांव हैं। उत्तरवर्ती कुछेक बौद्ध टीलों के लिए विख्यात हैं तथा पूर्ववर्ती राष्ट्रकूट वंश द्वारा निर्मित अपने मंदिरों के लिए प्रसिद्ध हैं। सनाती की खुदाई में उत्कीर्णित ठीकरे अच्छी संख्या में मिले हैं। ये अधूरे शिलालेखों के साथ टुकड़ों के रूप में हैं। इनके अलावा सनाती की खुदाई में आंध्रप्रदेश के अमरावती, वड्डामाणू इत्यादि के नार्थन ब्लैक पॉलिश बर्तनों के ठीकरे भी मिले हैं। मुख्य भाग का रंग धूसर से लेकर राख की रंगत वाला है। सनाती की खुदाई में चूना-पत्थर के शिल्पलेख बड़ी संख्या में मिले हैं जो कर्नाटक की प्राचीनतम कला को प्रदर्शित करते हैं। ये शिल्पलेख अमरावती तथा नागार्जुनकोंडा के शिल्पलेखों के शैली के समान हैं।

कंगनाहल्ली

कंगनाहल्ली के निकट भीम नदी तट पर स्थित विशाल स्तूप के पास मिली पक्की मिट्टी की भृत्तिकाएं तथा शिल्पलेख पटियों से सावित होता है कि सनाती में थेरावादी बौद्ध धम्म फलती-फूलती अवस्था में था, इसलिए इसकी तुलना प्रारंभिक बौद्ध कला से की जा सकती है जो उस समय अमरावती और नागार्जुन कोंडा में प्रचलित थीं। कालकांबा विहार की मरम्मत के दौरान पाए गए एक अशोक शिलालेख में शासनादेश XII और XIV तथा दो अलग शासनादेश मौजूद थे, जो प्रमाणित करता है कि सनाती भारत

के सर्वाधिक लोकप्रिय और श्रद्धेय बौद्ध केंद्रों में से एक था। दूसरी और तीसरी सदी ईस्वी से संबंध रखने वाले अशोक के शिलालेखों तथा ब्रह्मी लिपि में अनेक शिलालेखों के उद्गम स्थान में सुस्पष्ट उल्लेख है कि भीमा नदी के बाएं तट पर निर्मित विशाल स्तूप नागार्जुन कोंडा घाटी के समान था और संभवतः इसमें भगवान बुद्ध के अस्थिधातु मौजूद थे। भारतीय पुरातत्त्व सर्वेक्षण के उत्खननों ने एक नए क्षितिज को खोला है जिसमें कंगनाहल्ली में चूना-पत्थर सिल्लियों के साथ एक स्तूप और बेनगुत्ती में दीर्घवृत्ताकार चैत्य गृह और विहार का निर्माण किया गया है। पुरातत्त्व विभाग, कर्नाटक सरकार द्वारा भी रणमंडला में ऐसे ही उत्खनन किए गए हैं।

प्राचीन अवशेषों का अन्वेषी सर्वेक्षण करने तथा सतही विशेषताओं का अध्ययन करने के बाद भीमा नदी के बाएं तट से कुछ दूरी पर कंगनाहल्ली में उत्खनन किया गया। उत्खनन में जीर्ण-शीर्ण अवस्था में एक स्तूप अनावृत हुआ जिसका अर्धगोलाकार गुम्बद नष्ट हो चुका था और ड्रम व प्रदक्षिणापथ के पत्थर गिर चुके थे। यह स्तूप नागार्जुन कोंडा घाटी शैली के समान है, जिसमें चार मूल दिशाओं पर अया खंभा धारण किए हुए अयक्कापीठ विद्यमान हैं, जिनमें भगवान बुद्ध के जीवन की महत्त्वपूर्ण घटनाओं को जैसे जन्म, महाभिनिष्क्रमण, बोधि-प्राप्ति, पहला प्रवचन, परिनिर्वाण दर्शाया गया है। इस स्तूप का आधार गोलाकार है। इसके ऊपर ड्रम या दीवारें हैं जिनके ऊपर हरमिका या चैत्रवली को धारण करने वाला अर्धगोलाकार गुम्बद विद्यमान है। इस स्तूप का निर्माण पहले चूना मसाला इस्तेमाल करते हुए बेतरतीब पत्थर चिनाई के साथ किया गया और फिर नक्काशीदार पत्थर की सिल्लियों से इसे ढंका गया है जिन पर दानदाताओं के बारे में शिलालेख अंकित हैं। यहां एक विशेष सिल्ली भी है जिसमें पूर्वी दिशा में एक स्मृतिशेष मंजूषा की पूजा दर्शाई गई है।

भारतीय पुरातत्त्व सर्वेक्षण उत्खनन शाखा, नागपुर द्वारा किए गए उत्खननों में पहली बार नदी के अत्यंत निकट भीमा नदी के बाएं तट पर एक विहार परिसर तथा उसके नजदीक एक चैत्यगृह प्रकट हुए हैं।

उड़ीसा का स्वर्णिम बौद्ध चतुर्भुज

ललितगिरि-रत्नागिरि-उदयगिरि-लांगुली

उड़ीसा, बौद्ध संस्कृति के प्रमुख स्थलों में से है। उड़ीसा के तटीय और पश्चिमी जिलों के एक विशाल क्षेत्र में क्षतिग्रस्त विहारों एवं स्तूपों के रूप में बौद्ध संस्कृति की छाप और संपत्ति बिखरी हुई है। इनमें से कुछ तो अभी भी जमींदोज हैं। बोलंगीर, धेनकनाल, फूलबनी, कालाहांडी, सम्बलपुर, क्योंझार, मयूरगंज, गंजम, बालासोर और पुरी जिलों में कई महत्वपूर्ण शोध किए गए हैं। राज्य में बौद्ध स्मारकों की सर्वोत्तम निधि कटक और जाजपुर जिलों में केंद्रित है, इस परिक्षेत्र में ललितगिरि, उदयगिरि, रत्नागिरि और लांगुली में विहारों, स्तूपों और शिलालेखों के रूप में बौद्ध

अवशेषों का विशाल खजाना है। यह परिक्षेत्र उड़ीसा का एक स्वर्णिम बौद्ध चतुर्भुज बनाता है। इसके साथ ही, भुवनेश्वर के बाहरी क्षेत्र में धौली है, जो अशोक काल के चट्टानों को काटकर बनाए गए शिलालेखों के लिए प्रसिद्ध है। यहां पर प्रसिद्ध शांति पॅगोडा भी स्थित है।

ललितगिरि

प्रथम ईस्वी शताब्दी में स्थापित ललितगिरि, उड़ीसा के उत्खनित सबसे पुराने, भव्य एवं उत्कृष्ट बौद्ध स्थलों में से है। ललितगिरि श्री चंद्रादित्य विहार संघ आर्य भिक्खु संघ के रूप में प्रसिद्ध था। तकरीबन उसी समय, तक्षशिला का प्रज्ञ नाम का एक विद्वान योग दर्शन का ज्ञार्नाजन के लिए उड़ीसा आया था, तदुपरांत वह अपने साथ राज्य के तत्कालीन शासक शिवकारा देव प्रथम से बौद्ध पुस्तक गंडव्यूह की हस्ताक्षरित पांडुलिपि ले गया। उसने वह पांडुलिपि चीनी सम्राट ते-सांग (ईस्वी सन् 8) को भेंट की।

ललितगिरि का विशेष महत्व भगवान बुद्ध के अस्थिकलश (अस्थिधातु) के कारण है। ललितगिरि पहाड़ी के 92.5 एकड़ में फैले इस स्थान का मुख्य आकर्षण राजसी स्तूप है, जिसमें 1985 में भारतीय पुरातत्त्व विभाग द्वारा किए गए उत्खनन में भगवान बुद्ध की अस्थिधातु प्राप्त हुई। बलुआ पत्थर की बनी हुई ऊपर जाती सीढ़ियों वाले इस स्तूप के आसपास का हरा-भरा क्षेत्र अत्यंत मनमोहक है।

ललितगिरि खण्डहरों में तब्दील हो चुका एक विशाल परिसर है। मुख्य स्तूप के अलावा, यहां ईंट के बने तीन विशाल विहार और बहुकक्षों वाले चैत्यगृहों के अवशेष हैं। विहार में पद्मासन मुद्रा में बुद्ध की शीर्षविहीन प्रतिमा इन भग्नावशेषों की पवित्रता को मुखर करती है। योजनाबद्ध तरीके से किया गया कक्षों का निर्माण उल्लेखनीय है। एक अन्य विहार है जो ईंट से बनी एक विशाल इमारत है जिसके आस-पास कई छोटे-छोटे स्तूप हैं।

खुदाई में मिली अधिकांश प्रतिमाएं उस स्थल पर एक कमरे वाले भंडार एवं संग्रहालय में सुरक्षित हैं। इनमें विभिन्न मुद्राओं वाली बुद्ध की विशाल मूर्तियां, बोधिसत्त्व अवलोकितेश्वर और मैत्रेय, मंजुश्री, अपराजिता एवं जंभाला आदि की प्रतिकृतियां शामिल हैं। एक विहार के भग्नावशेषों से प्राप्त दरवाजे के दो गहन नक्काशीदार बाजू (पाटे) विशेष आकर्षण हैं, और अध्ययन का विषय हो सकते हैं। इसी परिसर में ईंटों से निर्मित एक अन्य विहार के साक्ष्य भी मिले हैं, इसकी गहन खुदाई आवश्यक है।

भुवनेश्वर से लगभग 85 कि.मी. की दूरी पर स्थित ललितगिरि, पारादीप एक्सप्रेस मार्ग पर पथराजपुर में उड़ीसा पर्यटन विकास निगम की पंथशाला के पास है। भुवनेश्वर से यहां बस और टैक्सी द्वारा पहुंचा जा सकता है।

रत्नागिरि

रत्नागिरि, महायान और वज्रयान वौद्ध परंपरा का प्रसिद्ध पर्यटन स्थल है। रत्नागिरि महाविहार, पांचवीं और बारहवीं शताब्दी के बीच उन्नत हुआ तथा आठवीं शताब्दी के आस-पास तांत्रिक बौद्ध अथवा वज्रयान कला और दर्शन का एक बहुत बड़ा केंद्र बना। यह कालचक्र तंत्र का उद्‌गम स्थल भी है, जहां तिब्बत के महान आचार्य बिटोपा आए थे।

सपाट शिखर वाली पहाड़ी पर खुदाई में एक भव्य स्तूप, जिसके चारों ओर विभिन्न आयामों के अनेक छोटे-छोटे स्तूप हैं, दो चतुर्भुजीय ईंट के विहार और इकहरे कक्ष वाले एक विशाल विहार के अवशेष मिले हैं, जिसके दरवाजों के पाटों पर अत्यधिक सुंदर नक्काशी की गई है, खूब बड़ा खुला प्रांगण है जिसके सामने एक विशाल विहार में बुद्ध की एक विराट प्रतिमा विराजमान है। इसके अतिरिक्त, खुदाई में एक वक्ररेखीय गुंबद वाला विहार भी मिला है, जिसे एक टीले पर पुनर्स्थापित

रत्नागिरि में प्राप्त बौद्ध मूर्तियां

मन्नत स्तूप, रत्नागिरि

रत्नागिरि

किया जा रहा है।

वहरहाल, यह एक-खंडीय विहार है जो कि उत्कृष्ट बौद्ध शिल्पकला का प्रतीक है। इसमें विहार के द्वारों पर, दरवाजों के पल्लों और तख्तेदार स्तंभों पर शानदार नक्काशी की गई है। स्तंभों पर पुष्प अर्पित करती स्त्रियां अंकित हैं, जो संभवतया तत्कालीन चित्रकला और वास्तुकला पर तंत्र के प्रभाव का साक्ष्य है। रत्नागिरि ने कालचक्र तंत्र के आविर्भाव में एक महत्त्वपूर्ण भूमिका अदा की है जो कि इस पहाड़ी पर जगह-जगह मिले बहुसंख्य मन्नती स्तूपों से स्पष्ट है, जिन पर वज्रयान पंथियों की आकृतियों की भी नक्काशी की गई है। संभवतया, रत्नागिरि में अन्य बौद्ध स्मारकों की तुलना में मनौती वाले स्तूप सर्वाधिक संख्या में मौजूद हैं।

रत्नागिरि में भारतीय पुरातत्त्व सर्वेक्षण के संग्रहालय में नाना प्रकार की पत्थर की मूर्तियां और अवशेष मौजूद हैं। इनमें से सर्वाधिक उत्कृष्ट है बुद्ध का अविश्वसनीय रूप से बड़ा सिर। तारा, अवलोकितेश्वर, मंजुश्री और ध्यानी बुद्ध सहित अनेक बौद्धाचार्यों की प्रतिमाएं हैं, जो महायानी और वज्रयानी अवशेषों का वस्तुतः एक बहुमूल्य खजाना है। यहां उत्कीर्णित बर्तन, पक्की मिट्टी की पट्टिकाएं तथा कांसे की वस्तुएं भी प्रदर्शित की गई हैं।

रत्नागिरि पारादीप एक्सप्रेस मार्ग पर कृष्णदासपुर के पास स्थित है। यहां बस व टैक्सी द्वारा आसानी से पहुंचा जा सकता है।

उदयगिरि

उदयगिरि, सातवीं शताब्दी में उड़ीसा का सबसे बड़ा बौद्ध परिसर था जो तकरीबन तीन सौ पैंसठ एकड़ में फैला हुआ और एक विशाल पर्वत के साये में स्थित है, जिस पर एक ही चट्टान को काटकर बनाई गई मूर्तियां हैं।

उदयगिरि की बौद्ध गुफाएं

यहां दो विशाल विहार सिंहप्रस्था महाविहार और माधवपुरा महाविहार हैं। ये दोनों एक साथ मिलकर उड़ीसा में अपने समय की सबसे बड़ी बौद्ध स्थापनाएं हैं। सिंहप्रस्था महाविहार तो कलात्मक आकृति वाले दरवाजों, खिड़कियों तथा आलों के साथ ईंट के कमरों की भूलभुलैया है और मुख्य प्रांगण में स्थित इसके मंदिर में बुद्ध की एक विशाल मूर्ति विद्यमान है। इस परिसर में सैकड़ों जीर्ण-शीर्ण छवियां और मनौती वाले स्तूप बिखरे हुए हैं। प्रांगण से दूर एक कमलनुमा आधार के साथ एक अलंकृत नक्काशी वाला मंच है, जिस पर एक छोटी बुद्ध प्रतिमा विद्यमान है। इस विहार के साथ महाकलमा का एक मंदिर बन गया है। उदयगिरि परिसर में स्थित दूसरा विहार माधवपुरा महाविहार भी पत्थर के खड़ंजों वाले एक विशाल प्रांगण और एक विशाल ध्यानमग्न बुद्ध की प्रतिमा वाले एक विहार के साथ समान रूप से आकर्षक संरचना है। इस विहार की बाहरी चहारदीवारी पर बोधिसत्त्व अवलोकितेश्वर की एक विशाल प्रतिकृति विद्यमान है।

यहां स्थित मुख्य स्तूप सीढ़ीदार मार्ग सहित ईंटों की एक वैभवशाली संरचना है। इसमें चार अलग-अलग मुद्राओं में ध्यानस्थ बुद्ध की प्रतिमाएं हैं, जिनका चेहरा चार मूल दिशाओं की ओर है। इस परिसर में विभिन्न मुद्राओं में अर्थात भूमि स्पर्श, धर्मचक्र, अभय, वर्द और ध्यान मुद्रा में भगवान बुद्ध की प्रतिमाओं की बहुलता है जहां उत्कीर्णित पक्की मिट्टी की छतों के विशाल ढेर भी मौजूद हैं। पर्वत के शिखर का मार्ग चारखानेदार है।

उदयगिरी, रत्नागिरी से महज आठ किलोमीटर की दूरी पर स्थित है। यहां बस व टैक्सी से आसानी से पहुंचा जा सकता है।

लांगुली

लांगुली, हाल में उत्खनित सबसे नया बौद्ध स्थल है। यह जैपोर जिले में जनका मुख्यालय से मात्र छः किलोमीटर की दूरी पर स्थित है। लांगुली की खोज बाद में हुई है, लेकिन यह उड़ीसा का प्राचीनतम बौद्ध स्थल है जिसका संबंध तीसरी सदी ईसा पूर्व से है। लांगुली पर्वत शिखर के उत्खनन से यह पता चलता है कि यहां ह्वेनसांग का वैभवशाली पुष्पगिरि महाविहार है। पुष्पगिरि शिक्षा के महानतम केंद्रों में से एक था।

पर्वत शिखर पर उत्खनन कार्य अभी जारी है। सम्राट अशोक के सबसे पहले वाले चित्र यहां मिलते हैं। ब्राह्मी लिपि में लिखे शिलालेख पर *'उपासका अशोका समचियामाना अगरा एका थुपे'* अंकित है, जिसका अर्थ है कि धार्मिक रुचि रखने वाला एक धर्मसंघी भक्त अशोक एक उत्कृष्ट स्तूप के निर्माण के साथ जुड़ा हुआ है। लांगुली में पाए गए अशोक के चित्रों में भी शिलालेख मौजूद हैं। हालांकि इस जगह के एक अलग-थलग चित्र में श्री कर्ण राजन अशोकसेन के शिलालेख मौजूद हैं। एक दूसरे शिलालेख में उन्हें अपनी दो रानियों के साथ दर्शाया गया है जो उन्हें 'राजन अशोक' कहकर संबोधित करती हैं।

लांगुली पर्वत शिखर से व्रह्मणी नदी तथा उसकी सहायक नदी केलुआ तथा उसके चारों ओर स्थित बौद्ध स्थलों जैसे वज्रागिरि, कयामा, देयुली और तारापुर के विहंगम दृश्य दिखाई देते हैं। एक विशालकाय विहार, चट्टान काटकर बनाए गए मनौती वाले स्तूप और बुद्ध की खुरदरी तराशी गई प्रतिमाएं इस पर्वत पर खंडहरों के बीच अलग दिखाई देती हैं, जो पुष्पगिरि विहार की भूमि थीं। लांगुली में सम्राट अशोक की दो प्रतिमाएं तथा अन्य अवशेष प्राप्त हुए थे, जिन्हें उत्खननकर्ता साथ ले गए। पर्वत के आधार पर गार्ड के कमरे में केवल कुछ ही जीर्ण-शीर्ण प्रतिमाएं तथा बर्तन विद्यमान हैं।

लांगुली का बुद्ध विहार अनेक कमरों का अद्‌भुत समूह है जिसके बीचोबीच बजरी का मंच मौजूद है जिस पर भगवान बुद्ध बैठे हुए हैं। पूरा परिसर विशालकाय ईंटों से निर्मित है जो कि उड़ीसा में पाई गई सभी बौद्ध स्थापनाओं की सामान्य विशेषता है। पंचध्यानी बुद्ध तथा तारा की चट्टान काटकर निर्मित की गई आकृतियां अपनी विशेषताओं के कारण उत्कृष्ट हैं।

धौली

धौली, भुवनेश्वर से केवल 8 किलोमीटर की दूरी पर स्थित है। धौली, उस भीषण कलिंग युद्ध का मूक साक्षी है, जिसने चंडाशोक का धम्माशोक में कायाकल्प कर भारतीय इतिहास का कायाकल्प कर दिया। इस पर्वत के शीर्ष पर एक शांति स्तूप है, जो कलिंग निप्पन बौद्ध संघ द्वारा जापान के मायोहाजी के संस्थापक अध्यक्ष गुरुजी फूजी के मार्गदर्शन में बनाया गया था। स्तूप की दीवारों पर बने पैनल पर इस पहाड़ी पर हिंसा का त्याग करने वाले अशोक और बुद्ध के जीवन के दृश्यों को दर्शाया गया है। विहार की बाहरी दीवारों की विशाल कोटरिकाओं में अलग-अलग मुद्राओं में बुद्ध की चार आदमकद प्रतिमाएं मौजूद हैं। एक में उनके पृष्ठपट के लिए धर्मचक्र के साथ खड़े हुए दिखाया गया है, जबकि दूसरी में ध्यान मुद्रा में, तीसरी प्रतिमा पालथी मारकर बैठे हुए बुद्ध की है और चौथी तथा सर्वाधिक विलक्षण प्रतिमा में उन्हें सोते हुए दिखाया गया है।

धौली का ऐतिहासिक महत्व विशिष्ट मौर्य शैली में उत्कीर्णित हाथी के सिर द्वारा अभिषिक्त चट्टानों पर खुदे हुए अशोक के सुप्रसिद्ध शासनादेशों के कारण है। अशोक के सबसे पहले के शासनादेशों में एक शिलालेख प्रशासन तथा सार्वजनिक संपत्ति बढ़ाने के उपायों के बारे में महान सम्राट अशोक के दृष्टिकोणों पर रोशनी डालता है। ब्राह्मी लिपि में पच्चीस फीट लंबी और बीस फीट ऊंची शिला पर खुदा यह शिलालेख जानवरों के प्रति उनकी सहृदयता तथा मांसाहार पर उनके द्वारा लगाई गई निषेधाज्ञा के बारे में बताता है। अशोक उन दिनों का हवाला देते हुए स्वयं अपना उदाहरण देते हैं जब उनकी रसोई के लिए लाखों जानवरों का वध किया जाता था और बताते हैं कि बलि की संख्या केवल एक हिरण तथा दो मोर तक सीमित कर दी गई है। वह आश्वस्त

शांति स्तूप, धौली

करते हैं कि बाद में इन्हें भी बंद कर दिया जाएगा। यह शासनादेश उनके अपने साम्राज्य के भीतर और बाहर शुरू किए गए जन-कल्याण कार्यों का भी वर्णन करता है और उनकी इस आज्ञा की घोषणा करता है कि साम्राज्य के मुखबिर तथा संदेशवाहक उनसे चौबीस घंटे संपर्क कर सकते हैं, भले ही वे भोजन कर रहे हों या अपने राजमहल में विश्राम कर रहे हों। एक अन्य महत्त्वपूर्ण फरमान में लोगों से धम्मयात्रा के पक्ष में तथा शिकार व मनोरंजन भ्रमण का त्याग करने का आह्वान किया गया है, और सूचित किया गया है कि सम्राट अपने राज्याभिषेक के दस वर्ष के भीतर बोधगया गए थे। सम्राट अशोक द्वारा अपनी नीतियों को कारगर बनाने के लिए उठाए गए कदमों की इन शिलालेखों से जानकारी मिलती है। सम्राट अशोक द्वारा न्यायाधीशों को आदेश देते हुए शिलालेख है, 'इमेहि चु जातेहि नो संपटिपजति इसाय आसुलोपेन निठूलियेन तूलनाय अनावूतिय आलसियेन किलमथेन' (वे कोई भी फैसला ईर्ष्या से, कठोरता से, बिना ठीक प्रकार ध्यान दिए हुए, जल्दबाजी में या आलस में या थकावट में न करें।)[16] 'अपराध की तुलना में दंड कहीं बढ़-चढ़कर न हो जाए। अतः सजा देते हुए मध्यम मार्ग अपनाया जाना चाहिए। न तो इतनी नम्रता हो कि अपराधी पर उस दंड का कोई असर ही न हो और न इतना कठोर हो कि उसे मृत्युदंड नहीं दिए जाने पर भी जेल की हिरासत में उसकी मृत्यु हो जाए।)'[17] 'तुफे हि बहूसु पानसहसेसुं आयत पनयं गछेम

सु मुनिसानं' (इन न्यायाधीशों को हजारों लोगों के बीच इसलिए स्थापित किया गया है कि वे प्रजा का प्रेम जीत सकें।)[18] सम्राट अशोक ने दंडाधिकारी(जेलर) के लिए जारी निर्देश, दंडसंहिता के अनुसार, 'नितियं एकपुलिसे पि अथि ये बंधनं वा पलिकिलेसं वा पापुनाति । तत होति अकस्मा तेन बधनंतिक अंने चहु जने दविये दुखीयति।' (अपराधी को कारावास की यातना का दंड दिया गया हो, परंतु वह यातना ऐसी न हो जाए कि उस व्यक्ति का प्राणांत ही हो जाए। कोई व्यक्ति कारागृह में बहुत अधिक यंत्रणा भुगतने के कारण मर जाता है, जबकि अपराध के लिए उसे मृत्युदण्ड नहीं दिया गया हो तो सचमुच यह अन्याय होता है। इससे उसके घरवालों को, स्वजनों को, परिजनों को कितनी अधिक पीड़ा पहुंचती है। अतः इससे बचना चाहिए।)[19] राज्याधिकारियों के लिए मानवाधिकारों की सुरक्षा के लिए सजग रहने की उनकी आदर्श घोषणा करता स्पष्ट आदेश है, 'अकस्मा पलिबोधे व अकस्मा पलिकिलेसे व नो सिया ति' (लोगों का अकारण बंधन या उनकी अकारण यातना न हो।)[20]

वर्तमान में पर्वत की ढाल पर एक प्रार्थना सदन का निर्माण किया गया है और बर्तन शिल्पशाला पास ही बनी हुई है। धौली प्रत्येक बौद्ध पर्यटक के लिए अनिवार्य दर्शनस्थल है।

दीक्षाभूमि

भारतीय संविधान के निर्माता और भारत में बौद्ध धम्म की पुनर्स्थापना करने वाले बाबासाहेब डॉ. आंबेडकर ने लाखों अनुयायियों के साथ अशोक विजयादशमी के दिन 1956 में यहां पर धम्मदीक्षा ली थी, तब से इसे दीक्षाभूमि के नाम से जाना जाता

दीक्षाभूमि

है। दीक्षाभूमि महाराष्ट्र की उप-राजधानी नागपुर में स्थित है। नागपुर जो कभी नागवंशियों का मूल केंद्र रहा है, इस ऐतिहासिक तथ्य के मद्देनजर बाबासाहब ने यहां पर दीक्षा ली थी। यहां एक नाग नदी बहती थी, नागवंशी इसी नदी के किनारे रहते थे। 'नाग अनार्य थे। आर्यों तथा नागों के बीच भीषण संघर्ष हुए थे। आर्यों ने उन्हें पराजित किया और बहुत यंत्रणाएं दीं व उनका काफी शोषण किया। उन्हें अपनी मुक्ति के लिए एक महापुरुष की आवश्यकता थी और उन्हें भगवान बुद्ध के रूप में अपना मुक्तिदाता मिला। भगवान बुद्ध ने उन्हें नष्ट होने से बचा लिया। नाग बौद्ध धम्म के अनुयायी बन गए। नाग लोगों ने दुनिया भर में बौद्ध धम्म का प्रचार किया।'[21]

दीक्षाभूमि पर एक सुंदर विश्वस्तरीय स्मारक बनाया गया है। इसे भारत के तत्कालीन राष्ट्रपति श्री के.आर. नारायणन ने 18 दिसंबर 2001 को राष्ट्र को समर्पित किया था। रोज हजारों लोग दीक्षाभूमि आते हैं। अनेक लोग विहार के भीतर कक्ष में ध्यान करते हैं, जो ध्यान के लिए एक आदर्श स्थान है। अशोक विजयदशमी के दिन हर वर्ष यहां लाखों श्रद्धालु अपने मसीहा व मुक्तिदाता डॉ. आंबेडकर को श्रद्धांजलि देने और बौद्ध धम्म अंगीकार करने के लिए दीक्षाभूमि आते हैं। बस, रेल, हवाई–तीनों ही मार्गों से यहां जाया जा सकता है।

चैत्यभूमि

मुंबई में दादर समुद्र तट पर एक बौद्ध विहार में बोधिसत्त्व बाबासाहेब डॉ.आंबेडकर के अस्थिधातु रखे गए हैं। इसे चैत्यभूमि कहते हैं। स्तूप का प्रबंधन भारतीय बौद्ध सोसाइटी के द्वारा किया जाता है। यहां पर बुद्धाचार्यों व उपासकों के लिए श्रामणेर

चैत्यभूमि

शिविर, प्रशिक्षण शिविर भी लगाए जाते हैं।

यहां रोजाना हजारों लोग आते हैं। और 6 दिसंबर, बाबासाहब आंबेडकर के परिनिर्वाण के दिन तो महाराष्ट्र और देश के कोने-कोने और विदेशों से लाखों की संख्या में लोग उन्हें श्रद्धांजलि अर्पित करने यहां आते हैं। 3-4 दिसंबर से ही लोगों का हुजूम यहां जुटने लगता है। विभिन्न सामाजिक संस्थाएं, विभिन्न विभागों के कर्मचारी कल्याण संगठनों की तरफ से और सरकार की तरफ से कैंप लगाए जाते हैं और आने वाले लोगों की जरूरत और सुविधाओं का विशेष ख्याल रखा जाता है। बौद्ध धम्म व सामाजिक परितर्वन के फुले-आंबेडकर-शाहू मिशन से संबंधित सामग्री, साहित्य, प्रतिमा, पोस्टर्स, ऑडियो-वीडियो कैसेट यहां आसानी से उपलब्ध होते हैं।

हवाई मार्ग, रेल मार्ग और सड़क मार्ग से यहां पहुंचा जा सकता है।

धम्मगिरि

धम्मगिरि, महाराष्ट्र के नाशिक जिले में ईगतपुरी में स्थित है। यह स्थान मुंबई से

धम्मगिरि विपस्सना पॅगोडा

तकरीवन 136 किलोमीटर की दूरी पर है। यह विपस्सना अंतर्राष्ट्रीय अकादमी (वीआईए) व विपस्सना विशोधन विन्यास का मुख्यालय है। संपूर्ण वर्ष यहां विपस्सना व सतिपट्ठान के लघु व दीर्घ शिविरों का आयोजन होता रहता है। बुद्ध और धम्म के बारे में यह विश्व के सबसे बड़े शोध केंद्रों में है। धम्म मार्ग पर चलने वाले प्रत्येक उपासक-उपासिका को यहां एक बार अवश्य आना चाहिए।

शांति पठार पर स्थित विपस्सना पॅगोडा विपस्सना ध्यान विद्या का विश्वविख्यात स्थान है। विपस्सना करने वालों के लिए इस पॅगोडा में सैंकड़ों एकाकी कक्ष हैं। यहां अक्टूवर 1976 में पहली बार दस दिवसीय विपस्सना शिविर का आयोजन हुआ था। तव से हर वर्ष यहां अनेक शिविर लगाए जाते हैं, जिनमें भारत तथा दुनिया के हर हिस्से के लोग भाग लेने आते हैं। वीआईए विपस्सना ध्यान के लिए दुनिया के सबसे बड़े और महत्वपूर्ण केंद्रों में से है। विपस्सना रिसर्च सेंटर (वी.आर.आई.) की स्थापना 1985 में विपस्सना ध्यान तकनीक में तरीकों व स्रोतों पर शोध करने तथा इस विषय पर सामग्री प्रकाशित करने के उद्देश्य से की गई। अब तक भगवान बुद्ध के जीवन सिद्धांत और विपस्सना पर आधारित तकरीवन 110 पुस्तकें यह केंद्र प्रकाशित कर चुका है।

विपस्सना पॅगोडा, मुंबई

मुंबई उपनगर में बोरिवली के पास गोराई खाड़ी के पार एस्सलवर्ड के पास धम्मफ्त्तन, यहां 11एकड़ भूमि पर फैला और 325 फीट ऊंचा पॅगोडा निर्मित किया जा रहा है।

विपस्सना पॅगोडा, मुंबई

मुख्य पॅगोडा की आधारशिला पूरी हो चुकी है। आचार्य श्री सत्यनारायण गोयनकाजी की अवधारणा वाले इस गोल्डन पॅगोडा में एक विस्तृत ध्यान कक्ष होगा, जिसमें एक साथ तकरीबन 6 से 8 हजार साधक ध्यान कर सकेंगे। यहां प्रदर्शनी दीर्घा (डिस्प्ले गॅलरी) भी होगी जिसमें बुद्ध और बुद्ध धम्म, संस्कृति का इतिहास ऑडियो, वीडियो तकनीक से पेश किया जाएगा। निश्चित है कि अत्यंत भव्य बनाया जा रहा यह पॅगोडा आगामी वर्षों में लाखों लोगों के आकर्षण का केंद्र रहेगा तथा सूचनाप्रद दीर्घाओं में बुद्ध व उनकी शिक्षाओं के बारे में ऐतिहासिक तथ्य होंगे, बुद्ध के समय में व उनके बाद लोगों को विपस्सना से हुए लाभ के बारे में भी बताया जाएगा। भारत व दक्षिण एशिया की मुख्य भाषाओं के अलावा अंग्रेजी, चीनी, जापानी, अरबी, स्पेनिश, जर्मन व फ्रेंच जैसी मुख्य अंतर्राष्ट्रीय भाषाओं में भी सूचना दी जायेगी। यहां से विपस्सना के विश्वव्यापी संगठनों के एकीकरण में सहायता मिलेगी तथा सदियों तक विपस्सना की शुद्धता बनाये रखने में मदद मिलेगी।

यह पॅगोडा पत्थरों का बना है तथा इसका आधार अष्टमुखी है और वृत्ताकार ढांचे में ऊपर सूचिका होगी। अंदर एक विशाल ध्यान कक्ष के ऊपर एक विशाल गुंबद होगा। बिना खंभों वाले 280 फुट व्यास के ध्यान कक्ष में एक साथ 6 से 8 हजार लोग ध्यान कर सकेंगे। इस इमारत के निर्माण में पत्थरों का इस्तेमाल यह सुनिश्चित करने के लिए किया गया है कि न्यूनतम रखरखाव से यह पॅगोडा सैकड़ों साल तक सुरक्षित रहे। इस पॅगोडा में आने के लिए आगंतुक मालाड (पश्चिम) से बस द्वारा, या बोरीवली (पश्चिम) से गोराई पहुंच कर नाव द्वारा, भायंदर से कार या बस द्वारा पहुंच सकते हैं।

ड्रैगेन पैलेस टेंपल

यह विश्वस्तरीय बौद्ध विहार कामठी, नागपुर महाराष्ट्र में स्थित है। सुश्री सुलेखा कुंभारे व सुश्री नोटिको ओगावा द्वारा स्थापित ओगावा सोसाइटी ने इसे महज 26 महीने में बनवाया था। इसका उद्घाटन कार्तिक पूर्णिमा के दिन 1999 में हुआ। ड्रैगेन टेंपल पैलेस 14 एकड़ भूमि पर बना है। पूरा विहार आरसीसी ढांचा है। यह 14 मीटर ऊंचा है।

भूतल पर एक विशाल म्यूजियम, वातानुकूलित सभागार, बहुउद्देशीय हाल तथा एक पुस्तकालय है। पुस्तकालय में बौद्ध धम्म पर पत्रिकाएं तथा कुछ दुर्लभ पुस्तकें हैं। पहली मंजिल पर चार मीटर चौड़े बरामदे में लोगों की ओर देखते हुए भगवान बुद्ध की एक विशाल प्रतिमा है। यह प्रतिमा चंदन की लकड़ी के एक भाग से बनी है, उसकी ऊंचाई 8 फीट तथा वजन 864 किलो है। इस प्रतिमा पर भगवान बुद्ध की अनेक मुद्राएं भी अंकित हैं। आगंतुक सुबह से रात तक विभिन्न कोणों से इस प्रतिमा में भगवान बुद्ध की विभिन्न मुद्राओं को देखकर अभिभूत होते हैं। ड्रैगेन पैलेस टेंपल को अच्छे पर्यावरण में रखने के लिए इसे 14 एकड़ भूमि के मध्य में

बनाया गया है। आगरा पत्थर से बने मार्ग, मकराना के गुलाबी संगमरमर, कांच से निर्मित इस पैलेस में अनेक वृक्षारोपण भी किए गए हैं। यहां आगंतुक को शांति व संतोष मिलता है, फिर वह चाहे किसी धर्म का क्यों न हो। रोज हजारों लोग यहां आते हैं।

ड्रैगेन पैलेस टेंपल में स्थापत्य व नागरिक निर्माण के धम्म के तमाम पक्ष परिलक्षित होते हैं। ड्रैगेन पैलेस टेम्पल की सुंदर सज्जा रात को भी देखी जा सकती है और दिन में तो इसका संपूर्ण दर्शन किया जा सकता है। इस मंदिर को भारत में निर्माण व अंतरराष्ट्रीय स्तर के विशिष्ट स्थापत्य के लिए वर्ष 2000 का आई.सी.आई. एम.सी. बॉचमी पुरस्कार मिला था।

ड्रैगेन पैलेस टेंपल, कामठी

यहां रेल, सड़क व विमान से पहुंचा जा सकता है। यह नागपुर से केवल 15 किलोमीटर की दूरी पर है।

इनके अलावा बौद्ध धम्म से संबंधित और भी ऐतिहासिक दर्शनीय स्थल हैं जिनमें प्रमुख हैं : महाराष्ट्र में औरंगाबाद जिले में **अजंता व एलोरा** की विश्वविख्यात गुफाएं। यहां सड़क, रेल व विमान से आसानी से पहुंचा जा सकता है। मुंबई के बोरिवली में राष्ट्रीय उद्यान में **कान्हेरी गुफा,** मुंबई के निकट नालासोपारा में बौद्ध स्तूप के अवशेष हैं। जुन्नर गुफाएं, मौनी स्तूप, रामटेक का नागार्जुन पर्वत, नासिक जिले की पांडवानी बौद्ध गुफाएं, लोनावाला-खण्डाला के निकट कार्ला भाजा गुफाएं महाराष्ट्र में प्रमुख बौद्ध पर्यटन स्थल हैं। बिहार में पावा, गुजरात के जूनागढ़ जिले में पुरातत्त्व विभाग के म्यूजियम में सम्राट अशोक के शिलालेख हैं। जूनागढ़ किले पर बौद्ध स्तूप के अवशेष हैं, जो भारतीय पुरातत्त्व विभाग की निगरानी में हैं। **महू,** यह बोधिसत्त्व बाबासाहेब डॉ. आंबेडकर का जन्मस्थल है। यह मध्य प्रदेश के इंदौर जिले में है, यहां रेल व सड़क

कान्हेरी गुफाएं, मुंबई

कार्ला गुफाएं, लोनावला

मार्ग से जाया जा सकता है। सन् 1997 में स्थापित कानपुर का बुद्ध पार्क भी एक बौद्ध पर्यटन स्थली है।

भारत के बाहर कुछ प्रमुख बौद्ध पर्यटन स्थल

श्वे-जी-गो पॅगोडा (श्वेदेगोन)

श्वे-जी-गो पॅगोडा, यह बौद्ध धम्म के कुछ अति महत्त्वपूर्ण पॅगोडों में से एक है। म्यांमार(बर्मा) में बुद्ध विहार को पॅगोडा कहा जाता है। यहां भगवान बुद्ध की गर्दन की अस्थि रखी है और उनका एक पवित्र दांत भी। श्वे-जी-गो स्थापत्य के लिए भी प्रख्यात है, क्योंकि यह भारतीय स्थापत्य कला से भिन्न म्यांमार पॅगोडा (जेडी) शैली का है। श्वे-जी-गो का अर्थ है, *स्वर्णिम पर्वत शिखर* । श्वे-जी-गो पॅगोडा को राजा अनव्रहत ने बनवाया था, जिन्होंने इसे अधूरा छोड़ दिया था और फिर उनके पुत्र क्यानसिथाइन (1084-1113) ने इसे पूर्ण कराया। श्वे-जी-गो पॅगोडा बगान में और संपूर्ण म्यांमार में सबसे सुंदर व आकर्षक पॅगोडा है। यह चंद्र वृत्ताकार पॅगोडों में से एक है। आंतरिक पॅगोडा राजा अनव्रहत ने बनवाया और बाहरी पॅगोडा राजा क्यानसित ने। यह भूमि से 164 इंच ऊंचा है।

माना जाता है कि इस पॅगोडा में बुद्ध की गरदन की अस्थि व एक पवित्र दांत रखा है। पॅगोडा के इतिहास से हमें पता चलता है कि राजा अनव्रहत प्यू की पुरानी राजधानी थायेखित्ताया के पॅगोडा से बुद्ध की अस्थि यहां लाए थे। उनकी इच्छा के अनुसार, एक सफेद हाथी पर रखकर समारोहपूर्वक उसे यहां लाया गया था। पॅगोडा रेतीली भूमि पर बनाया गया था। जहां हाथी घुटनों के बल बैठ गया। रेतीले स्थल को जेपाबुम (विजय भूमि) नाम दिया गया। इसे श्वे-जी-गो पॅगोडा बनाने के लिए उपयुक्त स्थान माना गया।

यह पॅगोडा लगभग सात मील दूर स्थित तूपिन पर्वत से लाए गए एक विशाल पत्थर से बनाया गया।

श्वे-जी-गो पॅगोडा

बू-पाया

बर्मा का यह सबसे पुराना पॅगोडा नदी के किनारे बनाया गया है। बगान वंश के तीसरे राजा यू-साहती ने बू-पाया बनाया था। इसका स्थापत्य अद्भुत शैली का है।

सागाइंग पर्वत

मध्य म्यांमार में मंडाले के पश्चिम में आए परवाडी नदी के तट पर सागाइंग शहर तथा सागाइंग पर्वत है। म्यांमार की सबसे लंबी नदी आयेयरवाडी उत्तर से दक्षिण की ओर बहती है और मंडाले से गुजरकर यह अचानक पश्चिम की ओर मुड़ जाती है। वृक्षों से आच्छादित पर्वतों पर पॅगोडा, विहार व पवित्र स्मृतियां हैं। इन्हें बुद्ध के समय से ही गौरव प्राप्त है। इतिहास के अनुसार थातोन (थुधम्मपुर) के शिन अरहन, जिसने

सागाइंग पर्वत का विहंगम दृश्य

पैगन (अरिमधनपुर) में थेरवादी बौद्ध धम्म की स्थापना की थी, सागियांग पर्वतों पर आकर बुद्ध की शिक्षाएं देने के लिए वहीं बस गए। अनवरहत (अनिरुद्ध) द्वारा दसवीं शताब्दी में निर्मित और शिर अरहन को समर्पित विहार आज भी अनिरुद्ध ग्याउंग के नाम से जाना जाता है। ऐसे छह और ग्याउंग हैं। सागियांग में, जहां 1650 भिक्खु (संघ), 2200 नव (श्रामणेर) तथा 2600 भिक्खुणियां (थिला-शिन) रहती हैं। इन पवित्र पर्वतों के निवासियों के लिए जो धम्म के सैद्धांतिक पहलू को सीखने (परियत्ति) तथा व्यवहार में उसे निभाने (पतिपत्ति) का दोहरा काम करते हैं, थेगोन सयादा, अशीन न्यानिसारा ने दो प्रोजेक्ट बनाए हैं—थिताजू जलापूर्ति योजना व आयुदान अस्पताल योजना। अस्पताल औषधियां, मरहम, भोजन, जल, बिजली, वृक्ष व उद्यान प्रदान करते हैं। इसका लक्ष्य भिक्खुओं को हर सुविधा प्रदान करके बौद्ध धम्म के प्रचार-प्रसार को आगे बढ़ाना है।

इंटरनेशनल पॅगोडा, कुआलालम्पुर

यह मलेशिया की राजधानी कुआलालम्पुर में है। यह एक विख्यात बौद्ध विहार है। बौद्ध धम्म की अनेक पुस्तकों के विख्यात लेखक श्री के. धम्मानंद यहीं रहते हैं।

बारोबुदुर

बारोबुदुर स्तूप

यह जावा का एक विख्यात स्तूप है। इसका निर्माण नवीं शताब्दी के आस-पास किया गया था। बौद्ध धम्म के इतिहास का यह शायद सबसे महत्त्वपूर्ण व भव्य स्तूप है। शैलेन्द्र वंश के शासकों ने यह स्तूप एक विशाल मंडल के रूप में बनवाया था। इसकी पांच छतें हैं, जिनकी दीवारों पर काफी सज्जा उत्कीर्ण की गई है। पहली चार छतों पर, विभिन्न देशों के परंपरागत बुद्ध हैं—अक्षोम्य (पूर्व), रत्नसंभव (दक्षिण), अमिताभ (पश्चिम) व अमोघसिद्धि (उत्तर)। पांचवीं छत पर सभी दिशाओं में वैरोकाना है। इस स्तूप में शाक्यमुनि बुद्ध के जीवन, जातक कथाओं व महायान सुत्त के विवरण उत्कीर्ण हैं। स्तूप में ऊपर की ओर का निर्माण संसार से निर्वाण की ओर की प्रतीकात्मक यात्रा का प्रतीक है। यह दुनिया भर के बौद्धों का एक महत्त्वपूर्ण तीर्थस्थल है। बौद्ध अध्ययन खासकर नक्षत्र विज्ञान के लिए 19वीं शताब्दी के बाद से यह महत्त्वपूर्ण केंद्र रहा है।

अंकोरवाट

अंकोरवाट, यह दक्षिण कंबोडिया में एक भव्य मंदिर परिसर है। इसे खमेर कला का

अंकोरवाट विहार

उच्चतम नमूना व बौद्धों के लिए एक पवित्र स्थल माना जाता है।

थाई द्वारा अंकोरवाट के विनाश के बाद तथा 15वीं शताब्दी में नामपेन्ह के खमेर शासकों के युद्धों के बाद यह उपेक्षित रहा और इसके चारों ओर जंगल उग गया। इसे 19वीं शताब्दी में पुनः खोजा गया।

दम्बकोलापतुना

दम्बकोलापतुना, जाफना में एक ऐतिहासिक स्थल है। कहा जाता है कि महान सम्राट अशोक की पुत्री भिक्खुनी संघमित्रा बोधिवृक्ष की एक शाखा लेकर द्वीप में इस स्थान पर आई थीं। उन्होंने बुद्ध के महापरिनिर्वाण के 236वें वर्ष में राजा देवानांपिय तिस्स को बोधिवृक्ष की एक शाखा भेंट की थी। यहां श्रीलंका नौसेना के सहयोग से विकास कार्य किया गया है। संघमित्रा के नाम से एक नया बौद्ध विहार जाफना के नौसैनिकों व नेवी बुद्धिस्ट एसोसिएशन के सहयोग से नौसेनाध्यक्ष वाइस एडमिरल दया संदागिरि के निर्देशन में बनाया गया। इसे हाल ही में खोला गया है। इस मंदिर के परिसर में भी बोधिवृक्ष की एक शाखा लगाई गई है। थाईलैण्ड से प्राप्त एक बुद्ध प्रतिमा भी यहां स्थापित की गई है।

कोटाहेना मंदिर, कोलंबो

कोटाहेनस में स्थित 'दीपदत्तामारम'[22] मंदिर प्रिंस प्रीस्ट के नाम से ज्यादा जाना जाता है। इसे 1860 में बनाया गया था। यह श्रीलंका का सबसे बड़ा आधुनिक बौद्ध मंदिर है और यहां तीर्थयात्री व पर्यटक नियमित रूप से आते हैं। इसी मंदिर पर पहली बार बौद्ध धम्म का ध्वज 1885 को बुद्ध पूर्णिमा के दिन फहराया गया था। इस मंदिर में एक पवित्र म्यूजियम है। इसमें प्रिंस प्रीस्ट द्वारा बनाई कलाकृतियां प्रदर्शित हैं। ये

कोटाहेना मंदिर, श्रीलंका

कलाकृतियां विविध हैं और श्रीलंका में ऐसी कलाकृतियां अन्यत्र नहीं दिखतीं। मंदिर में एक मुख्य परिसर, रैलिक कक्ष तथा बुद्ध की दुर्लभ प्रतिमा और एक जादुई आईना व पुस्तकालय है।

गिरिहंदुसेया

थिरियाई स्थित गिरिहंदुसेया मंदिर श्रीलंका में सबसे पुराना बौद्ध मंदिर माना जाता है, जिसमें बुद्ध के बालों के अवशेष सुरक्षित हैं।

बर्मा के दो व्यापारियों तपस्सु व भल्लिक ने उनके बोधिप्राप्ति के 15वें दिन उन्हें चावल व शहद के बने व्यंजन अर्पित किए थे। बुद्ध ने उन्हें धम्म उपदेश दिया और वे बुद्ध व धम्म की शरण में आ गए। उन्होंने पूजा के लिए कुछ मांगा। बुद्ध ने उन्हें अपने बालों का गुच्छा दे दिया। दोनों व्यापारी बंधु इससे इतने आनंदित हुए कि सोने की एक डिब्बी में इन बालों को रखकर वे हर जगह उसे अपने साथ ले गए। जल्द ही वे व्यापारिक वस्तुओं के साथ श्रीलंका गए और वहां कल्लरवा के नाम से पहचाने जाने वाले गलवरया में पड़ाव डाला। वह क्षेत्र एक यक्ष शासक के शासन में था और दोनों व्यापारी बंधु यक्ष राजा से मिलकर, सुरक्षा के लिए एक निकटवर्ती पर्वत पर चढ़ गए। उन्होंने एक छोटी चट्टान पर सफेद कपड़े से ढंककर सोने की डिब्बी को रखकर पर्वत शिखर पर यह रात बिताई। अगली सुबह जब वे जाने को तैयार हुए तो वे जैसे ही सोने की डिब्बी की पूजा करके उसे उठाने को बढ़े तो पाया कि वह तो चट्टान पर चिपक गई है। उसे वहां से हटाने के सभी प्रयास विफल हो गए और वे सुरक्षा के लिए उसे पत्थर के टुकड़ों से ढंककर चले गए। फिर यक्ष राजा बौद्ध बनकर उसकी पूजा करने लगे।

माना जाता है कि राजा वासब ने 67 ईस्वी में मूल स्तूप बनवाया था और एक सिंचाई की टंकी भी बनवाई थी, जिसे अब थिरियाई टंकी के नाम से जाना जाता है। राजा पांडुकबाया और राजा देवानामपिय तिस्स ने भी 412 ईस्वी तक इस स्तूप का नवीनीकरण कराया। बाद में, लगातार आक्रमणों के कारण बौद्धों ने यह स्थान छोड़ दिया। मंदिर उपेक्षित हो गया और आस-पास का क्षेत्र घना जंगल बन गया। इस क्षेत्र को 1929 में सर्वेक्षकों के एक समूह ने खोजा और परीक्षण पर यहां अभिलेखों के अनेक प्रस्तर मिले। अभिलेखों से पता चला कि यह स्थान गिरिहंदुसेया है, जहां तपस्सु व भल्लिक बंधुओं के बुद्ध के बालों के अवशेष हैं। खंडहर हुए मंदिर का पता चलने पर पुरातत्त्व विभाग को सूचित किया गया और यहां बुद्ध के बाल होने की सार्वजनिक घोषणा की गई। 1930 में गजट की अधिसूचना के जरिए दिवंगत डी.एस. सेनानायक के निर्देश पर दिवंगत परनवितान ने चैत्य का नवीनीकरण किया और 1951-52 में विहार का भी नवीनीकरण किया।

1982 तक पूज्य भिक्खु गंदरा धम्मकीर्ति श्री आनंद चट्टाल के तल पर निर्मित मंदिर में रहते थे। जातीय हिंसा के चरम पर पहुंचने पर इस क्षेत्र में रहने वाली सिंहली

जनता भिक्खुओं सहित 1982 में यहां से चली गई। यह क्षेत्र लिट्टे के नियंत्रण में था। कच्चवेली से गिरिहंदुसेया मंदिर की सड़क नौसेना ने मुक्त कराकर पुनः बनाई और अब 20 साल के बाद लोग गिरिहंदुसेया मंदिर में तीर्थ यात्रा के लिए जा सकते हैं।

मिहिनताल

मिहिनताल को बौद्ध धम्म का चट्टानी किला माना जाता है। इसे सेतिया पब्बत भी कहते हैं। 2308 साल पहले, अर्हत महेंद्र के आगमन से पूर्व इसे मितसाका पब्बत कहा जाता था।

मिहिनताल चट्टान पर अर्हत महेंद्र और उनके साथियों ने श्रीलंका में धम्म के प्रचार के लिए सांची के विदिशा गिरि विहार से श्रीलंका आने पर सबसे पहले कदम रखे

बुद्ध प्रतिमा, मिहिनताल-अनुराधापुर

थे। एथविहार, अनाईकुट्टी व राजगिरीलेना भी निकट ही हैं। 450 एकड़ में फैले इस वनाच्छादित पर्वत को अनेक सुंदर जीव-जंतुओं का बसेरा भी कहा जाता है। पर्वत शिखर पर शीतल पवन शरीर व मन को शांत कर देती है। ऊपर जाने के लिए 1840 सुंदर व दर्शनीय सीढ़ियां इतनी समान व आनुपातिक बनाई गई हैं कि वृद्ध लोग भी आसानी से पर्वत शिखर तक जा सकते हैं। अनेक तीर्थयात्रियों को तो यह स्वर्ग जाने जैसी यात्रा लगती है। कंटका सेतिया, धातू मंदिराया, सेला सेतिया जैसे अनेक सेतिया पर्वत शिखर पर हैं (श्रीलंका में चैत्य व विहार को 'सेतिया' कहा जाता है। राज कुटकंतिस्स (44-22 वर्ष ईसा पूर्व), जिसे मकलनतिस्स के नाम से भी जाना जाता है, ने उपासक के लिए एक भवन बनवाया और मिहिनताल में एक बोधिवृक्ष लगा दिया। राजा महादातिका महानाग (6-18 ईस्वी) ने उस स्थान पर अम्बाथल सेतिया बनवाया, जहां अर्हंत महेंद्र खड़े हुए थे। जब राजा देवानामपिय तिस्स ने शिकार करने के दौरान उन्हें देखा, वह ईसा पूर्व 306 की पूर्णिमा की एक रात थी। जब बुद्ध घोष राजा महानाम (410-432 ईस्वी) के शासनकाल में श्रीलंका आए तो उन्होंने मिहिनताल को देखा जहां 68 गुफाओं में हजारों भिक्खु गहन साधना करते थे। तब वहां 1600 विहार थे।

महिंदारामा मंदिर, पेनांग

मलेशिया के पेनांग में कम्पार रोड स्थित 84 साल पुराने महिंदारामा मंदिर में कुछ दुर्लभ बौद्ध स्मृतियां हैं। इसमें एक अद्‌भुत बोधिवृक्ष है, जिसकी हरी-भरी शाखाएं पूरे मंदिर की भूमि पर फैली हैं और आगंतुकों को छाया प्रदान करती हैं। इस वृक्ष को उस बोधिवृक्ष की एक शाखा से रोपित माना जाता है, जिसके नीचे बैठकर बुद्ध ने सम्यक् संबोधि प्राप्त किया था। इस शाखा को वर्षों पूर्व श्रीलंका के बोधिवृक्ष से लाया गया था और देखते ही देखते यह एक विशाल वृक्ष बन गया। वृक्ष के अतिरिक्त इस मंदिर में आने वाले लोग मंदिर की दीवारों पर उत्कीर्ण बुद्ध की 24 प्रतिमाओं को देखकर भी सुखद अनुभूति प्राप्त कर सकते हैं, जिनमें बुद्ध के पूर्व जन्मों की कथाएं हैं और यह देखना रोचक है कि उनका एक पूर्व जन्म शेर का था। मंदिर के एक अन्य भाग में बुद्ध के पदचिह्नों को जस्ते पर प्रदर्शित किया गया है। इस परिसर में यह मंदिर 1930 में स्थानांतरित किया गया था।

मुख्य प्रार्थना कक्ष में बुद्ध की चार भव्य प्रतिमाएं हैं। चारों में उनका अलग-अलग रूप है—चलने, खड़े होने, बैठने व लेटने का।

कक्ष की पेंट की हुई पृष्ठभूमि प्रकृति व स्वर्ग तथा बुद्ध के उत्कीर्ण वर्णन की अद्‌भुत छटा से युक्त है। यह पृष्ठभूमि तथा इस पर समस्त कलात्मक कार्य श्रीलंकाई कलाकारों का है। इस मंदिर में भी बुद्ध के पवित्र अवशेष पाए गए हैं, जिन्हें अब एक बंद कक्ष में रखा गया है। पिछले वर्ष इन अवशेषों के पहले सार्वजनिक प्रदर्शन पर 50 हजार से अधिक उपासक व भिक्षु एकत्र हुए थे जिन्हें उत्तर भारत से लाया गया था। पर अवशेषों को अब जनता के दर्शनार्थ नहीं रखा गया है। 2544 साल पहले

बुद्ध की मृत देह के अंतिम संस्कार के बाद चुनी गई, उनकी अस्थियां यहां जास्मीन की कलियों, मोतियों व सोने के कलश में रखी गई हैं।

बुद्ध के अस्सी वर्ष की आयु में 483 ईसा पूर्व महापरि निर्वाण की हर पूर्व संध्या पर वैसाख संध्या मनाने के समय वहां कमल मोमबत्तियां जलाना काफी लोकप्रिय है। इस वर्ष मंदिर में 2546 मोमबत्तियां जलाई गईं। यह मंदिर धर्मादा कार्यों और जनता को बौद्ध धम्म की शिक्षा देने के कार्य भी करता है। यह जरूरतमंदों को भोजन, कपड़े व धन देता है और इसके अधीन संचालित केगुनारत्न स्मारक पुस्तकालय में दस हजार पुस्तकें व सीडी हैं। मंदिर में रविवार स्कूल या महिंदारामा रविवार पाली स्कूल भी हर रविवार को सुबह 10 से 11.30 बजे तक लगाया जाता है। नर्सरी से माध्यमिक स्तर तक के विद्यार्थियों के लिए यहां शिक्षा दी जाती है।

हाक्को-दो तोदाई-जी मंदिर, जापान

इस मंदिर में एक विख्यात बुद्ध प्रतिमा है। जापान में बौद्ध धम्म छठी शताब्दी के मध्य में चीन और कोरिया से आया। गोक्को-बोसात्सू (चंद्रप्रभा) बौद्ध प्रतिमा जो इस मंदिर में है, आठवीं शताब्दी की है। यह प्रतिमा जापान की राष्ट्रीय निधि है।

पॅगोडा, मिहिनताल-अनुराधापुर

संदर्भ सूची

प्रथम अध्याय

1. मज्झिम निकाय, 1:3,6
   पासरासि सुत्त, निदान कथा, 123
2. अंगुत्तर निकाय, 1.134
3. डॉ. भीमराव आंबेडकर, 'भगवान बुद्ध और उनका धम्म', सिद्धार्थ प्रकाशन, मुंबई, 1995, 'सिद्धार्थ गौतम : बोधिसत्व क़िस प्रकार बुद्ध बने?' पृष्ठ 19, 21
4. तिक न्यात हन्ह, 'जहं जहं चरन परे गौतम के', हिंद पॉकेट बुक्स, नई दिल्ली, 2001। 'अजन्मा बालक' पृष्ठ 80-81
5. उपरोक्त, पृष्ठ 81
6. उपरोक्त, पृष्ठ 81
7. डॉ. भीमराव आंबेडकर, 'भगवान बुद्ध और उनका धर्म', सिद्धार्थ प्रकाशन, मुंबई, 1995, 'सिद्धार्थ गौतम : बोधिसत्व किस प्रकार बुद्ध बने?' पृष्ठ 24
8. उपरोक्त, पृष्ठ 25
9. आचार्य सत्यनारायण गोयनका, 'क्या बुद्ध दुक्खवादी थे?' विपस्सना विशोधन केंद्र, इगतपुरी, अगस्त 2000, 'दुःखनिवारक सुखप्रसारक बुद्ध', पृष्ठ 25
10. उपरोक्त, पृष्ठ 20
11. डॉ. भीमराव आंवेडकर, 'भगवान बुद्ध और उनका धम्म', सिद्धार्थ प्रकाशन, मुंबई, 1995, 'सिद्धार्थ गौतम : बोधिसत्व किस प्रकार बुद्ध बने?' पृष्ठ 29-30
12. उपरोक्त, पृष्ठ 34-36
13. उपरोक्त, पृष्ठ 43-44
14. उपरोक्त, पृष्ठ 49-50
15. उपरोक्त, पृष्ठ 51-52
16. मज्झिम निकाय, 36
17. अंगुत्तर निकाय, 8.20
18. दीघ निकाय, 327
19. संयुत्त निकाय, 2.36
20. उदान 3.10
21. अंगुत्तर निकाय, ब्राह्मणवग्गो, महासुपिनसुत्त 2।5।196
22. तिक न्यात हन्ह, 'जहं जहं चरन परे गौतम के', हिंद पॉकेट बुक्स, नई दिल्ली, 2001, 'शरीर पीड़न तप' पृष्ठ 122
23. धम्मपद श्लोक 153, 154
24. विनय महावग्ग 1.5
25. उपरोक्त
26. सुत्तनिपात, 136, उदान 1.4
27. अंगुत्तर निकाय 4.43-45
28. विनय महावग्ग 1.4

द्वितीय अध्याय

1. संयुत्त निकाय खंड 5, पृष्ठ 420
2. विनय पिटक-1.13
3. उपरोक्त 1.23
4. डॉ. भीमराव आंबेडकर, 'भगवान बुद्ध और उनका धम्म', सिद्धार्थ

प्रकाशन, मुंबई, 1995, 'धर्म दीक्षाओं का आंदोलन', जन्मभूमि का आह्वान' पृष्ठ 130
5. मज्झिम निकाय-63
6. दीघ निकाय 16, अंगुत्तर निकाय 8.10
7. दीघ निकाय 16
8. राहुल सांकृत्यायन, 'बुद्धचर्या', भारतीय बौद्ध समिति, लखनऊ, 1995, महापरिनिब्बाण सुत्त, पृष्ठ 500
9. दीघनिकाय-2।119
10. उदान 8.1
11. स्वप्न कु. विश्वास, 'बौद्ध धम्म : मोहनजोदड़ो हड़प्पा नगरों का धर्म', ओरियन बुक्स, नई दिल्ली, 2002, पृष्ठ 138-139
12. बुद्धवंस 3.26, निदान कथा 47-48
13. दीघ निकाय 2.31, महापदान सुत्त
14. धर्मानंद कोसाम्बी, 'भारतीय संस्कृति और अहिंसा', हेमचंद्र मोदी पुस्तक माला ट्रस्ट, मुंबई, 1957, पृष्ठ 157
15. दीघ निकाय 2.31, महापदान सुत्त
16. आचार्य रजनीश, 'सन्त रैदास-मन ही पूजा मन ही धूप', ओशो आश्रम, पूना
17. नॉरमन कॉसिंस, 'टाक्स विद नेहरू', पृ. 10-11
(धनंजय कीर, 'डॉ. बाबासाहेब आंबेडकर : जीवन-चरित', पॉप्युलर प्रकाशन प्रा. लि., नई दिल्ली, 1996, 'बौद्ध धम्म का पुनरुज्जीवन', पृष्ठ 477)
18. भविष्यपुराण, प्रतिसर्ग पर्व 4, अं. 20
(सत्यनारायण गोयनका, 'पड़ोसी देशों के साथ स्नेह-संबंध', विपस्सना विशोधन विन्यास, इगतपुरी, पृष्ठ 16
19. उपरोक्त, पृष्ठ 20
20. उपरोक्त, पृष्ठ 20
21. आचार्य सत्यनारायण गोयनका, 'तिपिटक में सम्यक संबुद्ध', भाग-2, विपस्सना विशोधन केंद्र, इगतपुरी, 1996, 'इतिपि सो भगवा भगवा', पृष्ठ 449-452

तृतीय अध्याय

1. डॉ. महेश तिवारी, निदानकथा, पृष्ठ 68
2. उपरोक्त, पृष्ठ 86-87
3. डॉ. भीमराव आंबेडकर, 'भगवान बुद्ध और उनका धम्म', सिद्धार्थ प्रकाशन, मुंबई, 1995, पृष्ठ 251
4. अंगुत्तर निकाय, अनुवाद, विपस्सना विशोधन केंद्र, इगतपुरी, 2000। 'प्राक्कथन'
5. तिक न्यात हन्ह, 'जहं जहं चरन परे गौतम के', हिंद पॉकेट बुक्स, नई दिल्ली, 2001
6. ब्रह्मजाल सुत्त, मज्जिमनिकाय, 74
7. धम्मपद, 1.16
8. धम्मपद, 1।15
9. तिक न्यात हन्ह, 'जहं जहं चरन परे गौतम के', हिंद पॉकेट बुक्स,नई दिल्ली, 2001
10. धम्मपद, 20.276
11. धम्मपद, 1.5
12. धम्मपद, 11.160
13. धम्मपद, 3.42
14. धम्मपद, 3.43
15. धम्मपद, 1.1
16. धम्मपद, 1.2

17. धम्मपद, 14.183
18. धम्मपद, 1.19
19. डॉ. भीमराव आंबेडकर, 'भगवान बुद्ध और उनका धम्म', सिद्धार्थ प्रकाशन, मुंबई, 1995, पृष्ठ 172-173
20. आचार्य सत्यनारायण गोयनका, 'मंगल जगे गृही जीवन में' विपस्सना विशोधन केंद्र, इगतपुरी, जुलाई 2000, पृष्ठ 9-11

चतुर्थ अध्याय

1. नारद, 'दि बुद्धा एण्ड हिज टीचिंग्स', बुद्धिस्ट मिशनरी सोसायटी, कुआ-लालम्पुर, मलेशिया, 1988, 'द व्हील ऑफ लाइफ', पृष्ठ 419
2. मज्झिम निकाय-38, महातन्हासांख्य सुत्त
3. उपरोक्त

पंचम अध्याय

1. संयुत्त निकाय 3 : 1.8
2. डॉ. पॉल आर. फ्लेश्चमैन, विपस्सना मेडिटेशन : हीलिंग द हीलर, विपस्सना विशोधन संस्थान, इगतपुरी, जनवरी 1995
3. धम्मपद 10.129
4. डॉ. पॉल आर. फ्लेश्चमैन, विपस्सना मेडिटेशन : हीलिंग द हीलर, विपस्सना विशोधन संस्थान, इगतपुरी, जनवरी 1995, पृष्ठ 26-27
5. अंगुत्तर निकाय 1.14, क : 3
6. उपरोक्त
7. संयुत्त निकाय सुत्त, 12-24
8. उदान 4.4.10-12
9. विसुद्धिमग्ग 3.56
10. दीर्घनिकाय, सीलक्खन्ध वग्गो 11.2.4
11. सत्येंद्रनाथ टंडन, पतंजलि के योगसूत्र का एक पुनर्मूल्यांकन, विपस्सना विशोधन संस्थान, इगतपुरी, 1995, पृष्ठ 103

षष्टम अध्याय

1. धम्मपद श्लोक 327, प्रकरण 9, पाप वग्ग, प्रकरण 23 नाग वग्ग
2. डॉ. भीमराव आंबेडकर, 'भगवान बुद्ध और उनका धर्म', सिद्धार्थ प्रकाशन, मुंबई, 1995, पृष्ठ 172-173 विलियम हार्ट, 'द आर्ट ऑफ लिविंग-विपस्सना मेडिटेशन एज टॉट बाई एस.एन. गोयनका', विपस्सना विशोधन केंद्र, 'द सर्च', पृष्ठ 21
3. संयुत्त निकाय, महावग्ग संयुक्त पाली—उपरोक्त, पृष्ठ 21
4. विनय महावग्ग, खण्ड 1
5. धम्मपद श्लोक, 119-120
6. धम्मपद श्लोक, 113, प्रकरण 8, सहस्स वग्ग
7. धम्मपद श्लोक, 114, प्रकरण 8, सहस्स वग्ग 8(13)
8. धम्मपद श्लोक, 173, प्रकरण 8, सहस्स वग्ग 13(5)
9. धम्मपद श्लोक, 213, प्रकरण 16, पिय वग्ग
10. नारद, 'दि बुद्धा एण्ड हिज टीचिंग्स', बुद्धिस्ट मिशनरी सोसायटी, कुआ-लालम्पुर, मलेशिया, 1988 'द बुद्धाज चिफ ऑपोनेन्टस एण्ड सपोर्टर्स', पृष्ठ 159

सप्तम अध्याय

1. कांचा इलाया, 'गॉड एज पॉलिठिकल फिलोसॉफर : बुद्धाज चैलेंज टू ब्राह्मनीज्म', साम्या, कोलकाता, 2001

पृष्ठ 1185
2. उपरोक्त, पृष्ठ 192-193
3. नारद, 'दि बुद्धा एण्ड हिज टीचिंग्स', बुद्धिस्ट मिशनरी सोसायटी, कुआलालम्पुर, मलेशिया, 1988 'चैरेक्टरीस्टीक्स ऑफ बुद्धिज्म-बुद्धिज्म अण्ड वुमेन', पृष्ठ 313
4. डॉ. विमलकीर्ति, थेरी गाथा, सम्यक प्रकाशन, नई दिल्ली, 2003, पृष्ठ 63
5. उपरोक्त, पृष्ठ 201
6. कांचा इलाया, 'गॉड एज पॉलिठिकल फिलोसॉफरः बुद्धाज चैलेंज टू ब्राह्मनीज्म', साम्य, कोलकाता, 2001 पृष्ठ 195
7. दीघ निकाय-1, ब्रह्मजाल सुत्त
8. दीघ निकाय-1
9. विनय महावग्ग, खण्ड-1
10. आचार्य सत्यनारायण गोयनका, 'राजधर्म कुछ ऐतिहासिक प्रसंग', विपस्सना विशोधन केंद्र, इगतपुरी
11. उपरोक्त
12. धम्मपद 1।5
13. अंगुत्तर निकाय, हिंदी अनुवाद, भाग-1, विविवि 2004, पृष्ठ 66-67
14. संयुत्त निकाय, 3.2-6
15. दीघ निकाय-3
16. सुत्तर्वेपत्त कडवे-33
17. मज्झिम निकाय, पृष्ठ 85
18. संयुत्त निकाय-3 पृष्ठ 266
19. संयुत्त निकाय-4 पृष्ठ 336
20. अंगुत्तर निकाय-3 पृष्ठ 279
21. संयुत्त निकाय-1 पृष्ठ 90
22. डॉ. भिक्षु धर्मरक्षित संपादित व अनुवादित, 'सुत्तनिपात', मोतीलाल बनारसीदास पब्लिशर्स, दिल्ली, 1995, पृष्ठ 20-21
23. पियाजातिक सुत्त, राजवग्ग, मज्झिम निकाय 2:4

अष्टम अध्याय

1. नारद, 'दि बुद्धा एण्ड हिज टीचिंग्स', बुद्धिस्ट मिशनरी सोसायटी, कुआलालम्पुर, मलेशिया, 1988 'व्हाठ इज बुद्धिज्म', पृष्ठ 271

नवम अध्याय

1. दीघ निकाय-2.141
2. पूज्य एस. धम्मिक, 'मीडल लैण्ड मीडल वे : ए पिलग्रीमस् गाइड टू बुद्धाज इंडिया', बुद्धिस्ट पब्लीकेशन सोसाइटी, कैंडी, 1999, पृष्ठ 30
3. उपरोक्त, पृष्ठ 33
4. व्ही.एस. अगरवाल, 'सारनाथ', भारतीय पुरातत्व सर्वेक्षण, नई दिल्ली, 1992, पृष्ठ 2
5. दीघ निकाय-2।119
6. डॉ. डी. आर. पाटिल, 'कुशीनगर', भारतीय पुरातत्व सर्वेक्षण, नई दिल्ली, 1981, पृष्ठ 20
7. उपरोक्त, पृष्ठ 29
8. एम. वेंकटरामया, 'श्रावस्ती', भारतीय पुरातत्व सर्वेक्षण, नई दिल्ली, 1981, पृष्ठ 4
9. पूज्य एस. धम्मिक, 'मिडल लैण्ड मिडल वे : ए पिलग्रीमस् गाइड टू बुद्धाज इंडिया', बुद्धिस्ट पब्लीकेशन सोसायटी, कैंडी, 1999, पृष्ठ 124
10. उपरोक्त, पृष्ठ 35
11. विनय पद : 180
12. मज्झिम निकाय 1:354
13. पूज्य एस. धम्मिक, 'मिडल लैण्ड मिडल वे : ए पिलग्रीक्स गाइड टू बुद्धाज इंडिया', बुद्धिस्ट पब्लिकेशन सोसाइटी, कैंडी, 1999, पृष्ठ 39

14. जीतेंद्र कुमार, मास्टर पीसेस ऑफ मथुरा म्यूजियम : सरकारी म्यूजियम मथुरा, 1989, प्रस्तावना, पृष्ठ 9
15. उपरोक्त, पृष्ठ 52
16. आचार्य सत्यनारायण गोयनका, 'राजधर्म कुछ ऐतिहासिक प्रसंग', विपस्सना विशोधन केंद्र, इगतपुरी
17. उपरोक्त
18. उपरोक्त
19. उपरोक्त
20. उपरोक्त
21. नानकचंद रत्तू, 'डॉ. आंबेडकर के साथ कुछ अंतिम वर्ष', अमृत प्रकाशन, नई दिल्ली 1997, परिशिष्ट 3, पृष्ठ 226
22. एफ. एफ. मार्टिनस, 'ए गाइड टू बुद्धिस्ट टेंपल्स', एशियन एज्युकेशंज सर्विसेस, नई दिल्ली, 1999, 'कोटाहेना टेंपल', पृष्ठ 7

परिशिष्ट

विपस्सना साधना केंद्र

धम्मगिरि, विपस्सना विश्व विद्यापीठ,
पो.बा.नं.6, इगतपुरी-422403 महाराष्ट्र
फोन : (02553) 244076, 244302, 244086; फैक्स : (02553) 244176
E-mail:dhamma@vsnl.com
Website : www.vri.dhamma.org

धम्मा मनमोडा, मनमाड विपस्सना केंद्र
अंकई किला स्टेशन के पास, पोस्ट-अंकई,
येवला, जिला नाशिक-422 401 महाराष्ट्र
फोन : (02591) 225141, 231414

धम्मसरोवर, खान्देश विपस्सना केंद्र,
गेट नं. 166, डेडरगांव,जलशुद्धिकरण केंद्र के पास, मु.पो. : तिखी,
जिला : धुळे, महाराष्ट्र,
फोन : (02562) 255222

धम्मान्द, पुणे विपस्सना केंद्र,
मरकल गांव के पास, आलंदी से 8 कि.मी. दूर, पुणे महाराष्ट्र,
फोन : (020) 22885979

धम्म पुण्णा, पुणे विपस्सना समिति,
दादावडी, नेहरू स्टेडियम के सामने,
आनंद मंगल कार्यालय,
पुणे-411002 महाराष्ट्र
फोनः (020) 24446767, 24464243

धम्मालय, दक्खिन विपस्सना केंद्र,
माजले बस स्टैंड के पास, हाटकंगाले,
कोल्हापुर-416 109, महाराष्ट्र,
फोन : (0231) 2651 146
e-mail: dhammalay@ip.eth.net

धम्मसरिता, सोरगांव विपस्सना केंद्र,
मातोश्री वृद्धाश्रम परिसर, खडावली (प)
जिला थाने, महाराष्ट्र-421101
फोन : (02522)268474

धम्म नाग, नागपुर विपस्सना केंद्र,
कल्याणमित्र चैरिटेबल ट्रस्ट, अभ्यंकर स्मारक भवन, अभ्यंकर रोड़, धंतोली,
नागपुर, महाराष्ट्र-440012
फोन : (0712)2558686

धम्मसुगति, विपस्सना केंद्र,
सुगत नगर, नागपुर,
महाराष्ट्र-440014
फोन : (02562)255222

धम्म अजंता, इंटरनेशनल विपस्सना समिति,
11 अशोक विहार सोसाइटी, एम आई डी सी, स्टेशन रोड, औरंगाबाद, महाराष्ट्र
फोन : (0240) 2334532

धम्मथली, विपस्सना केंद्र,
सिसोदिया रानी बाग-गल्ताजी रोड,
पो.बा.नं. 208, जयपुर-302001 राजस्थान
फोन : (0141) 249520

धम्मसोत, विपस्सना केंद्र,
रहका गांव, सोहना, गुडगांव, हरियाणा
संपर्क : विपश्यना साधना संस्थान, हेमकुंठ टावर्स, 16वां तल, 98 नेहरू प्लेस, नई दिल्ली फोन:(011) 26452772
फैक्स : (011) 26470658

धम्मपत्तन, विपस्सना केंद्र,
कमासपुर, दिल्ली-अंबाला नेशनल हाइवे, हरियाणा

धम्मशिखर, हिमाचल विपस्सना केंद्र,
इलीज़ीयम हाउस, मैकलोड गंज,
धर्मशाला-17621 हिमाचल प्रदेश
फोन : (01892) 221309

धम्मधज, विपस्सना साधना केंद्र,
आनंदगढ, पो. मेहलावली,
होशियारपुर पंजाब
फोन : (01882) 272333

धम्मसलिल, देहरादून विपस्सना केंद्र,
16 टैगोर विल्ला, चक्राता रोड,
देहरादून-24801 उत्तरांचल
फोन:(0135)2650704 फैक्स:2655580

धम्मकक्का, सारनाथ
परमानंद महेश्वरी, सी-27/273 इंडियन प्रेस कालोनी, मलदहिया, वाराणसी उ. प्र.
फोन : (0542) 2346644, 2344713

धम्मसुवत्थि, विपस्सना केंद्र,
महाबोधि सोसाइटी ऑफ इंडिया,
श्रावस्ती, उत्तर प्रदेश-271213

धम्मलक्खन, लखनऊ विपस्सना केंद्र,
बख्शी का तलाव, लखनऊ, उत्तर प्रदेश.

धम्म विमुति, कुशीनार
डॉ. विट्ठल मोदी, आम बजार, आरोग्य मंदिर, गोरखपुर-273003 उत्तर प्रदेश
फोन : (0551)2310805, 2310469

धम्मबोधि, बोधगया अंतर्राष्ट्रीय विपस्सना साधना केंद्र, पोस्ट मगध विश्वविद्यालय, गया-डोभी रोड, बोधगया-824234 बिहार
फोन : (0631)2400437

धम्मलिच्छवी, वैशाली विपस्सना केंद्र,
लदौरा, लदौरा पकड़ी, मुजफ्फरपुर,
बिहार-843113
फोन : (0621) 247750, 2434067

धम्मउपवन, बैरकिया, बिहार
डॉ. ईश्वरचंद्र सिन्हा, खभदा रोड, मुजफ्फरपुर, बिहार-842001
फोन (0621)224497

धम्मसिंधु, कच्छ विपस्सना केंद्र,
ग्राम-बाडा, माण्डवी कच्छ-370475
गुजरात, फोन (02834)273303

धम्म कोटा, सौराष्ट्र विपस्सना केंद्र,
कोठारिया रोड़, राजकोट, गुजरात

धम्म वट, वडोदरा
मंगलदीप, 5 कालिंदी पार्क, अतिथिगृह के पीछे, वडोदरा-390020, गुजरात
फोन : (0265) 2341181, 2352993

धम्मपीठ, गुर्जर विपस्सना केंद्र,
ग्राम : रनोडा, ता : धोलका,
जिला : अहमदाबाद,
फोन : (079)22170561

धम्मगंगा, कलकत्ता विपस्सना केंद्र,
हरिश्चंद्र दत्ता रोड, सौदपुर, पानिहटी,
जिला-24 परगना, पं.बंगाल-743176
फोन (033)2582855
E-mail: badani@giascl01.vsnl.net.in

धम्म पाल, मध्यप्रदेश विपस्सना समिति,
केरवा डैम रोड, भोपाल, मध्यप्रदेश,
फोन : (0755) 2462351, 2461243
घर : 2468053 फैक्स:(0755) 2468197
E-mail : teak@vsnl.com

धम्म कनाना विपस्सना केंद्र
रेंगटोला, बालाघाट, मध्यप्रदेश
संपर्क : हरिदास मेश्राम, रतन-कुटली,126
वार्ड नं 13, आई टी आई रोड, बुधी,
बालाघाट म.प्र. फोन : (07632) 273145

धम्म केतु विपस्सना केंद्र
थनोड़ व्हाया अंजोर, जिला दुर्ग
संपर्कः सुरेशचंद्र कथने, बी 269, स्ट्रीट
5, स्मृति नगर, पोस्ट-नेहरू नगर, भिलाई,
म.प्र. फोन : (0788) 2321539

धम्मसेतु, मद्रास विपस्सना केंद्र,
बालकृष्ण गोयनका, फुड फैट फर्टिलाईजर
लि.फाउंटेन प्लाझा, पैंथन रोड, इग्मोर,
चेन्नई (मद्रास), तमिलनाडु-600008
फोन : (044) 2452503

धम्मखेत्त, विपस्सना अंतर्राष्ट्रीय साधना
केंद्र, कुसुम नगर, 12.6 किमी नागार्जुन
सागर रोड, हैदराबाद-500070
फोन : (040)24020290 (ऑफिस)
24732569 फैक्स : (040) 24613941
E-mail: vimc_hyd@hotmail.com

धम्मसुमना, विपस्सना साधना एवं शोध
केंद्र, बेंगलूर, कर्नाटका
फोन : (080) 28437231, 23360896
फैक्स : (080) 22275776
E-mail: silksb@vsnl.com

धम्म वटी,
नासिक रोड़ मध्यवर्ती कारागृह, नासिक
महाराष्ट्र

धम्म तिहाड़,
तिहाड़ केंद्रीय कारागृह, नई दिल्ली

धम्म रक्षक,
नझतगढ़ पोलिस ट्रेनिंग कॉलेज,
नई दिल्ली

●●●